KB187447

동아시아 역대왕조의
經國理念과 文物典章

이 민 홍

박문사

중수(中壽)의 길목에서

하수(下壽)를 지나 중수를 바라보며 그 동안 집필했던 글들 중, 기존 저서에 수록하지 않았던 이삭들의 일부를 모아 『**동아시아 역대왕조의 經國理念과 文物典章**』이라는 졸저를 펴낸다. '세상의 모든 이치는 새로운 것이 아니고 예부터 있었던 것인데, 독서가 부족했기 때문에 새 것으로 오해한 것(萬事萬理, 皆非新也, 古已有矣, 而讀書不足, 不知事實故.)'이라는 말이 있다. 오늘의 분란을 광정하고 내일의 약진을 위해 과거를 재조명할 필요가 있다는 절실한 인식에 근거한 시도이다.

일찍부터 한국을 일러 '문헌지국'이라 했다. 국력에 비해 우리만큼 책을 많이 발간하는 나라는 없지만, 반면 독서인의 수는 격감하여 책은 이제 장식용으로 전락된 감이 있다. 본고는 경국이념과 문물전장에 관한 난고(亂藁) 들의 모음이다. 이 책에 실린 논문들은 각각 시차를 두고 작성되었기 때문에 일관성이 부족하고 내용도 조야하다.

장절 가운데 중복된 경우도 더러 있으나 논리의 전개상 부득이하여 그대로 살렸다. 또 일부는 기존 저서의 내용을 수정 보완 축

약된 것도 있긴 해도 논지에는 차이가 있다. '하수기념(下壽紀念)'
이란 축화와 휘호도 받았지만, 필자는 팔순을 기념했다고 생각하
고 싶지 않다. 실없이 오래 살았다는 자책감의 무게 때문이다. 그
러나 중수 근처까지 살아서 삼국시대를 뛰어 넘어 삼한계와 부여
계를 일통(壹統)하는 소설 『박제신화』 후편 「한여신화(韓餘新話)」
의 집필에 대한 의욕은 있다.

　필자는 향리해곡에 태어나 6.25 동란 와중인 아홉 살 때 아버님
을 여의고, 구룡포와 포항 부산 청주 서울 등지를 오가며 오로지
연학에만 전념했다. 따라서 지연과 학연 문벌 등의 후광과 인맥도
없는 외로운 삶을 영위했지만, 학문의 길로 이끌어주신 月灘·林
下·碧史 세 분 은사님과, 어려운 구비마다 도와준 분들이 있어서
여기까지 왔다. 고마움과 감사의 마음을 전한다.

　우리 학계가 조선조의 사대주의와 사색당파, 근래에 등장한 신
사대주의적 시각과 자신의 계보가 아니면, 탁월한 논저라도 인정
하지 않는 풍조를 극복하여, 객관적이며 주체적 학풍이 형성되기
를 갈망한다. 명나라 왕세정(王世貞, 1526~1590)은 "세상에서 높
은 자리에 있기 때문에, 과거에 합격하여서, 세인이 선호하는 바
에 편승하여, 유명인사의 추천과 칭찬에 힘입어, 호언장담으로 파
당을 만들어, 널리 친구들을 모아 서로 칭송하여 명망을 얻은 자들
이 많다."라고 비판했다. 지봉 이수광(李睟光, 1563~1628)은 이 같
은 방법으로 이름을 얻은 자가 지금도 무수하지만, 결코 오래갈 수
없다고 동조했다.

　현재 우리 문화와 학계의 상황 또한 조선조와 왕세정이 진단한

중국의 16세기와 별 차이가 없다. 중원에 통일왕조가 들어서면 우리는 극도로 긴장해야한다. 한의 사군, 수·당의 침탈, 거란(요)의 난동, 원의 부마국, 청의 횡포, 일본의 만행 등 저들이 수 천 여 년 간 우리에게 자행한 침략과 폭압을 잊어선 안 되고, 현 중공정권은 한사군보다 한술 더 떠서 '중공팔군'을 획책하는 것은 아닌지. 이는 통시적으로 부국강병을 등한시했던 업보이다.

지금 와서 돌이켜보니 필자는 별 가치도 없는 글들을 너무 많이 썼다는 회한도 있다. 저서 18권, 역서 5권, 논문 95편 논설문 107편, 장편소설 1권, 단편소설 2편, 공저 29권, 기타 잡문 18편, 등을 포함하여 310여의 편장을 집필 했으며, 이들 중 상당수를 버리고 싶은 생각도 있지만 쏘아놓은 화살이 되었다. 50여년에 걸쳐 홀로 연구에 몰두했던 흔적의 수합이다.

이 난고를 출판해 준 윤석현 사장께 진심으로 감사를 표한다.

단기 4354년 仲春 日

月城 李敏弘 志

차례

제1장

고대왕조와 '질문(質文)·오행(五行)·정삭(正朔)'론

右論文質

王者必一質一文者何？所以承天地，順陰陽。陽之道極，則陰道受，陰之道極，則陽道受，明二陰二陽不能相繼也。公羊桓十一年注：「故王者始起，〔口〕先本天道以治天下，質而親，親而不尊。故後王起，法地道以治天下，文而尊尊。其失也疏，故復反之于質」易繫辭傳「一陰一陽之謂道」故明二陰二陽不能相繼也。若然，漢紀言「虞夏之〔質〕，殷周之〔文〕」者，彼自謂夏尊雍文，比殷周之文猶質之質猶文。故夏雖有文，同虞質，殷雖有質，同周之文，自謂一時民俗而言。若王者取尚，仍一質一文也。質法天，文法地而已。故天爲質，地受而化之，養而成之，故爲文。尚書大傳曰：「王者一質一文，據天地之道。」禮三正記曰「質法天，文法地」也。文選注引元命苞云「王者一質一文」疏天地之道，天質而地文。〔公羊桓十一年注「天道本下，親親而質省。地道敬上，尊尊而文煩」是也。〕商者，常也。常者質，質主天，夏者，大也。大者文也，文主地。故王者一商一夏，再而復者也。」帝王始起，先質後文者，順天地之道，本末之義，先後之序也。事莫不先有質性，後乃有文章也。兩「有」字下，論語疏並有「其」字，「天地」舊作「天下」，依盧校論語疏改。

우론문질(白虎通疏證 三敎)

1. 경국이념의 저변

중원문화는 동아시아 여러 민족이 함께 창출한 것으로 일찍이 사이의 고문자들을 한족(漢族)이 이를 종합하여 동아시아의 공통 문자인 한자(漢字)로 집대성하여 기록했기 때문에 중원문화로 일컬어진 것이다. 그러므로 중국 문화라기보다 동아시아 문화로 칭하는 것이 합당하다. 중원문화는 황제(黃帝)와 요(堯) 순(舜)의 문화를 계승 발전시킨 '하(夏, BC, 2205~1766)·은(殷, 商, BC, 1766~1122)·주(周, BC, 1122~770)' 삼대(三代)에 그 골격을 갖추었고, 주나라가 종합 정리했다. 진조(秦朝)를 거쳐 한 대(漢代)를 지나 '당·송' 대에 와서 완성되었다.

동아시아 여러 나라들이 중원문화를 수용하여 이른바 사이문화(四夷文化)의 품격을 높였을 뿐 아니라, 중원의 왕조들도 사이문화를 받아 들여 중원문화를 가일층 풍성하게 발전시켰다. 본 장은 중원문화로 대표되는 동아시아문화를 검토함에 있어, 기반문화의 뿌리인 '질문론(質文論)'과 '오행론(五行論)' 및 '삼정론(三正論, 三統論)·정삭론(正朔論)' 등에 초점을 맞추어 논의를 전개했다.

'질문론(質文論)'은 삼대를 경과하면서 위상이 저하되었는데, 시대의 변화에 따른 문화의 원론에 준하는 '질가사유(質家思惟)'와 '문가사유(文家思惟)'의 영향력과 파급효과 및 존재이유가 퇴색했기 때문이다. 하나라는 문가(文家), 은나라는 질가(質家), 주나라는 문가(文家)로 교체되다가, 진대(秦代)를 지나 한대에 와서 그 위상이 위축되어, 문화의 저변에 흐르고 있었기 때문에 사람들이 이를 구체적으로 느끼지 못했다.

'오행론'은 '질문론(質文論)'과 달리 중원 역대 왕조는 물론이고 동아시아 제국까지 파급되어 장구한 생명력을 유지했다. '오행입덕(五行立德)'에 의거한 왕조 개창은 황제국만이 할 수 있다는 '예악론(禮樂論)'에 입각하여 동아시아 여러 나라들은 시행하지 못했지만, 사이족으로서 황제국을 창건한 북위(北魏)와 금조(金朝) 등은 오행을 표방하여 개국하기도 했다. 오행입국은 백성의 일상생활을 풍요롭게 한다는 정책으로 요즘의 개념으로 보면 복지국가를 건설한다는 정책과 유사하다.

'삼정(三正)'은 제국주의적 정삭론(正朔論)과 결부되어 중원 왕조가 사이제국을 제후국으로 묶어 두기 위해 해마다 정삭을 반포하고, 제후국은 이를 받아 한 해의 시작을 어느 달로 하는지를 정하고, 아울러 해당국의 연호(年號)를 기년(紀年)으로 삼는 구도이다. 당나라 고종이 신라 태종무열왕(太宗武烈王, 재위, 654~661)의 묘호(廟號)가 '태종(太宗)'인 점을 들어 자국의 '태종'과 같다고 하여, 신라 사신을 질타한 사실에서도 '정삭론'이 내포한 제국주의적 굴레를 접하게 된다.

당나라에게 묘호를 두고 수모를 받은 뒤 신라의 묘호는 역사에서 사라지고 제후국으로 격하되어 ○○왕으로 줄곧 일컬어졌다. 고구려 또한 초기 태조왕(太祖王, 재위, 53~146)의 호칭이 최초이면서 최후가 되었다. 백제는 시종 묘호가 없었는데 기록의 탈루인지 그 전말을 알 수 없다. 태조왕이 고려의 실질적 개국시조이고 고주몽 등은 추존 왕이라는 견해도 있는데, 중세왕조의 시조는 태조였던 점을 근거로 한 시각이다.

　우리는 역대로 중원 왕조의 정삭을 사용했고, 19세기에 와서 잠깐이나마 대정(大正) 소화(昭和) 등의 일본의 연호와 정삭(양력)도 시행했으며, 지금은 주체연호인 단기(檀紀)를 버리고 서양의 '서기(西紀)'를 별다른 고민도 없이 쓰고 있다. 산하에 산재한 분묘의 비문도 온통 중국 연호가 도배를 했고 통시적으로 발간된 문헌의 간기도 죄 중국 연호였으며 지금은 서기가 판을 치고 있고 이 같은 상황이 뜻하는 의미에도 관심이 없다. 일본과 대만 북한이 공식문서에 '평성(平成)·민국(民國)·주체(主體)'라는 자체 연호를 당당하게 쓰고 있는 사실과도 비교된다.

　역대 동아시아 왕조는 통시적으로 정권 창출의 본원적 이데올로기가 있었다. 수천 년간 중시 되었던 그 이데올로기는 시대가 흐른 지금 아는 사람도 없고 관심을 갖는 이도 없다. 봉건적 보수적 또는 전근대적이라는 낙인이 찍혀 거의 모든 사람들에게 망각된 채 화석 이데올로기로 인식되고 있지만, 냉정하게 주변을 돌아보면 이들 유교적 이데올로기는 소멸된 것이 아니라, 상당한 영향력을 지금도 행사하고 있다는 사실을 확인할 수 있다.

　중원의 '하·은·주'의 삼대부터 역대 왕조의 통치이념은 유교였다. 도교 불교 등의 종교가 풍미하고 있긴 했으나 국가 통치는 이들에 의존하지 않고, '주공(周公)·공부자(孔夫子)·맹자(孟子)' 등으로 계승 발전된 유교이념이었다. 지금 동아시아를 통치하는 이념이 유교 이데올로기라 보는 사람은 드물다. 그러나 서구적인 사유로 딱딱하게 고착된 표피를 벗기고 보면, 유교 이데올로기는 도처에 생생하게 살아있다.

'자본주의·사회주의·민주주의' 등의 서구적 이데올로기가 조야상하를 풍미하고 있는 듯하지만, 국가나 사회 및 민인(民人)들의 내면에 착근하지 못하고 물 위의 기름처럼 떠돌고 있다. 동아시아의 정통 통치 이데올로기가 이처럼 왜곡되고 퇴색한 이유는, 중원에 사회주의 정권이 수립된 것과 밀접하게 연계되어 있다. 중국의 오천년 역사상 가장 퇴락하고 퇴보된 시대가 사회주의 이데올로기가 강력하게 통치에 활용되고 있었던 기간이라는 사실은 역설적이다. 지금 중국이 세계 강국으로 부상한 것은, 경제영역에서 사회주의의 일부를 버리고 중화주의(中華主義), 즉 정통 동아시아 이데올로기를 회복시킨 것과 무관치 않다.

동아시아에서 소련 동구 서구 등에서 양성된 사회주의 통치 이데올로기는, 경제문제에서는 중국과 북한에서 실패 했고, 유럽국가들 중 동독을 비롯한 동구 여러 나라도 실패했다. 중국은 사회주의를 수정 적용한 뒤 나름대로 성공했다. 우리 영토와 겨레의 일부를 차지하고 있는 북한의 경우, 사회주의를 권력을 유지하기 위해 완강하게 지켜 체재 유지에는 성공했지만, 백성의 물질적 풍요와 정신적 안락에 대해서는 지금도 심각한 손상을 끼치고 있다.

19세기 접어들어 동아시아의 중세 정통 통치 이데올로기가 와해된 공간에, 소련과 유럽에서 양성된 사회주의 이데올로기가 별다른 저항 없이 오히려 백성들에게 환영받으며 무혈 입성했다. 사회주의는 본질적으로 독재논리가 내재된 이데올로기이며, 오로라와 신기루 그리고 무지개 같은 모습을 갖고 있지만 도저히 실현

할 수 없는 탁상공론에 불과하기 때문에, 민인들이 현혹되어 맹신하게 하는 독소를 갖고 있으나, 인간의 본성을 거역하는 요인이 너무 많아 지혜로운 사람들이 볼 때 실패가 예견된 이념이었다.

산하에 외래종 수목이나 어패류가 들어왔을 때, 풍토와 수질에 적응하지 못하고 금방 죽는 종류가 있고, 기하급수로 증식하여 토착 생물들을 압살하는 경우도 있으며, 한동안 번성하다가 얼마 후 토착에 실패하고 끝내 소멸되는 것도 있다. 동아시아에 유입된 동구와 서구의 이데올로기는 위 세 번째 사례에 해당된다.

이데올로기를 단순화 시킨다면 '세계주의'와 '민족주의', '자본주의'와 '사회주의'로 요약된다. 이 4대 이데올로기를 조화롭게 운용한 국가는 흥성한다. 한국은 자본주의와 외래 종교를 받아들여 경제적으로는 성공을 이룩하고 자유와 번영을 만끽하고 있다. 사실 단군 이래 최대의 풍요를 누리며 국민의 대다수가 휘파람을 불며 해외관광을 하는 실정이다. 반만년 동안 몸을 사리며 외경했던 한족의 중원을 누비며 황하와 양자강과 태산 등을 유람하며 너도나도 '신열하일기(新熱河日記)'를 집필하기에 여념이 없다.

5천 년간 중국 옆에 생존하면서 항상 중국보다 낙후되어 있었지만, 그런 와중에서도 외형상 사대주의를 표방하면서 중국 문물을 배워 중국을 제어하는 이화제화적(以華制華的) 예지를 발휘하여 학술 면과 기타 영역에서 중국을 앞서기도 했다. 통시적으로 세계 초강대국인 중국 옆에서 살아남기 위해 중국을 열심히 배웠다. 이를 두고 사대주의라고 해도 상관이 없다. 우리 선인들은 이화제화를 위해 사대주의를 했기 때문에 이를 부끄럽다고 생각하지 않았을 뿐 아니라, 이를 피할 수 없는 생존을 위한 지혜로운 선택으로 자긍했다.

중국 주변 민족들 가운데 사대주의를 하지 않고 중원을 정복하여 칭제건원(稱帝建元)을 감행했던 '서하족·몽골족·여진족·거란족'은 지금 어떤 모습으로 남아 있는가. 또 중국 문화를 완강하게 받아들이지 않고 자신들의 고유문화를 고집스럽게 지키고 있는 티베트와 신강위구르 지역 민족들의 현재의 위상이 어떤지, 그들이 원하는 자주 독립 국가가 성취되길 바라지만 그 가능성 여부는 미지수이다.

5천 년간 정통 문화를 지키며 살아온 한국과 중국을 포함한 동아시아에, 외래이데올로기를 위시한 서구문물이 본격적으로 들어 온지 어언 1세기가 지났다. 그동안 이들 외래문화가 동아시아 문화권에 기여한 바를 과소평가해서는 안 된다. 인간이 100년을 1세기로 본데는 이유가 있다. 100년이란 긴 시간은 새로운 것을 요구하는 계기이기 때문이고, 1세기 동안 숙성된 각종 성과 중 긍정적인 것과 부정적인 현상들이 함께 극명하게 노출되는 기간이다.

소위 글로벌 이념은 지금 정점을 달리고 있지만 하향 추세로 나아갈 가능성이 있다. 그러므로 이제 동아시아 공간에 형성된 부정적인 면을 털어내고, 새로운 시대를 맞이하기 위해, 가장 동아시아적 통치 이념이 무엇인가를 돌이켜 볼 시점에 와 있다. 고대에 이어 중세에 이르기까지 중세적 정권교체의 표상이었던 역성혁명(易姓革命)의 합리화 논리인 '문질·오행·삼정' 등 삼대 원초적인 통치지표의 일단을 검토할까 한다.

2. 삼대(三代)의 '질문론(質·文論)' 교체

동아시아는 요순시대와 '하·은·주'의 삼대(三代)를 이상적 태평성세로 인식하고 있다. 황제(黃帝) 이후 '당(唐)·우(虞)·하(夏)·은(殷)·주(周)'의 오대(五代)가 과연 태평성세였는지 단정키는 어려우나, 통치자의 지배력이 강화되어 폭압적인 면모가 나타나기 시작한 '진(秦)·한(漢)·진(晉)' 등의 시대보다는 민본적 통치가 행해졌던 것은 사실이다.

실증주의적 시각으로 볼 때, 당요(唐堯)와 우순(虞舜) 시대는 전설로 볼 수도 있고, 하나라 역시 이에 준하는 시대로 여길 수도 있다. 그러나 『서경』과 『사기』가 엄연히 존재하는 터에, 이를 함부로 전설시대로 단정하기에는 문제가 있다. 심지어 『서경』까지 후대에 과장된 문헌으로 취급하는 경향도 있는데, 이는 서구적 실증주의가 범하는 착시 현상이다.

'하·은·주' 삼대에 역성혁명으로 정권이 바뀜과 동시에, 국가 통치의 근본이념의 하나인 '질문론'도 교체되었다. 동아시아의 정권교체에 대한 정의가 '역성혁명'이라는 점이 주목된다. '역성(易姓)'이란 왕조의 권력 주체인 최고 통치자의 성이 바뀌었을 따름이지, 전대 정권의 문화 근간은 그대로 계승 발전시킨다는 의미를 갖고 있다.

중원 왕조 교체 과정에서 서구식 혁명에 해당되는 정권교체는, 모주석(毛主席)의 공산주의 정권 수립이 최초였고 소위 문화혁명이 그 사례이다. 한국의 경우는 일제 강점기 30여 년간이 여기에 해당되고, 해방 후 남북한 정권도 반만 년간 계승 발전된 문화의 일부를 서구나 동구의 종교와 이데올로기에 기준하여 변혁한 것으로 볼 수도 있다. 이 같은 변혁에 힘입어 일정한 발전도 있었다. 그러나 현 시점에서 볼 때 그 약효는 이미 떨어졌을 뿐 아니라, 오히려 찬란한 미래의 새로운 지평으로 진입하는데 장애물로 전락하고 있다.

외래 이데올로기의 역기능을 파악한 중국은 이를 청산하고, 잠복해 있던 중화주의의 기치를 들었다. 한국 역시 중국보다 앞서서 서구나 동구에서 유입된 이데올로기에서 해방되어 새로운 길을 찾으려는 시도가 계속되고 있다. 한국과 중국 등 동아시아의 정치 사회 문화 전반에 이 같은 상황을 접하면서, 지금은 까맣게 잊혀진 3대의 국가 경영 논리의 한 축이었던 '문질론'을 검토하겠다.

'하·은' 2대 중 은나라는 개국의 기본 틀을, 질론(質論)에 근거하여 국가를 통치했다고 사서는 진단했다. 여러가지 정황으로 보건데 은나라 통치이념의 본원을 '질가사유(質家思惟)'라고 진단한 것은 공부자이다. 물론 공부자 이전에도 이같이 정의한 사람이 있었을 수도 있지만, 학계나 사회적으로 파급하게 된 계기는 공부자였다.

공부자는 그가 살았던 BC, 6세기 이전까지 수천 년간의 중원문화를 수렴하고 이를 융합한 불세출의 지식인이었을 뿐 아니라 인류문화를 도덕과 접맥시켰다. 공부자는 당신이 생존했던 시대까지 남아 있던 모든 문헌을 전부 수렴하고 이를 정리하여 동아시아의 학술사의 초석을 놓았다. 그러므로 은나라의 원초적 통치이념

과 이에 수반하여 형성된 은문화(殷文化)를 칭하여 '질가사유'로
규정한데는 충분한 근거가 있었다.

子曰 質勝文則野, 文勝質則史, 文質彬彬然後君子. (『論語』,
雍也 第六)

공부자께서 말씀하셨다.
질이 문을 능가하면 조야하고,
문이 질을 압도하면 부화하게 되니,
문과 질이 조화를 이루어야만 군자라고 말할 수 있다.

공부자의 문질에 대한 위의 짤막한 이 구절을 두고, 『13경주소
(十三經注疏)』를 위시하여 『이정집(二程集)』 『주자집주(朱子集
註)』 등 모든 후세의 주석서는 '문'을 문채, '질'을 본질 또는 형식
과 내용을 말한 것이라 했다. 선학들의 이 같은 해석을 변개하거나
새롭게 풀이하여 세간에 이목을 집중할 의도는 없다. 문은 주나라
질은 은나라의 근간이었다. 공부자의 '문질빈빈'이라는 말은 은
나라 문화와 주나라 문화가 융합되어야만 완전해진다는 논리가
깔려있는 것이 아닐까.

공부자는 스스로 당신의 조상이 은인(殷人)이었다고 말했으며,
임종 7일전에 "천하에 도가 없어진 지 오래되었다. 아무도 나의 주
장을 믿지 않는다. 장사를 치를 때 하나라 사람은 시신을 동쪽계
단, 주나라사람은 서쪽계단, 은나라 사람은 두 기둥 사이에 모셨

다. 어젯밤 꿈에 나는 두 기둥 사이에 놓여져 제사를 받았다. 나의 선대는 은나라 사람이었다(夢奠兩楹)."라고 한 말에서 그 근거를 찾을 수도 있다. 다만 선학들이 공부자의 '문질인식'을 기본으로 깔고 부연 설명한 것으로 보고, 그 화석화 된 논리의 일단을 천착해 보았다.

子曰 周監於二代, 郁郁乎文哉, 吾從周. (『논어』, 八佾 第三)

공부자께서 말씀하셨다.
주나라는 하나라와 은나라의 충(忠)과 질(質)에 입각한 문물전장(文物典章)을 모범으로 삼아, 문문화(文文化)가 풍성하고 다채롭게 꽃 피었으니,
나는 주나라를 칭송하지 않을 수 없다.

소위 3대로 일컬어지는 '하·은·주'는 손익(損益) 법도에 의거하여 전대의 문화를 계승 발전시킨 체제였다. 주나라는 '하·은' 2대의 문화를 충실히 계승하고 이를 집대성하여 중원 고대문화를 완성했는데, 그 문헌적 성과의 하나가 『주례(周禮)』이다. 『주례』는 동아시아 공간에서 지금도 그 생명력을 엄연하게 유지하고 있지만 대부분 사람들이 인지하고 못하고 있다. 삼대를 지금까지 태평성대로 인식하는 이유는 '손익론(損益論)'에 근거한 전대 문물을 배척하거나 폐기시키지 않고 계승하여 육성 발전시켰기 때문이다. 공부자는 손익론의 핵심인 '충(忠)·문(文)·질(質)'을 긍정했

기 때문에 문과 질을 누누이 강조한 것이다.

> 棘子成曰, 君子質而已矣 何以文爲, 子貢曰, 惜乎夫子之說
> 君子也, 駟不及舌, 文猶質也 質猶文也 虎豹之鞹 猶犬羊之
> 鞹. (『논어』, 顔淵 第一二)

> 극자성이 말했다. 군자는 오로지 질을 숭상해야 함이니,
> 문은 필요가 없다, 자공(子貢)이 이르길 애석 하도다, 부자
> 의 말이 군자답지만 네 마리 말도 혀를 따라 잡지 못한다. 문
> 과 질은 다 같이 중요한 것이니,
> 털이 없는 표범 가죽은 털 없는 개나 양의 가죽과 같다.

문과 질은 공부자 시대에도 다양한 의미로 이해되고 있었음을
알 수가 있다. 여하튼 문과 질은 동등한 가치를 지녔기 때문에 문
질 중 어느 하나를 경시하거나 중시할 수 없다는 점을 강조한 "문
질빈빈"이라는 공부자의 견해가 통설로 작용하고 있음을 여기서
도 알 수가 있다. 문은 문채(文采) 형식 의식(儀式), 질은 본질 질박
(質朴)으로 이해하는 것은 공부자 당대에도 통용되었다. 『논어』
에 등장하는 문과 질 역시 다양한 의미로 사용되고 있지만, 필자는
'문가사유(文家思惟)'와 '질가사유(質家思惟)'에 초점을 두고 논
의를 전개하겠다.

> 子曰 殷因於夏禮, 所損益, 可知也. 周因於殷禮, 所損益, 可知也.

其或繼周者, 雖百世, 可知也. (『논어, 爲政 第二)

공부자께서 말씀하셨다.
은나라는 하나라의 예의 제도를 계승했지만,
그 가운데 폐기시킨 점과 첨가한 부분을 알 수 있고,
주나라도 은나라의 예의 제도를 계승하면서,
폐기한 부분과 증광 시킨 부면을 알 수 있다.
후대 주나라를 이을 나라가 있다면,
백세 뒤에도 이 범주를 벗어나지 못할 것이다.

공부자는 왕조 교체에 따른 문화의 계승과 변개와 창신 문제를 논의하면서, 결코 변해서 안 될 분야와 시대와 환경에 따라 폐기시키거나 변화해야 할 문제를 말했다. 윗글에서 '인(因)'은 계승이고 '손익'은 폐지하거나 제외해야할 점과 또는 증보하고 첨가해야 할 문물전장을 뜻한다. 은나라가 계승한 하나라의 문물전장(禮樂) 가운데, 폐기했거나 증보한 부분을 알 수 있고, 주나라가 계승한 은나라의 문물제도 중에서, 개폐나 첨가한 부분을 접할 수 있기 때문에, 주나라 이후 전개 될 역사도 예측할 수 있다고 공부자는 말했다.

하나라는 '충', 은나라는 '질', 주나라는 '문'을 각각 숭상하면서 빼거나 더했지만, '충'의 경우는 개폐의 손익 대상이 아니라고 했다. 단지 '질'과 '문'의 경우는 증보하거나 폐기할 부분이 있으므로 '손익'을 할 수 있다고 했다. 하나라는 충을 은나라는 경(敬)을 주나라는 문을 존숭했다는 견해도 있는데, 은의 경우 질(質) 대신 경(敬)으로 대체했다.

청대(淸代) 유보남(劉寶楠)은 하나라는 '충'을 숭상했지만, 무식하고 어리석고 교만하고 거칠어 질박하긴 하나 문채가 없는 폐단이 있었으므로, 은나라가 이를 계승 하면서 변개시켰다. 하나라가 추구한 '문문화'의 폐단에 대한 유보남의 진단이다. '문문화(文文化)'의 손익을 단행한 은나라는 '질문화(質文化)'를 국가의 근간으로 나라를 통치했으나, 질탕하고 소란스럽고 승리에 도취하여 부끄러움이 없는 폐단이 있었다.

주나라는 은나라의 이 같은 '질문화'의 단점을 손익 하여 '문문화'를 국가 경영의 한 틀로 삼았지만, 이익과 기교에 흘러 문채의 찬연함만을 기려 창피한 것을 모르고 있으니, 후대 주나라를 계승할 국가는 다시 '질문화'를 기반으로 할 것이라고 예언했다(來可泓, 『논어직해(論語直解)』 54혈(頁) 참조). 이는 문가와 질가는 교체된다는 논리이다.

하나라의 '충'은 문문화, 즉 문가사유로 보고 있다. 이를 요약하면 '하·은·주' 는 문가에서 질가, 질가에서 문가로 교체 되면서 손익 했다는 것이다. 천(天)은 질이고 문은 지(地)라는 논리는, 질은 땅에 근거했고 문은 하늘에 뿌리를 두었다는 의미이다. 문질은 문과 질만이 교체하는 데 반해 정삭(正朔)은 '천통(天統)·지통(地統)·인통(人統)' 등 삼자가 순환한다. 그러므로 '문질'과 '삼통(三統)'은 서로 배합되지 않는다. 따라서 '삼정(三正)'은 '문질'에 수반되지 않았다.

『대대례(大戴禮)』 주석에 질은 천덕(天德) 문은 지덕(地德)인데, 은나라는 천덕으로 왕이 되었고, 주나라는 지덕에 힘입어 나라를 세웠는데, 이것이 바로 '천질·지문(天質·地文)'의 본원이다. '정삭'은 '삼통'이 순환하고 '문질'은 이자(二者, 文·質)가 반복되기 때문에, 문질과 정삭이 각각 되풀이 되면서도 서로 배합되지 않는 까닭이다(『백호통소증(白虎通疏證), 개정불수문질(改正不隨文質)』편 참조).

'삼통'은 '천시(天施)·지화(地化)·인사(人事)'의 체계를 지칭한 것으로, 천통은 황종지월(黃鐘之月, 11월), 지통은 임종월(林鐘月, 6월), 인통은 태주월(太族月, 1월)로 각각 음률과 관계된다고 하여, 삼정과도 연결시켜 자월(子月, 11월)을 천정(天正), 축월(丑月, 12월)을 지정(地正), 인월(寅月, 1월)을 인정(人正)이라고 『한서(漢書)』에서 말했는데, 지통을 6월로 비정한 것이 특이하다(三統者, 天施, 地化, 人事之紀也. … 故黃鐘爲天統 … 故林鐘爲地統 … 故太族爲人統 … 此三律之謂矣, 是爲三統. … 其於三正也, 黃鐘子爲天正, 林鐘未之牽丑爲地正, 太族寅爲人正. 三正正始. 是以地正適其始紐於陽東北丑位 -「율력지(律曆志) 상(上)」).

은나라가 하나라의 문가문화를 손익하여 질가문화로 나라를 경영했고, 주나라가 은나라 질가문화를 손익 하여 다시 하나라의 문가문화로 복귀한 것은, 문과 질 양자가 순환하기 때문에 다른 선택은 없다. 그렇다면 문가문화와 질가문화의 차이와 변별점은 무엇이며, 정치 사회 문화면에서 어떤 모습으로 발현되었을까. 질가는 오른쪽을 중시한다. 그러므로 종묘는 왕궁을 중심으로 우편에, 사직은 좌측에 있다. 반대로 문가는 좌측을 높게 보았으므로 종묘는 좌측 사직은 우편에 건립했다. 조선조의 경우 종묘가 좌측 사직이 경복궁을 중심으로 우측에 배치한 것은 문가(文家)를 수용했다는 증거이다. 천도(天道)는 좌로 운행하고 일월은 우로 진행한다는 법칙과도 연계된 것 같다.

조선조의 경우 종묘가 좌측 사직이 우측에 있는 것은, 주나라와 같이 문가사유를 수용하여 국가를 다스렸음을 뜻한다. 비록 문가라고 표방하지 않았지만 조선조가 『주례』를 국가통치법전의 근간으로 삼은 사실에서도 확인된다. 색상의 경우 문질론과 꼭 직결된 것 같지는 않으나, 문가인 하나라는 흑색, 질가인 은나라는 백색, 문가인 주나라는 적색을 숭상했다. 예(禮)에는 문을 귀하게 여기는 것과 소(素)를 귀히 취급하는 것이 있다고 했는데, 이 경우 '소'는 '질'을 뜻한다고 했다. 삼대 이전에 문질 손익이 없었던 이유는, 하나라는 순을 계승했고 순은 요를 계승함에 있어서, 삼성(三聖, 요·순·우[堯·舜·禹])이 손익론을 적용하지 않고 일관되게 전대 문화를 수용했기 때문이라고 했다.

이에 대해 동중서(董仲舒, BC, 200~140)는 『한서(漢書)』「책문(册文)」을 통해 "공자가 이르기를 은나라는 하나라 예를 본 땄으므로 그 빼고 보탬을 알 수 있고, 주나라는 하나라 예를 근간으로 했기 때문에 그 손익을 알 수 있다. 훗날 백세 이후 주나라를 계승할 나라의 예도 알 수가 있다. 이는 모든 제왕이 취해야 할 바가 '하·은·주'밖에 없음을 말한 것이다. 하나라가 우순(虞舜)을 언급하지 않은 것은, 문물전장이 순임금의 제도와 동일한 까닭이다.

도의 근본은 하늘에서 나왔고 하늘은 변하지 않고 도 역시 불변이 므로, 우왕도 순임금을 계승했고 순도 요임금을 따랐다. 이 삼성(三聖)이 서로 전수하여 같은 도를 지켰기 때문에 손익을 말하지 않았다."라고 그 경과를 정의했다(孔子曰, 殷因於夏禮, 所損益可 知也, 周因於殷禮, 所損益可知也, 其或繼周者, 雖百世可知也. 此 言百王之用, 以此三者矣. 夏因於虞, 而獨不言所損益者, 其道如一 而所上同也. 道之大原出於天, 天不變, 道亦不變, 是以禹繼舜, 舜 繼堯, 三聖相受而守一道, 亡救弊之政也, 故不言其所損益也. ― 『漢書 董仲舒傳』「册」曰).

왕자(王者)는 반드시 질과 문을 표방하는데, 그 이유는 하늘과 땅을 계승하고 음양의 도를 따르기 때문이다. 양도(陽道)가 극에 도달하면 음도(陰道)를 수용해야 하고, 음도가 극에 도달하면 양 도를 수용한다. 이는 음이 음을 계승하지 못하고, 양이 양을 전수 하지 못하는데 기인한다. '질'은 하늘을 법으로 삼고 '문'은 땅을 법으로 삼는다. 하늘은 질이고 땅이 이를 받아 조화를 이루어 만물 을 양성함으로 문이 된다. 천도(天道)는 내려오고 지도(地道)는 위 로 올라간다. 제왕이 처음으로 일어나면 먼저 질을 앞세운 뒤 문을 행한 것은, 하늘과 땅의 도리와 본말의 의미와 선후의 질서를 이룩 하기 위해서이다.

그러므로 모든 일에 질성(質性)을 우선으로 한 다음 비로소 문 장(文章)이 생성된다(白虎通疏證 卷八 文質). 위의 '문질론'을 보 면 모든 개국 왕조는 반드시 '문질론'에 입각하는 것으로 되어 있 지만, 삼대 이후 동아시아 왕조들이 이를 실천한 흔적은 별로 없다. 후세 사가들이 기록을 탈루한 것인지, 아니면 필자의 과문인지는 알 수 없으나 문헌상의 문질에 대한 기록은 거의 없다.

'문질론'이 동아시아 문화 공간에 저변으로 잠적한 감이 있긴 하나, 그 흔적은 도처에 남아 있다. 예를 들면 좌의정, 우의정 가운데 좌의정의 위계가 높은 것은, 주나라의 상좌적(尙左的) 문가사유와 기인된 것으로 볼 수도 있고, 혼례에서 신랑이 좌측 신부가 우측, 무덤의 경우도 남자가 왼쪽에 위치하는 등의 남좌여우(男左女右)와, 조상의 신위를 모시는 소목법(昭穆法)에도 좌소우목(左昭右穆)이라 하여 시조를 가운데 모시고 1, 3, 5, 세를 좌측 2, 4, 6, 세를 우측에 배치하는 것도 이와 관련이 있다. 여기에도 예악적 질서가 존재하여 천자는 삼소삼목(三昭三穆)의 칠묘(七廟), 제후는 이소이목(二昭二穆)으로 오묘(五廟)만 둘 수 있다는 제약이 있었다.

천자의 맏아들(왕위 계승자)은 대자(大子, 太子), 제후의 후계자는 세자(世子)라 칭하는 것은 고대와 중세의 법도였다. 조선조 500여 년간 대한제국 시대 이전까지 태자라는 용어를 사용하지 못했던 이유도 여기에 있었다. 고대의 왕이 된 자는 반드시 질문(質・文)을 통치의 근간으로 삼았다. 이는 하늘과 땅의 법도를 계승한다는 전제이다. 하늘은 양, 땅은 음인데, 양도가 극점에 이르면 음도로 교체해야 한다는 원리에 기준한 것이다. 『예기』「삼정기(三正記)」에 질은 하늘의 법을, 문은 땅의 법도를 따랐다(質法天, 文法地－白虎通疏證, 論文質)라는 논리도 여기에 근거했다.

문질론에 수반된 교육지표인 '삼교론(三敎論, 夏人의 忠, 殷人

의 敬, 周人의 文)'도 같은 맥락이다. '충'과 '경' 그리고 '문'은 각각 약점이 있기 때문에 상호 보완이 필요하므로 엄격한 분리가 능사가 아니라는 인식에 말미암아 삼교 통합의 필요성이 부각되었다. 공부자의 문질빈빈론(文質彬彬論)의 강조도 이와 관련이 있다고 필자는 생각한다. 질가는 종묘가 우측 사직은 좌측, 문가는 사직이 우측 종묘는 좌측에 건립했다. 따라서 문가는 상좌(尚左), 질가는 상우(尚右)의 기본 관념이 성립했다. 경도(京都, 각종 문헌에 의하면 조선조는 왕궁과 육조 등이 위치한 서울을 '경도'라 칭했고, 그 관리는 한성부가 맡았다. 서울을 '한성(漢城)'으로 말하는 것은 망발이다)의 종묘와 사직, 태학, 성균관 등의 위치도 이처럼 중세의 논리가 바탕에 깔려 있다.

은나라는 질, 즉 대지의 원리를 근본으로 했기 때문에 세수(歲首)도 삼통(三統) 중 지통(地統)인 12월로 했으며, 주나라는 문, 즉 하늘의 뜻(天道)을 기준했기 때문에 천통(天統)인 11월을 세수로 정한 것도 질문론에 근거한 것이다. 하나라는 인통(人統)인 1월을 세수로 했다. 공부자는 삼통 가운데 인문을 중시한 인통을 주축으로 해야 한다는 주장을 폈다. 한나라 이후 세수가 1월, 즉 인통으로 굳어진 것도 공부자의 인본주의적 사유의 영향으로 볼 수 있다.

문중 가묘(家廟)의 망자의 배치도 아버지와 아들은 좌우로 마주보고, 할아버지와 손자는 세로로 전후에 있다. 식사 때 부자는 겸상하지 않지만 조손은 겸상을 자연스럽게 하는 것도 이와 무관치 않다. 남아와 여아가 어머니의 자궁에 자리할 때도, 남자는 왼쪽 여자는 오른쪽에 자리한다는 설도 있다. 며느리가 임신했을 때

아들딸의 성별을 알기 위해, 시어머니가 앞서 가는 며느리를 불러 왼쪽으로 돌아보면 아들, 오른쪽으로 돌아보면 딸일 확률이 있다는 속설도 있다. 하늘은 좌측으로 선회하고 일월은 우측으로 돈다는 원리와도 관계가 있다. 윗도리의 경우도 남자는 왼편 여자는 오른편으로 여미는 관례 등도 이와 관계가 있는 것일까.

이상의 고찰을 참작할 때『논어』에 숱하게 등장하는 "문"과 "질"은 문채와 본질로 해석되는 사례도 많지만, 몇몇 문장은 문가사유와 질가사유를 바탕한 주문화(周文化)와 은문화(殷文化)를 지칭했다. 수많은『논어』해설서 가운데『십삼경주소(十三經注疏)』의『논어정의(論語正義)』등 몇 책을 제외하고는 문질론에 근거하여 이를 해석한 사례는 없다. 후세 학자들의 정치한 해석을 참고하여, 화석화된 공부자의 깊고 오묘한 예지를 밝혀낼 필요가 있다.

3. 홍범구주(洪範九疇)와 오행론

동아시아 역대 왕조는 개국과 동시에 오행(五行) 중 하나를 선택하여 국정 지표로 삼았다. 본래 오행개국(五行開國)은 황제 국만이 가능했고, 제후나 중원 주변 소위 사이제국(四夷諸國)은 못하게 되어 있었다. 사이국들 중 칭제건원을 시행한 왕조는 대체로 오행입국을 했다. 서남아시아의 역대 왕조들도 오행입국을 했을 가능성도 많지만 필자는 이 방면에 정보를 갖지 못하고 있다. 이

점은 전문가들에 의해 소상하게 구명될 필요가 있다. 중원 중심의 오만한 역사 인식을 불식하는데 반드시 짚고 넘어가야 할 사안이기 때문이다.

고구려 백제 신라의 역사를 기록한『삼국사기』에는 이들 삼국의 오행에 관한 정보가 거의 없다. 실지로 오행을 국정지표로 삼았지만, 중원 국가의 위세에 눌려 얼버무렸거나 양언하지 않고 은밀하게 실시했을 가능성도 있다. 우리의 역대 왕조 오행입국에 대한 기록의 편린이라도 찾아 그 실상이 밝혀져야 할 것이다.

'오행론(五行論)'은『서경, 주서(周書)』의「홍범(洪範)」편장에 최초로 등장한다. 「홍범구주(洪範九疇)」로 알려진 이 고대와 중세의 통치규범은 하도(河圖)와 낙서(洛書)에 발원하여 하나라와 은나라 시대까지 전승된 듯하나, 구체적으로 국정지표로 사용된 시기는 주나라 개국 무렵부터였다. '홍범구주' 가운데 첫머리에 5행이 나온다. 아홉 가지 강목 중에 오행이 첫머리에 나오는 것은 그만큼 중요했음을 지적한 것이다.

주자(朱子, 1130~1200)는 " '홍범구주'의 모든 항목은 '황극(皇極)'에 귀결 된다(『書傳』「周書」洪範 注)"라고 했다. 주자가 국가를 다스리는 천자의 법칙을 최고로 보는 데는 이유가 있지만, 백성의 일상생활과 밀접한 관련이 있는 오행을 첫머리에 배치한『서경』의 취지에 필자는 공감한다. 오행은 '수·화·목·금·토'이다. 수는 적시면서 아래로 내려가고, 화는 타면서 위로 오르고, 목은 굽게도 곧게도 되고, 금은 형체를 바꿀 수 있으며, 토는 곡식을 심어 가꿀 수 있다(『서경』,「주서」, 홍범).

오행의 순위가 '수·화·목·금·토'인 것은 생성의 순서를 밝힌 것으로 보았다. 하늘이 첫 번째로 물을 만들었고, 땅은 두 번째로 불을 만들고, 하늘은 세 번째로 나무를 만들고, 땅은 네 번째로 쇠를 만들고, 하늘은 다섯 번째로 흙을 만든 사실을 명시했다고 했다. 하늘과 땅이 순차적으로 오행을 만든 이유는 백성들의 일상생활을 풍요롭게 하기 위해서였다. 따라서 통치자는 하늘이 백성을 위해 점지한 오행을 국가통치에 중요한 덕목으로 삼을 이유가 충분히 있다.

모든 왕조들이 오행 입국을 내외에 선포한 이유는, 억조창생의 복리를 증진시킬 사명감에 기인한 것이다. 오행론은 그러므로 민본주의와 관련이 있다. 오행은 우주 생성의 기본 물질로 본 고대 및 중세 동아시아인의 인식을, 평범하고 상식적인 것으로 취급하는 것은 현대인의 독선이다. 지구상의 물질 모두를 소위 과학적으로 미세하게 유분 해 봤자 결국 이 오행의 범주를 벗어나지 못한다.

태극(太極)이 음양으로 분화되어 오행을 형성하고, 오행은 만물을 낳는다. 태극은 형체가 없고 음양 또한 형상이 없는데, 오행에 와서야 비로소 형태가 나타난다. 오행이 하늘에 형상되면 세(歲, 목성), 형혹(熒惑, 화성), 진(塡, 토성), 태백(太白, 금성), 진(辰, 수성) 등의 5성이 되고, 땅에 형상되면 '수·화·목·금·토'의 5재(五材)가 되며 5재는 민인들이 사용하는 재료이다(沈鎬, 『地學』九頁, 1993 臺北, 武陵出版公司). 대지는 토로 이루어지며 사람도 땅에서 태어나 땅으로 돌아간다. 또 흙이 솟아나면 봉만이 되고 흩어

지면 언덕이 되고 펼쳐지면 평원이 된다.

5행을 5성과 5미 5취와도 결부시켰고, 5음 오상(五常) 오방(五方) 등으로 광범하게 연결시킨 것은, 오행이 우주 만물의 핵심임을 천명한 것이다. 5행을 5기(五氣)라고도 하며 '행(行)'은 하늘이 기(氣)를 행사한다는 뜻이라 했다. 5행 가운데 수는 음, 화는 양이며 목은 소양(少陽), 금은 소음(少陰)이며, 토는 가장 존귀한 것으로 사물이 나오고 들어가는 것으로 청탁을 불문하고 포괄한다고 정의했다.

염제(炎帝)는 태양(太陽)이고 화덕(火德)으로 천하의 왕이 되었다.『산해경(山海經)』주에 염제는 신농(神農)이고 남방을 주관했으며 색은 적(赤)이고 주조(朱鳥)가 정(精)이다. 소호(少皞)는 금덕(金德)으로 왕 노릇을 했기 때문에 금천씨(金天氏)라 했고, 서방을 주관했으며 색은 백이고 백호(白虎)가 정이다. 전욱(顓頊)은 북방을 관활했으며 수덕(水德)으로 왕 노릇을 했고 색은 흑이고 현무(玄武)가 정이다. 황제(黃帝)는 토덕(土德)으로 천하의 왕이 되고 색은 황이고 중앙의 황제이다. 염제는 화덕, 소호는 금덕, 전욱은 수덕, 황제는 토덕 등 오행을 동서남북 중앙을 관장하는 통치자들이 각각 국정의 지표로 삼았다. 이들 황제들이 전설적인 인물이긴 하나, 중원 역대 왕조의 오행입국의 뿌리가 되었다.『백호통소증(白虎通疏證)』「오행(五行) 편장」에서 각종 사서들을 참고하여 위의 오제를 오행과 결부시켜 천하에 왕 노릇을 한 점을 기술한 것은, 오행입국이 대단히 중요한 사안임을 강조한 것이다.

중원의 역대 왕조는 세상의 중앙에 위치하여, 사방을 호령하며 천하를 통치한다는 자존의식은, 그들이 숭상하는 오색 가운데 중앙색인 황색과, 오행 중 가장 존귀한 토를 차지했다는 자부심과 연계된다. 오행론에서 토가 '춘·하·추·동' 사계를 관장하며 왕 노릇을 할 만큼 가장 존귀한 이유는, 흙이 없으면 나무가 자라지 않고, 불은 흙이 아니면 영화롭지 못하고, 쇠는 흙이 아니면 생성되지 못하고, 물은 흙이 아니면 높게 되지 못한다. 흙은 미미한 것을 부양하고 쇠미한 것을 도와 도를 이루게 함으로 오행을 바꾸어 왕 노릇을 할지라도 반드시 흙을 말미암아야 한다.

사계(四季)의 왕 노릇을 한다는 뜻은, 중앙에 위치하여 사계를 포용한다는 뜻이다. 흙은 하늘의 팔과 다리 같은 것으로, 그 덕이 무성하고 아름다워 한 계절의 일로 국한시킬 수 없으므로 사계를 모두 아우른다고 했다. 『악기(樂記)』에 '춘생(春生)·하장(夏長)·추수(秋收)·동장(冬臧)'이라는 구절이 있는데, 봄은 탄생, 여름은 성장, 가을은 거둠, 겨울은 갈무리하는 것이라 풀이했다.

토는 특정 계절을 주관하지 않는다. 지(地)는 토의 다른 호칭이고 오행 중 가장 존귀한 것으로 특정 직책을 맡지 않는다. 토는 오행의 주인공이다. 임금이 일정한 직책을 맡지 않는 것처럼, 땅 역시 어느 계절이나 방위를 맡지 않고 총괄한다. 그러므로 토는 중앙에 위치한다. 이는 중국이 세계의 중앙에 위치하고 있다고 생각하는 중원 왕조의 자존의식의 근저이다.

오행은 오음(五音)과도 접맥된다. 궁(宮)은 중앙이요 제왕의 음이고, 상(商)은 서방으로 신하의 음이며, 각(角)은 동방으로 백성의 음이며, 치(徵)는 남방으로 사(事)의 음이고, 우(羽)는 북방으로 물(物)의 음이다. 궁음이 어지러우면 제왕이 난잡해진다고 여겼다. 오행이 과연 지금까지 언급한 여러 가지 일들과 유기적으로 관계가 맺어진 것인지는 확인하기 어렵지만, 고대나 중세의 경우는 이 같은 사유를 믿고 있었다. 역대 역성혁명을 이룩한 제왕들이 오행개국을 수천 년간 지속해 왔던 이유도 여기에 있었다.

고려조 이승휴(李承休, 1224~1300)는 그의 역저『제왕운기(帝王韻紀)』를 통해 중원 역대 왕조가 표방한 오행의 내역을 구체적으로 기록했다. 이승휴는 오행사유가 중원 왕조들의 통치 현실에 상당한 영향력을 행사하고 있었음을 인정한 것이다. 그는 오행입덕(五行立德)의 효시를 수인씨(燧人氏)로 보고, 화덕(火德)으로 천하를 가졌다고 했다. 그가 통시적으로 학자들이 관심을 가지지 않았던 '오행입덕'에 입각한 왕조의 개국에 유의한 까닭이 무엇인지.

『제왕운기』상권은 역성혁명으로 개국한 중국 제왕들의 사적을 오행론과 결부시켜 운문으로 읊었고, 하권은 동국군왕(東國君王) 개국연대(開國年代)를 역시 7언 운문으로 노래했지만 오행입덕에 관한 기록은 없다. 신라와 태봉 및 고려조의 통치 역년 간에 오행입덕의 흔적이 있음에도 불구하고, 이승휴는 이에 대해 관심이 없었다. 우리 역대 왕조들이 황제국이 아닌 만큼 오행개국은 동아시아질서에 어긋난다는 인식에 말미암은 것일까.

수인씨가 화덕으로 개국한 이후부터, 복희씨(伏羲氏)는 수덕, 신농씨는 화덕, 황제는 토덕, 소호(小昊)는 금덕, 전욱은 목덕, 제곡(帝嚳)은 수덕, 당요(唐堯)는 화덕, 우순(虞舜)은 토덕, 하는 금덕, 은은 수덕, 주는 목덕으로 천하를 통치했다. 주나라의 12제후국(魯·齊·吳·陳·曹·燕·晉·楚·蔡·鄭·宋·衛)과 오패(五覇, 齊桓公·晉文公·宋襄公·秦穆公·楚莊公) 및 칠웅(七雄, 韓·趙·燕·齊·秦·楚·衛)은 제후국의 본분을 지켜 오행입덕을 하지 않았다. 진시황이 전국시대를 통일하여 진(秦)나라를 개국하자, 수덕을 국가경영의 기본으로 삼았다.

진나라가 멸망한 뒤 초(楚)나라 항왕(項王, 項羽, BC, 232~202)은 오행입덕을 표방하지 않았다. 한고조(漢高祖, 劉邦, BC, 247~195)가 항우를 제거하고 한실(漢室)을 창건하고 장안에 도읍하여 화덕으로 나라를 통치했다. 한나라가 멸망한 뒤 유비(劉備, 160~223)의 촉한(蜀漢), 조조(曹操, 154~220)의 위(魏), 손권(孫權, 182~252)의 오(吳)나라가 분립하여 삼국시대가 전개되었다. 성도에 도읍한 촉한은 42년간의 역년을 누렸지만, 오행입덕을 했다는 기록이 없고, 무창에 도읍한 오나라 역시 59년간 존립한 왕조임에도 불구하고 오행개국의 흔적이 없다.

삼국 중 중원을 차지한 위나라만이 유일하게 토덕으로 개국했다. 위나라가 한나라의 화덕을 극복하는 차원에 토덕으로 입국한 까닭은 '화생토(火生土)'라는 오행원리와 연관이 있다. 토덕을 표방한 위나라도 46년간 존속하다가 서진(西晉) 무제(武帝, 司馬炎, 236~290)에게 병탄되었다.

서진은 위나라의 토덕을 '토생금(土生金)'의 원리에 따라 금덕을 국정의 좌표로 삼았다. 진(晉, 西晉·東晉)이 멸망한 뒤 남북조 16국의 난세가 시작되었다. 이 무렵 무수한 왕조가 칭제(稱帝)했지만, 오행입덕으로 나라를 통치한 예는 거의 없었다. 단지 북방의 선비족(鮮卑族) 탁발규(托跋珪, 拓跋圭, 371~409)가 건국한 북위(北魏)만이 수덕의 기치를 들었다. 진나라가 금덕을 표방했으니, 남북조 시대 유일하게 오행의 기치를 든 북위가, '금생수(金生水)'라는 오행상생의 법칙에 따라 수덕을 내걸었다.

남북조 시대를 청산하고 중원을 통일한 수(隋)나라는 3제 38연간 존속하면서 화덕을 표방했다. 오행상생법칙에 의하면 수나라는 남북조시대 유일하게 오행입덕을 한 북위의 수덕을 기준으로 할 경우 목덕입국(木德立國)이 순리이다. 오행상생론(五行相生論)이 꼭 일치하지 않는 것은 문헌에 명기되지 않은 수선(受禪)으로 승계한 전대 왕조의 오행입덕과 연관이 있을 수도 있으나, 현재로선 명확하게 논의할 증거가 없다. 오행상생의 법칙을 거역한 개국은 대체로 직전 왕조의 정통을 부정했을 때 나타나는 현상이다.

수(隋, 589~618)나라를 전복시켜 역성혁명을 이룩한 당(唐, 618~907)나라는, 전조 수의 화덕을 상생(相生)하여 토덕으로 개국했다. 289년간 중원을 호령하던 당나라를 전복시킨 주전충(朱全忠, 852~912)의 양나라를 승계한 존욱(存勖)의 후당은 토덕, 후당을 이어받은 석경당(石敬塘, 892~942)의 후진(後晉)은 토덕, 곽위(郭威, 904~954)의 후주(後周)는 목덕이다. 거란족이 건국하여 218년간 칭제건원을 했던 동복아시아의 강국 요조(遼朝)는 오행입덕의 기록이 『제왕운기』에는 없다.

요나라를 평정하고 동북아시아의 광활한 영토를 장악한 여진족의 금조(金朝)는 원조(元朝)에게 정복 당하기까지 118년간 토덕으로 국가를 다스렸다. 이상은 『제왕운기』에 의거한 것으로 『오대사(五代史)』 『요사(遼史)』 『원사(元史)』 등의 사서를 정밀하게 분석하면 더 많은 정보가 적출될 수도 있겠지만 다음으로 미루겠다.

고려조와 금나라는 형제지국으로 공존했다. 양국 간의 오고간 문서에서 "대금황제(大金皇帝)가 고려황제에게 보낸다."라는 문건에서 고려조도 황제국으로 자부했는바, 오행입덕을 표방했을 가능성이 있다. 우리의 역사를 동아시아의 중세국가 간 질서의 기본 축이었던 예악론에 기반하여 인식할 필요가 있다. 예악론적 시각으로 『고려사』를 검토하면 고려조의 새로운 모습이 나타날 수도 있다.

고려시대 곽동순(郭東珣)은 그의 〈팔관회하표(八關會賀表)〉를 통해, 복희씨 이후 고려조가 최고의 왕조임을 칭송했다. 그는 "우리 태조(왕건)가 수덕 말년에 동명성왕의 광활한 고토에 나라를 개국했다"라고 했는데, '수덕'은 궁왕(弓王, 弓裔, ?~918) 태봉국(泰封國)의 오행입덕을 근저로 한 연호(年號)이다. 궁왕이 태봉의 연호를 '수덕만세(水德萬歲)'라고 한 것은 오행입덕(五行立德) 중 수덕을 국정의 근간으로 삼았다는 증거이다. 『삼국사기』에 직접적인 언급은 없으나, 신라는 금덕으로 나라를 통치한 왕조로 인정된다.

궁왕이 수덕을 표방한 것도 '금생수'라는 오행순리에 기인한 것이고, 고려조는 태봉국을 수선 형식으로 정벌하여 개국했으므로, '수생목(水生木)'의 오행논리에 준하여 황제의 터전 개경에서 목덕으로 나라를 세웠다는, '목덕개국(木德開國)'을 선양한 일련의 표문(表文, 在木德盛更延松麓之帝基)에서 확인된다. 중원 국가의 눈치를 보느라 당당하게 표명하지는 못했지만, 신라는 '금덕', 태봉은 '수덕', 고려조는 '목덕'을 표방하여 중세 예악논리에 입각한 오행개국을 이면으로 시행하고 있었다.

고대에 이어 중세까지 오행입덕 개국을 암암리에 지속한 데는 그만한 까닭이 있었을 것이다. 황제국만 할 수 있다는 오행입국 논리는 중원을 차지한 한족의 독선이다. 중원 주변 사이제국들 가운데 우리 한민족과 만주족이 이를 시행한 것도 의미가 있다. 오행론이 수천 년간 이처럼 지속적으로 국가체제와 직결된 것은 민본과 민생의 실생활과 연결되어 있었기 때문이다.

농경생활을 위주로 했던 고대 및 중세의 백성들에게, 오행 사계 서징(庶徵, 雨·暘·燠·寒·風) 육기(六氣, 陰·陽·風·雨·晦·明) 등은 결정적인 역할을 했다. 춘하추동의 계절변화와 음과 양, 바람, 비, 구름, 맑음 등의 육기는 삶과 직결된 것이고, 이 중에 오행은 일상생활에 필수적인 물질들이다.

주나라 무왕이 은의 주왕을 정벌할 때 〈오행가(五行歌)〉를 병사들이 제창했다고 전해진다. 『상서대전(尚書大傳)』에 "만물은 역동적으로 쉬지 않고 운행되고, 수와 화는 백성들이 마시고 먹고 사용하는 재료이고, 금과 목은 백성들의 삶을 윤택하게 하며, 토는 만물을 생장하게 하여 백성들의 생존을 풍성하게 한다(孜孜無息, 水火者, 百姓之所飲食也. 金木者, 百姓之所興生也. 土者, 萬物所資生. 是爲人用)."라고 노래하고 춤추며 전진했다고 했다.

이는 당시 오행이 민인들의 일상생활과 연결된 삶의 필수요소로 인식되었음을 뜻한다. 금과 목은 생산의 필요한 공구의 재료가 되어 물산을 풍성하게 했고, 수와 화는 음식을 조리하는데 불가결의 물질이었으며, 토는 농작물을 가꾸는 모태로 여겨 생활의 절실한 요소로 백성들은 인식했다. 오행이 인간과 결부될 경우 오장(五藏)이 되어 인체를 활발하게 움직이게 한다고 확신했다.

4. 왕조 창건과 삼정론(三正論)

삼정은 삼통으로도 일컬어지나 정삭으로 더 알려져 있다. '삼정'에 논자를 붙인 것은 필자의 소견이지만, 삼정이 가진 논리가 워낙 심오한 만큼 타당한 인식으로 믿는다. 다음에 논의할 삼정론은『백호통소증』『삼군(三軍)』편과『삼정』편을 종합하여 서술한 것이다.

국가를 창업한 왕이 천명을 받음에 있어서, 질가는 먼저 정벌을 감행하고, 문가는 정삭을 변경한다. 질가는 하늘이 자신으로 하여금 무도한 국가를 징벌하라는 명을 받았다고 믿고, 하늘을 대신하여 무도한 나라를 전복시켜 왕이 되었기 때문이다. 문가는 천명이 이미 이루어졌으므로 먼저 정삭을 바꾼다. 왕이 된 자가 천명을 받으면 우선 제천(祭天)을 하고 나서 왕업을 행사했는데, 문왕(文王)이 그 대표적인 예이다. 고대의 제천의례는 천자로 등극하는 의식이었다.

주나라가 문가로 개국한 소이도 여기에 있다. 문왕은 숭(崇)나라를 정벌한 뒤 영대(靈臺)를 만들고 정삭을 바꾸었다. 이는 은나라를 정벌하기 이전에 정삭을 바꾸고 왕호(王號)를 선포한 사실을 문가의 실상으로 보았으며, 『시경』에 "문왕에게 명하여 주나라 수도에서 다스리게 하고, 국호를 주로, 수도를 경(京)으로 칭한다(命此文王, 于周于京 -『시경』「大雅」 大明)."라고 한 것 역시 문가의 본질을 말한 것이다.

문왕은 은나라가 실시한 정삭을 바꾸고 수도의 명칭을 '읍(邑)'을 고쳐 '경(京)'으로 일컬었는데, 이 역시 '개정삭(改正朔)과 개호(改號, 국호를 周로 변경)'의 일환이다. 신하로서 왕으로 섬기던 걸(桀)과 주(紂)를 방축 또는 시해한 사실을 두고, 하나라의 창업주 우왕과 주나라를 창건한 무왕이 이들 두 폭군이 천명을 저버렸기 때문에 이미 천하를 잃었으므로, 왕을 시해한 것이 아니라 폭압적인 인물을 처리했다고 판단한 것은 후대 학자들의 강변이다. 역사는 승자의 것이라는 점을 여기서도 보게 된다.

왕이 된 자가 천명을 받은 뒤 정삭을 바꾸는 것은 전대의 문화를 인습하지 않고 개혁한다는 의지를 밝힌 것이다. 또 개국한 왕조가 사람에 의한 것이 아니라 하늘의 명을 받았기 때문에, 민심을 변모시키고 이목을 혁신하여 신문화를 창조하겠다는 염원의 표명이다. 그러므로 왕자가 새로 일어나면 정삭을 고치고 복색(服色)을 바꾸고 휘호(徽號)를 달리하고 기계(器械)를 변이시키고 의복도 교체한다고 했다.

『번로(繁露)』 초장왕(楚莊王) 편에 새로 된 왕이 반드시 제도를 바꾸는 것은 그 도(道)를 고치는 것이 아니고, 그 이(理)를 변경하는 것도 아니고, 다만 전대 왕의 나쁜 점을 계승하지 않는다는 뜻이다. 왕이 된 자가 덕을 닦지 않으면, 제후가 신하의 신분으로도 계승하여 이전의 폐단을 바꿔야 하며, 이런 까닭으로 우왕이 순(舜)을 계승하여 태평성대를 이룩했지만, 오히려 하늘의 뜻을 받들어 정삭을 바꿨다는 것이다.

요임금은 축월(丑月, 12월)을 새수(歲首)로 했고, 순임금은 자월(子月, 11월)을 새해의 출발점으로 했다. 헌원씨(軒轅氏, 黃帝) 고신씨(高辛氏, 帝嚳) 하우씨(夏后氏, 禹)와 한무제(漢武帝)는 모두 13月, 즉 1월을 세수로, 소호(少昊, 金天氏) 유당(有唐, 堯) 유은(有殷, 湯)은 12월을 세수로 삼았다. 고양씨(高陽氏, 顓頊) 유우(有虞, 舜) 유주(有周, 文王)는 모두 11월을 정월로 했다.

이로써 보건데 고대에는 정삭을 대체로 바꾸지 않고 그대로 준용하는 것이 상례였다. 정삭과 더불어 제천 시 하늘에 올리는 예물을 싸는 삼백(三帛)도 문제가 된다. 고양씨의 후예는 적증(赤繒), 고신씨의 후대는 흑증(黑繒), 그 밖의 제후들은 백증(白繒)을 사용했다. 『통전(通典)』은 고양씨는 적색, 고신씨는 흑색, 도당씨(陶唐氏)는 백색을 숭상했기 때문에 제사에 옥을 올릴 때 각각 그들이 숭상하는 색깔의 비단을 사용했다고 했다. 제왕이 일어날 때 하늘의 상서가 나타나는 데, 탕왕은 백랑(白狼, 백색 늑대), 우왕은 현규(玄珪, 검은 홀), 주나라는 적작(赤雀, 적색 까치)을 각각 천명의 서응(瑞應)으로 인식하여, 백색·검정색·붉은색 비단 등으로 옥을 싸서 올렸다.

정삭은 세 가지가 있는바 그 이유는 하늘에는 삼통과 삼미(三微)의 달이 있어서이다. 훌륭한 지도자는 마땅히 하늘의 뜻을 이어받아 왕업을 이루게 마련이니, 각각 삼정(三正) 가운데 일정(一正)을 선택하여 그것을 기본으로 삼았다. 삼미는 세 신월(新月, 11·12·13월)로써 삼정의 시작으로 만물이 모두 미미하여 물색(物色)이 동일하지 않기 때문에 왕 된 자가 이를 법으로 삼아 정삭을 변개한다.

삭은 소생하고 혁신한다는 의미로 만물을 혁신하고 갱신하는 까닭으로 통이라 한다. 『예기(禮記)』 「삼정기(三正記)」에 정삭은 '삼(三, 11, 12, 1월)'으로서 개정하고, 문질은 각각 되풀이 한다는 것은 이를 두고 한 말이다. 삭은 북방이고 다한다는 것으로 곧 혁신과 통한다. 삼미(三微)는 양기가 황천에서 비로소 일어나긴 했으나, 움직임이 미미하여 나타난 바가 미약한고로 미(微)라고 했다.

삼정의 하나인 11월은 양기가 뿌리와 줄기가 있는 황천에서 양성되어 만물이 모두 적색이 되는데, 적색은 양기를 성하게 하는 기이다. 주나라가 '천정(天正)'인 11월을 세수로 삼았으며 따라서 적색을 숭상한 것이다. 12월은 만물이 움이 처음으로 터서 백색이 되는 데, 백색은 음기이므로 은나라가 '지정(地正)'인 12월을 세수로 삼았고 숭상하는 색은 백색이다. 13월은 만물이 펼쳐져서 껍질을 뚫고 나오기 때문에 모두 흑색이 되는 바, 사람이 이를 얻어 가공하여 사용하기 때문에 하나라가 '인정(人正)'인 1월을 세수로 했고 흑색을 숭상했다.

『상서대전(尙書大傳)』은 위의 내용을 부연하여 정에다 삭을 첨가했다. 하나라는 맹춘(孟春, 1月)달을 정(正, 歲首)으로 삼았고, 은나라는 계동(季冬, 12月)달을 정으로 했고, 주나라는 중동(仲冬, 11月)달을 정으로 했다. 하나라는 13월을 정으로 했고 흑색을 숭상했으며 평단(平旦)을 삭, 은나라는 12월을 정으로 백색을 숭상했으며 계명(鷄鳴)을 삭, 주나라는 11월을 정으로 적색을 숭상했고 야반(夜半)을 삭으로 삼았다.

　이 경우 삭은 하루가 바뀌는 기준을 말했다. 하나라는 해가 떠오르는 시각부터 하루가 시작되고, 은나라는 첫닭이 우는 시각부터 새날이 시작되며, 주나라는 야반 즉 자정이 날짜기 바뀌는 것으로 규정했다. 제사를 모실 때 첫닭이 울면 낭패를 하는 풍속은 은나라의 삭을 사용했다는 흔적이다. 지금도 새 날을 자정이나 일출 계명 등이 민속적 차원에서는 혼란이 되고 있는 것도, '하·은·주'의 정삭론과 관련이 있다.

　주나라는 천정, 은나라는 지정, 하나라는 인정을 시행하고, 하루의 변경을 주나라는 야반, 은나라는 계명, 하나라는 일출을 기준했다. 천정과 적색, 지정과 백색, 인정과 흑색의 연관성을 두고, 적색은 양기가 현저하게 나타나지 않았기 때문이며, 백색은 만물이 삯이 돋는 것과 연관이 있고, 흑색은 만물이 껍질을 깨고 나타나서 사람이 이를 가공하여 일용에 사용할 수 있기 때문이라고 했다. '천통·지통·인통'을 '천정·지정·인정'으로도 일컫는 달은 '11월·12월·1월'에 국한되고 2월부터 10월은 정삭과 연관이 없는 것은, 만물이 이달부터는 고르게 나아가지 않은데 이유가 있다고 했다.

『백호통소증』에 진나라가 10월(해월[亥月])을 세수로 삼았는데 불구하고 이에 대해 언급이 없는 까닭은 무엇일까. 한족은 최초의 통일국가를 만들고 물물제도를 완비한 진나라에 대해서 일관되게 평가 절하하는 관례와도 상관이 있는 듯하다. 우리나라 민속에 10월을 '상달'이라 칭하고 있는 데, '상달'을 '상월(上月)' 즉 세수를 의미하는 것이 아닐까.

만일 '10월 상달'을 세수로 인정할 경우 고대 우리 민족이 진력(秦曆)을 사용했거나, 아니면 진나라 지배계층이 정통 한족이 아니라는 설을 인정한다면, 원초적으로 우리 겨레와 접맥된 민족일 수도 있고 진한(辰韓)이 진(秦)나라와 관계가 있다는 견해도 참고가 된다. 10월을 세수로 한 진나라의 정삭을 한나라 초기까지 사용했던 사실도 유의할 점이다.

삼정의 상승(相承)은 순환의 고리에 따라 진행되지만, 공부자가 주나라의 세수 천정(天統, 11월)의 폐단을 직시하고, 하나라의 정삭을 사용할 것을 주장한(『논어』「위영공(衛靈公)」제15편의, 子曰 行夏之時) 것은 당대 정삭의 폐단을 비판한 것이다. 복희씨 이하 여와씨(女媧氏)는 12월을 세수로, 신농씨는 11월, 황제는13월, 소호는 12월, 고양씨는 11월, 고신씨는 13월, 요는 12월, 순은 11월, 하는 13월, 은은 12월, 주는 11월을 세수로 한 것이 바로 삼정의 순환이다. 이 기록에서도 진나라의 10월 세수는 정삭의 범주에 포함시키지 않았다. 후대에 만물의 발단은 11월에서 13월까지만 성립된다는 삼정론에 근거하여 진력을 배제시켰다.

『통감절요(通鑑節要)』권이(卷二)「후진기(後秦紀)」에 오행입덕과 함께 정삭에 대한 논의가 주목된다. 후대 문헌에서 배제된 진시황이 수덕 개국을 한 이유와 개년(改年) 및 삼정론에서 제외된 10월 정삭에 대해 말했다. 제(齊)나라 위왕(威王)과 선왕(宣王) 때 추연(鄒衍)이 오덕운행(五德運行)의 시말에 관해 언급했다.

오덕은 '금·목·수·화·토'로서 그 운행은 순환한다. 진시황이 천하를 통일하자, 제인(齊人)이 그 운행법도를 상주했고, 시황이 이를 채택했다. 주나라는 화덕으로 나라를 통치했기 때문에, 진이 주를 대신하면 응당 수덕으로 개국해야 하고, 정삭도 바꾸어 10월을 세수로 하고, 신년 하례를 10월 초하루로 확정하고, '의복(衣服)·정(旌)·모(旄)·절(節)·기(旗)'의 색상을 전부 흑색으로 통일하고 숫자는 6을 기준으로 했다.

하나라는 인월(寅月, 1월), 은나라는 축월(丑月, 12월), 주나라는 자월(子月, 11월), 진시황은 해월(亥月, 10월)을 세수로 정했는데, 이를 개년(改年)이라 한다. 신년하례를 10월 초하루에 한다는 것은, 진정(秦正)이 해월, 즉 10월을 세수로 했으며, 10월은 수에 속하므로 흑색을 숭상한 것이다. 주나라가 화덕이니 주나라를 압승하려면 불은 물을 만나면 꺼지게 마련이므로 수덕을 표방했다. 오행 순환 논리에 의거하면 '화생토(火生土)'이니, 진나라의 오행입덕은 토덕이 되는 것이 순리이다. 이로써 보건데 진나라는 주나라에 대해 역성혁명이이 아니라 주문화(周文化)를 부정하는 문화혁명적 정책으로 임했음을 느낄 수 있다.

진나라가 중원 왕조의 정통 삼정론을 벗어나 10월을 세수로 삼은 것도 혁명적 처사이다. 주나라가 11월을 세수로 삼은 만큼 진나라는 12월이나 1월 중 하나를 골라 세수로 삼은 것이 마땅하다. 황제 이전 여러 왕들의 개년 또한 삼통(三統)을 벗어나지 않았다. 유독 진나라만이 오행입덕과 삼정론의 순환 고리를 따르지 않았는데, 앞서 언급한 것처럼 진나라 개국 중심인물이 정통 한족이 아니었기 때문인지도 모르겠다.

삼정 삼통론은 한무제(漢武帝, BC, 156~87) 태초원년(太初元年, BC, 104)에 '하정(夏正, 1월)'으로 확정되어 이후 청나라까지 계속 되었기 때문에, '정삭론'으로도 호칭되면서 사이제국을 제어하고 관리하는 제국주의적 논리로 보강되었다.『통감절요 한기』에 의하면 태초 원년에 사마천(司馬遷, 145~86?) 등이 '정삭'의 변혁을 요구했다. '정'은 해가 시작되는 달을, '삭'은 월초를 말한다. 따라서 정삭은 옛날 역성혁명을 이루면 반드시 변경시켰다. '하·은·주·진·한초'의 정삭은 각각 달랐다.

한무제 때 제신들이 토론을 거쳐 '하정'을 쫓아 정월(正月, 寅月, 1月)을 세수로 확정했다. 하정은 하우씨의 역법으로 북두칠성의 자루가 초저녁에 인방(寅方, 북동쪽)에 서는 달을 세수로 삼는다. 한나라는 오행론의 화덕 입국으로 알려져 있는 데,『통감절요(通鑑節要)』에 토덕으로 흥융했다는 기록은 문제가 된다. 한무제는 조선을 침략하여 한사군을 설치한 제왕이다. 우리 한반도가 중원 왕조가 우리의 영토를 침탈하여 직접적으로 영향을 받기 시작한 단초를 마련한 것 역시 한 무제이다.

한사군을 소멸 또는 축출시키고 개국한 고구려·신라·백제가 어떤 정삭을 사용했는지를 검토해야 하고, 삼국이 과연 제국주의 논리를 깐 중원의 '정삭론'을 준수했는지도 밝힐 필요가 있다. 백제는 음양오행을 해독하여 송(宋) 원가력(元嘉曆, 424~453)에 의거하여 인월(寅月, 1월)을 세수로 했다고 알려져 있다(『해동역사』 역조[曆 條]). 삼국 중 정삭론에 가장 관심을 많이 가졌던 나라는 신라였다. 한반도 국가 중 건원(建元)하여 연호(年號)를 최초로 시행한 시기는 고구려의 광개토대왕(374~412) 원년(391)으로, 영락(永樂) 기년(紀年)을 사용한 것이 효시였지만 지속기간과 이후의 진행기록이 없는 점이 아쉽다.

신라는 법흥왕(?~540) 23년(536) 처음으로 건원(建元, 536~550) 기년을 사용한 뒤, 진흥왕(534~576)의 개국(開國, 551~567)·대창(大昌, 568~571)·홍제(鴻濟, 572~583), 진평왕(?~632)의 건복(建福, 584~633), 선덕왕(?~647)의 인평(仁平, 634~646), 진덕왕(?~654)의 태화(太和, 647~650) 등으로 이어지다가, 태화 4년(650)에 당 고종(高宗, 628~683)의 영휘(永徽, 650~655) 연호를 사용하기 시작하여 자주적 정삭이 끝났다. 그 후 헌덕왕(?~826) 14년(822) 김헌창(金憲昌, ?~822)이 아버지 김주원(金周元)이 왕이 되지 못함을 한하여, 반란을 일으켜 국호를 '장안(長安)'이라 하고 건원하여 연호를 '경운(慶雲, 822)'이라 칭하기도 했다.

태봉국의 궁왕은 개국과 동시에 건원하여 무태(武泰, 904)라 했고, 이듬해 성책(聖册, 905)으로 개원(改元)했다가 수덕만세(水德萬歲, 911) 정개(政開, 914)로 개원한 뒤, 고려 태조가 태봉을 멸망시키고 개국하여 천수(天授, 918)로 계승했다.

북국(北國) 발해 역시 개국과 동시에 천통(天統, 699~718)으로 건원하여 멸망될 때까지 개원을 지속한 자주적 왕조였다. 발해는 개국했을 때의 처음 국호는 진(震)이었다. 옛 기록에 의하면 고왕(高王, 大祚榮)이 꿈에 신인(神人) 나타나서 금부(金符)를 주면서 "천명이 너에게 있으니 우리 진역(震域)을 통치하라"라고 했기 때문에 국호를 '진'이라 했으며, 하늘로부터 통치하라는 명을 받았으므로 '천통'으로 연호를 삼았다고 했는데, 우리 수많은 문적들에는 이에 대한 언급이 전혀 없다고 북애자(北崖子)는 질타하며 주체의식의 결여를 탄식했다(高王, 夢有神人, 授以金符曰, 天命在爾, 統我震域, 故國號曰震, 建元曰天統 … 今內外載籍無是語 - 『揆園史話, 檀君記』).

고려조는 왕 태조가 개원한 천수에 이어 광종(光宗, 925~975)의 광덕(光德, 950~951) 준풍(峻豊, 960~963)으로 개원했다가, 준풍 4년(963)에 송 태조의 건덕(乾德) 연호을 시행한 이후 고려조의 자체 기년은 자취를 감추었지만, 조선조가 대한제국으로 재조(再造)되어 934만에 광무(光武, 1897~1907)로 되살아나 우리 겨레의 중세적 자존의식을 회복시켰다. 시대가 진행될수록 우리나라는 중원 왕조의 영향을 가일층 심각하게 받기 시작했다는 사실은, 앞으로 중국과 어떻게 공존할 것인지를 생각하게 하는 부분이다.

서긍(徐兢, 1091~1153)의 『고려도경』「동문(同文)」편에 중원 왕조가 사이제국을 지배하고 관리하는 강목 중에, 첫째로 나오는 것이 '정삭'인 점도 참고가 된다. 19세기를 지나 20세기를 거쳐 21세기를 접어든 오늘날에는 '삼정론'과 '정삭론'이 그 위력을 상실한 것이 사실이다. 문무왕(文武王, ?~681) 13년(674) 당에서 역술(曆術)를 배워 와 신역법(新曆法)을 나라 안에 사용한 것이 중원 정삭이 본격적으로 사용되기 시작한 계기가 되었다(『삼국사기』 「신라본기」 제7, 문무왕조).

당의 정삭을 실시한 이후에도 일상생활에서는 세수가 하정으로 일관되게 시행되지 못했다는 증거가 곳곳에서 발견된다. 그 한 예로 효소왕(孝昭王, 687~702) 4년(695)에 자월(子月, 11월)을 세수로 삼다가, 9년(700)에 다시 인월(寅月, 1월)로 세수를 삼았다는 사실이 그 증거이다(『삼국사기』 제8 효소왕조). 자월은 삼정 중 주정(周正)이고 천통(天統)이며, 인월(寅月)은 하정(夏正)이고 인통(人統)이다. 8세기 무렵 신라의 세수가 1월이었다가, 11월로 되돌아간 뒤 곧 이어 1월로 회복시켰다는 기록을 통해 삼국시대에 당나라가 실시한 하정(夏正)을 준수하지 않았다는 사실이 주목되고, 그 이유가 무엇이며, 신라 사회의 현실적 상황과 어떤 관련이 있는지도 의문이다.

당 태종이 진덕왕 태화 원년(647) 신라가 사년(私年, 신라가 독자적으로 연호를 사용한 사실을 두고 당나라가 독선적으로 진단한 평가이다.)을 시행 했다고 항의하자, 당시 김춘추(金春秋, 태종무열왕, 603~681)는 슬기롭게 응대한 기록이 사서에 전하고 있다. 신문왕(神文王, ?~692) 12년(692) 당 중종(中宗)이 김춘추를 '태종무열왕'으로 칭한 사실에 대해, 당나라의 황제인 '태종(太宗)'과 같은 묘호(廟號)를 사용하는 것이 옳지 않다고 질책하기도 했다(『삼국사기』 제8 신문왕 조). 우리 민족은 역대로 묘호를 '태조·태

종' 등 중국과 동일하게 사용하면서, 제후국에 만족할 수 없다는
인식이 내면으로 관류하고 있었다.

5. '질문(質文)·삼통(三統)·정삭(正朔)'론의 잔영

'질문'과 '오행' 그리고 '삼정·정삭' 등은 근대 이전 고대 및 중
세 동아시아 왕조국가 경영의 중요한 강령이었지만, 지금은 기억
하는 사람도 드물고 또 인지하고 있다고 해도 평가 절하되어 관심
밖으로 밀려나 있다. 이들 강목 가운데 '질문'과 '삼정'은 까맣게
잊힌 용어이고, 그나마 '오행'은 의미가 변질되어 점복 등과 결부
시켜 이해되고 있다. 고대와 중세 정치사회·문화 등 각 분야에서
영향력을 행사하고 있던 이들을 고대나 중세문화의 화석으로 방
치할 수 없다는 인식에서 본고를 집필했다. 그리하여 '질문론·오
행론·삼정론'로 격상시켜 이데올로기적으로 접근하여 그 실상을
고찰했다.

'질문사유'는 '하·은·주' 삼대에 국가 경영의 중요한 이데올로
기였다. 하나라는 '충(忠)', 은나라는 '질(質)' 주나라는 '문(文)'을
표방하여, 이를 '질가·문가'로 일컬었다. 하나라의 '충'은 문가사
유로 보고 있다. 따라서 삼대의 왕조들은 문과 질을 교대로 번갈아
시행한 체제였다. 주나라 이후부터 이들 '질문론'은 그 광휘가 약
화된 것처럼 보이나, 기층문화의 한 부분으로 저변으로 흐르고 있
었다. 질가는 주나라의 문가사유에 압도되어 영향력이 쇠퇴했다.

우리나라는 조선조에 들어와 주나라의 문물제도를 존숭하여, 종묘사직의 배치도 문가사유에 기준하여, 왕궁 좌측에 종묘 우편에 사직단을 만들었다. 삼정승 가운데 좌의정을 우의정 보다 높게 위계로 인식하는 것도 문가사유에 말미암은 것이다. 그러나 '우문정책(右文政策)'이라는 용어의 경우 좌보다 우를 높게 인식하는데, 이는 질가 사유의 흔적이 이면에 혼류하고 이었기 때문이다. 또 '좌익(左翼)·우익(右翼)'이라 할 때 우익을 정통적 보수로 좌익을 사도(邪道)나 방술(方術)로 치부하는 것과도 관련이 있다. '좌단(左袒)·우단(右袒)·좌도(左道)·우도(右道)' 등은 '『의례(儀禮)·사기·예기』'에는 각각 다른 층위로 해석되고 있지만, 여기서는 문질론에 근거하여 고찰했다.

'오행론'은 '문질론'이 일찍부터 광채를 상실한 데 반해, 지금까지 상당한 영향력을 행사하고 있다. 특히 역성혁명에 의한 왕조교체에는 필수적으로 수반되었다. 현재의 상황에서 '오행론'이 그처럼 정권교체와 밀착되어 진행된 점은 이해가 안 되는 면도 있다.『서경』「홍범구주」첫머리에 '오행'이 나오는 것은 그만큼 중차대했다는 의미이다.

오행이 천상에 나타나면 오성, 지상에 나타나면 '금·목·수·화·토'의 물질로, 인체에 발현되면 오장, 방위에 나타나면 오방(五方), 음악에 나타나면 오음(五音), 윤리 면에 구현되면 오상(五常) 등 인간생활에 밀접한 관계가 있고, 심지어 '오색·오미·오취(五臭)' 등 미세한 부분까지 파급된다. 이 중에서 관심을 끄는 분야는 통치이념으로서의 '오행론'이다. 자고로 오행론이 정치와 연관될 때 이를 '오행입덕'이라 하여 덕성(德性)을 바탕으로 한 민생에 결부시켰다.

전설시대로 인정되는 삼황오제(三皇五帝)부터 근세에 이르기까지, 중원을 비롯한 동아시아 제국에는 오행입덕에 기반 한 개국이 지속되었으며, 우리나라의 경우에도 암암리에 신라는 금덕, 태봉은 수덕, 고려는 목덕을 국가통치의 한 축으로 삼았다. 조선조는 오행입국을 하지 않았다. 그 이유는 조선조 자신이 제후국으로 자인했기 때문이다.

'삼정·삼통·정삭'론은 6세기 공부자가 1월을 세수로 한 하나라의 정삭을(行夏之時) 모범으로 삼아야 한다는 선언으로 본격화되었다. 소위 정삭의 삼정은 '천통(天統)·지통(地統)·인통(人統)', '천정(天正)·지정(地正)·인정(人正)'의 11월 12월 1월 중 하나를 골라 역성혁명이나 수선으로 개창한 모든 왕조가 세수로 삼는다는 논리이다. 우리나라의 경우는 대체로 중원 왕조로부터 정삭을 받아 시행하는 것을 원칙으로 했다. 고종이 단기 4228년 서기 1895년 동양력 11월 17일을 개국(開國) 505년 1월1일로 하고, 양력을 채택한 것은, 중원의 '정삭론'에서 해방되어 일본의 권유가 있었는지는 모르나, 조선조 나름의 정삭을 채용하겠다는 자존적 의지의 표명으로 볼 수도 있다.

신라는 자체의 정삭이 있었던 것 같지만 문헌에 전해지는 바가 없고, 문무왕 14년(674) 사신을 파견하여 당의 신력(新曆)을 받아왔는데 이로부터 당나라의 정삭을 사용한 것 같다. 백제는 비류왕(比流王, ?~344) 19년(445) 송나라의 원가력(元嘉[424~453]曆)을 채용하여 세수를 인월(寅月), 즉 1월로 했다고 했다(『해동역사』 역(曆) 조). 고려조는 대송력법(大宋曆法)과, 금(金)나라 대명력(大明曆), 원나라의 만년력(萬年曆), 명나라의 대통력(大統曆) 등을 사용했다. 중원 왕조의 교체에 따라 고려조의 정삭은 중원 정세에 따라 번다할 만큼 복잡했지만, 세수는 대체로 1월로 한 듯하다.

고구려는 10월 제천을 했으니, 아마도 한 때는 10월이 세수로 여겨지지만 이후의 기록에는 검색이 되지 않는다. 『해동역사』「예지(禮志)」에 『송사(宋史)』를 인용하여 고려는 해마다 건자월(建子月, 11월)에 관속을 대동하고 의물(儀物)을 갖추어 제천했다고 했는데, 여기서 말하는 '고려'가 고구려인지 고려인지는 조만간 확인이 어렵다. 고려조 이후 세수는 대체로 1월로 확정되어 시행되었고, 대한제국(大韓帝國) 시대 전후 양력을 정삭으로 채용하여 지금가지 시행되고 있다.

기년의 경우 중원 왕조의 연호를 줄곧 사용하다가, 일제 강점기 전후 한동안 명치(明治) 대정(大正) 소화(昭和) 등 일본의 기년을 사용했으며, 해방 이후 한동안 자체 기년인 '단기(檀紀)'를 사용하다가 구미에서 공부한 지식인들에 의해 아쉽게 이를 폐지하고 서기로 획일화 했다. 현재 중원의 정권은 사회주의 이론에 입각하여 수천 년간 사용해왔던 자체연호를 버리고, 창피한 줄도 모르고 공원(公元)이라는 이름으로 격상시킨 서양 연호인 서기를 쓰고 있다.

이와는 달리 대만과 일본은 아직도 '민국(民國)'이나 일본의 연호인 '평성(平成)'을 공식적으로 시행하고 있고, 북한정권도 '주체'라는 기년을 쓰고 있는 사실을 두고, 이를 어떻게 인식해야 할 것인지도 고민해야 할 계제에 와있다. 일본은 자체 연호를 버리지 않고 왕이 교체되면 반드시 개원을 했으며 지금도 한가지이다. 현재 일본 연호는 '영화(令和)'이다. 서기를 쓰지 않고 자체 연호를 계속하는 일본을 전근대적이라고 비난하는 것으로 만족해도 되는 지 의문이다.

제2장

오행론의 전개와 역성혁명(易姓革命)

천내석우홍범구주(書傳 周書 五行章)

1. 오행론과 인문학

'오행론'과 '예악론'은 동아시아 인문학의 양대 축이다. 오행론
과 예악론의 검토 없이 인문학 연구는 사상누각이다. 동아시아 학
계에는 일찍부터 '천문(天文)·지문(地文)·인문(人文)'에 대한 논
의가 있었다. 이들 영역 중 가장 중요한 것이 인문, 즉 인문학이다.
예악론에 비해 오행론이 통시적으로 등한시된 이유는, 본령을 도
외시하고 지엽을 본질로 착각했기 때문이다. 오행론과 예악론은
지금도 민인(民人)의 삶에 침투되어 있고, 고대와 중세의 정치 문
화 및 사회 전반에 걸쳐 영향력을 행사한 이데올로기였으며, 동
아시아 역대왕조들의 개창과 수성(守成)에 관련된 '질문론·예악
론·삼정론'과 함께 중요한 명제였다.[1]

동아시아의 고대와 중세를 서구식 가치기준으로 평결하는 것
은 비과학적이고, 아울러 현대인의 기호와 관심분야에 치중하여
자의적으로 자료를 선택하여 연구에 몰두하는 풍조도 온당하지
않다. 고대는 고대의 척도로 중세는 중세의 척도로 접근해야 그 진
실을 파악할 수 있다. 오행론과 예악론의 발생은 오행론이 앞섰
고, 음양론과 결부된 유물론적 사유로서 삼라만상의 생성은 우주
간에 유행하는 원소(元素)인 오행(金·木·水·火·土)의 변전과 연

---

1 李敏弘, 「동아시아 역대왕조의 開國과 質文·五行·三正論」(『民族文化』40
   집 韓國古典飜譯院 2012)과 「禮樂論과 한국역대 왕조의 年號·諡號·廟號」
   (『東方漢文學』73집 東方漢文學會 2017) 등의 논문을 통해 이들 문제에 대해
   그 일단을 논한 바 있다.

역으로 인식했다.

오행론은 전국시대(戰國時代, BC, 476~221) 제나라 추연(鄒衍, 騶衍)에 의해 '음양오행오덕론(陰陽五行五德論)'으로 체계화되었는데, 한대(漢代) 이후 '재이(災異)·예언(豫言)·점(占)·점성(占星)·풍수(風水)·오성(五聲)·율력(律曆)·의술(醫術)'등 다양한 분야를 포괄하여 사회상과 민인의 일상생활과 긴밀하게 연계되었다.

한국의 경우 『삼국사기·삼국유사』 등 사서에 직접적인 언급은 없지만 오행론에 해당되는 사안들은 다수 채록되어 있고, '고구려·신라·백제'의 사신도(四神圖)와 태극도(太極圖) 고려시대의 '석등(石燈)·동경(銅鏡)' 조선조 '훈민정음(訓民正音)'에도 음양오행의 원리가 깔려있다. 고려조를 거쳐 조선조 중기와 후기에 '김장생(金長生)·박세채(朴世采)·한원진(韓元震)·박제가(朴齊家)·조천경(趙天經)·이종휘(李鍾徽)·정약용(丁若鏞)·이건창(李建昌)·이규경(李圭景)·이유원(李裕元)·강석경(姜碩慶)·전우(田愚)' 등 70여의 선학들도 관심을 가져 해당 글들을 남겼다. 오행론 가운데 주목을 끄는 부분은 동아시아 역대왕조의 상승(相承)과 극복 등의 개국이념과 직결된 추연의 '오덕종시설(五德終始說)'이다.

오행론은 이상에 치우친 추상적인 논리가 아니고 고대와 중세 민인들의 일상생활과 맞물린 학술이었음은 '상서대전(尙書大傳)'의 부연설명이 증명한다. '수·화'는 백성들이 먹고 마시는 식생활과 직결된 것이고, '금·목'은 백성들이 생활하는데 필요한 도구를 제작하는 원자재이며, '토'는 곡식을 비롯한 만물을 낳아 배양시켜 민인들로 하여금 활용하게 하는 토대로 보았다.

「상서대의(尙書大義)」는 오행은 다섯 가지 재료로서, 하늘에 있을 때는 오기(五氣)가 되어 유행하고, 땅에서는 세인들이 일용하는 필수품으로써,『좌전(左傳, 襄公 27年, 傳)』은 이들 오재(金·木·水·火·土) 중 하나라도 없어서는 안 될 불가결의 것이라고 했다. 오행이 '홍범구주(洪範九疇)' 가운데 머리에 배치된 까닭도 여기에 있다.[2]

오행이라는 명칭도 하늘에 있을 때 오기(五氣)가 되어 천지간에 운행하면서 쉬지 않고 움직이기 때문에 붙여졌다. 오행의 기(氣)가 하늘을 운행하면서 사람에게 부여되면 오상(五常, 仁·義·禮·智·信)이 되고, 오사(五事, 貌·言·視·聽·思)로 구현된다는 논리는, 인간의 심성도 오행의 구도 속에 있다는 견해이다. 「당지(唐志)」는 오행은 하늘에서는 오성(五星, 歲星·熒惑星·太白星·辰星·鎭星)이 되어 맡은 바의 소임을 하고 있고, 땅에서는 오방(五方, 동·서·남·북·중앙)이 되어 사시(四時)로 나타났으며, 음률(音律)에 전이되면 오성(五聲, 宮·商·角·徵·羽), 색상에 이입되면 오방색(五方色, 靑·白·赤·黑·黃)이 되어 그 정기가 두루 편만하게 작용한다고 논한 것도, 역시 오행론의 중요성을 강조한 사

---

2 『春秋「左傳』第18 襄公 五 27頁, 天生五材(金木水火土), 民並用之. 廢一不可, 誰能去兵(兵是五材之金, 故不可去)와『淵鑑類函』卷12 五行 一 25頁,『尙書』大義曰, 水火者, 百姓之所飮食也. 金木者, 百姓之所興作也. 土者, 萬物之所資生也. 是爲人用.

례이다.[3]

중원 역대왕조들은 물론이고 우리나라의 삼국시대와 통일신라·후삼국시대·발해조 및 고려조·조선조까지, 오행론은 이면으로 조야상하에 폭넓게 영향력을 행사했다. 만일 '조선사(朝鮮史, 일제 때 편찬된『조선사』가 있지만 이는 정서로 인정하지 않는다.)'가 편찬되었다면『고려사』와 마찬가지로「오행지(五行志)」가 편성되었을 수도 있으나, 방대한『조선왕조실록』에는 오행이라는 용어는 직접적으로 나타난 예는 거의 없고, 오행론에 포괄될 사안들이 한우충동(汗牛充棟)으로 채록되어 있다.

2. 오행론과 육부삼사(六府三事)

오행은『상서(尙書)』권2「우서(虞書)」'대우모(大禹謨)' 편장에 나온다. 우왕(禹王, 재위, BC, 2205~2198?)이 우(虞)나라 신하로 있었을 때 제순(帝舜, 재위, 2255~2208?)에게 "오직 덕으로만 선정을 베풀어야 하고, 선정은 민인을 보양하는데 있으며, 그러기 위해 '수·화·금·목·토·곡'의 '육부(六府)'를 잘 활용해야 하며, '정덕(正德)·이용(利用)·후생(厚生)'의 '삼사(三事)'와의 조화를 이루어 이들 아홉 가지 덕목(德目)들이 융합하여 체계가 잡히면

---

3 『淵鑑類函』卷12 五行 一 25~26頁,「唐志」曰, 五行之爲物, 其見象於天爲五星, 分任於地爲五方, 行於四時爲五德, 稟於人也爲五常, 播於音律爲五聲, 發於文章爲五色, 而總其精氣之用爲五行.

이를 구가(謳歌)하게 하시고, 백성을 훈계할 때는 말을 공손하게
하시고, 지도할 경우에는 위엄을 갖추고, '육부삼사'의 '구공(九
功, 水·火·金·木·土·穀·正德·利用·厚生)'을 〈구가(九歌)〉로써
권장하여 어그러짐이 없게 하셔야 합니다."라고 진언했다.

　오행은 하우(夏禹)에 의해 본격적으로 제기되었고, 육부삼사의
구공을 성취한 뒤 이를 민인들에게 이를 각인시키기 위해 음악을
이용했다. 『상서』의 이 같은 기록을 인정한다면, 악(樂)을 정치에
활용한 것도 우왕이 선편을 잡았고, 악과 정치의 관계가 이같이 장
구함도 확인된다.[4]

　오행과 삼정(三正, 天·地·人과 子·丑·寅月의 세수[歲首])을 유
린하고 모멸하면 하늘로부터 벌을 받는다는 인식은 『상서』의 주
제중의 하나이다. 하(夏)와 동성(同姓, 사씨[姒氏])인 유호국(有扈
國)의 유호씨(有扈氏)가, '요·순'의 선양적(禪讓的) 왕위계승과
달리 우왕의 아들 계(啓)가 왕위를 계승하자, 이를 불복하고 반란
을 일으켰는데 유호국의 하나라 정벌 명분을, 오행을 모멸하고
'왕자상승(王者相承)'과 삼정의 법도를 파기한 데서 찾았다.

　우왕이 왕위를 아들에게 세습시킨 것은 정당하지 않다. 유호씨
의 반란은 일정한 명분이 있다. 우왕의 아버지 곤(鯤)이 물의 본성
을 거역했기 때문에 천벌을 받았다는 점과 비교해도 괴리된다. 이
처럼 오행의 질서를 파괴하면 천벌을 받는다는 인식이 고대에 보

---

4 『尙書』卷二「虞書」'大禹謨' 7~8頁, 禹曰, 於帝念哉, 德惟善政, 政在養民. 水
　火金木土穀惟修, 正德利用厚生惟和. 九功惟叙, 九叙惟歌, 戒之用休, 董之
　用威, 勸之以九歌, 俾勿壞.

편화되어 있었다.[5]

우왕은 오행에다 민인의 식생활과 직결된 '곡식'을 첨가하여 육부로 확장했고, 여기에 만족하지 않고 민인들이 물질적인 삶에만 국촉됨을 피하기 위해, 삼사에 삼덕(三德, 正直·岡·柔)등의 도덕적 면까지 부가하여 '구공'으로 정리한 뒤, 이를 음악에 입혀 〈구가〉로 이름 하여 가창하게 해야 한다고 아뢰자, 순임금도 "맞습니다, 대지를 평온하게 다스리어 하늘의 뜻을 성취하고, 육부삼사를 실현하여 만세에 이르도록 불변의 방책을 터득한 것은 그대의 공적"이라고 격찬했다. 우왕이 건의한 오행에다 곡식을 보태고 삼사를 포함시켜 '육부삼사'로 통합한 시정정책도, 순(舜, 姚氏)과 같은 성군이 아니면 시행이 불가한 것으로 성군과 현신의 절묘한 만남이다.[6]

육부삼사는 백성을 안락하게 보육하는 정책인데 육부가 제자리를 잡아 체계화 되어야만, 오행 중 수가 화를 이기고, 화가 금을 이기고, 금이 목을 이기고, 목이 토를 이겨야, 오곡이 풍성하게 여문다. 정덕(正德)은 '부자·형제·부부' 간의 '부자(父慈)·자효(子孝)'와 '형우(兄友)·제공(弟恭)·부의(夫義)·부청(婦聽)'등 민인이 지켜야할 덕목이다. 이용(利用)은 생활에 필요한 집기류와 재화

---

5 尚書』卷3「夏書」'甘誓' 87頁, 有扈氏威侮五行, 怠棄三正, 天用勦絕其命, 今予惟, 恭行天之罰.
6 『尚書』卷3「虞書」'大禹謨' 9~11頁, 帝曰, 俞, 地平天成, 六府三事允治, 萬世永賴, 時乃功. 帝曰, 格, 汝禹, 朕宅帝位, 三十有三載, 耄期倦于勤, 汝惟不怠, 總朕師.

를 유통시키는 것이며, 후생(厚生)은 생활필수품을 풍족하게 하여 의식주(衣食住)를 안락하게 한다.

이들 여섯 가지가 모두 구비되면 민생이 안정되지만, 제왕이 태만과 안일에 빠지면 민인의 삶이 도탄에 빠지기 때문에 경계해야 한다. 갈씨(葛氏)는 원래 홍범의 오행에는 곡(穀)이 없고 '목행(木行)'에 부속되었으나, 우가 민인은 먹는 것을 기본으로 삼기 때문에 특별히 추가했다고 설명했다.[7]

대우는 육부삼사의 완성을 '구공(九功)'이라 일컫고 구공을 노래로 칭송한 것을 〈구가〉라 하여, 제왕의 업적을 민인들의 정감에 호소하여 널리 노래하게 하려는 낭만적 방책을 제시했다. 우왕이 백성들로 하여금 노래하게 한 〈구가〉를, 주자(朱子, 1130~1200)와 임씨(林氏)는 그 구체적인 내용을 알 수 없다고 했다. 예악론에 있어서 춤은 공적을, 노래는 덕을 기리는 것이 통례이나 업적과 덕성을 포괄하는 악무도 있었다.

〈구가〉는 『서전(書傳)』의 전후 문맥에 의하면, 군신이 선정을 위해 서로 감계하는 내용으로 구성된 듯하고, 순임금의 〈대소(大韶)〉와 주무왕의 〈대무(大武)〉도 이와 유사한 악무로 여겨지고, 일실된 〈소악(韶樂)〉도 이 〈구가〉를 근본으로 한 것으로 〈구덕지가(九德之歌)〉와 〈구소지무(九韶之舞)〉로 주자는 유추했다. 요

---

7 『尙書』卷2「虞書」'大禹謨' 8~9頁, 勸之以九歌, 俾勿壞(六府三事, 養民之政也. … 正德者, 父慈子孝, 兄友弟恭, 夫義婦聽, 所以正民之德也, 利用者, 工作什器, 商通貨財之類, 所以利民之用也, 厚生者, 衣帛食肉, 不飢不寒之類, 所以厚民之生也. 六者旣備, 民生始遂, 不可以逸居而無敎. … 葛氏曰, 洪範五行, 水火木金土而已. 穀本在木行之數, 禹以其爲民食之急, 故別而附之.)

순시대에도 국가 통치를 악무를 매개로 민인의 정감에 호소하는 전략이 통용되고 있었다.[8]

대우가 순임금에게 육부삼사를 건의하면서 〈구가〉로써 백성들을 감화시켜야 한다고 진언한 연대는 불확실하긴 하나, 대체로 순임금의 재위시기를 참작할 때 서기전 22세기 중반 무렵이므로, 우왕이 오행문제를 제기한 시기는 대략 4500여 년 전이다. 하나라의 역년을 BC, 2205~1766년으로 중국은 어림잡고 있다. 하조(夏朝)에 이어 등장한 상조(商朝)의 역년은 BC, 1766~1122년 정도로 상정하고 있지만 확실한 것은 아니다.[9]

주(周) 무왕(武王, 姬氏)이 은(殷, 子氏)의 폭군 주왕(紂王)을 정벌한 뒤, 감옥에 있던 기자(箕子)를 석방하여 천도(天道)를 묻자, 비장하고 있던 '홍범구주(洪範九疇)'를 개진했다. 홍범은 하나라 우왕이 홍수를 다스릴 때 나온 '낙서(洛書)'를 바탕 한 것으로 기자가 이를 무왕에게 전수했다. 수천 년간 어디에서 어떻게 전래되었다가 어떤 경로를 거쳐 기자가 이를 보존하고 있었는지는 미지수이다. 기자가 무왕에게 준 홍범구주의 제1조가 '오행'인데, 이는 홍범 9장 가운데 오행이 핵심임을 의미한다.

'요·순·우·탕'의 '당·우·하·상'의 왕조를 전설로 취급하는

---

8 『書傳』卷2 虞書, '大禹謨' 8~10頁, 勸之以九歌, 俾勿壞(朱子曰, … 周官有九德之歌, 大抵, 禹只說綱目, 其詳不可考矣. … 林氏謂自戒自董自勸, 未知此說如何, 曰, 九歌今亡, 其詞不可稽考, 以理觀之, 恐是君臣相戒, 與虞歌之類, 韶與武, 今皆不可考, 但『書』所謂, 正德利用厚生, 惟和九功, 惟叙九叙, 惟歌戒之, 用休董之, 用威勸之, 以九歌, 此便是作韶樂之本.)

9 楊隱, 『中國音樂史』(中華民國 76年 10月) p27과 '中國歷代年表' 등 參照.

견해가 있음은 앞서도 말한 바 있다. 동아시아의 장구한 역사의 저변에 잠자고 있던 오행은 기자와 역성혁명(易姓革命)을 이룩한 주나라 무왕에 의해 오행론으로 완성되어 역사의 표면으로 부상했다. '오행론'과 '육부삼사'는 초시대적 이념일 뿐 아니라 통치수단으로서도 조금도 손색이 없다. 그러므로 '홍범구주'는 전시대의 유물이 아니라 현재와 미래에도 국가경영의 탁월한 덕목이다.

곤이 죽고 우가 계승하자, 하늘이 우에게 홍범구주를 내려 인륜이 확립되었다. 첫째는 오행이고, 둘째는 삼가 오사(五事)를 행하는 것이고 셋째는 팔정(八政)을 성실히 실천하는 것이며 넷째는 오기(五紀)를 조화롭게 구사하며 다섯째는 대중(大中)의 황극(皇極)을 세우고 여섯째는 삼덕(三德)으로 백성을 다스리는 것이고 일곱째는 점을 쳐 미래를 대비하는 계의(稽疑)이고 여덟째는 여러 징조를 관찰하는 서징(庶徵)이고 아홉째는 오복(五福)과 육극(六極)을 향유하고 경계하는 것이다. 오행의 첫째는 수, 둘째는 화, 셋째는 목, 넷째는 금, 다섯째는 토이다. 물은 적시면서 아래로 흘러가고 불은 타면서 위로 오르며 나무는 굽게 곧게도 하며 쇠는 사람의 의지대로 도구를 만들고 흙은 곡식을 심어 가꾼다. 또 물은 적시어 내려가며 짠 맛을 만들고 불은 타올라 쓴 맛을 만들고 나무는 굽고 곧게 되어 신 맛을 만들며 쇠는 공구를 제작하여 매운 맛을 만들고 흙은 씨 뿌리고 수확하여 단

맛을 생성한다.[10]

오행의 질서를 파괴한 곤이 죽고 아들 우가 계승하자 하늘이 '하도락서(河圖洛書)'를 내렸는데, 우가 이에 근거하여 '홍범구주'를 완성했다. 홍범구주는 천하의 대법으로 이를 아홉 항목으로 분류했다. 하늘은 오행의 질서를 파괴하는 자를 용서하지 않는다는 점을 경고한 것으로 오행의 중요성을 지적했다. 홍범구주는 인간이 마땅히 지켜야 할 기본 윤리이다.

곤이 치수를 하면서 수성(水性)을 거역하여 오행의 질서를 파괴했다는 것은 오상을 지키지 않았다는 의미로 해석된다. 곤과 달리 우는 물의 천품을 지키며 치수를 했기 때문에, 하늘이 그 공을 기려 '낙구(洛龜)'로 하여금 상서(祥瑞)를 지고 나타나게 한 것인데, '하도낙서'가 그것이다.

이는 기린(麒麟)이 나타나자 『춘추(春秋)』가 저술되고, 소소(簫韶, 舜의 樂舞)를 연주하자 봉황이 날아와 춤췄다는 것과 같은 사례이다. 오사를 공경하게 행하고, 팔정(八政, 食·貨·祀·司空·司徒·司寇·賓·師)을 돈독하게 시행하고, 오기(五紀, 歲·月·日·星辰·曆數)를 화합하고, 대법인 황극(皇極)을 실천하고, 삼덕(三德,

---

10 『尚書』卷7「周書」'洪範 2頁~3頁, 鯀則殛死, 禹乃嗣興, 天乃錫禹洪範九疇, 彝倫攸敍, 初一曰, 五行, 次二曰, 敬用五事, 次三曰, 農用八政, 次四曰, 協用五紀, 次五曰, 建用皇極, 次六曰, 乂用三德, 次七曰, 明用稽疑, 次八曰, 念用庶徵, 次九曰, 嚮用五福威用六極. 一五行, 一曰水, 二曰火, 三曰木, 四曰金, 五曰土. 水曰潤下, 火曰炎上, 木曰曲直, 金曰從革, 土爰稼穡. 潤下作鹹, 炎上作苦, 曲直作酸, 從革作辛, 稼穡作甘.

正直·剛克·柔克)으로 백성을 다스리고, 계의(稽疑)로 변괴를 추스르며, 서징(庶徵)으로 하늘의 뜻을 헤아리고, 오복을 누리게 하며 육극(六極)을 엄하게 징벌했다. 낙서는 우가 치수할 때 신성한 거북이 가져온 것으로 본래는 문자가 없고 숫자만 있었다. 우가 이를 근거하여 구주(九疇)로 유분 한 것인데, 기자가 이를 전부 무왕에게 전수한 것이다.[11]

　‘수·화·금·목·토’는 오행의 체계이다. 천(天) 1은 수, 지(地) 2는 화, 천 3은 목, 지 4는 금, 천 5는 토를 창조했다. 당(唐)의 공씨(孔氏)는 “만물의 형체가 만들어질 때, 오행의 선후가 오묘하게 순차적으로 구현되었다. 오행 중 최고로 정미한 것은 수이고, 그 다음이 화가 들어났고, 다음은 실체를 이룬 목이고, 다음이 물체를 단단하게 하는 금이며, 다섯째가 이를 모두 포용한 토(土, 大地)이다. 물은 아래로 젖어들고 불은 타오르며 나무는 굽고 곧으며 쇠는 임의대로 변화 하여 물건을 제작할 수 있고 대지는 곡식을 심어 거둔다는 덕성(德性)에 초점을 맞추었다. 토는 오행 가운데 일정한 방위를 갖지 않고 오행을 포괄하여 만물을 생육하고 수확하는 덕을 겸비했다. ‘함(鹹)·고(苦)·산(酸)·신(辛)·감(甘)’은 오행의 맛(味)이다. 오행에는 ‘성(聲)·색(色)·기(氣)·미(味)’ 등도 포함하고 있

11 『尙書』卷7「周書」‘洪範’二頁, ‘按 孔氏曰, 天與禹神龜, 負文而出, 列於背有數至九, 禹遂因而第之, 以成九類, 『易』言河出圖書, 聖人則之, 蓋治水功成, 洛龜呈瑞, 如簫韶奏而鳳儀, 『春秋』作而麟至, 亦其理也.’와『書傳』「周書」卷6 ‘洪範’ 46頁, ‘洛書者, 大禹治水之時, 神龜負文而列於背, 禹則之而爲疇也, 洛書本無文字, 但有奇耦 之數, 自一至九, 其數如此, 禹敍而次第之, 以其一居初, 而爲五行.’

는데, 유독 맛만을 지적한 이유는 오행이 품고 있는 여타의 것들에 비해 민생에 절실하게 필요하기 때문"이라고 했다.[12]

대저 천지간에 태극(太極)이 나뉘어져 음양(陰陽)이 되고, 음양이 분파하여 오행이 되었다. 태극은 이(理)이고 음양오행은 기(氣)이다. 이는 기에 부착하고 기는 이에 분리되지 않기 때문에, 하늘이 물과 나무와 흙을 만들었으며 이는 양(陽)이 작용한 것이고, 땅은 불과 쇠를 만들었는데 이는 음(陰)이 작용한 것이다. 이를 분석하여 말하면 오행이고 대칭하여 말하면 기이다. 따라서 기는 이를 벗어날 수 없다.

오행의 질(質)이 땅에 나타날 경우, 물은 아래로 젖어들고, 불은 위로 타오르고, 나무는 굽고 바름으로 나타나고, 쇠는 사람의 의지대로 변하고, 흙은 곡식을 심고 가꿔 수확하게 한다. 오행이 하늘에 운행하면 춘하추동의 사계가 되고, 오행의 질이 인체에 들면 '간·심장·폐·신장·비장' 등의 오장(五臟)이 되고, 오행의 신(神)이 인신에 작용하면 '인·의·예·지·신'으로 구현된다. 질은 조야하고 신은 정치하여 서로 이탈하지 않는다. 오행은 팔주(八疇)의 체(體)이고 팔주(八疇)는 오행의 용(用)이다. 사물의 생성은 전부 물

---

12 『尚書』卷7「周書」'洪範' 五行 3頁, 水火金木土者, 五行之生序也, 天一生水, 地二生火, 天三生木, 地四生金, 天五生土. 唐 孔氏曰, 萬物成形, 以微著爲漸 五行先後, 亦以微著位次, 五行之體, 水最微爲一, 火漸著爲二, 木形實爲三, 金體固爲四, 土質大爲五, 潤下炎上曲直從革, 以性言也, 稼穡以德言也, 潤 下者, 潤而又下也, 炎上者, 炎而又上也, 曲直者, 曲而又直也, 從革者, 從而又 革也, 稼穡者, 稼而又穡也, 稼穡獨以德言者, 土兼五行, 無正位, 無成性. … 鹹苦酸辛甘者, 五行之味也, 五行有聲色氣味, 而獨言味者, 以切於民用也.

에서 비롯되어 흙에서 마무리 된다. 오행의 상생(相生)은 서로 계승하고, 상극(相克)은 서로 상치(相治)함으로, 상생은 서로를 촉진시키고, 상극은 서로를 억제하고 바로잡는다.[13]

3. 오행론과 민인의 일상

　오행론이 '정치·문화·사회·학술·예술·민속' 등 각 분야에 걸쳐 자리 잡고 있을 뿐 아니라, 한국 모든 문중들 자손의 이름에도 거의 오행에 근거한 항렬이 적용되고 있으며, 따라서 좋고 싫든 간에 오행의 구도 속에 살고 있음에도 불구하고, 우리는 이를 모르거나 무시하고 있다. 고구려의 행정조직 중, '내부(內部[黃部])·북부(北部)·동부(東部)·서부(西部)·남부(南部)'와 백제의 '상부(上部)·하부(下部)·전부(前部)·후부(後部)·중부(中部)'와 발해조의 '오부(五部)' 및 조선조 수도 한양의 '오부(五部)'도 그 근저에 오행론이 깔려 있다.

　신라의 '동경(東京, 徐羅伐)·서원경(西原京)·북원경(北原京)·

---

13 『書傳』卷6「周書」'洪範' 51頁~52頁, 介軒董氏曰, 大抵天地之間, 太極判而爲陰陽, 陰陽分而爲五行, 太極理也, 陰陽五行氣也, 陰陽分而爲五行, 理必寓乎氣, 氣不離乎理. … 五行之神, 運於天則爲春夏秋冬. … 五行之質, 存於人心者, 爲肝心肺腎脾, 五行之神, 舍於人身者, 爲仁義禮智信, 質者其粗也, 神者其精也, 亦未嘗相離也. 徽庵程氏曰, 五行者八疇之體, 八疇者五行之用. … 陳氏大猷曰, 物之生, 其初皆爲水, 其終皆爲土. 五行之相生, 所以相繼也, 其相克所以相治也.

남원경(南原京)·중원경(中原京)·금관경(金官京)'과 발해조의 '上京·中京·東京·南京·西京'의 오경과 조선조의 오경논의(五京論議)에서 '경도(京都, 上京)·중경(中京, 漢城府, 開城府)을 위시하여 '東京·南京(全州)·西京·北京(咸興)'의 오경론도 역시 오행론이 근저에 자리하고 있다. '전·후·좌·우·내(內)'나 '동·서·남·북·중앙'의 방위를 두고 '청·황·백·적·흑' 등의 색상으로 일컫기도 한다. 오행론은 일종의 유물론으로 중원에는 일찍이 우주는 '형(形)·질(質)·기(氣)'로 이루어졌다고 인식했다.

「상서대의(尚書大義)」는 '수·화'는 백성의 음식이 되고, '금·목'은 백성의 도구로 원용되고, '토'는 만물을 생육하여 사람들이 이를 활용한다. 「상서정의(尚書正義)」에 이르기를 오행은 오재인데 5라고 말하는 것은 오행이 각각 재간(材幹)을 가져서이고, 행이라 칭하는 것은 오행이 하늘에 있을 때, 오기(五氣, 五行之氣, 五方之氣)가 되어 유행하고, 땅에 있을 때는 세상에 필요한 물질이 된다. 『좌전(左傳)』은 하늘이 오재를 만들어 백성이 이를 쓰게 하는 데 하나라도 없으면 안 되는데, 무기를 만드는 금을 누가 버릴 수 있느냐고 했다. 전한(前漢) 「율력지(律歷志)」에 오성이 오행과 연계했을 때, 각은 목, 상은 금, 치는 화, 우는 수, 궁은 토가 된다고 했다.[14]

---

14 『淵鑑類函』卷12 五行, 25頁, 「尚書大義」曰, 水火者, 百姓之所飲食也, 金木者, 百姓之所興作也, 土者, 萬物之所資生也, 是爲人用. 「尚書正義」曰, 五行卽五材也, 言五者, 各有材幹也, 謂之行者, 若在天則, 五氣流行, 在地則, 世所行用也. 『左傳』曰, 天生五材, 民並用之, 廢一不可, 誰能去兵. 前漢 律曆志曰, 協之五行則, 角爲木, 商爲金, 徵爲火, 羽爲水, 宮爲土.

「당지(唐志)」는 오행이 물(物)이 되어 하늘에 나타나면 오성(五星), 임무를 나누어 땅에 있으면 오방(五方), 사시(四時, 春生·夏長·秋收·冬藏)에 행해지면 오덕(五德, 仁·義·禮·智·信), 사람에게 들면 오상(五常, 仁·義·禮·智·信, 父義·母慈·兄友·弟恭·子孝), 음률에 이입되면 오성(五聲, 宮·商·角·徵·羽), 문장(文章, 色相)에 투영되면 오색(五色, 靑·白·赤·黑·黃)이 되는데, 이들 정과 기의 쓰임의 총화를 오행이라 했다.

『회남자(淮南子)』에 이르기를 물은 나무를 낳고, 나무는 불을 낳고, 불은 흙을 낳고, 흙은 쇠를 낳고, 쇠는 물을 낳는다. 자식이 어머니를 봉양함은 의리요, 어머니가 자식을 기르는 것은 보육이며, 자식과 어머니가 서로 보호하는 것은 하나가 됨을 뜻하고, 어머니가 자식을 이기면 속박이 따르고 자식이 어머니를 이기면 곤란하게 된다고 했는데, 오행의 상생과 상극관계를 모자관계에 비교하여 설명 한 것이다.[15]

나무는 흙을 이기고, 흙은 물을 이기며, 물은 불을 이기고, 불은 쇠를 이기고, 쇠는 나무를 이긴다. 그러므로 화(禾, 벼·木名)는 봄에 나서 가을에 죽는다. 나무가 성하면 물이 쇠약해지고 불이 살아나고 쇠는 갇히고 흙은 죽는다. 불이 성하면 나무가 쇠락하고 흙이 살아나고 물은 폐쇄되고 쇠가 죽는다. 흙이 성해지면 불이 쇠락하

---

15 『淵鑑類函』卷12「五行」, 25頁~26頁, 「唐志」曰, 五行之爲物分任, 於地爲五方, 行於四時爲五德, 稟於人也爲五常, 播於音律爲五聲, 發於文章爲五色, 而總其精氣之用爲五行. 『淮南子』曰, 水生木, 木生火, 火生土, 土生金, 金生水, 子生母曰義, 母生子曰保, 子母相得曰專, 母勝子曰制, 子勝母曰困.

고 쇠가 살고 나무는 가두어지고 물은 죽는다. 쇠가 성하면 흙은 쇠락하고 물은 살고 불은 갇히고 나무는 죽는다. 물이 성하면 쇠는 늙고 나무는 살아나고 흙은 가두어지고 불은 죽는다.

소리에는 오성이 있는데 궁이 주가 된다. 색에는 오장(五章)이 있는데 황색이 중심이다. 맛에는 오변(五變)이 있는데 단맛이 중심이다. 위(位)에는 오재가 있는데 흙이 중심이다. 그러므로 흙을 단련하여 나무가 나오고, 나무에서 불이 생기고, 불에서 구름이 생기고, 구름에서 물이 나오고 물은 흙으로 돌아간다. 단맛을 단련하여 신맛이 나오고, 신맛에서 매운맛이 나오며, 매운맛은 쓴맛을 만들고, 쓴맛은 짠맛을 내고, 짠맛은 다시 단맛으로 돌아간다.

궁(宮)이 화하여 치(徵)가 되고, 치음이 화하여 상음(商音)을 만들고, 상음이 화하여 우음(羽音)이 나오고, 우음이 화하여 각음(角音)이 되고, 각음은 다시 궁음(宮音)으로 돌아간다. 따라서 물로써 흙을 조화하고, 흙으로써 불을 조화하고, 불로써 쇠를 조화하며, 쇠로써 나무를 다스리고, 나무는 다시 흙으로 돌아간다. 오행이 이처럼 서로 다스리고 조화가 되어, 생활의 필요한 용기가 만들어진다.[16]

---

16 『淮南子』卷4「墜形訓」62頁, 木勝土, 土勝水, 水勝火, 火勝金, 金勝木, 故禾春生秋死. … 木壯, 水老火生, 金囚土死. 火壯, 木老土生, 水囚金死. 土壯, 火老金生, 木囚水死. 金壯, 土老水生, 火囚木死. 水壯, 金老木生, 土囚火死. 音有五聲, 宮其主也, 色有五章, 黃其主也, 味有五變, 甘其主也, 位有五材, 土其主也. 是故鍊土生木, 鍊木生火, 鍊火生雲, 鍊雲生水, 鍊水反土. 鍊甘生酸, 鍊酸生辛, 鍊辛生苦, 鍊苦生鹹, 鍊鹹反甘. 變宮生徵, 變徵生商, 變商生羽, 變羽生角, 變角生宮. 是故以水和土, 以土和火, 以火化金, 以金治木, 木復反土, 五行相治, 所以成器用.

『상서』에 나타난 오행이 오행론으로 체계화되면서, 포괄 영역을 확충하여 예악론과 결부되어 인문학의 기반이 되었다. 중원의 고대 신농씨(神農氏)에 이어 황제(黃帝)를 거쳐 '요·순·우·탕'까지 홍범구주(大法九章)가 팔괘(八卦, 乾·坤·坎·離·震·兌·巽·艮) 논리와 결합되어 국가통치의 기본 틀의 하나로 되었고, 국가 경영의 공과를 오행의 질서를 준수했는지의 여부와 관련시켰다.

왕조의 치란(治亂)은 오행의 순리인 수의 윤하(潤下), 화의 염상(炎上), 목의 곡직(曲直), 금의 종혁(從革), 토의 가색(稼穡)과 연관되어 있다고 믿었다. 물이 적시어 아래로 흐르지 않고, 불이 위로 타오르지 않고, 나무가 굽고 곧게 운용되지 않고, 쇠가 기구로 변형되지 못하고, 땅이 곡식을 키우지 못하면, 난세가 오고 곧이어 나라가 망한다고 했다.

중원『25사』가운데『한서(漢書)』를 비롯하여 거의 모든 사서에 「오행지(五行志)」가 편차된 것은 오행론의 비중을 웅변으로 말한다. 오행론의 핵심은 '금·목·수·화·토'가 지닌 물성이 순리대로 진행하면 상서(祥瑞)가 도래하고, 이를 어기면 천재지변을 위시해 갖가지 재앙이 온다는 것이다. 중원 사서들의 「오행지」는 오행의 질서가 파괴되었을 때 발생하는 내용들로 편성되어 있다. 「오행지」에 실린 내용들이 반드시 오행의 물성(物性)을 인간이 거역했기 때문에 발생한 것으로 볼 수 없으나, 사서의 편찬자들은 천재지변과 각종의 인재(人災)들은 오행 물성의 순역(順逆)에 기인한 것으로 인식했다.

중원 사서들의 「오행지」는 통일국가 들어서기 전 분단시기 사서인『삼국지(三國志)·오대사(五代史)·남사(南史)·북사(北史)』
등에는 없고, '한·후한·진·수·당·송·금·원·명' 왕조의 사서에는
편차되어 있다.『사기(史記)』를 비롯한『양서(梁書)·주서(周書)·
요사(遼史)』등에는「오행지」가 없다. 중원 사서의「오행지」는
『한서』가 효시이고 이후 모든 사서는 이를 표준으로 삼았고, 거개
가「천문지(天文志)」다음에 편차했다.

　『한서』「오행지」는 하도와 낙서의 복희씨 팔괘와 기자가 전수
한 홍범구주의 오행과 오사를 근간으로 하여, '수실기성(水失其
性)·목불곡직(木不曲直)·화불염상(火不炎上)·금불종혁(金不從
革)·가색불성(稼穡不成)'에 따른 재앙과, 오사(五事) 중 '모지불
공(貌之不恭)·언지부종(言之不從)·시지불명(視之不明)·청지불
총(聽之不聰)·사지불예(思心之不睿)' 등으로 구분하여 이에 수
반했다고 인식한 각종 재해를 편록했다.[17]『송사(宋史)』「오행지」
는 '수상·수하'와 '화상·화하' 및 '목·금·토' 항목으로 분류하여
오행 물성의 역리(逆理)로 인해 일어나는 여러 현상을 구체적으
로「오행지」에 수록했다.[18]

　「오행지」에 관한 정보는『원사(元史)』가 비교적 자세하다. 첫
째, 물은 적시며 아래로 흐르는데, 물이 이 같은 본성을 잃으면 홍

---

17 『漢書』卷27 上「五行志」第7 上, 中之上, 中之下, 下之上, 下之下 등 편장의
　서문과 본문 참조.
18 『宋史』卷61「志」第14 五行 一 上 水上, 第15 五行 一 下 水下, 第16 五行 二
　火上, 第17 火下, 第18 五行 三 木, 第19 五行 四 金, 第20 五行 五 土 등의 항목
　참조.

수가 포출 하고 백천(百川)이 역류하여 향읍이 훼손되고 익사자
가 생긴다. 둘째, 불은 위로 타올라야 하는 데 이 본성을 잃으면 화
재가 발생한다. 셋째, 나무는 곡직이 천품인데 이를 상실하면 온
갖 변괴가 접종한다. 넷째, 쇠는 사람의 뜻에 따른 변혁이 천성인
데 이를 잃으면 도구를 만들지 못한다. 다섯째, 흙은 중앙에 위치
하여 만물을 생육하는데 이 천성을 잃으면 씨 뿌리고 수확하는 일
이 단절된다. 또 '수불윤하(水不潤下)·화불염상(火不炎上)·금불
종혁(金不從革)·목불곡직(木不曲直)·가색불성(稼穡不成)'의 항
목을 만들어 이로 인한 온갖 재해와 불상사를 낱낱이 가술 했다.[19]

『명사(明史)』「오행지」역시 오행 1의 수, 오행 2의 '화·목', 오
행 3의 '금·토'로 분류하여 '수불윤하·화불염상·목불곡직·금부
종혁·토실기성(土失其性)'으로 인해 야기 된 갖가지 재이(災異)
와 기후변화 및 '항양(恒暘)·우포(雨雹)·화재(火災)·질역(疾疫)·
초이(草異)·지진(地震)·산퇴(山頹)·시요(詩妖)' 등의 변괴와 재
앙과 이변을 항목별로 서술했다.[20] 『한서』「오행지」는 홍범구주
에 이어 오행과 오사를 종합하여 춘추전국시대까지 소급 기술했
다. 화불염상의 해당 사안에, 법률을 폐기하고 공신을 축출하고
태자를 죽이고 첩을 처로 삼는 행위도 배속했다.

---

19 『元史』卷50~51, 五行 一, 一曰 水, 五行 二曰 火, 五行 三曰 木, 五行 四曰 金,
五行 五曰 土의 '潤下·炎上·曲直·從革·生萬物'과 五行 二의 '水不潤下·火
不炎上·木不曲直·金不從革·稼穡不成' 등으로 나누어 해당 사안들을 열거
했다.

20 『明史』卷28~30 「志」第四 五行 一, 二, 三항 參照.

『후한서』「오행지」는 '모불공(貌不恭)·음우(淫雨)·한(旱)·재화(災火)·대수(大水)·동뢰(冬雷)·산명(山鳴)·황(蝗)·대한(大寒)·지진(地震)·산붕(山崩)·대풍발수(大風拔樹)·지함(地陷)·역(疫)·일식(日蝕)·일중흑(日中黑)·홍관일(虹貫日)' 등의 각종 재해와 특이한 자연현상을 6편으로 분류했다.『한서』에 비해『후한서』의「오행지」는 보다 구체적으로 괴이한 재이현상들을 나열했다.[21]『송사』는「오행지」를 엮는 이유를 다음과 같이 적었다.

하늘이 음양오행으로 만물을 화생(化生)하는 데, 하늘과 땅 사이에 충만하여 오행의 쓰임이 아닌 것이 없다. 사람은 음양오행의 기를 얻어 형체가 형성되고 형체가 정신과 지각을 생성하여 오성(五性, 喜·怒·欲·懼·憂)이 나오고, 오성이 작용하여 만사가 이루어지며 아름답거나 흉한 일이 생긴다. 화기(和氣)는 상서를 불러오고 잘못된 기는 이변을 낳는데 이 모두가 오행의 소치이다.『중용(中庸)』에도 도가 지극하면 발생이전의 일을 예측할 수 있으며, 한 국가가 장차 일어날 때 반드시 상서가 있고, 나라가 망할 때는 요사스런 재앙이 나타난다. 거북점대가 사체(四體)에 작동하여 좋은 일과 나쁜 일도 미리 알 수가 있다. 범인의 동작과 행태에도 호불호가 나타나는데, 인군(人君)은 천지만물의 주관자이니 어

---

21 『漢書』卷27 上·中之上·中之下·下之上·下之下篇과『後漢書』「志」卷13~ 卷18 등의「五行志」參照.

찌 화복에 대한 조짐을 모르겠는가. 한(漢)나라 이후 사관이
「오행지」를 편술한 이유는 인군을 감계하기 위해서이다.
송나라 주돈이(周惇頤, 1017~1073)의 태극도설이 세상에
행해져, 유자가 오행을 말함은 이치에 근원하여 성심을 구
명했다. 홍범에 근본 한 오행 오사를 취하지 않아도, 반고(班
固, 32~92)와 범엽(範曄, 398~445) 역시 오행을 근저로 했고,
구양수(歐陽脩, 1007~1072)의 「당지(唐志)」 또한 그 설을 채
택했다. … 덕이 충일하면 요얼을 이기기 때문에 염려할 필
요가 없다. 유덕자는 흉사가 길사로 되지만, 무덕자는 길사
가 흉사로 변한다. 요얼은 스스로 생기는 것이 아니고 사람
이 이를 만드는 것이다. 이제 전후 사가들이 기록한 길흉의
징험들을 모아 편집하여 「오행지」를 엮는다.[22]

『송사』는 삼라만상은 음양오행의 조화로 형성되었으며, 인간
의 오성(五性)도 이에 근원했으며, 국가의 흥망과 개인의 행불행

---

22 『宋史』卷60「志」14 五行 一 上 水上 364頁, 天以陰陽五行化生萬物, 盈天地
之間, 無非五行之妙用. 人得陰陽五行之氣以爲形, 形生神知而五性動, 五性
動而萬事出, 萬事出而休咎生. 和氣致祥, 乖氣致異, 莫不於五行見之. 中庸;
至誠之道, 可以前知. 國家將興, 必有禎祥, 國家將亡, 必有妖孽. 見乎蓍龜, 動
乎四體. 禍福將至, 善必先知之, 不善必先知之. 人之一身, 動作威儀, 猶見休
咎, 人君以天地萬物爲體, 禎祥妖孽之致, 豈無所本乎. 故有漢以來, 作史者
皆志五行, 所以示人君之戒深矣. 自宋儒周惇頤太極圖說行世, 儒者之言五
行, 原於理而究於誠, 其於洪範五行五事之學, 雖非所取, 然班固范曄之五行
已推本之, 及歐陽脩「唐志」, 亦采其說, … 故德勝妖, 則妖不足慮, 匪德致瑞,
則物之反常者皆足爲妖. 妖不自作, 人實興之哉. 今因先後史氏所紀休咎之
徵, 彙而輯之, 作五行志.

도 자연이 나타낸 조짐을 통해 알 수 있다고 했다. 홍범의 오행과 오사에 의거하여 반고와 범엽이 「오행지」를 찬했고, 구양수도 그 설을 취하여 「당지」를 찬술했다고 하여 음양오행설을 긍정했다. 상서와 요얼도 절로 일어나는 자연현상이 아니라, 인간의 행위에 따른 인과응보라고 인식했다. 국가의 흥망성쇠 역시 오행의 진행 상황을 통해 예측할 수 있다고 여겼다. 유덕자는 흉사를 길사로의 교체가 가능하만, 무덕자는 길사도 흉사로 이행시킨다고 하여, 덕을 함양할 것을 강조했다.

두우(杜佑, 734~812)가 찬한 『십통(十通)』의 효시인 『통전(通典)』에 오행 장은 없지만, 예악 편장에 오행 오덕에 관한 내용은 있다. 진 시황이 즉위하자 지난날 문공(文公)이 사냥에서 흑룡(黑龍)을 잡았는데, 이는 수덕(水德)의 상서라 하여 10월을 세수로 하고, 흑색과 음률(陰律)의 시초인 '대려(大呂, 12월)'를 숭상했다고 했다.[23] 『구당서(舊唐書)』와 『신당서(新唐書)』에는 「오행지」가 각각 1권과 3권으로 편성되어 있다.

두우는 팔음(八音)장을 편성하여 도량권형(度量權衡) 중 권형(權衡)의 오칙(五則)을 기술하는 과정에, 수는 북방에 위치하는데 태음으로 오덕의 지(智)에 해당된다, 수는 적시며 흘러내려 지자(智者)가 일을 현명하게 꾀하여, 권(權)이 되어 북방을 의미하며 대소의 기준과 경중의 수치가 각각 그 형상에 응하여 오권(五權)

---

23 杜佑,『通典』卷42 禮二 吉一 郊天 上 典242頁, 秦始皇旣卽位, 以昔文公出獵, 獲黑龍, 此其水德之瑞, 用十月爲歲首, 色尙黑, 音尙大呂(顏師古曰, 大呂, 陰律之始).

이 엄정하게 정해진다고 하여, 음률과 더불어 오행의 수를 도량형의 준칙(準則)으로 삼았다.[24]

『구당서』는 "옛날 우가 하도와 낙서의 65자를 얻어 치수에 공이 있어 이를 보배로 여겼다. 은나라 태사(太師) 기자(箕子)가 주나라 개국 초에 무왕을 만나 '홍범구주'를 진술했는데 그 첫째가 오행이다. 한이 일어나 동중서(董仲舒, BC, 200~140)와 유향(劉向, BC, 77~6)이『춘추』를 정리할 때 재이를 논하면서 홍범구주를 인용했다. 이후 반고가『한서』를 찬할 때도 그 설을 채용하여「오행지」를 편찬했고, 후대 사가들이 이를 계승했다고 하고 그 대단(大端)을 들어 변괴의 근원을 밝힌다."라고 했다.[25]

25사「오행지」의 골격은 모두 비슷비슷하다. 단지 오행 편에 수록된 구체적 사안이 다를 뿐 형식과 분류 방식은 그대로이다. 예악론은 주대에 주공과 공부자 및 맹자(孟子, BC, 372~289 경) 등 유가에 의해 정리되어 부각되었지만 현실에는 큰 영향력을 발휘하지 못했다. 그러므로 '황제·요·순·우·탕'과 주대의 기축 이데올로기는 예악론이 아닌 오행론이었다.

『삼국사기』와『삼국유사』에는 오행에 관한 직접적인 기록은 없지만, 오행에 포용될 수 있는 천재지변에 관한 내용은 다수이

---

24 『通典』卷144 樂四 權量 典751頁, 位於北方, 太陰爲智, 爲水, 水曰潤下, 智者謀, 謀而深, 故爲權, 北方之義也. 大小有准, 輕重有數, 各應其象, 五權謹矣.

25 『舊唐書』卷37「志」第17 五行 1345頁, 昔禹得河圖洛書65字, 治水有功, 因而寶之. 殷太師箕子入周, 武王訪其事, 乃陳洪範九疇之法, 其一曰五行. 漢興, 董仲舒劉向治『春秋』, 論災異, 乃引九疇之說, … 班固敍『漢史』, 採其說(爲)「五行志」. 綿代史官, 因而纘之. 今略擧大端, 以明變怪之本.

다. 삼국 가운데 고구려 백제 능묘의 벽화에는 오행사유가 나타나
있으나, 신라의 경우는 오행론의 흔적이 별로 없다. 김부식(1075~
1151)은 『삼국사기』 「잡지(雜志)」에 제사와 악조를 편성하여 예
악론에는 상당한 관심을 보였으나, 일연은 『삼국유사』에 오행은
물론이고 예악론에 대해서도 별다른 관심을 보이지 않았다.

　　김부식은 『삼국사기』 악조 현금(玄琴) 항목에, 현금의 다섯줄
은 오행을 형상했으며 대현(大絃)은 임금 소현(小絃)은 신하를 가
리켰고, 길이가 4척5촌인 것은 사시와 오행의 법도를 따른 것이라
고, 『금조(琴操)』와 『풍속통(風俗通)』을 인용하여 오행론에 대한
관심을 표했다.[26]

　　후삼국시대의 궁왕(弓王, ?~918)의 태봉국과 견훤왕(甄萱王, ?~
936)의 후백제는 역년이 반세기 여에 불과했기 때문에 오행론의
실존 여부는 규명하기 어렵다. 반세기는 짧은 기간이 아니다. 후
삼국을 통일한 고려조 당국자와 사인들이 '후삼국사'를 편찬하지
않은 점은 유감이다. 『고려사』 총 137권 중 「오행지」는 권 '53·54·
55'로 3권이나 된다. 『고려사』 「오행지」 역시 중원 『25사』의 틀을
그대로 따랐다. 『고려사』 찬자는 「오행지」의 편술 이유를 아래와
같이 밝혔다.

　　하늘에는 오운(五運, 오행의 운행), 땅에는 오재(五材, 金木

---

26 『三國史記 卷 第三十二 「雜志」 第一 樂 玄琴, 『琴操』日 … 上圓下方, 法天地
也, 五絃象五行, 大絃爲君, 小絃爲臣, 文王, 武王加二絃. 又 『風俗通』日, 琴
長四尺五寸者, 法四時五行, 七絃法七星, 玄琴之作也.

水火土, 金木皮玉土)가 있어 그 쓰임이 무궁하다. 사람은 태어날 때 5성(喜·怒·欲·懼·憂)이 갖추어져 오사로 나타난다. 이를 수련하면 길하고 닦지 않으면 흉하다. 길은 상서에 부응하고 흉은 재앙으로 나타난다고 여겨, 기자는 이를 홍범구주로 부연하여 천지간에 성심껏 간직하여 실천하게 했다. 그 후 공부자가 『춘추』를 저술할 때 당대의 재이와 상서를 기록 했으니, 하늘과 땅 사이에 감응하는 이치를 어찌 쉽게 말할 수 있겠는가. 이제 사가들이 당대의 재이와 상서를 기술한 바에 의거하여 「오행지」를 편술한다.[27]

『고려사』 「오행지」도 오행에 관한 기술내용은 중원 『25사』와 별 차이가 없다. 사서들의 「오행지」는 위 『고려사』 기록처럼, 기자가 전수한 '홍범구주'를 공부자가 『춘추』를 통해 계승했고, 이후 수천 년간 사가들이 이를 준수했다. 『고려사』 「오행지」는 고려 시대의 상서와 재이들을 제왕(帝王)들의 통치기간을 중심으로 소상하게 채록했다. 오행 중의 수를 시발로 '화·목·금·토'로 분류하여 이에 해당하는 사항들을 3권으로 나누어 서술했다. 수는 윤하, 화는 염상, 목은 곡직, 금은 종혁, 토는 중앙에 자리 잡아 만물을 생성한다고 했고, 오행이 본성을 잃으면 온갖 재앙이 나타나므로 어

---

27 『高麗史』卷53 「志」卷 第7 五行 一 1頁, 天有五運, 地有五材, 其用不窮. 人之生也, 具爲五性, 著爲五事, 修之則吉, 不修則凶. 吉者休徵之所應也, 凶者咎徵之所應也. 此箕子所以推演洪範之疇, 而拳拳於天人之際者也. 厥後孔子作 『春秋』, 災異必書, 天人感應之理, 豈易言哉, 今但據史氏所書, 當時之災祥, 作 「五行志」.

기지 말아야 한다고 경고했다.

『고려사』「오행지」는 1·2·3권 가운데 오행 1은 수 항목의 광종(光宗) 12년(931) 4월 1일 대풍과 뇌우가 쏟아져, 강물이 시가에 범람하여 가옥이 침수되고 물이 적색으로 변했다는 기사로 시작하여, 의종 5년(1161) 6월 을축(乙丑) 서경 제연(梯淵)에서 보현경방(普賢經坊)에 걸쳐 신기루(地鏡)가 나타났다는 기사로 마무리 했다. 이어서 오행 2는 화, 오행 3은 목, 오행 4는 금 조를 거쳐, 오행 5는 토 항목의 우왕(禑王) 9년(1388) 5월 진주(晉州)에 보리 한 가지에 이삭이 삼사 개가 달렸다는 것으로 마무리했다.『고려사』「오행지」는 '수·화·목·금·토' 각 행에 연계된 천재지변과 재이들과 오백여 년간의 홍수·한발·지진·역병 등 각종 이변(異變) 괴이한 짐승 다자녀 출산 등에 관한 사실을 수록했다.[28]

근래 한반도의 이상 한파·고온 등의 기상변화는『삼국사기』와『고려사』『조선왕조실록』등의 자료를 통시적으로 분석하면 그리 놀랄 일도 아니다. 따라서 우리가 무시하고 있는 사서의「오행지」등을 면밀하게 분석 검토하면, 미래의 기상을 예측하는 단서가 될 수 있다.

조선조의 경우『승정원일기(承政院日記)·일성록(日省錄)·왕조실록(王朝實錄)』등에 풍부하게 기술된 자료들을 종합정리하면『고려사』의「오행지」보다 더 많은 분량의「오행지」를 편성할 수

---

28 『高麗史』卷53~55「五行」一·二·三, 五行 一曰水, 光宗 12年 4月 朔, 大風雷雨水溢街衢, 漂沒人家, 水變爲赤. … 毅宗 五年 六月 乙丑, 西京梯淵, 至普賢經坊, 地鏡見. … 辛禑 九年 五月 甲子, 慶尙道晉州大麥一莖一穗三四岐.

있다. 오행론 가운데 〈참요(讖謠)·동요(童謠)〉도 포함된다. 〈참요〉가 왜곡된 현실을 풍자하고 〈동요〉가 미래를 예측할 수 있다는 인식에서이다. 현재 기상청은 100여 년의 정보만 갖고 있다고 하는데, 이는 전래 사서들의 「오행지」나 「천문지」 등 이에 준하는 문헌들의 기상자료를 도외시한 단견이다.

『삼국사기』는 서기전 50여 년부터 천여 년의 기상을 기록했고, 『고려사』와 『조선왕조실록』도 천여 년의 기상에 관한 자료를 남겼음에도 불구하고, 100년 정도의 자료만 있다는 주장은 문제가 있고, 기상이변이라고 흥분하는 것도 역시 과거부터 있었던 현상들 중의 하나에 불과하다.

동아시아 사서들은 거개가 천문과 오행을 연계하여 기술했다. 『고려사』도 '천문·역(曆)·오행'을 나란히 편차했다. 「천문지」와 「역지(曆志)」는 각기 3권으로 「오행지」와 더불어 분량이 방대하다. 사가들이 분량에 비해 이에 대한 연구는 소홀한 편이다. 이들은 상호 불가분의 관계가 있고, 기술 내역도 서로 넘나드는 경우가 많다. 융희(隆熙) 2년(1908)에 발간한 반만년의 민족사를 주제별로 광범하게 망라한 『증보문헌비고(增補文獻備考)』에 오행편은 없지만, 오행에 해당하는 광범한 사안들을 「상위고(象緯考)」에 배치했다.

「상위고」는 무려 12권으로 '역상(曆象)·천지(天地)·칠정(七政, 日·月·五行, 天·地·人·四季)·항성(恒星)'을 비롯하여 '일식(日食)·객성(客星)'들을 서술했고, 오행에 준하는 「물이편(物異篇)」을 3장에 걸쳐 기술했다. 고대와 중세에 이어 근대까지 모든 영역을 포괄 기술한『증보문헌비고』에 오행편이 없는 이유는 비중과 위상이 저하된 까닭이며, 직접적으로 언급한 것은 오행진(五行陣)을 포함하여 5회에 불과하다.[29]

『증보문헌비고』「악고(樂考)」오음명의(五音名義) 편장에『악서(樂書)』를 인용하여 "이변(二變)은 오성에 나왔으나 오성을 어지럽히므로 제거함이 옳다. 오성이 악에 차지하는 비중은, 오성이 하늘에 오행이 땅에 오상이 인간에 있는 것과 같다."라고 하여 칠음(七音, 宮·商·角·徵·羽·變宮·變徵)은 오행의 질서를 파괴하는 것이므로 삭제함이 옳다고 했지만, 7음도 나름대로 필요하다는 견해도 있었다.[30] 이변은 변궁(變宮)과 변치(變徵)이며 오성에서 분파된 것으로, 악의 변화를 바라는 민인들의 욕구에 부응한 것이지만, 악인들은 5음의 질서를 해치는 것으로 보았다.

「형고(刑考)」'상언(詳讞)'장 보(補)에 성종 6년(1475) 왕이 하늘이 음양오행으로 만물을 생성하여, 봄과 여름에 양육하고 가을과 겨울에 시들게 하는데, 성인이 이를 본받아 덕과 예로 백성을 계도하고 형과 정으로 징계했다고 했다. 성종(成宗, 1457~1494)도

---

29 『增補文獻備考』는 「象緯·輿地·帝系·禮·樂·兵·刑·田賦·財用·戶口·市糴·交聘·選舉·學校·職官·藝文」 등 '16考'로 분류하여 편찬했는데, 「象緯考」를 머리에 배치한 것은 이를 중시했다는 증거이다. 「상위고」의 내용은 대부분 '朝鮮史'가 편찬되었다면 「오행지」에 포함될 것들이고, 권1에서 권12까지 모두 12권으로 편성되어 있다.

30 『增補文獻備考』卷90 「樂考」一 '五音名義' 19頁, 『樂書』云, 二變出於五聲, 而淫於五聲, 存之無益也, 削之可也. 盖五聲之於樂, 猶五星之在天, 五行之在地, 五常之在人也. 五聲可益, 爲七音則, 五星五行五常亦可益而七之乎, 其說必不行矣. … 天有五星, 不必有日月, 地有五行, 不必有剛柔, 人有五常, 不必有健順, 其可乎.

음양오행이 천지만물을 창조한 것으로 여겨, 덕과 예 그리고 형과 정으로 통치해야 한다고 했다.[31]

조선조에 와서 오행론은 『왕조실록』에 간헐적으로 나타난다. 태종 14년(1414) 수렵에 잡은 짐승을 교제(郊祭)에 쓰는 문제를 두고, 예조(禮曹) 전사시(典祀寺) 관료들과 논란이 있었다. 『문헌비고(文獻通考)』에 제후국은 사방(四方) 아닌 '일방(一方)'에 위치한다고 했지만, 우리나라도 엄연히 동서남북이 있으므로 각 방위에 망제(望祭)를 지냄이 당연하다고 했다. 4방에 제사를 지내면 오방신(五方神)과 오행신(五行神) 및 산림천택(山林川澤)의 신들이 모두 그 가운데서 흠향한다는 논의가 있었다.[32]

「아악보서(雅樂譜序)」에 세종(世宗, 1397~1450)은 경연에서 『율려신서(律呂新書)』의 정밀함에 감탄하여, '유사눌(柳思訥, 1375~1440)·정인지(鄭麟趾, 1396~1478)·박연(朴堧, 1378~1458)·정양(鄭穰, 1423에 문과)' 등에게 명하여 구악(舊樂)을 정리하여 아악(雅樂)을 바로잡을 것을 명하는 과정에, 오성은 오행에 근본 했을 뿐 아니라 이를 '군(君)·신(臣)·민(民)·사(事)·물(物)'에 배정하여 치란과 재상(災祥)도 여기에 응한다는 전통적 논리를

---

31 『增補文獻備考』卷133「刑考」七 詳讞 6頁 補, 成宗 6년 敎曰, 天以陰陽五行, 化生萬物, 春夏以長養之, 秋冬以肅殺之. 聖人則焉, 德禮以導民, 政刑以示懲, 刑豈聖人之得已哉.

32 『朝鮮王朝實錄』卷28 太宗 14年 甲午 九月 壬辰 26頁, 壬辰, 命典祀寺, 以獵禽祭於郊, 禮曹啓, 謹按『禮記』「月令」, 天子厲飾執弓矢以獵, 命主祀祭禽于四方之神, 『文獻通考』曰, 諸侯之國, 雖居一方, 然國內亦有東西南北, 亦隨四方而望祭於其方也, 望祭四方, 則五方之神, 五行之神, 及山林川澤之神, 皆其中矣. 固不可又分而爲四也, 乞依此制.

폈다.[33]

『세종실록』「칠정산내편(七政算內篇)」권 상 '추오행용사(推五行用事)' 항에 24절기 중 사립(四立, 입춘·입하·입추·입동)도, 봄은 목, 여름은 화, 가을은 금, 겨울은 수에 배정하여 오행의 설을 그대로 따랐다.[34] 효종 4년(1653) 6월 신묘(辛卯)에 강화(江華) 교수(敎授) 석지형(石之珩, 1610~?)이 시사를 말하면서『오행귀감(五行龜鑑)』을 진상했는데,『주역』을 부연 설명한 내용으로 정조가 이를 칭찬하여 호피(虎皮)를 하사했다.[35]

정종(正宗) 24년(1800) 임자(壬子) 삭(朔) 기사에, 앞서 수원유수(水原留守) 서유린(徐有隣, 1738~1802)에게 오행이 바뀌어 운행할 때, 토공(土功)이 바탕이 되어 팔괘(八卦)가 나누어지고 감궁(坎宮)이 앞에 놓이므로, 주나라 문왕이 기(岐) 땅을 다스리기 위해 토의 법을 세웠고, 한 고제(高帝, BC, 247~195)가 관중(關中)을 평정하기 위해 조부(租賦) 제도를 우선으로 정했다.

조가(朝家)가 화성(華城)을 경영하면서, 주공의 기 땅과 한나라

---

33 『朝鮮王朝實錄』世宗 卷136 '雅樂譜序' 1頁, 宣德 庚戌(1430)秋, 樂者, 聖人所以養性情和神人, 順天地調陰陽之道也, … 御經筵, 講蔡『律呂新書』, 嘆其法度深精, 尊卑有序, 思欲製律, 第以黃鐘未易遽得, 重其事也, 乃命藝文大提學柳思訥, 集賢殿副提學鄭麟趾, 奉常少尹朴堧, 京市主簿鄭穰等, 釐正舊樂. … 以今考之, 宮商角徵羽五聲, 本之五行, 配之以君臣民事物, 治亂災祥, 各以類而應.

34 『朝鮮王朝實錄』世宗 卷156 '七政算內篇' 上曆日 第一 '推五行用事' 4頁, 各以四立之節, 爲春木夏火秋金冬水, 苟用事日, 以土旺策, 減四季中氣, 各得其季土, 始用事日.

35 『朝鮮王朝實錄』孝宗 卷10 四年 癸巳 六月 辛卯 52頁, 辛卯, 江華敎授石之珩上疏, 論時事, 仍進『五行龜鑑』, 盖以『周易』推演之也. 上優批答之, 賜虎皮.

의 관중에 대한 시책을 모범으로 삼고, 원(元)을 으뜸으로 한 근본을 이완시킬 수 없다고 유시한 점도, 오행 중의 토가 중대함을 정종(1752~1800)이 이해했고, 화성을 문왕의 '기' 지역과 한고조의 '관중'으로 여겨 조선조를 재조(再造)하는 중요한 지역으로 인식했다.[36]

4. 오행론과 오덕종시설(五德終始說)

전국시대 제인(齊人) 추연(鄒衍, 騶衍, 이름은 연(衍)이고 연(燕) 소왕(昭王)의 사부로 직하(稷下)에 살았는데 담연(談衍)이라 불렀다)은 음양론에 조예가 깊어, 괴이하고 우원한 변괴에 관한 것을 엮어 경전과 거리가 있는 『종시(終始)』와 『대성(大聖)』 등 10여 만언에 달하는 저술을 남겼다. 『사기』 「맹가전(孟軻傳)」에 그 사적이 기재되어 있다. 『한서』 「예문지(藝文志)」에 『추자(鄒子)』 49편과 『종시』 56편이 있었다고 하나 지금 전하지 않는다.

왕조의 흥망성쇠와 교체는 오행의 덕에 의해 일정한 순서가 있다는 '오덕종시설(五德終始說)'은 추연의 위 저술에 근거했다. 추연은 당시 정치에 직결되는 현실 문제를 다루었기 때문에, '인의

---

36 『朝鮮王朝實錄』正宗 권54 二十四年 庚申 六月 壬子 48頁, 六月 壬子 朔, 先是, 論水原留守徐有隣曰, 五行迭運, 土功爲大, 八卦分序, 坎宮居先, 故周文王治岐而建任土之法. 漢高祖定關而立租賦之制. 朝家之視華城, 有如周之岐, 漢之關, 則元元重本之政.

(仁義)'를 외쳤던 맹자가 푸대접을 받은 점과 달리 '제·양·조'나라 등에 융숭한 대접을 받았다. 하늘과 땅이 열려 사물이 유분 된 이래, 오덕이 유전하여 통치에 마땅함이 있어 이에 부응된다고 하여, 황제(黃帝)에 이르기 까지 오행의 오덕으로 설명하는 '종시설(終始說)'을 전개했다.[37]

'오덕종시설'은 오행론을 왕조의 교체와 치란과 성쇠를 추연이 결부시킨 것으로, 전국시대 패자(覇者)들에게 관심을 끌었다. 당시 맹자의 인의설(仁義說)이 실현이 쉽지 않은 이상에 흐른 것에 반해, 패자들이 직접적으로 원용하기가 용이했기 때문에 주목을 받았다. '오행상극(五行相剋)·오행상승(五行相勝)·오행상생(五行相生)·오행생극(五行生剋)·오행생승(五行生勝)' 등의 설이 있었지만, 오덕종시설이 특히 관심의 대상이 되었다.

한 왕조가 흥하면 그 덕에 상응하는 상서(祥瑞)가 나타난다고 하여, 진(秦)을 수덕(水德)으로 정하고 진나라 이전 사조(四朝)인 황제는 토덕, 하는 목덕, 은은 금덕, 주를 화덕으로 배정하여 상극(相剋, 相勝)설을 정립했다. 『회남자』「시칙훈(時則訓)」은 역대왕조와 '오행덕(五行德)'의 상관관계에 대해 다음과 같이 말했다.

---

37 『史記』卷74 孟子·荀卿「列傳」14 齊有三鄒子. 其前鄒忌, … 其次鄒衍, 後孟子. … 乃深觀陰陽消息而作怪迂之變, 『終始·大聖』之篇 十餘萬言. … 先序今以上至黃帝, 學者所共術, 大並世盛衰. … 稱天地剖判以來, 五德轉移, 治各有宜, 而符應若玆. 『漢書』卷30「藝文志」10 陰陽21家著錄, 『鄒子』49篇. 名衍, 齊人, 爲燕昭王師, 居稷下, 號談天衍. 『鄒子終始』56篇(師古曰, 亦鄒衍所說.)

태호(太皞)와 구망(句芒)의 관할지역은 1만 2천 리이다. 태호 복희씨(伏羲氏)는 동방 목덕의 황제이고 구망은 목신사주(木神司主)이다. … 적제(赤帝)와 축융(祝融)의 관할은 1만 2천 리로 적제는 염제(炎帝)로 소전(少典)의 아들로 신농씨(神農氏)라 하고 남방 화덕의 황제이다. 축융은 전욱(顓頊)의 손자로 노동(老童)의 아들로 화신(火神)이 되었다. … 황제(黃帝)와 후토(后土)의 관할은 1만 2천 리이다. 황제는 소전의 아들로 토덕으로 왕노릇을 하고 호는 헌원(軒轅)이며 죽어서 중앙 토덕의 황제가 되었다. 후토는 구룡씨(句龍氏)의 아들로 이름이 후토이고 죽어서 토신(土神)이 되었다. … 소호(少皞)와 욕수(蓐收)의 관할은 1만 2천 리이다. 소호는 황제의 아들 청양(靑陽)으로 금덕으로 천하를 통치했으며 호는 김천씨(金天氏)이고 죽어서 서방 금덕의 황제가 되었다. 욕수는 금천씨의 후손으로 죽어서 금신(金神)이 되었다. … 전욱(顓頊)과 현명(玄冥)의 관할도 1만 2천 리이다. 전욱은 황제의 손자로 수덕으로 천하의 왕노릇을 했고, 고양씨(高陽氏)로 일컬어졌으며 죽어서 북방 수덕의 황제가 되었으며 그의 아들이 현명인데 수신(水神)이 되었고 전욱을 흑제(黑帝)라고도 한다.[38]

---

38 『淮南子』卷五「時則訓」84~85頁, 太皞·句芒之所司者, 萬二千里(太皞伏羲氏, 東方木德之帝也. 句芒木神司主也). … 赤帝·祝融之所司者, 萬二千里(赤帝炎帝, 少典之子, 號爲神農, 南方火德之帝也. 祝融, 顓頊之孫, 老童之子, 火神也). … 黃帝·后土之所司者, 萬二千里(黃帝, 少典之者, 以土德王天下, 號爲軒轅氏, 死爲中央土德之帝. 后土者, 句龍氏之子, 名曰后土, 死祀爲土

오제(五帝)는 문헌에 따라 여러 부류로 나누어지고 명칭도 다양하나, 모두 오행의 덕을 배경으로 천하를 통치했다. 『회남자』는 목덕의 태호, 화덕의 적제, 토덕의 황제, 금덕의 소호, 수덕에 전욱을 오제라 하고, '구망·축융·후토·욕수·현명'을 각각 오제를 보좌하는 신으로 보았다. 이들은 모두 '목덕·화덕·토덕·금덕·수덕' 등 오행의 덕으로 천하를 다스렸다고 했다. 오제를 '황제·전욱·제곡·요·순'으로 보는 견해도 있다.

오행의 덕이 왕조의 개창과 융성 및 패망과 실지로 관련이 있었는지는 실감이 안 난다. 그러나 고대와 중세의 시각으로는 절실하게 인식했던 듯하다. 서기전 6세기 무렵 공부자도 이에 대해 논의한 바 있다. 계강자(季康子)가 오제에 관해 옛날에 들은 적이 있지만 그 실상을 알고자 한다고 하자, 공부자는 아래와 같이 응답했다.

지난날 내가 노담(老聃, 老子)에게 들었다. 하늘에는 '수·화·금·목·토'가 있어 이들이 사시를 맡아 만물을 육성한다(1년 365일을 오행이 각각 72일식 맡아 주관한다). 이들 오신(五神)을 오제라고 한다. 옛 왕들은 시대가 바뀔 때마다 오행의 법을 좇아 이름을 바꿨다. 명호를 교체한 것은 종시 상생의 이념을 형상한 것이다. 그러므로 명왕(明王)이 사망

神), … 少皞·蓐收之所司者, 萬二千里(少皞, 黃帝之子, 靑陽也, 以金德王天下, 號爲金天氏, 死爲西方金德之帝也. 蓐收死祀爲金神也). … 顓頊·玄冥之所司者, 萬二千里(顓頊, 黃帝之後孫也, 以水德王天下, 號高陽氏, 死爲北方水德之帝也. 其神玄冥者, 金天氏適子曰昧, 爲玄冥師, 死爲主水之神也.『太平御覽』注云, 黑帝)

하면 오행에 배치했다. 따라서 태호는 목, 염제는 화, 황제는 토, 소호는 금, 전욱은 수에 안배했다. 태호씨가 목으로 시작한 이유를 묻자, 공부자는 오행의 용사(用事)가 목으로 출발한 까닭은, 목이 동쪽이고 만물의 시초는 모두 동방에서 나오므로, 왕들이 이를 기준으로 삼아 목덕으로 천하의 왕노릇을 했다고 했다.[39]

계강자가 오제와 병칭된 구망을 목정(木正), 축융을 화정(火正), 욕수를 금정(金正), 현명을 수정(水正), 후토를 토정(土正)이라 하여 오행의 주인으로 보는 점에 대하여 묻자, 공부자는 오정(五正)은 오행의 관직명으로 상제(上帝)를 보필한다고 했다. 하우씨는 금덕왕, 은인(殷人)은 수덕왕, 주인(周人)은 목덕으로 왕 노릇을 한 것은 삼대가 변별됨을 강조한 것이다. 요순이 숭상한 색을 묻자, 요는 화덕왕, 순은 토덕으로 나라를 통치하면서 황색과 청색을 숭상했다고 공부자는 답했다.[40]

---

39 『孔子家語』第六 五帝 第二十四 65頁, 昔丘也問諸老聃曰, 天有五行, 水火金木土, 分時化育, 以成萬物(一歲, 三百六十五日, 五行各主七十二日也, 化生長育有一歲之功, 萬物莫敢不成), 其神爲之五帝. 古之王者, 易代而改號, 取法五行, 五行更王, 終始相生, 亦象其義. 故其爲明王者, 而死配五行, 是以太皞配木, 炎帝配火, 黃帝配土, 少皞配金, 顓頊配水. 康子曰, 太皞氏, 其始之木何如, 孔子曰, 五行用事, 先起於木, 木東方, 萬物之初皆出焉, 是故王者則之, 而首以木德王天下.

40 『孔子家語』第六 五帝 第二十四 65~66頁, 康子曰, 吾聞句芒爲木正, 祝融爲火正, 蓐收爲金正, 玄冥爲水正, 后土爲土正, 此五行之主而不亂, 稱曰帝者何也, 孔子曰, 凡五正者, 五行之官名, 五行佐成上帝. ⋯ 夏后氏以金德王, 色尙黑. ⋯ 殷人用水德王, 色尙白. ⋯ 周人以木德王, 色尙赤. ⋯ 此三代之所以

태호(太皞)는 만물을 크게 일으킨다는 의미로 호가 복희(伏羲)이며 목덕왕이고, 죽어서 동방의 제가 되었고 춘제(春帝)로 부르기도 하며, 그 신(神)은 구망인데『산해경(山海經)』은 조신인면(鳥身人面) 이라했다. 구망은 사물이 처음 생긴다는 뜻이며, 망은 맹(萌)으로 싹이 튼다는 의미이며, 청룡이 그 정(精)이고 음은 각(角), 율려(律呂)는 중려(中呂)이다. 염제(炎帝)는 태양(太陽)으로 색은 적색, 음은 치(徵), 율(律)은 이칙(夷則)이며 화덕으로 천하를 다스렸으며, 죽어서 남방의 제가 되었고 신농(神農)이라 부른다. 주조(朱鳥)가 정이고 축융(祝融)이 그 신이다. 소호(少皞)는 서방에 자리하여 색은 백색이며, 음은 상(商)이고 상은 강건(强健)을 뜻하며 금천씨(金天氏)라 불렀고, 서방의 제왕으로 금덕으로 통치했고 그 신은 욕수(蓐收) 정은 백호(白虎)이다.

전욱(顓頊)은 북방의 제이고 음은 우(羽), 호는 고양씨로 죽어서 북방의 제왕이 되었으며, 그 신은 현명(玄冥) 즉 수신(水神)이고 정은 현무(玄武)로 북방에 자리했으며 거북과 뱀의 합체이다. 경복궁 북문 신무문(神武門)의 신무도 수신과 현무와 관계가 있다. 황제(黃帝)는 토로 중앙에 위치하여 일(日)은 무기(戊己)인데 무는 무(茂)로 만물이 무성하다는 의미이고, 음(音)은 궁(宮) 신(神)은 후토(后土)로 토덕으로 왕 노릇을 했으며, 호는 헌원이며 죽어서 중앙의 제왕이 되었다.[41]

不同. 康子曰, 唐虞二帝, 其所尙者何色, 孔子曰, 堯以火德王, 色尙黃, 舜以土德王, 色尙靑.

41 『白虎通疏證』卷四「五行」論陰陽盛衰 175~181頁, 位在東方, 其色靑, 其音

오행론은 '오상·오음·율려·오미·오취·오장'과도 연계시켰다. 인체의 오장 중 비장은 중, 신장은 북, 폐는 서, 간은 동, 심장은 남에다 배치했는데, 장기를 오방에 배열한 것은 해부학적으로도 합치된다. 오장 가운데 간은 인(仁), 폐는 의(義), 심장은 예(禮), 신장은 지(智), 비장은 신(信)에 비의했고, 허신(許慎, 後漢 2세기 초엽)도 신장은 수장(水藏), 폐는 금장(金藏), 비장은 토장(土藏), 간은 목장(木藏), 심장은 화장(火藏) 등으로 보고. 인체의 오장을 오행과 오상에 직결시켜 그 특성을 말했다.[42]

간장은 목으로 색조는 청색이고 나무처럼 가지가 있고, 동방은 인이니 만물이 처음으로 태어나고 오성으로는 각이며 백성에 해당한다. 폐장는 의이며 금의 정이고 결단력이 있으며 서방에 위치했으니 색은 백색이고, 만물을 살생하므로 왕을 위해 목숨을 바치는 결기도 있다. 심장은 남쪽의 예이고 화의 정이며 진퇴에 의혹이 없다. 북방은 수이므로 신장은 흑색이며 음이기 때문에

角者, 其動躍也. 其帝太皞, 太皞者, 大起萬物擾也. 其神句芒, 句芒者, 物之始生, 芒之爲言萌也. (『山海經』, 東方句芒, 鳥身人面, 注云, 木神也) 其精青龍, 陰中陽故. … 位在南方, 其色赤, 其音徵, 徵止也, 陽度極也. 其帝炎帝, 炎帝者, 太陽也. 其神祝融. … 其精朱鳥. … 其位西方, 其色白, 其音商. 其帝少皞, 少皞者, 少斂也. 其神蓐收, 蓐收者, 縮也. 其精白虎. … 其位在北方, 其音羽, 羽之爲言舒, 言萬物始蟄, 其帝顓頊, 顓頊者, 寒縮也. 其神玄冥, 玄冥者, 入冥也. 其精玄武. (玄武, 北方之神, 龜蛇合體). … 土位中宮, 其日戊己. 戊者, 茂也. 己者, 抑屈起. 其音宮, 宮者, 中也, 其帝黃帝. 其神后土. (以土德王天下, 號曰軒轅, 死託祀於中央之帝).

42 許慎, 『說文解字』骨部 肉部 四 下 8頁, 腎 水藏也, 肺 金藏也, 脾 土藏也, 肝木藏也. … 心部 十 下 文二 10頁, 人心土藏, 在身之中, 象形博士說, 以爲火藏, 凡心之屬皆從心.

두 쪽이다. 비장은 중앙의 신으로 토의 정이며 만물을 맡아서 키우는데 사심이 없는 것은 신의 지극함이다. 그러므로 비장은 흙을 상징하고 색조는 황이며 토의 정이니 흙은 신의를 위주 하여 만물을 육성한다.[43]

육부(六府)는 '대장(大腸)·소장(小腸)·위(胃)·방광(膀胱)·삼초(三焦)·담(膽)'이다. 부(府)는 오장의 궁부(宮府)이고, 그러므로「예운(禮運)」은 육정(六情, 喜·怒·哀·樂·愛·惡)은 오성(五性)을 북돋아 이룬다고 했다. 위는 비장의 관부이고, 비장은 기를 품고, 위장은 곡식을 맡는다. 방광은 신장의 부로 배설을 주로 한다. 방광은 양, 소장은 음, 담장은 풍(風), 대장은 우(雨), 삼초는 회(晦), 위는 명부(明府)로 유전하여 수용하기 때문에 부(府)라 했다.

위장은 비장(脾藏)의 부로서 품기(禀氣)를 주로 한다. 위장은 곡식을 맡아 담기 때문에 기를 내린다. 위장은 곡부(穀府)이고 비장의 보좌로 위장 밑에서 위기(胃氣)를 보조한다. 방광은 신장의 곳집으로 방출을 주로 한다. 방광은 항상 열이 있으므로 결란(決難)을 행한다. 삼초(三焦)는 동여 묶는 장기로 물과 곡식의 도로이고 기의 종시(終始)이다. 따라서 상초(上焦)는 규(竅), 중초(中焦)는

---

43 『白虎通疏證』卷八「性情」'論五藏六府主性情' 383~385頁, 五藏, 肝仁, 肺義, 心禮, 腎智, 脾信. … 肝, 木之精也, 仁者好生, 東方者, 陽也, 萬物始生, 故肝象木色靑而有枝葉. … 肺者, 金之精. 義者斷決, 西方亦金, 殺成萬物也. 故肺象金色白也. … 心, 火之精也. 南方尊陽在上, 卑陰在下, 禮有尊卑, 故心象火, 色赤而銳也. … 腎者水之精也, 智者進止無所疑惑, 水亦進而不惑. 北方水, 故腎色黑, 水陰, 故腎雙. … 脾者, 土之精也. 土尙任養, 萬物爲之象, 生物無所私, 信之至也. 故脾象土, 色黃也.

편(編), 하초(下焦)는 독(瀆)과 같다.

담장(膽藏)은 간의 부로 목의 정이므로 인(仁)을 주로 하여 참지 못하는 성질이 있어 담대하고 결단력과 용맹이 있다. 소장 대장은 심폐(心肺)의 부로 예의를 위주 함으로 분별력이 있고 서로 이어받는다. 오장육부는 오행과 육합(六合, 天·地·四方)의 법도가 인체에 구현된 것이다.[44]

오행론의 역사는 장구하다. 진(晉, 265~420) 갈홍(葛洪, 281?~341)의 『신선전(神仙傳)』 「태양여(太陽女)」 편에, 태양여는 성명이 주익(朱翼)으로 '오행지도(五行之道)'를 부연하여 사유를 보태고 이익을 증폭시켜 오행을 운용하여 그 도가 징험이 있었다고 했고, 「태음여」 편에 태음여는 성명이 노전(盧全)으로 총명하여 천제를 섬겨 '오행지보(五行之寶)'를 체득했다고 했으며, 『포박자(抱朴子)』의 「선약편(仙藥篇)」에는 오성(五聲)과 복약(服藥)을 연계하여, 궁은 토, 치는 화, 우는 수, 상은 금, 각은 목인데, 토는 청색 약, 금은 적색 약, 목은 백색 약, 수는 황색 약, 화는 흑색 약을 먹어서 안 된다. 목은 토를 토는 수를 수는 화를 화는 금을 금은 목을 이기기 때문이라고 했다.[45]

---

44 『白虎通疏證』卷八 「性情」 '論五藏六府主性情' 386~388頁, 六府者, 何謂也, 謂大腸, 小腸, 胃, 膀胱, 三焦, 膽也. 府者, 謂五藏宮府也. 故 「禮運」 記日, 六情者所以扶成五性也. 胃者脾之府也, 脾主稟氣. 胃者穀之府也, 故脾稟氣也. 膀胱者, 腎之府也. 腎者主瀉, 膀胱常能有熱, 故先決亂也. 三焦者, 包絡府也. 水穀之道路, 氣之所終始也. 故上焦若竅, 中焦若編, 下焦若瀆. 膽者肝之府也. 肝者木之精也. 主仁, 仁者不忍, 故以膽斷焉. … 小腸大腸, 心肺之府也. 主禮義, 主禮義者, 有分理, 腸亦大小相承受也.

45 『神仙傳』卷四 「太陽女」, 太陽女者, 姓朱名翼, 敷演五行之道, 加思增益, 致

오행론은 왕조의 교체와 역성혁명 뿐 아니라 인체에도 적용했다. 인체를 '인·의·예·지·신'과 오방(五方)으로 배분한 것도 흥미롭고 또 논리적으로 부합되는 점도 있다. 오행이 '오상(五常)·오덕(五德)·오성(五聲)·율려(律呂)·오미(五味)·오취(五臭)·오방(五方)·권량(權量)·오사(五事)·오장(五臟)·의술(醫術)·성정(性情)' 등과 관련된다는 논리도 설득력이 있다. 오행론이 앞서 논의했던 '황제·요·순·하·은' 등 고대왕조의 홍왕과 폐퇴와는 그 고리가 단단한 감이 있지만, 중세의 경우는 다소 이완된 측면이 있다.

시대의 진행에 따라 유물론적인 오행론이 예악론과 기타 방외학문들과 결부되어 그 파급효과를 증폭시켰으나, 오행의 오덕이 과연 왕조의 흥패와 직접적 관련이 있는지에 대해서는 의문이지만, 중세 말기까지 오행론에 근거한 상생과 상극의 개국성쇠론(開國盛衰論)이 힘을 얻고 있었다.

우리 국조(國朝)에서 오행과 오덕을 왕조의 명운과 결부시킨 선학은 고려조의 이승휴(李承休, 1224~1300)이다. 그가 유독 오행의 '오덕종시설'에 깊은 관심을 가진 이유는 오행론의 의미와 가

爲微妙行用, 其道甚驗甚速.「太陰女」, 太陰女者, 姓盧名全, 爲人聰達, 知慧過人. … 體有五行之寶, 唯賢是親, 豈有所怪, 遂授補道之要, 授以蒸丹之方.『抱朴子』「內篇」'仙藥' 卷 第十一 51~52頁, 一言得之者, 宮與土也, 三言得之者, 徵與火也, 五言得之者, 羽與水也, 七言得之者, 商與金也, 九言得之者, 角與木也. 若本命屬土, 不宜腹靑色藥, 屬金, 不宜腹赤色藥, 屬木, 不宜服白色藥, 屬水, 不宜腹黃色藥, 屬火, 不宜腹黑色藥, 以五行之義, 木剋土, 土剋水, 水剋火, 火剋金, 金剋木故也.

치를 긍정했기 때문이다. 그의 획기적인 정통 민족사 전개의 맥락을 서술한 저서『제왕운기(帝王韻紀)』는 우리의 국조 단군왕검을 포함한 동아시아 왕조의 상승수수(相承授受)의 흥망사를『춘추』를 비롯한 고금의 호한한 전적과 제자(諸子)의 사서를 섭렵하여, 2370언의『제왕운기』를 단기 3620년(1287) 3월에 완성했다. 중원의 반고(盤古)와 삼황(三皇, 天皇·地皇·人皇)을 출발점으로 하여, 1224년 금나라 애종(哀宗, 재위1224~1231) 원년(1224)까지, 5600여 년간의 34왕조와 252군왕의 '오행입덕(五行立德)'의 '종시(終始)'를 운문으로 기술했다.

『제왕운기』 이전, 후삼국 시대와 고려조에도 '오행입덕'에 입각한 개국의지의 논의가 있었다. 우리 국조에 칭제건원을 명실상부하게 실천한 지도자는 태봉국의 궁왕이다. 궁왕의 칭제와 연호 실행에 관해, 중원 학자들과 달리 우리나라의 사가와 학인들이, 이를 무시하거나 논의하지 않는 이유는 납득이 안 된다.『삼국사기』는 궁왕의 연호에 대한 기록이라도 남겼으니 김부식의 의도에 박수를 보내야 할 것이다.

궁왕이 건원하고 개원한 연호 중 '수덕만세(水德萬歲)'의 '수덕(水德)'은 오행 오덕(五德) 중의 수덕이다.『삼국사기』 이후 궁왕의 연호 수덕만세는 고려조 곽동순(郭東珣)의 "고려 태조가 수덕 말년(水德末年)에 고구려 옛 터전에 대업을 이루었다"는 기록이 전부이다. 당시 일련의 표전(表箋)에 "송경에 목덕(木德)으로 왕업을 갱생했다"는 언급을 참작할 때, 태봉국은 수덕 고려조는 목덕 신라는 금덕을 표방한 왕조였음을 상정할 수 있고, 이는 금생수

(金生水) 수생목(水生木)의 논리에 부합된다.[46]

이승휴는『제왕운기』에서 국조 단군을 중원 당요(唐堯) 무진년
(戊辰年, 檀紀 원년, BC, 2333)에 개국한 한민족의 시조로 긍정하
고, 우리의 유구한 민족사를 '단군·기자·위만'의 삼조선과 '진한·
마한·변한'에 이은 '신라·고구려·백제·후삼국·고려·발해'등의
왕조를 장중하게 기술했다. 근래에 고려 조선조에 걸쳐 천여 년간
우리 사서에 연면하게 등재된 단군조선과 기자조선 위만조선 등
을 신화시대로 보고 민족사의 맥락에서 배제하는 학인들과는 운
니(雲泥)의 격차가 있다.[47] 일부 사가들이 우리 역사와 괴리되는
서구의 소위 실증주의적 사관에 입각하여, 이를 격하 또는 배제하
는 것은 정당한 역사인식이 아니다. 서구의 사가들은 저들의 역사
를 기술함에 있어서 실증주의를 기실 적용하지 않았다.

이승휴는 최초의 오행입덕을 한 제왕은 수(燧)로서 화덕으로
천하를 통치했다고 했다. 이후 삼황(三皇) 중 복희는 수덕, 신농은
화덕, 황제는 토덕, 소호는 금덕, 전욱은 목덕, 제곡은 수덕, 당요
(陶唐氏)는 화덕, 우순(虞舜)은 토덕이다. 위의 오제 이후 삼대에
하(夏禹氏)는 금덕, 은(湯)은 수덕, 주(武)는 목덕을 표방했다. 진

---

46 『東文選』卷31 表箋 21頁, 郭東珣「八關會仙郎賀表」의 '我太祖奮義勇於水
德之末, 肇丕基於東明之墟'와 여타 表箋중에 '在木德盛更延松麓之帝基'
句節 參照.

47 李承休,『帝王韻紀』卷下 '東國君王開國年代' 并序, 謹據國史, 旁採各本紀,
與夫『殊異傳』所載, 粲諸堯舜以來, 經傳子史, 去浮辭取正理, 張其事而詠
之, 以明興亡年代, 凡一千四百六十言. 初誰開國啓風雲, 釋帝之孫名檀君,
並與帝高興戊辰.

(秦)은 수덕, 한은 화덕, 위(魏)는 토덕, 진(晉)은 금덕, 척발(拓拔)의 북위(北魏)는 수덕, 양수(楊隋)는 화덕, 당은 토덕, 존욱(存勗)의 당(唐)은 토덕, 석경당(石敬瑭)의 진(晉)은 토덕, 곽주리(郭周苻)의 후당은 목덕, 조송(趙宋)은 화덕, 금(金)은 토덕으로 천하를 다스렸다고 했다.

오행입덕의 개국은 중원의 경우 대체로 통일왕조에 국한했다. 삼국시대에도 위나라 말고 촉한과 오나라는 오덕개국을 하지 않았다. 춘추전국시대의 많은 나라들은 공국(公國)이었으므로 입덕을 못했고, 전국시대의 오패(五覇)가 칭왕은 했지만 주조(周朝)가 있었기 때문에 명분상 할 수가 없었고, 초(楚)의 항왕(項王, BC, 237~202)도 동일하다. 동진(東晉) 이후 남북조와 당나라 이후 오대십국(五代十國) 중 '북위(北魏)·존욱당(存勗唐)·석진(石晉)·곽주리(郭周苻, 後唐)'은 입덕개국을 한 반면, 거란족의 요(遼)와 몽골족의 원(元)나라는 입덕개국을 하지 않았고, 만주족의 금(金)나라만이 토덕으로 개국했다.[48]

일찍이 선학 양성지(梁誠之, 1415~1482)가 주목했던 척발씨의 대하제국(大夏帝國)은 10주 258년의 역년을 누렸으며, '소번(小蕃)'이라는 자체 문자를 만들어 사용한 중원 서북지역에 2만 여리의 강역을 차지한 대국이었다. 창업주 척발씨(拓跋氏, 黨項族)는

---

48 李承休, 『帝王韻紀』上卷 四頁~十四頁, 初興火熟名爲燧(火德), 下三皇者間誰與, 伏羲(水德)神農(火德)黃帝(土德)是, 小昊(金德)顓頊(木德)及帝嚳(水德), 唐堯(火德)虞舜(土德)五帝起, 爾後有王曰三代, 夏(金德)與殷(水德)周(木德)相繼理. … 金祖名旻姓完顔(土德), 因敗遼軍初得志.

초기에는 중원왕조에 사대를 하면서 성을 당대(唐代)에는 이씨(李氏) 송대(宋代)에는 조씨(趙氏)로 바꾸다가, 원호 대(元昊 代)에 와서 칭제한 뒤 계속 황제로 군림하며 공부자를 황제로 숭앙한 왕조였으니, 응당 오행입덕을 표방했을 터이나 사서에는 기록이 없다. 대하제국은 징기스칸에게 정복되기 전까지 북방민족의 정체성을 지키며 강성한 국가로 존재했다.[49]

'요조(遼朝)·금조(金朝)·원조(元朝)·청조(淸朝)'등의 비 한족 왕조들은 결과론적으로 동아시아 역사를 오도하여, 저들의 영토와 민족을 한족에게 헌납했을 뿐 아니라, 자신들도 괴멸되고 중국을 초강대국으로 만든 만용으로 얼룩진 정권들이었다. 지금 전 세계와 동아시아를 호령하던 그들은 어디에서 어떤 모습으로 있는가.

한치윤(韓致奫, 1765~1814)은 민족적 긍지와 정체성을 천양한 이승휴와 유득공(柳得恭, 1749~?) 등의 민족주의적 역사관을 근저로 하여 명저『제왕운기』『해동역사』를 저작했는데, 오행을 '징응(徵應)' 편의 부록으로 처리했다. 진(晉) 무제(武帝) 태시(太始) 2년(266) 정월 기해(己亥) 백호(白虎)가 요동 낙랑에 나타났고(『晉書』), 함녕(咸寧) 2년(276) 5월 무자(戊子)에 감로(甘露)가 현토군(玄免郡) 치소에 내렸다. 혜제(惠帝) 원강(元康) 2년(292) 9월 대방(帶方) 도처에 벌레가 나타나 벼를 죄 먹었다(並『宋書』).

금나라 태조가 고려를 칠 때 구장(毬場)에서 물을 건너가는 노

49 『宋史』卷485「列傳」第244 外國 一 夏國 上·下 522~535頁 參照.

루 두 마리를 잡았는데, 태조는 이를 좋은 징조라 했고 곧이어 승리했다는 글을 받았다(『金史』). 원나라 세조(世祖) 지원(至元) 9년(1272) 6월 고려에 한발이 들었으며, 13년(1276) 12월 고려 심주(瀋州)에 홍수가 났다(並 元史)고 했다. 『해동역사』의 징응 편은 한 무제, 수 양제, 당 태종·고종, 요 태종, 금 태조·세종 등과 우리 국조가 연계된 기사를 주로 했고, '성패(星孛)·유성(流星)·혜성(彗星)·백기관일(白氣貫日)'을 '고조선·한사군·고구려·발해·고려'의 피 침탈과 연계하여 기술한 「오행지」이다.[50]

5. 조선조 사인의 오행론

삼국시대에는 직접적인 오행론의 흔적은 찾기가 어렵고, 고려시대 역시 학인들에게 별다른 관심을 끌지 못했다. 조선조에 들어와서도 전기에는 성리학의 그늘에 묻혀 논의가 활성화 되지 못하다가, 중기 이후부터 말엽까지 일부 사인들이 연구에 참여하여 활기를 띠었다.

그 대표적 사인으로 '김장생(金長生, 1548~1631)·박세채(朴世采,

---

50 韓致奫, 『海東繹史』 卷 第十七 262頁~264頁, 「徵應」 附 五行, 晉武帝, 太始二年, 正月己亥, 白虎見遼東樂浪(『晉書』). 咸寧二年, 五月戊子, 甘露降玄菟郡治. 惠帝元康二年九月, 帶方含資提奚南新長岑海冥列口, 蟲食禾葉蕩盡. (並『宋書』). 金太祖使斡帶伐高麗, 爲具於毬場以待, 有二鼉渡水而獲之, 太祖日, 此休徵也, 言未旣捷書至(『金史』). 元世祖至元九年六月高麗旱. 十三年十二月, 高麗瀋州大水(並『元史』).

1631~1695)·한원진(韓元震, 1682~1761)·위백규(魏伯珪, 1727~
1791)·황윤석(黃胤錫, 1729~1791)·이종휘(李鍾徽, 1731~1797)·
박제가(朴齊家, 1750~1805)·정약용(丁若鏞, 1762~1836)·이규경
(李圭景, 1788~?)·이항노(李恒老, 1792~1868)·이유원(李裕元, 1814~
1888)·김윤식(金允植, 1835~1922)·전우(田愚, 1841~1922)·이건
창(李建昌, 1852~1898)' 등이 있고, 강석경(姜碩慶)은 문집『끽면와
집(喫眠窩集)』에 24편의 오행에 관한 글을 남겼으며 황윤석도 14편
을 남겼다.

조천경(趙天經)은 옛날 제왕이 새로 등극하면 호를 바꾸고 문
물전장을 개혁할 때, 오행의 경왕(更旺)과 상생(相生)을 법으로 삼
았는데, 항상 목을 시발점으로 했음으로 태호(太昊)도 목덕으로
왕 노릇을 했다. 목은 화를 낳기 때문에 신농은 화덕, 불은 흙을 산
생하므로 황제는 토덕, 토는 금을 산출하므로 소호는 금덕, 금생
수이므로 전욱은 수덕, 수생목이므로 제곡은 목덕, 요는 화, 순은
토, 하는 금, 은은 수, 주가 목덕인 것은 상생의 법을 따른 것이다.

선유(先儒)는 주나라를 목덕 색은 청이므로 창희(蒼姬)라고 했
다. '증사(曾史)'는 우는 수덕, 탕은 금덕, 무왕은 화덕이라 했는데,
그렇다면 하의 수는 순의 토를 이겼고, 은의 금은 하의 수를 거역
했고, 주의 화는 은의 금을 이긴 것이 된다. '증사' 소주(小註)에 진
시황이 추연의 오덕설을 채택하여 주를 화덕으로 본 것은, 진이 주
를 대신했으므로 수덕이 화덕을 이긴다는 논리에 근거했다. 증씨
(曾氏)가 희생에 사용한 짐승의 색으로 덕을 규정한 것은 잘못이
다. 만일 이를 준거로 삼는다면 오행의 경왕상생법(更旺相生法)

은 삼대부터 행해지지 않은 것이 된다고 하여 증씨의 설을 비판했다. 이는 중원 오행론을 그대로 수용할 수 없음을 밝힌 것이다.[51]

이종휘는 『삼국사기』와 『삼국유사』 등의 자료에 근거하여 '고구려·신라·백제'의 「오행지」를 작성했다. 그는 삼국시대의 「오행지」가 없는 점을 아쉽게 여겨 고구려를 중심으로 신라 백제를 부편으로 하여 기술했다. 오행론의 근원과 유래에 대해 중원의 일반화된 이론을 개진한 뒤, 중원의 오행과 대비시켰다. 명칭도 「동사(東史) 지(志)」의 편장을 「고구려 오행지」라 일컬었다. 18세기 무렵에는 오행론의 경우도 중원 학설을 도습하지 않고, 독자적 자세를 취하면서 한국화하려는 자세를 보였다.

성인이 『춘추』를 저술할 때 하늘과 인간의 일들을 갖추었는데, 그 본원이 「홍범」에 나타나 있다. 사람은 오사(五事)를 구비했고

---

51 趙天經, 『易安堂集』 卷四 5~6頁 「歷代以五行之德爲王辨」, 嘗攷先儒說曰, 古之王者, 易代改號, 取法五行更旺相生, 先起於木, 太昊以木德王. 木生火, 故神農以火德王. 火生土, 故黃帝以土德王. 土生金, 故少昊以金德王. 金生水, 故顓頊以水德王. 水生木, 故帝嚳以木德王. 堯之火, 舜之土, 夏之金, 殷之水, 周之木, 皆順其相生矣. 先儒以爲周以木德王, 色尙靑, 故謂之蒼姬. 以此觀之則周繼殷之水, 當用木德, 而 『曾史』曰, 禹以水德王, 湯以金德王, 武王以火德王. 若然則夏之水, 上克舜之土. 殷之金, 逆生夏之水. 周之火, 上克殷之金矣. 『曾史』小註曰, 秦始皇採鄒衍五德之說, 以謂周得火德. 秦代周故用所不勝爲水德. 若如 『曾史』之說, 則夏之水, 已克禹之土, 自三代而已然矣, 何以秦爲閏位也, 何以周爲蒼姬也. 變犧牲, 亦三代損益之一事. 故鄭氏曰, 夏禹氏駱馬黑鬣, 殷人白馬黑首, 周人黃馬蕃鬣, 所用之牲, 亦隨其所尙之德歟. 「湯告」曰, 敢用玄牡, 註曰, 夏尙黑, 未變其禮也, 「周頌」曰, 亦白其馬, 註曰殷尙白, 仍殷之舊也. 『論語』曰, 犁牛之子騂且角, 註曰周人尙赤, 牲用騂. 以此三書觀之, 則夏水商金周火之說, 曾氏以其牲用之色, 定爲三代所尙也. 由前之說, 則更旺相生之法, 已不行三代之時矣. 由後之說, 則歷代所尙之德, 不必用其生克也, 是可怪也.

그 오사의 징험은 '우(雨)·양(暘)·욱(燠)·한(寒)·풍(風)'을 통하여 당세의 치란을 추측할 수 있다고 했다. 성인이 이로써 당시의 지도자를 경계하고 후세에도 참고토록 했다. 이런 까닭으로 공부자는 당대의 이변을 기록하면서, '蟲·石·草·木·鳥·獸'등 미물의 동태도 적었지만, 오행에 대해 논의하지 않은 신중함도 보였다.[52]

대저 오행의 절목은 '낙서'의 홍범에서 나왔는데 기자가 이를 무왕에게 전했다. 그 첫째가 오행인데 수는 윤하, 화는 염상, 목은 곡직, 금은 종혁, 토는 가색(稼穡)이다. 『춘추』 전에 이르기를 전렵을 삼가지 않고, 음식을 제사에 정성껏 올리지 않고, 행차가 무상하여 농시를 방해하고, 간사한 모의를 하는 것은, 목이 곡직을 하지 않았기 때문이다. 법률을 파기하고, 태자를 죽이고, 첩을 처로 삼는 것은, 화가 염상을 못했기 때문이다.

궁실을 화려하게 꾸미고, 대사(臺榭)를 치장하고, 음란을 일삼고, 친척을 범하며, 부형을 모멸하는 행위는 가색 불성(不成)과 관련이 있다. 종묘를 천대하고, 사당에 기도를 하지 않고, 제사를 폐하고, 천시를 거역하는 것은, 수 불윤에 기인했다. 전쟁을 즐기고, 백성을 홀대하고, 성곽을 장식하고, 변경을 침탈하는 행위는, 금

---

52 李鍾徽, 『修山集』卷之十三 「東史 志」1頁 '高句麗 五行志 附 新羅百濟', 嗚呼, 聖人作 『春秋』, 以備天人之事, 而其原已見於 「洪範」. 盖人有五事, 而五事之驗, 著於庶徵, 以雨暘燠寒風, 而推測當世之治亂, 往往符合而無差. 聖人爲此說, 以警時君而垂後世, 盖其旨微矣. 是以孔子記當時之變, 至於蟲石草木鳥獸之微, 而猶不遺焉. 然存之而不議, 盖其愼也. 自董仲舒劉向父子而始爲旁引曲證, 遷就傅會之論, 其言之不可究其終始. 是以父子相背戾, 而前後至於矛盾.

부종혁 등에 말미암은 것으로 파악했다.

오행의 질서가 괴리되는 원인을 통치자의 행동에 기인하는 것으로 단정했다. '목불곡직(木不曲直)·화불염상(火不炎上)·가색불성(稼穡不成)·수불염상(水不潤下)·금불종혁(金不從革)' 등 오행질서의 역리는,『춘추』전을 인용하여 그 책임을 전부 당시 제왕에게 돌렸다. 정치·사회·경제 전반에 걸쳐 국정의 퇴폐는 오행의 질서를 파괴한 당대 통치자에게 있다고 이종휘는 주장했다.

그의「고구려 오행지 부(附) 신라·백제」는 '금와왕(金蛙王)·애장왕(哀莊王)·헌덕왕(憲德王)·유리명왕(琉璃明王)·대무신왕(大武神王)·글해왕(訖解王)·실성왕(實聖王)·아달라왕(阿達羅王)·의자왕(義慈王)' 등 삼국 여러 왕들의 시대에 일어났던 '천재지변(天災地變)·물이(物異)·지진(地震)·적조(赤潮)·시요(詩妖)·소작생대조(小雀生大鳥)·질역(疫疾)·산해정령(山海精靈)·황(蝗)·팔월매화발(八月梅花發)·시월도리화(十月桃李花)의 화초요(花草妖)' 등『삼국사기』의 오행에 포함되는 사안들을 죄 뽑아서「오행지」를 만들고, '고구려·신라·백제'의 흥망도 오행이 그 본성을 잃었거나, 잃게 했기 때문으로 인식하여, 이를 오행의 역리와 결부시켰다.[53]

---

53 李鐘徽,『修山集』卷13「東史·志」2頁 '高句麗五行志 附 新羅 百濟', 盖五行之目, 出自洛書, 而箕子言之武王. 其言曰, 初一曰五行. 五行曰水, 曰火木金土. 而水曰潤下, 火曰炎上, 木曰曲直, 金曰從革, 土爰稼穡,『春秋』傳曰, 田獵不宿, 飲食不亨, 出入不節, 奪民農時, 及有奸謀, 則木不曲直. 又曰, 棄法律, 逐功臣, 殺太子, 以妾爲妻, 則火不炎上. 又曰, 治宮室, 飾臺榭, 內淫亂, 犯親戚, 侮父兄, 則稼穡不成. 又曰, 簡宗廟, 不禱祠, 廢祭祀, 逆天時, 則水不潤下.

정약용(丁若鏞)은 수천 년간 전승된 오행론에 대해 부정적인 인식을 정연한 논리를 갖추어 피력했다. 오행을 팔음과 팔괘와의 배합도 부인했다.『백호통』의 훈(壎)은 감(坎), 관(管)은 간(艮), 고(鼓)는 진(震), 현(絃)은 이(離), 종(鐘)은 태(兌), 축어(祝敔)는 건음(乾音)이라는 규정과,『진서(晉書)』「악지」에 건(乾)은 석(石), 감(坎)은 혁(革), 간(艮)은 포(匏), 진(震)은 죽(竹), 손(巽)은 목(木), 이(離)는 사(絲), 곤(坤)은 토(土), 태(兌)는 금(金) 등의 팔괘와 팔음의 배합은 무리한 잡설로 평하고, 이 같은 논리는 성음의 도리에 도움이 안 된다고 했다. 다산의 이 반론은 동아시아 정통 악론을 전적으로 거부한 것으로 혁명적이라고 평할 수 있다.[54]

「월령(月令)」에 봄은 각, 여름은 치, 중앙은 궁, 가을은 상, 겨울은 우라 했고,『사기』「악서」에 상음을 들으면 사람으로 하여금 방정하여 의리를 좋아하게 하고, 각음을 들으면 측은한 마음이 생겨 사람을 사랑하게 된다고 했으며,『백호통』은 궁성은 사람을 온화하고 관대한 마음을 갖게 하며, 상성을 들으면 강건한 마음이 생겨 일을 과감하게 처리하고, 각성은 측은자애심을 유발시키고, 치성은 즐겨 양육하여 베풀기를 좋아하게 하며, 우성을 들으면 심사숙

又曰, 好戰攻, 輕百姓, 飾城郭, 侵邊境, 則金不從革. 此言天事之見於五行也.

[54] 丁若鏞,『與猶堂全書』四集『樂書孤存』卷四 21頁 '訂八音不可與八卦配合',『白虎通』壎, 坎音也. 管, 音艮也. 鼓, 震音也. 絃, 離音也. 鍾, 兌音也. 祝敔, 乾音也.『晉書』「樂志」云, 乾之音石, 坎之音革, 艮之音匏, 震之音竹, 巽之音木, 離之音絲, 坤之音土, 兌之音金(陳氏 樂書, 從晉書). 鏞案, 八卦八音, 不必配合, 然此說卦物象, 巽爲絲繩, 離爲鞉鼓, 艮坎爲石. 今也苟以私意, 分配强合可乎. 此等雜說, 皆無益於聲音之道, 而徒爲實理之蔀障也.

고하여 먼 일들에 유의한다고 한 것도 신빙성이 없다고 주장했다.

추연과 진시황 이래 천지만물을 오행에 배합하는 것으로 보는 논리가 정당하냐고 다산은 반문했다. 천지간 만물은 복잡다단하여 성정이 각각 다르고 우연히 부합되는 것도 있지만, 이를 억지로 배합하는 것은 부당하다. 『사기』「악서」에 궁은 비장을 움직이고, 상은 폐, 각은 간, 치는 심장, 우는 신장을 움직인다고 했다. 오성을 성씨의 기준으로 한 것과 오행을 오장에 비의한 것도 무리이고, 또 '정오성불가이배군신사물(訂五聲不可以配君臣事物)'편을 통해 오성을 '군·신·민·사·물'에 비의한 것도 불합리하다고 했다. 따라서 이들 잡설은 악을 이해하는데 장애물이 되었으며 식자들이 천하게 여긴다고 했다.[55]

이건창은 「의오행(疑五行)」편에서 『상서』「대우모(大禹謨)」의 육부와 「홍범」의 오행은, 단지 이용후생과 재화를 양성하는 재료일 따름이라고 했다. 추연이 오행을 오덕과 연결한 뒤, 진 시황이 분

---

[55] 丁若鏞, 『與猶堂全書』 四集 「樂書孤存」 卷四 21~22頁 '訂五聲不可與五行配合', 「月令」 春其音角, 夏其音徵, 中央土其音宮, 秋其音商, 冬其音羽. 『史記』「樂書」云, 聞商音, 使人方正而好義. 聞角音, 使人惻隱而愛人. 『白虎通』云, 聞宮聲者, 莫不溫潤而寬和. 聞商聲者, 莫不剛斷而立事. 聞角聲者, 莫不惻隱而慈愛. 聞徵聲者, 莫不喜養而好施. 聞羽聲者, 莫不深思而遠慮. 鏞案, 天地間, 萬物紛興, 性情各殊, 規制不侔, 或其數目偶同, 不必配合. 鄒呂以來, 凡天地萬物之或五或四者, 悉以配之於五行, 其皆合於理乎. … 五聲之配於五行, 尙未論定, 而聞角聲者, 感東方木德之仁, 遽發惻隱之心, 非怪事乎. 此等雜說, 皆實理之大蔀也. … 『史記』「樂書」宮動脾, 商動肺, 角動肝, 徵動心, 羽動腎. … 鏞案, … 於是盡取天下人之姓氏, 配之于五聲, 盡取天下書之文字, 配之于五聲, 則于爲樂之理, 其害玆巨. … 以八配五, 豈有合理, 此皆蔀障之學, 識者所賤也.

서갱유(焚書坑儒)를 하여 유학을 폐기하고 오로지 오행론만을 신봉했다. 그 후 한고조의 적제(赤帝)가 백제(白帝)를 참했다는 설을 제기하여 힘을 얻었다. 한나라 유생들이 경전을 해석하면서 목신은 인, 화신은 예, 금신은 의, 수신은 지, 토신은 신이라 했으나 이는 유자의 정론이 아니다.

공부자의 '계사(繫辭)'에도 오행은 언급하지 않고, 건도(乾道)는 남자 곤도(坤道)는 여자가 되었으며, 만물의 생성은 이로부터 시작했다고만 했다. 음양오행이 인간을 탄생시킨 근원으로 생각되었고, 정자(程子, 1037~1107)와 주자가 이를 존숭했던 만큼 감히 할 말이 없다. 사람은 오행의 산물이 아니므로 오행 난 아래 건도 곤도를 첨가한 것이다. 오행은 오물(五物)에 불과한데, 오물의 성이 어찌 인간에게 구비될 수 있는가.

혹자는 오행은 오물이 아니고 오기(五氣)라 하는데, 그렇다면 음양은 존재할 수 없다. 오물이 아니고 오기라고 한다면 물이 생기기 전에 기가 생겼으니 이 또한 의문이다. 불서(佛書) '사대화합(四大和合)'에서 사람이 되었다고 하여, '금륜(金輪)·수륜(水輪)' 등의 세계가 서로 접속된 것으로 본다면, 태극도(太極圖)에는 사소한 의심도 가질 수 없다. 불서에는 음양론이 없고 사대화합만 있다. 이치는 미비 된 점이 있지만 그럴 수밖에 없었을 것이고, 태극 음양을 말하면서 오행을 말하는 것은 사족이다.[56]

---

56 李建昌, 『明美堂集』卷13 雜著 20~21頁 「疑五行」, 「謨」稱六府, 「範」列五行, 此只爲利用厚養財成輔相之資而已, 何預於性命向上事在. 自鄒衍始論五德, 雖以秦皇之焚坑, 而獨信此語, 漢祖第一符命, 乃赤帝斬白帝, 自始以後,

끽면와 강석경은 23여 편의 오행론에 관한 다수의 글을 남겼다. 그는 「논악지오행(論樂之五行)」에서, '악에는 오성이 있는데, 오행의 머리는 궁 말미는 우라는 차서는, 어디에 근거한 것이냐'라는 질문에, "토는 궁이 되어 근본으로서 군왕에 비의되고, 금은 상으로 신하, 목은 백성에 준하며, 화는 치로 사(事), 수는 미물(微物)인데 이는 하도(河圖)에 기인했다"라고 답했다. '수가 시발이고 토가 종말인 것은 하도의 수(數)가 아니지 않느냐'고 묻자, "그것은 생성의 차례로 말한 것이고, 이것은 적수(積數)의 다과로 말한 것이며, 1은 수, 2는 화, 3은 목, 4는 금, 5는 토는 하도의 수이지만, 10은 토, 9는 금, 8은 목, 7은 화, 6은 수는 하도의 수가 아니다"라고 했다.[57]

조선조 후기에 접어들자 오행론에 대한 재평가와 의문을 제기

牢不可破矣, 及至諸儒釋經, 乃曰, 木神仁, 火神禮, 金神義, 水神智, 土神信, 此豈儒者之言耶. 夫天下無道外之物, 方技雖小, 其本固自道出, 小德竝行, 可耶, 今以方術而反證聖經, 則是孔子所罕言之性命, 不過方士之所云耶. 漢儒無論已, 周子太極圖, 太極陰陽之下, 攙入孔子繫辭所不言之五行, 而其下曰, 乾道成男, 坤道成女, 萬物化生. 自是, 遂以二五, 爲生人之本, 程朱之所恪遵也, 今何敢言. … 五行者, 五物也, 五物之性, 如何能備而爲人. 或曰, 五行非五物也, 乃五物之氣也. 曰若言氣, 則陰陽盡矣. … 佛書謂四大和合以爲人, 而盛言金輪水輪等世界相續. 讀其書者, 無不以爲誕, 何於太極圖而無少疑哉. 盖佛書, 本不言陰陽而只言四大, 理雖未備, 而語不得不然. 若旣言太極陰陽, 而不復言五行, 則恐是剩句也.

57 姜碩慶,『喫眠窩集』164頁「論樂之五行」, 問樂有五聲, 亦出五行, 首宮尾羽, 其序何法也. 曰, 土爲宮最大君也, 金爲商而次之臣也, 木爲角而又次之民也, 火爲徵而漸小事也, 水爲羽而最微物也, 其序卽河圖之數也. 問, 水爲始, 土爲終者, 非河圖之數乎, 曰, 彼以生成之次第言之, 此以積數之多寡言之, 一水, 二火, 三木, 四金, 五土, 固河圖之數, 而十土, 九金, 八木, 七火, 六水, 非河圖之數乎.

한 사인들이 등장하는데, 그 대표적 인물이 '조천경·이종휘·강석경·정약용·이건창' 등이고 그 밖에 다수의 사인이 있지만 본고에서는 약한다. 특히 정약용은 오행론이 '오성·오방·오덕·오미·오취'등 광범하게 확산된 외연 영역 전반에 대해 부정적 자세를 취했고, 수천 년간 전승된 논리를 일거에 배척했다. 그의 이 같은 과감한 오행론의 부정에 대한 공과는 조만간 평결하기가 어렵다. 혹시 서양문물과 유신론적 서학(西學)의 수용과 관련이 있는 것일까.

6. 오행론의 현황과 미래

'오행론'은 우순 임금 시대 대우에 의해 제기되었다. 순의 재위 기간을 불확실 하지만 BC, 2255~2208년으로 어림잡고 있으니, 지금부터 4000년 전후이다. 「대우모」에서 우는 순에게 "덕은 선정의 기본이며 정치는 백성을 기르는 것인데, 이를 실천하기 위해 '금·목·수·화·토·곡'의 육부와 '정덕·이용·후생'의 삼사를 조화하여, 육부삼사의 구공(九功)을 이룩하면 이를 구가하여 〈구가(九歌)〉로 칭송해야 한다."고 했으며, 「감서(甘誓)」에는 유호씨가 오행을 모멸하고 삼정을 폐기했기 때문에, 우로부터 왕위를 이어받은 아들 계가 하늘의 뜻을 받들어, 처벌했다는 기록도 나온다.[58]

---

58 『尙書』卷 第二「虞書 '大禹謨' 3頁, 禹曰, 於帝念哉, 德惟善政, 政在養民(歎

대우가 제기한 육부삼사 중 오행은 1000여 년이 지난 주나라 무왕 때 「홍범구주」의 첫머리에 등장하여 '오행론'으로 구체화 되었으며, 이는 '오사·팔정·오기·황극·삼덕·계의·오복·육극' 등의 8개 항목을 거느리는 고대왕조 통치전략의 근간이 되었다.[59] 오행론 순성의 골격인 '수윤하·화염상·목곡직·금종혁·토가색'으로 연역되어 민인의 안락한 삶의 기반으로 작용했다. 또 '오성·오방·오덕·오상·오성·율려·오색·오미·오취·오장' 등으로 확산되어 백성의 생활 속으로 침투했다.

그 후 전국시대(BC, 221~206)에 추자(鄒子)가 음양설을 첨가한 뒤, 시세에 편승하여 왕조 흥망성쇠와 결부시켜 '오덕갱왕론(五德更王論)'을 제창하자, 제후들의 비상한 관심을 끌어, 맹자를 중심한 유가를 제치고 시대를 이끄는 주류가 되었다. 특히 진조(秦朝, BC, 221~206) 시황의 주목과 유념에 힘입어 중원 학술계의 총아가 되었고, 경학을 압도하여 인문학의 중요한 축이 되었다.

오행과 '오행론'의 역사는 40세기나 되지만, 논리체계는 전국시대 추연과 그 문도들의 부연설명 이후 별 진전이 없었으며, 동일한 내용의 반복과 전사의 수준을 벗어나지 못했다. 이점은 유학의

而言念, 重其言, 爲政以德, 則民懷之.), 水火金木土穀惟修(言養民之本, 在先修六府), 正德利用厚生惟和(正德以率下, 利用以阜財, 厚生以養民, 三者和, 所謂善政)와 卷 第三 「夏書」 '甘誓' 32頁, 有扈氏威侮五行, 怠棄三正, 天用剿絕其命, 今予惟, 恭行天之罰.

59 『尙書』卷 第七 「周書」 '洪範' 2頁, 天乃錫禹洪範九疇, 彝倫攸敍, 初一日五行, 次二日敬用五事, 次三日農用八政, 次四日協用五紀, 次五日建用皇極, 次六日乂用三德, 次七日明用稽疑, 次八日念用庶徵, 次九日嚮用五福, 威用六極.

정치한 논리체계로의 격상과는 대조되지만, 백성들의 실생활에는 광범하게 침윤되었으며 지금도 그 연장선상에 있다. 통시적으로 경학과 성리학의 그늘에 묻혀 학계나 학인들이 들어내어 논의하기를 꺼려했다.

그러나 중원의 『25』사는 「오행지」를 『한서』의 5권, 『후한서』의 6권, 『송서』의 5권, 『진서』의 3권, 『남제서(南齊書)』의 1권, 『수서』의 2권, 『구당서』의 1권, 『신당서』의 3권, 『송사』의 8권, 『금사』의 1권, 『원사』의 2권, 『명사』의 3권 등 수천 년간 빠짐없이 편차했다. 청대(淸代, 1644~1911)에 와서 표면적으로는 없어졌으나, 「재이지(災異志)」로 이름을 바꿔 「오행지」에 수록될 내용들을 담았다.

『청사고(淸史稿)』는 하늘에는 삼진(三辰, 日·月·星)이 있고 땅에는 오행이 있는데, 오행의 괴리는 지기(地氣)로 말미암은 것이다. 물은 아래로 적시어 흐르고 불은 위로 타오르며 나무는 곡직에 응하고 쇠는 사람에 의해 활용되며 흙은 곡식을 심고 거두는데, 곡식이 익지 않는 것은 그 본성을 잃어서이다. 오행의 본성은 대지에 근본 했고, 사람은 대지에 부응하여 오사를 갖춘 것은, 오행에 근원했기 때문이라 한 것은 홍범의 원리이다. 『명사』「오행지」에 상서와 재이가 편차된 것을 모범으로 삼고, 옛 뜻을 준거하고 전대 사서들의 결함을 보궐하여, 「재이지(災異志)」를 엮는다고 했다.[60]

---

60 『淸史稿』「災異志」一 1頁, 傳日, 天有三辰, 地有五行, 五行之沴, 地氣爲之也, 水不潤下, 火不炎上, 木不曲直, 金不從革, 土爰稼穡, 稼穡不熟, 是之謂失其性, 五行之性本乎地, 人附於地, 人之五事, 又應於地之五行, 其洪範最初

한국 사서들의「오행지」는『고려사』가 유일하고, 융희황제 때
완성된『증보문헌비고』에도 별다른 언급이 없다. 고려조의 이승
휴와 조선조 후기와 말엽에 '한치윤·조천경·이종휘·강석경·정
약용·이건창' 등 일군의 사인들이 논의를 펼쳤는데, 이 중에 정약
용은 전통적으로 내려온 '오행론'의 논리를 거의 전부를 부정했
다. '오행론'이 앞으로 어떻게 전개될 것이며, 미래가 있을 것인지
에 대해서는 예측할 수 없지만, 소멸되지 않고 계속 영향력을 행사
할 것으로 생각된다.

　　동아시아의 경우 인간이 창출한 이데올로기 중 오행론의 역사
가 가장 오래이고, 다음이 질문론이고 예악론이 그 뒤를 따른 것으
로 생각된다. 이들 삼대 이념 가운데 질문론이 제일 현저하지 못하
며 가장 일찍이 영향력을 잃었다. 경위야 어떻든 간에 '오행론·질
문론·예악론'은 고대와 중세의 정치 사회 문화 등을 이끄는 통치
이데올로기로 자리 잡고 있었다.

　　'금·목·수·화·토'의 오행과 여기에 곡을 보탠 '육부(六府)'는
천지만물 생육의 모태로 인식되었으며 고대 유물론적 사유의 일
환이 되었다. 육부는 민인의 물질적 삶의 토대였고 여기에 삼사
(三事, 정덕·이용·후생)를 첨가하여 이를 '구공(九功)'이라 명명
한 뒤 음률에 입혀 〈구가(九歌)〉로 일컬어 가창하게 하여 백성들
을 교화코자 했다.

之義乎.『明史』「五行志」著其祥異, 而削事應之附會, 其言誠贐矣. 今準『明
史』之例, 並折衷古義, 以補前史之闕焉.

진시황 시대에 추연의 '음양오행설'과 '오덕종시설'이 결부되어 왕조 교체에 따른 권력 장악의 정당성 홍보와 '역성혁명'의 합리화로 원용되었다. 오행론은 '오상·오덕·오성(五星)·오성(五聲)·오색·율려·오미·오취·권량·오사·오장·풍수·의술·점복' 등 일상 생활에 필요한 사항들과 결부되어 민인들의 실생활에 깊숙이 침투했다. 중원의 『25사』에도 『한서』를 필두로 『명사』에 이르기까지 12여 정사(正史)에 「오행지」가 편차되어 있을 만큼 중시되었다.

고려조의 이승휴와 태봉국의 궁왕도 관심을 가져 기록을 남기거나 통치에 활용했으며, 조선조 후기 70여 선학들도 오행에 관한 다수의 글을 남겼다. 특히 정약용은 장구한 시간동안 전래되어 온 오행론을 서구적 시각에 근거하여 견강부회에 불과하다고 폄하했다. 혹시 천지창조설과 관련이 있는 것일까. 하여간에 고대와 중세의 민인들의 삶과 정치상황을 이해하기 위해서 오행론의 검토는 반드시 필요하다.

제3장

예악론(禮樂論)의
추이와 중세왕조의 형세

단군어영 이 어영은 신라 진흥왕때의 유명한 화가
인 솔거가 그렸고, 후세에 본따 그려 구월산에 있
는 삼성사에 모신 것을, 다시 그린 것이 오늘날 전
해지고 있는 것이라고 한다.

1. 예악론의 명암(明暗)

연호(年號)와 묘호(廟號) 그리고 시호(諡號)는 중세왕조의 주체성과 존엄이 내재된 중대한 사안이었다. 중세의 경우 연호는 제후국은 사용할 수 없었고 묘호도 함부로 쓰지 못했다. 시호는 조선조의 경우 황제국인 중원왕조가 하사하는 것이 관례였고, 제후국은 이를 영광으로 알았다. 정삭(正朔) 역시 중원정권의 틀에 따라야 했다.

우리 역대 왕조는 장구한 기간 동안 중국의 연호와 정삭을 일사불란하게 사용했다. 묘호 또한 삼국시대 천년 동안 고구려의 '태조왕'과 신라의 '태종무열왕'의 '태조·태종' 둘밖에 없다. 여타의 수많은 왕들은 묘호를 쓰지 못하고, '○○왕'으로 만족해야 했다. 묘호 사용여부가 무슨 문제가 되느냐고 반문하는 사람이 있을 수도 있지만, 이 같은 인식을 가진 사람들에 심각한 문제가 있다.

고려 조선조 천년 동안 우리는 자체 기년(紀年)인 연호를 고려 태조와 몇몇 왕들을 제외하고는 사용하지 못했다. 조선조는 처음부터 연호사용을 포기한 정권이었으나, 조선조 말엽 대한제국으로 재조(再造)한 뒤 고종과 순종이 '광무(光武)'와 '융희(隆熙)' 등의 자체연호를 사용한 것이 전부이다. 이는 한민족의 해묵은 숙원이었던 칭제건원의 시대가 열렸지만 일본의 후원이 있었다는 약점은 있었으나, 이를 살리지 못한 아쉬움이 많다. 일본의 강압과 미영 등 열강의 협조와 묵인 하에 경술국치를 당했고, 이후 우리는 일제의 연호를 수십 년간 사용했지만 이를 부끄럽게 여기는 사람이 많지 않다는 점도 안타깝다.

일제 폭압시대가 저물고 조국이 광복되자 자체기년의 중요성을 인식하고, 얼마동안 '단기(檀紀)'를 사용하다가 몇 년이 못가서 폐기하고, 지금은 서양 연호인 서기를 별다른 고민도 없이 열심히 쓰고 있다. 전국 산하에 편만한 분묘의 비갈에 중국연호가 판을 치다가, 현재는 서기가 범람하고 있다. 이를 두고 중원사대주의와 서구사대주의를 신봉하는 자들의 구도 속에 우리는 놓여있고, 이를 달리 표현하면 '중원 예악론(禮樂論)과 서구 예악론'의 범주 안에 빠져있는 것으로 진단할 수도 있다. 이제 중원과 서구 예악론의 함정에서 벗어나, 주체적 민족 예악론을 시행할 계제에 와있음을 통감한다.

중원 예악론은 요즘의 상황과 대비할 때, 전체 아시아 국가를 통시적으로 소위 제후국으로 규정하여 통제하고 억압하는, 일종의 불공평한 국재법과 같은 역할을 했다. 중원 왕조에 의한 동서남북 모든 아시아 국가를 사이(四夷)로 지칭하여 제후국으로 격하시켜 지배한다는 논리가 근저에 깔려 있다. 중원 왕조의 성향에 따라 때때로 무력과 문화적 방법으로 무력제국주의·문화제국주의 등의 시책으로 관할했다.

중국 중심의 화이론(華夷論)은 중원 국가의 영원불변의 전략이고 시대의 진행에 따라 더욱 강화되고 있다. 현대에 들어와 중원정권은 중세 예악론을 재무장하여 그들이 말하는 사이제국(四夷諸國)에 한층 더 강도 높게 시행하고 있다. 예악론에서 예는 땅이고 악은 하늘이다. 고대와 중세 가장 중시된 것은 제사인데, 그러므로 천자(天子, 황제)만이 제천과 제지를 할 수 있고 제후는 종묘사직과 관할 영토에 있는 산천에만 제사할 수 있다는 논리이다.

조선조는 오백 년간 초기에 남교(南郊)에서 제사를 지냈다는 정도로 제천의례를 언급했다가, 고종황제 때에 와서 덕수궁 맞은 편에 원구단(圜丘壇, 황궁우[皇穹宇])을 조성하여 최초로 격식을 갖춘 제천을 하고, 중원 왕조의 책봉(冊封)의 굴레를 벗어나 하늘로부터 왕권을 부여받아 천자로 등극하여 천세(千歲)만 부르다가 만세(萬歲)를 불렀다. 제후왕은 이에 조선왕조는 대한제국으로 새롭게 재조되어 고종은 고종태황제(高宗太皇帝)로 재탄생했다.

따라서 우리 역대 왕조는 중세 이후 하늘과 땅에 제사를 올리지 못했다. 근세에 와서 고종황제만이 제천과 제지를 행했다는 사실은 이를 강조한 것이다. 지금 와서 중세의 논리를 말하는 것은 무의미하다는 견해도 있는데, 이는 결국 계속 제후국이나 속국으로 남아도 편하게 살면 그만이라는 굴욕적 사유의 틀 속에 안주 하겠다는 비굴한 생각에 말미암은 것이다. 12세기의 김부식도『삼국사기』에 이 같은『예기(禮記)』의 내용을 소개한 바 있다. 중세 이전 부여·예와 고구려·백제 초기까지 우리도 제천과 제지를 했다. 중원 왕조들은 그들이 생각하는 소위 제후국에 예악론을 철두철미하게 적용했다.

예와 더불어 악의 경우도 천자악무(天子樂舞)과 제후악무(諸侯樂舞)의 변별이 있었다. 천자만이 팔일무(八佾舞)를 출 수 있고 제후는 육일무(六佾舞)밖에 출 수 없다는 지침이 그 대표적인 것이고, 악기의 배치도 '궁현(宮懸)·헌현(軒懸)·판현(判懸)·특현

(特懸)' 등의 차별이 확연하여 제후가 팔일무를 추거나 궁현을 설치하면 조야상하(朝野上下)가 이를 용인하지 않았다. 황제는 궁현으로 동서남북 4면에, 제후는 3면 대부는 2면 사는 1면에만 악기를 걸 수 있었는데, 중원 왕조 이른바 제후국에서도 대체로 이를 준수했다. 예악론은 춤의 줄 수와 악기를 다는 부분까지도 통제했다.

예악론은 사서(史書)의 호칭에도 제약을 가했는데, 황제의 역사는 본기(本紀), 제후의 역사는 세가(世家)로 분별했다. 『삼국사기』는 '「신라본기·고구려본기·백제본기」'로 표기한 반면, 『고려사』는 줄곧 「○○세가」로 기술한 것도 예악론에 의거한 것이다. 김부식이 널리 알려진 것처럼 사대주의자였다면 '본기' 대신 '세가'로 표기했을 것임에도 불구하고, 본기로 표기한 사실을 침작할 때 항간에 알려진 판정이 정확하지 않았음을 알 수 있다.

최고 통치자와 고위인사에 관한 칭호도 예악론은 엄격하게 규정했다. 황제는 폐하(陛下), 제후왕은 전하(殿下), 왕세자는 저하(邸下) 등으로 불렀다. 조선조 오백 년간 무수한 왕이 있었으나, 폐하라는 칭호는 고종과 순종밖에 듣지 못했다. 차기 왕위 계승자도 황제와 이에 준하는 위계는 태자(太子)로 제후왕의 계승자는 세자(世子)로 일컬었다. 조선조 오백 년 동안 태자라는 칭호를 들은 후계자는 아무도 없었다.

황제의 아들은 "○○왕"이었지만 제후왕의 아들은 "○○대군(大君)"이었다. 우리 역사상 의친왕(義親王, 堈, 1877~1955) 영친왕(英親王, 垠, 1897~1969)은 황제의 아들이었기 때문에 얻은 칭호로서 이들 둘밖에 없고, 발해조에는 '부왕(副王)'이라는 호칭이 한 차례 있었다(渤海國志長編 참조). 중국 황제의 아들은 모두 '왕'이었고 일본도 자칭 천황국이었기 때문에 왕자를 '친왕(親王)'이라 했다. 일본 천황의 경우 신라는 끝내 부인했으며 이후 고려·조선조도 인정하지 않고 일왕 또는 왜왕으로 불렀다. 신라와 일본의 관계가 좋지 않았던 이유도 여기에 있었다. 반면 발해와 일본이 가까웠던 까닭은 천황제를 인정했기 때문이라는 설도 있다.

조정 행정부서의 경우도 예악론이 깔려 있다. 그 실례로 고려조는 조종법(祖宗法)이 몽골에 의해 철폐되어 ○○왕으로 격하되기 이전까지 줄곧 '호부(戶部)·예부(禮部)·병부(兵部)' 등으로 칭했다. 이와 달리 조선조는 처음부터 '호조(戶曹)·예조(禮曹)·병조(兵曹)'로 격하시켰다. 문제는 '부(部)와 조(曹)'가 무엇을 뜻하고 왜 호칭이 다른지에 대한 개념도 없이 동일한 것으로 두루 인식하고 있는데 있다. 부는 황제 조정의 부서이고, 조는 제후 조정의 부서를 의미한다는 예악론의 논리에 말미암았다는 사실을 몰랐거나 알고도 그냥 넘어갔을 가능성도 있었다. 요즘 두루 사용하고 있는 법조계(法曹界)라는 용어도 법부(法部)가 아닌 제후예악인 법조(法曹)를 전제로 한 칭호임을 아는 이가 없다.

조정의 최고 우두머리를 고려조는 문하시중, 조선조는 영의정으로 불렀는데, 이 두 명칭이 황제와 제후의 수장을 지칭한다는 점을 대체로 몰랐다. 일반적으로 영의정이 문하시중 보다 높다고 생각하는 사람이 더 많을 정도이다. 이러한 착종과 괴리는 전부 예악론의 무지에서 발생한 자비적(自卑的) 인식에 말미암은 것이다.

중세 왕조의 최고 교육기관의 명칭도 천자(天子, 황제)의 학교는 '국자감(國子監)과 벽옹(辟雍)'이고, 제후의 대학은 '성균관(成均館)과 반궁(泮宮)'이라 한 것도 예악적 척도에 기인했다. 벽옹은 교원 주위를 원형으로 물을 둘렀고, 반궁은 물을 반원으로 둘러 면학 분위기를 정숙하게 하고 주변의 분답과 소음을 차단코자 했다.

　중국의 국자감은 원형의 호수 가운데 있고, 조선조 성균관은 물이 반원으로 둘러싼 지형 안에 건립한 것이 그 증거이다. 중세에 있어서 예악론을 모르면 당대 현실에 대한 인식과 평결이 대부분 본질에 벗어나게 되어 있다. 고려조는 '국자감' 조선조는 '성균관'이라 칭한 것도 중세의 예악적 제도에서 비롯되었다.

　중세왕조 제왕의 면류관(冕旒冠)에도 변별이 있었다. 면류관 앞뒤로 보석으로 장식한 줄이 있는데, 황제는 열두 줄이고, 제후왕은 아홉 줄, 상 대부는 일곱 줄, 하 대부는 다섯 줄었으며 황제(黃帝)가 만들었다고 했다. 면류관에 줄을 드리운 이유는 여러 가지 설이 있지만 사물을 가려서 보라는 뜻도 있고, 제왕 용안의 권위를 세우기 위한 장식이라는 견해도 있다. 조선조 제왕은 고종·순종 이외는 전부 아홉 줄이 달린 면류관을 착용했다.

　제왕의 곤복(袞服)색상도 황제는 우주의 중심에 있다고 해서 중앙색인 황색이었다. 조선조 제왕의 곤복은 정색(正色, 靑·赤·黃·白·黑)이 아닌 간색(間色) 중 홍색이었다. 제왕임을 상징하는 용을 곤룡포(袞龍袍)에 수놓을 경우, 머리를 황제는 정면으로 향하게 하고 제후왕은 측면을 보게 했고, 발톱도 황제는 다섯 개 제후왕은 네 개였다. 만일 제후 왕이 곤룡포에 다섯 개의 발톱을 그렸다면 심각한 문제가 야기되었다. 곤룡포에 국한되지 않고 기타 모든 구조물에도 용의 발톱은 네 개 이하였다. 우리 국토 어디를 가도 발톱 다섯 개가 그려진 용이 없는 이유도 여기에 있다.

문서에 있어서도 황제가 신하에게 내리는 글은 조지(詔旨)이고, 제후왕은 교지(敎旨)라고 했으며, 신하가 황제에게 올리는 글은 표문(表文), 제후 왕에게 올리는 글은 상소(上疏)라고 하여 표와 소의 층위가 엄연했으며 제왕이 자신을 일러 짐(朕)과 고(孤)라는 호칭도 분별이 있었다. 신하를 두고 황제는 '문무천관'이라 했고 제후왕은 '문무백관'으로 불렀다. 그 밖에 무수한 속박과 격차와 변별 사항들 전부가 화이론(華夷論)을 전제로 하여 창출된 예악론을 준거한 장치에서 나왔다.

동아시아 권역에 예악론에 기반 한 중원 제국주의가, '책봉'이라는 정치적 굴레를 만들어 약소국을 관리하기 이전, 소위 사이(四夷)의 여러 나라들은 자주와 주체성을 갖고 국가를 경영했다. 우리겨레는 '부여·예·맥·옥저'를 위시한 삼한(三韓, 마한·진한·변한)과 삼국과 사국시대의 박혁거세(朴赫居世, 재위, 단기, 2227 [BC, 57]~2337[AD, 4])와, 동명성왕(東明聖王, 재위, 단기, 2297[BC, 37]~2314[BC, 19])과 온조왕(溫祚王, 재위, 단기, 2316 [BC, 18]~2361[AD, 28]) 및 수로왕(首露王, 재위, ?~단기, 2532[199]) 등의 개국시조들은, 하늘의 뜻을 받아 자립하여 왕위에 올라 나라를 통치했다. 중원은 춘추 전국시대를 거쳐 진(秦) 한(漢) 왕조 이후부터 본격적으로 주변 사이제국들을(四夷諸國)들을 예악론에 입각하여 책봉제도를 실시하기 시작했다.

중세 왕조의 제왕과 관련된 호칭에는 네 가지가 있다. '연호·묘호·능호·시호'가 그것이다. 연호는 한 무제(BC, 56~87) 이후, 한 제왕이 즉위하면 건원(建元)을 하거나 전대 왕의 연호를 개원(改元) 사용했다. 우리 역사에서 문헌에 나타난 최초의 연호는 단기 2724(391)년 고구려 광개토대왕(재위, 391~412)의 '영락(永樂)'이고[61], 다음이 신라 법흥왕(재위, 514~540) 23년(536)에 건원한 연호 '건원(建元)'이다.[62]

이후 발해 고왕(高王, 재위, 698~719)은 2년(700)에 연호를 '천통(天統, 699~718)'으로, 궁왕(弓王, 재위, 901~918)은 904년에 '무태(武泰, 904~905) 난세에 무력으로 천하를 태평하게 한다는 의미로 생각된다'라 했다.[63] 신라 진덕여왕(재위, 647~654) '태화(太和, 647~650)' 4년(650), 당의 강압으로 자체 연호가 소멸된 지 50년과 246년 뒤, 발해 고왕과 태봉의 궁왕이 중원 예악론의 국축을 벗어나 각각 건원하여 민족예악으로 국가를 통치했다. 중국 측 일부 사서에 의하면 궁왕은 무태 원년(904)에 칭제(稱帝)했다고 했으니 명실상부한 칭제건원(稱帝建元)이었다. 따라서 공식적으로는 한국 최초의 칭제건원은 고종황제(1852~1919)가 아니라 태봉국 시

---

61 「好太王陵碑」 비문 중, 永樂太王 부분 참조. 영락 연호가 얼마간 존속 했는지는 후속 기록이 없고 아쉽게도 고구려 전성기를 연출한 장수왕이 개원을 했는지도 사서에 기록이 없다.

62 『三國史記』新羅本紀 제4 法興王 二十三年 조, 二十三年 始稱年號云, 建元元年.

63 『三國史記』列傳 第五十 弓裔, 天祐九季甲子, 立國號爲摩震, 季號爲武泰. … 天祐二季乙丑…改武泰爲聖册元年…辛未改聖册爲水德萬歲元年…甲戌改水德萬歲爲政開.

조인 궁왕이다.[64]

고려 왕 태조(재위, 918~943)의 연호 '천수(天授, 918~933)'는 건원이 아니고, 궁왕의 연호 '정개(政開, 914~918)'를 개원한 것이다. 고려 태조의 '천수', 광종(재위, 949~975)의 '광덕(光德, 950~951)·준풍(竣豊, 960~963)' 등 자체 연호를 20여 년간 쓰다가 송조(宋朝)의 건덕(乾德, 963~975) 원년(963) 연호 '준풍'을 폐지한 후, 조선조 고종 31년(1894) '개국(開國, 1894~1897)', 1896년에 '건양(建陽, 1896~1897)'에 이어, 단기 4230(1897)년 고종이 황제위에 오른 후, 연호 '광무(光武, 1897~1907)'가 시행되었다. 광종의 연호 '준풍'이 폐기된 후, 930여 년의 장구한 시간이 경과한 뒤이다.

우리 중세왕조의 자체연호 사용기간은 반만년 민족사의 전개과정에서 고구려의 20여 년, 신라가 114년, 발해조의 150여 년, '마진·태봉'의 13년(904~917), 고려조의 22년, 조선조와 대한제국의 18년 등 310여 년이 전부이다. 김부식(1075~1151)은『삼국사기』「열전」 궁예조에, 보편적으로 사용하는 연호의 '연(年)'자 대신 고자(古字)인 '연(秊)'자를 사용하여 '연호(秊號)'라고 표기했는데, 궁왕의 연호 시행을 특별하게 인식했기 때문일까.

연호는 중세에서 황제만이 표방할 수 있었고 제후왕(諸侯王)은 사용이 엄격하게 금지되었다. 따라서 우리가 연호를 사용했던 기간은 국가의 정체성이 확립되었던 시기였다. 고려조의 전반기는 중원의 완벽한 통일제국이 들어서기 전이었기 때문에, 건원은 물

---

64 黃維翰;『渤海國紀』上篇 9頁 四年, 新羅弓裔稱帝.

론이고 칭제까지 가능한 시기였지만, 거란의 기세에 눌려 웅혼한 기상을 펴지 못했을 뿐 아니라, 역사상 가장 나약한 국가로 역년을 보냈다. 강력한 무력을 가지지 못한 소치이다.

이 무렵 궁왕이 한동안 칭제를 한 사실은 칭송되어야 마땅한데도 불구하고, 뇌천 김부식 이후 우리 사가들이나 사서들은 이를 의식적으로 무시하거나 외면했다. 이는 사대주의적 인식에 말미암은 것으로 비판받아야 마땅하다. 김부식이 『삼국사기』에 「궁예열전」을 편차하여 이를 기록한 점은 높이 평가되어야 할 사안이다. 궁왕이 칭제한 2년 후에야, 거란(遼)의 야율아보기(耶律阿保機, 거란 태조, 872~926)가 칭제했다.[65]

동아시아의 기년인 연호는 한 무제(武帝, BC, 56~87)가 최초로 시행했다. 연호는 국가의 개창과 상서가 응하거나 국가의 경사가 있거나, 또는 덕화를 기리고 공적을 선양키 위해 정삭(正朔)과 함께 반포했다. 새로 등극한 제왕이 자기의 시대가 시작되었음을 내외에 선포하여, 자주독립국임을 기리는 것으로 세수(歲首)를 정하는 의례도 포함되었다.[66]

묘호는 조종법(祖宗法)으로 제왕에게 ○○조(祖)나 ○○종(宗)의 호칭을 부여하는 것이며, 원래는 황제에게만 붙일 수 있는 것이지만, 고려 전기와 조선조에서는 계속 사용했다. 중원왕조가 암묵

---

65 黃維翰;『渤海國記』上篇 九頁, 四年, 弓裔稱帝, 五年, 弓裔攻我南鄙 … 自是失鴨淥江以南地, 七年, 阿保機稱帝.

66 『册府元龜』卷一八八 年號, 自漢武紀元立號, 而後代因之 … 亦改建正朔備制度, 或標瑞應之日, 或取休美之稱, 或宣紀德化, 或章明功烈, 紀年頒曆.

적으로 용인했기 때문이다. 중원의 원(元) 제국이 들어선 이후 당나라 고종대(高宗 代)에 신라에 이어 고려조 왕의 조종(祖宗) 칭호가 폐지되고 ○○왕으로 격하되어 불리어 진 것이 그 실례이다. 능호는 신라 시조 박혁거세의 오릉(五陵)을 비롯해 고구려 광개토대왕릉과 고려 태조의 현릉(顯陵)과 조선조 태조의 건원릉(建元陵) 등 제왕들의 왕릉 명호를 지칭한다.

시호는 제왕을 필두로 국가에 헌신한 유명한 인물들의 업적을 천양하는 것으로, 사후에 엄격한 절차를 거쳐 내린다. 연호가 즉위한 제왕들의 국정지표라면, 시호는 사망한 뒤 내리는 업적에 대한 평결이다. 광개토대왕의 국정지표는 연호인 '영락'인데, 붕어 후 시호(諡號)는 '국강상광개토경호태왕(國岡上廣開土境好太王)'이다. 영락과 '광개토경'은 반드시 일치하지 않을 수도 있다. 고구려 최성기의 장수왕(長壽王, 304~491, 재위, 413~491)도 북위(北魏) 효문제(孝文帝, 재위, 471~499)로부터 '강(康)'이라는 시호를 받았다. 세종대왕의 능호는 영릉(英陵), 묘호는 세종(世宗)이며, 시호는 '장헌영문예무인성명효(莊憲英文睿武仁聖明孝)'이고, '장헌(莊憲)'은 명나라 황제가 내린 것이다.

조선조 제왕의 시호는 인조(仁祖, 재위, 1623~1649) 이전까지는 모두 명나라 황제가 내려주었다.[67] 세종 역시 묘호와 능호 시호는

---

67 『璿源系譜』에는 明 皇帝들이 조선조 定宗에게 恭靖, 世宗에게 莊憲, 文宗에게 恭順, 世祖에게 惠莊, 德宗에게 懷簡, 睿宗에게 襄悼, 成宗에게 康靖, 中宗에게 恭僖, 仁宗에게 榮靖, 明宗에게 恭憲, 宣祖에게 昭敬 등의 시호를 연이어 내렸고, 명이 내린 시호는 자체적으로 올린 시호 앞에 배치했다.

있지만 연호는 없다. 이는 우리 역대제왕들의 한계이다. 지금부터라도 중세 연호에 준하는 자체기년(自體紀年)을 가져야함에도 불구하고, 이에 대한 개념도 전혀 없이 기독교에 근거한 구미의 서기 연호를 부담 없이 쓰고 있는 현실이 안타깝다. 적어도 일본의 평성(平成), 대만의 민국(民國), 북한의 주체(主體) 등과 같이 국가의 공식문서나 기타 중요한 문건에는 우리의 자체기년인 '단기'를 씀이 마땅하다.

2. 예악론과 중원 제국주의

중세를 현재의 시각으로 볼 때 그 실상과 진실을 오판하게 된다. 우리는 수 세기동안 이 같은 오류를 범하여 장중했던 과거사를 폄하하면서 쾌감을 느꼈고 우쭐대기까지 했다. 각종 언론 매체들도 이를 대서특필하여 그것이 언론의 정도인 양 자랑스러워했다. 대한민국의 현재와 조선조를 비교할 경우 물질적 풍요를 제외하고 조선조보다 진실로 우월했는지를 돌이켜 봐야한다. 조선조를 오늘의 척도로 판단하는 것은 비과학적이다. 민족사의 과거를 두고 중요한 문제에는 무감각하거나 의도적으로 무시하고, 비본질적인 지엽 말단에 집착하여 강건한 역사를 왜곡한 지 오래되었고, 지금도 계속하면서 이를 근대적 사유라고 자긍하고 있다.

북송(北宋) 말년 고려 인종(재위, 1122~1146) 원년(1123) 국신사(國信使)로 고려에 온 서긍(徐兢, 1091~1153)은, 12세기 초반 개

경의 문물과 사회상을 접한 뒤 귀국하여, 1124년에『선화봉사고려도경(宣和奉使高麗圖經)』을『삼국사기』보다 21년 앞서서 발간했다. 이 책「동문(同文)」편에 중원 제국주의의 시행절목이 명료하게 나타나 있다. 천하를 통괄하기 위해 '정삭'을 반포하고, 천하를 아름답게 교화하기 위해 '유학(儒學)'을 전파하고, 천하 만민을 조화롭게 하기위해 '악률(樂律)'을 전수하고, 천하를 공변되게 하기 위해 '도량권형(度量權衡)'을 통일해야 한다고 선언했다. 즉 '정삭·유학·악률·도량권형'의 4대 강령을 명시한 것이다. 이 가운데 연호에 해당되는 것이 이른바 정삭이다.[68]

민족사의 아픈 진실 가운데 연호(年號, 紀年)와 시호(諡號) 및 묘호(廟號) 문제를 부각시켜 왜곡된 시각에 의해 망각이나 도외시된 점을 구명코자 한다. 비 본질에 의해 매몰된 본질을 발굴하여, 오늘의 현실을 냉엄하게 진단하는데 목적이 있다. 별 의미 없는 말초를 강조하여 으스대었던 치기도 이제는 불식해야 한다. 예를 들면 일본에 '천자문(千字文)'을 전해주었다고 자랑하는 등의 안건들이 그것이다. 본질적인 상처를 비본질적인 것으로 보상하려는 시도의 일환인데, 아직도 이 같은 순진한 행태는 진행형이다. 초강대국 옆에 살 수 밖에 없는 지정학적 상황이 빚은 뼈아픈 현상이다.

사대주의는 사이제국이 정치적 상황에 따라 민족과 국가의 생

---

68 徐兢; 宣和奉使高麗圖經』卷 四十 同文, 臣聞, 正朔, 所以統天下之治也, 儒學, 所以美天下之化也, 樂律, 所以導天下之和也, 度量權衡, 所以天下之公也.

존을 위한 피할 수 없는 고육책이기도 했다. 사대주의를 예찬하거
나 진심으로 긍정한 인물은 긴긴 역사 속에 극소수였다. 세계를 정
복한 몽골제국과 천하를 통일한 한나라와 당나라·명나라 등에 반
기를 들었다면 그것은 당랑거철(螳螂拒轍)이었을 터이다. 따라
서 이소사대는 보국안민(保國安民)을 위한 가슴 아픈 선택이었
다. 한국 역대왕조의 사대주의는 조공사행으로 요약할 수 있다.

'당·송·명' 등 한족왕조에 대한 수 백여 년의 조공은 당연시하
면서, 만주족(말갈족, 여진족)의 청조(淸朝)에 대한 사대에는 유
독 분통을 터뜨리는 행태를 두고, 숙종대의 북애자(北崖子)는 "후
세 고루한 학자들이 중국 문헌에 탐닉되어 중국에 사대하고 주나
라를 종주국으로 삼는 데에 몰두하여, 먼저 자주적 정신을 세워 우
리나라를 빛내야 하는 근본 문제는 망각한 채, 자질구레한 지엽말
단에 얽매어 있으니 이 얼마나 비루한 짓거리냐. 전대 왕조들 이후
중원 왕조로 가는 조공사절이 수 백 년 동안 지속된 점을 부끄럽게
여기지 않고, 졸지에 유독 만주 왕조인 청나라를 불구대천의 원수
로 여기는 것은 도대체 무슨 이유인가."[69]라고 꾸짖으며 다 같은
이민족왕조인데, 한족왕조는 괜찮고 만주족왕조인 청나라에게
는 악의적으로 대하는 처사를 비판했다. 혈연관계를 따질 때 한족

---

69 『揆園史話(北崖老人)』序, 後世固陋者, 流溺於漢籍, 徒以事大尊周爲義, 以
不知先立其本, 以光我國, 是猶葛藤之性, 不謨其直, 而便求纏結也, 豈不鄙
哉. 自勝朝以降, 貢使北行累百年, 而不爲之恨, 猝以滿洲之讎, 爲不俱戴天
則, 獨何故耶.『규원사화』등은 학계에 백안시되는 사서의 하나이지만, 필
자는 북애노인의 다 같은 사대인데 만주족왕조에 대한 사대만 유독 적대시
하는 것은 문제가 있다는, 역사인식에 공감되는 바가 있어 인용했다.

보다 만주족이 우리와 더 가까운데도 불구하고 이처럼 대하는 행태는 정당하지 못하다.

한민족과 한족·만주족을 놓고 볼 때 만주족은 우리와 같이 태어날 때 몽골반점이 있으나 한족은 없다. 우리와 혈연으로 봐도 가깝고 언어의 단어 배열도 중국어와 달리 우리말과 같다. 그럼에도 불구하고 만주족을 이처럼 적대시 하는 행위는 잘못이다. 만주족은 우리와 다르게 우리 민족에 대해 비교적 우호적이었다. 중국이 볼 때 다 같은 사이족인 데 만주족은 중원을 정복하여 칭제건원을 하여 금제국(金帝國)과 청제국(淸帝國)을 세워 천하를 호령한데 비해, 우리는 줄곧 사대주의를 버리지 못하고 위축되어 살아왔다.

통시적으로 고구려와 발해처럼 한족에 대한 사대주의에 집착하지 않고 만주족을 포용했다면 광활한 만주지역의 땅도 차지할 수 있었을 것으로 생각된다. 고구려와 발해가 대제국을 완성한 것은 여진족과 연합했기 때문에 가능했다. 불행하게도 현재 한족에 대한 비굴한 사대주의적 근성이 되살아나 다시 중국을 신주 모시듯 하고 있으니 역사는 되풀이되는 것일까.

중원왕조에 사대하지 않고 중원을 정복하여 천하를 호령하던 '몽골족·여진족·거란족·선비족·서장족' 등은 지금 어디서 어떻게 생존하고 있는지를 직시하면, 사대주의에 대한 해답의 일단을 찾을 수 있다. 한때 중원을 점령한 사이들이 중원왕조의 통치 이데올로기인 예악론을 차용하여 이화제화적(以華制華的) 전략으로 국가를 경영하여, 상당한 기간 동안 성공을 구가했지만, 결론은 민족과 국가의 소멸에 이어 그들이 차지하고 있었던 광활한 영토까지 상실한 치명적인 실수를 했음은 역사가 증명한다.

사대주의는 '이소사대(以小事大)'의 현실인식이다. 마지못해 사대를 했던 동아시아 약소국은 앙앙불락하면서 중원왕조와 대등하게 칭제건원을 해야 한다는 민족주의적 의지를 품고 있다가, 중원이 혼란해지면 지체 없이 이를 실행했다. 우리 겨레 역시 연호의 경우 이를 실천하지 못하다가, 최초로 고구려의 광개토대왕과 신라의 법흥왕에 이어 발해 고왕 대조영(大祚榮, 재위, 698~719)과 10세기 초 태봉국의 궁왕과 고려 태조 및 19세기말 광무황제와 융희황제가 칭제와 건원을 일시적으로 실천했지만, 미완으로 끝난 아픈 과거가 있다.[70]

칭제건원과 맞물린 기년 문제는, 중요한 역사적 과제임에도 불구하고 이를 논의하는 사람도 없고, 기년이 품고 있는 의미가 무엇인지도 잘 모르고 있다. 중세 봉건시대의 사안인데 지금 와서 논의할 이유가 있느냐는 것이 대세인데, 이는 현재에도 외양을 바꾸어 지속되고 있다는 사실을 모르고 있기 때문이다. 따라서 기년 문제는 과거의 잔재가 아니라 현재의 중요한 과제이다. '봉건시대' 운운하는 것도 서양사 시각으로 민족사를 진단한 것이고, 우리 역사

---

70 우리 역대왕조에서 삼국시대 이후, 중원에 책봉을 받지 않고 자립하여 왕위에 오른 제왕은, 발해 高王과 마진의 弓王 및 고려 太祖와 대한제국의 光武·隆熙 皇帝밖에 없고, 거개가 중원정권의 책봉을 받았다. 신라 憲德王 14년(822) 金周元의 아들 憲昌이 신라에 반하여 국호를 長安 연호를 慶雲이라 했고, 고려 仁宗 13년(1135) 妙淸 등이 국호를 大爲 연호를 天開라 했으며, 단종 1년(1453) 李澄玉이 국호를 大金으로 하고 황제라고 스스로 일컬은 사례들이 있지만, 이는 특이한 현상이다. 여하튼 이 웅혼한 정신을 거울삼아 미래를 개척해야지 애써 격하하는 것은 능사가 아니다.

에 봉건제가 존재 했는지도 의문이다. 이는 저울로 길이를 재는 것과 같은 시도로서 민족사의 본질을 읽을 수 없다.

묘호의 경우 삼국시대 천년 동안 고구려의 '태조대왕(太祖大王, 大祖大王, 國祖王, 47~165, 재위, 53~146)'과 신라의 '태종무렬왕(太宗武烈王, 603~661)' 밖에 없다. 고려시대에는 충렬왕(忠烈王, 재위, 1274~1308) 이후 왕들을 제외하고 전반적으로 사용했으며, 조선조는 끝까지 조종법을 시행했다. 한 왕조에 '태조(太祖)·고조(高祖)·고왕(高王)'은 한분만 있는 것이 통례이지만, 조선조는 '세조·선조·인조' 등이 있는데 이는 잘못이다.

고려의 고종(高宗, 1192~1259)과 조선조의 고종(1852~1919)은 사직 재창건의 공이 있었기 때문이다. 속칭 '영조·정조·순조'는『왕조실록』에는 모두 종(宗)으로 표기했고, 선조(宣祖, 1552~1608)도 『수정실록』에만 선조로 칭했다. 시호의 경우 중세 우리 제왕들 거의 모두가 중원의 황제들로 부터 받았음은 앞에서도 말한 바 있다.

첨단IT시대에 중세 연호와 묘호를 논하는 것은 퇴행적이며 과거 지향적이라고 말하는 사람이 대다수이다. 이는 연호와 묘호가 지금도 엄연히 존재한다는 사실의 맹목에 말미암은 것이다. '묘호'와 접맥된 중세의 태묘(太廟)와 종묘(宗廟)가 명칭을 교묘하게 바꾸어 지금도 존재한다는 점을 인식하면 생각이 달라질 것이다. 대체로 태묘는 황제, 종묘는 제후왕의 사당을 지칭한다. 현대에 와서도 태묘와 종묘제도는 '모스크바·북경·하노이·평양' 등지에 '레닌·스탈린·모택동·호지명·김일성부자'의 시신들을 보존한 묘역이 역설적으로 현존한다.

세계 각국의 국립묘지 등에 안장된 지도자와 국가 유공자의 묘역도 현대판 능호의 일종임에도 불구하고 이를 인지하지 못하고 있다. 이 대목에 이르러 역사는 과연 본질적으로 변하고 있는지, 아니면 외피만 바꾸어 연속되고 있는지가 의심된다. 중세의 문물 전장(文物典章)이 지도자의 권위와 민인들의 통치에 지금도 유효함을 이들이 간파했기 때문이다. 북한 김일성 부자의 시신을 둔 소위 '주석궁(主席宮)은 중세 종묘체제를 의방한 현대판 태묘인데, 이를 아는 이가 없거나 알아도 관대하게 입을 다물고 있다.

3. 연호·시호·묘호의 굴레

기년은 연호의 부연으로, 연대를 매긴다는 뜻이다. 연호는 새로 등극한 제왕이 즉위년이나 얼마간의 시차를 두고 새 시대가 시작되었음을 선언하는 제도이다. 연호, 즉 기년은 천자나 황제가 아니면 실시할 수 없었으며, 이는 중세 동아시아의 거역하지 못할 예악론적 질서였다. 중원의 역대 제국주의 왕조들은 이를 통시적으로 엄격하게 실시하여, 어길 경우 정벌(征伐)이라는 명분을 걸고 침략을 일삼았다. 칭제는 용서하지 않았지만 건원과 개원의 경우는 간혹 허용했다.

고구려의 건원은 광개토대왕릉비의 '영락대왕(永樂太王)'이라는 비문에서 확인되고, 신라의 건원과 개원은 『삼국사기』 도처에 명문화되어 있다. 발해의 건원과 개원(699~857)은 당나라가 모르는 척했고, 법흥왕(法興王, 재위, 514~540) 이후 진덕여왕(536~650) 대까지와 태봉의 궁왕(904~917) 및 고려조 초기(918~963)에 간헐적으로 자체 연호(기년)를 중원왕조의 성쇠의 틈타 중원왕조의 눈치를 보면서 자체연호와 교체하면서 사용했다.

광종 준풍(峻豊, 960~963) 4년(963) 자체연호 폐지 이후 950여 년이 지난 뒤, 고종 3년(1894) 개국(503) 기년부터 대한제국 재조 후(1894~1910) 16여 년간의 시행이 전부이다. 고구려 연호 '영락(永樂)'은 『삼국사기』에는 언급이 없다. 아마도 김부식이 광개토대왕 능비와 비문에 대한 정보가 없었기 때문으로 여겨진다.

우리 왕조들의 연호 사용기간 동안은 중원으로부터 독립하여 책봉을 받지 않고, 왕조의 정체성과 정통성 및 자주성이 확립된데 반해, 중원 왕조들의 연호를 사용한 시기는 제후국으로 강등되어 독립성이 약화된 시기였다. 해방 후 '단기' 연호를 10여 년간 사용하다가 서기로 변개한 시기까지 합쳐도, 5000여 년 민족사의 전개 과정에서 자체 기년 기간은 고작 360여 년에 불과하다. 이 같은 냉엄한 역사적 사실을 눈감고 터무니없는 허황한 자존심을 갖는 것은, 민족사의 정당한 전개를 왜곡하는 처사이지 전진적 자세는 아니다. 우리는 이를 거울삼아 활기차게 의연하게 민족사를 열어나가야 할 것이지, 허황한 치기어린 자만심에 근거한 실없는 정감은 버리는 것이 옳다.

기년에서 '연(年)'이 갖는 의미는, 『서전(書傳)』에 천자는 '연'을 총괄하고, 경사(卿士)는 '월'을 관리하고, 일반 관료는 '일(日, 하로)'을 살핀다는 기록처럼, 한 해의 출발은 중대한 뜻을 갖고 있

다. 연초에 조정에서 왕이 책력을 하사하는 것은 이 같은 이유에서
이다.[71] 해를 표시하는 단어에 '재(載)·세(歲)·사(祀)·연(年)' 등이
있다. '재'는 요순시대, '세'는 하나라, '사'는 은상(殷·商), '연'은
주나라 때 호칭이다. 사서에 '유년(有年)'이 풍년을 뜻하는 것도
이에 기인했다.

무심코 쓰고 있는 해에 대한 칭호도 그 역사가 이와 같이 길고도
멀다. '세'는 세성(歲星, 木星)이 한 바퀴 도는 데에서 취했고, '사'
는 4계절에 지내는 제사에서 근거했으며, '연'은 벼가 한번 익는
기간을 의미하고, '재'는 사물의 끝과 재생의 의미를 갖고 있으며,
북두칠성의 순환과 관계를 짓기도 한다. 이처럼 평상시에 쓰고 있
는 단어에도 역사가 퇴적되어 있다.[72]

우리 고문헌의 발간연도나 산야에 편만한 비갈(碑碣)들에 망자
의 생몰년대나 입석시기 등은 거의가 중원왕조의 기년을 사용했
다. '홍무(洪武, 1368~1399)·정통(正統, 1436~1450)·천순(天順,
1457~1465)·가정(嘉靖, 1522~1567)·숭정(崇禎, 1628~1644)·건
륭(乾隆, 1736~1798)·광서(光緖, 1875~1908)' 등은 '명·청'왕조의
연호가 대부분이다. 간혹 이를 피하기 위해 간지(干支)를 쓰기도
했으나 극소수이다.

고려·조선조에 발간된 간책의 연대도 모두 중원 연호 일색이

---

71 『書傳』「周書」洪範, 曰王省惟歲, 卿士惟月, 師尹惟日. 歲月日時無易, 百穀
用成乂用明, 俊民用章, 家用平康.

72 『爾雅注疏』卷六 釋天 第八, 載, 歲也, 夏曰歲, 取歲星行一次. 商曰祀, 取四時
一終. 周曰年, 取禾一熟. 唐虞曰載, 取物終更始.

다. 근대에 와서 30여 년간 중원의 연호를 버리고 일본 연호를 두루 쓰다가 광복 이후 이를 파기하고 서양연호인 서기를 열심이 쓰고 있다. 중원왕조의 연호에서 서양의 기년인 서기로 바뀌었다고 하여, 이를 자주성의 회복이라고 할 수는 단연코 없다.

중원 예악에 근거한 동아시아의 '연호·묘호'를 기준하여 중세를 평가하여 이에 국촉될 필요가 있느냐는 반문도 있겠으나, 해당시대는 그 시대가 기준했던 척도로 평결하는 것이 원칙이다. 묘호의 경우, 800여 년을 지속했던 삼국시대의 민족지도자들 가운데, 이를 가진 왕은 두 분밖에 없다. 고구려의 '태조(大祖)'와 신라의 '태종무열왕'이외 나머지 무수한 제왕들 전부가 '조·종'이 아닌 '○○왕'으로 일컬어졌고, 백제는 아예 없다.

『삼국사기』에서 김부식이 누락했는지는 모르나, 현재 우리는 『삼국사기』이외에 이를 살펴볼 문헌이 없는 점은 아쉽다. 중원의 사서들엔 우리나라 역대 제왕의 이름을 기휘(忌諱)하지 않고 그대로 적었을 뿐 아니라 조종법을 적용하지 않은 무례를 일관되게 자행했다.

신라의 '태종무열왕'의 호칭을 두고, 사신으로 간 한질허(邯帙許, 진덕여왕대)에게 당나라 태종(太宗, 李世民, 598~649)의 묘호와 동일하다고 하여, 당 태종의 간접적 질책을 받자, '대조(大朝 [唐])가 신라에 정삭을 반포하지 않았기 때문'이라고 변명을 한 뒤, 신라는 자체 조종법과 연호를 접었다.[73] 신라는 초기 '거서간·

---

[73] 『三國史記』「新羅本紀」眞德王 二年, 冬, 使邯帙許朝唐, 太宗勅御使問, 新羅

차차웅·이사금·마립간'등 자주적 조종법을 썼지만, 법흥왕 때부터 중원식 '왕'이라는 호칭을 사용했다.

이는 신라 지배층이 북방민족과 관련이 있음을 의미한다. '거서간'은 시조 박혁거세에게만 붙인 호칭인데, 이는 태조에 준하는 우리 한민족의 '조종법(祖宗法)'이다. '거서간'의 '간(干)'은 북방민족의 '칸(징기스칸)'과 같은 것으로 최고통치자에 대한 존호의 일환이다.[74] 중원 왕조들은 우리 겨레의 왕이 조종으로 일컫는 것을 용인하지 않았다. 신라 태종무열왕의 '태종'이 당태종과 동일하다고하여 이를 질책한 것도 같은 맥락이다.

기년 문제는 민족사의 전개에 있어서 중요한 문제임에도 불구하고, 통시적으로 학자들에 의해 별다른 주목받지 못한 이유는 무엇인지, 중원 왕조의 연호를 쓰는 것은 당연하다는 인식에 말미암은 것은 아니길 기대한다. 아마도 동아시아 왕조의 전통적 통치논리인 예악론에 대한 무관심이거나 서양사적 시각에 기인한 것인 듯하다. 중원 역대왕조는 우리 민족 지도자인 제왕에 대해 조종 호칭을 부정했고, 수백 년간 사용했던 우리의 자체연호를 '사년(私年)'이라 칭하여 격하했다.

차제에 중세 우리 겨레 왕조의 연호(紀年)에 관한 그 실상을 부각시켜 이들이 갖고 있는 의미를 밝혀 보겠다. 우리 민족왕조의 최

臣事大朝, 何以別稱年號, 帙許言, 曾是天朝未頒正朔, 是故先祖法興王以來, 私有紀年, 若大朝有命, 小國又何敢焉, 太宗然之 … 七年 … 是歲始行中國永徽年號.

74 『三國史記』「新羅本紀」卷 第一·二·三과 卷 四 智證麻立干 條 참조.

초 연호는 광개토대왕의 '영락'이다. 『삼국사기』에는 이에 대한 기록이 없지만, '호태왕릉비'의 '영락대왕'이라는 기록에 근거하여, 광개토왕 즉위년인 단기 2724년(391)을 영락원년(永樂元年)으로 했고, 이후 고구려 극성기인 장수왕대에도 영락기년을 계속 사용했거나, 아니면 개원한 연호가 있었을 터인데, 사서에는 나타나지 않는다.

광개토대왕 9년(399) 연(燕)나라에 조공했다는 기록이 있으니, 혹 이 무렵 연호에 변화가 있었는지도 모르겠으나 연이 강대국이 아니었기 때문에, 광개토대왕과 장수왕대까지 연호가 지속되었을 가능성은 있다.[75] 고구려의 경우 연호 '영락' 이후, 우리 사서(중국 사서들엔 우리의 연호에 대한 기록이 아예 없다. 설사 있었다고 해도 그들은 외면했을 것이다)에 자체연호는 사라졌다.

1세기 여를 지나 신라는 법흥왕 23년(536)에 건원을 하고 연호도 '건원(建元, 536~550)'이라 칭했다. 법흥왕의 조카 진흥왕(眞興王, 재위, 540~576)이 즉위했으나, 법흥왕의 연호를 그대로 사용하다가, 동왕 12년(551)에야 비로소 '개국(開國, 551~567)'으로 개원했으며, 동왕 29년(568) '대창(大昌, 568~571)'으로 개원했고, 33년(572)에 재차 홍제(鴻濟, 572~ 583)로 개원했다. 진흥왕 다음 진지왕(眞智王, 재위, 576~578)에 이어 진평왕(眞平王, 재위, 579~632) 초기까지 '홍제' 연호를 사용했다가, 동왕 6년(584)에야 '건복(建福, 584~633)'으로 개원했다. 연호 '건복'은 선덕여왕(善德女王, 재

---

75 『三國史記』「高句麗本紀」廣開土王, 九年, 春正月, 王遣使入燕朝貢.

위, 632~647) 2년(633)까지 사용했고, 동왕 3년(634)에 '인평(仁平, 634~646)'으로 개원했다.

선덕여왕이 붕어하고 진덕여왕이 즉위하자, 동왕 원년(647)에 '태화(太和, 647~650)'로 개원했다. 신라왕들은 신왕이 즉위해도 한동안 전대 왕의 연호를 사용하는 것이 관례였던데 반해(선대왕에 대한 예우와 즉위한 왕의 연령과 관계가 있는 듯하다), 진덕여왕은 즉위년에 바로 태화로 개원했다[76] 신라는 진덕여왕 4년(650)에 100여 년간 사용했던 자주적 연호 태화를 버리고 당 고종(高宗, 650~683)의 '영휘(永徽, 650~655)' 연호를 사용하기 시작했다.

발해조는 개국과 동시에 '천통(天統, 699~719)'으로 건원했다.[77] 중원왕조는 항상 우리 왕조의 연호를 '사년'이라고 폄하했고, 발해조의 '천통' 연호 역시 부인했다. 발해는 이를 아랑곳하지 않고, 건원과 개원을 당당하게 수백 년 동안 계속했다. 고왕(高王, ?~719)에 이어 무왕(武王, 재위, 719~737)이 등극하자 그 원년(737)에 '대흥(大興, 737~793)'으로 개원했으며, 성왕(成王, 재위,

---

[76] 『三國史記』「新羅本紀」第四 法興王 二十三年 條, 眞興王 十二年·二十九年·三十三年 條, 眞平王 六年 條와 第五 善德王 三年 條 및 眞德王 元年 條 등 참조.

[77] 渤海 始祖 高王의 年號 '天統'은 肅宗 元年(1675) 北崖老人이 집필한『揆園史話』에 淸平山人 李茗(고려조 인)이 각종 逸書의 기록을『震域遺記』에 인용한, "高王夢, 有神人授以金符曰, 天命在爾, 統我震域. 故國號曰震, 建元曰天統."에 근거했다. 國內外 史書에 발해 고왕의 연호 天統의 출처는 밝혀진 바가 없고, 오직 신빙성에 문제가 있다고 여기는『규원사화』가 유일한 것으로 여겨진다. 고대사의 관한 기록이 전무한 상황에서, 거개의 학인들이 이를 실증을 내세워 배척하며 부인하는 것이 능사가 아니다. 북애자는 이들을 고루한 지식인들로 규정하여 비판했다.

794~794)의 '중흥(中興, 794)'에 이어 강왕(康王, 재위, 794~809)은 원년(795)에 '정력(正曆, 795~809)'으로 개원했고, 정왕(定王, 재위, 809~812) 2년(810) '영덕(永德, 810~813)', 희왕(僖王, 재위, 813~817) 1년(813) '주작(朱雀, 813~817)', 간왕(簡王, 재위, 817~818) 2년(818) '태시(太始, 818)', 선왕(宣王, 818~830) 2년(819) '건흥(建興, 819~829)', 이진왕(彝震王, 830~858) 1년(830)에 '함화(咸和, 830~858)'로 개원한 뒤, 이후 패망할 때까지 연호에 관한 기록은 없다. 『발해사』를 고려조가 역지 않았기 때문에 발해조의 연호는 멸실된 부분이 많았다. 고려조가 '발해사'를 편찬하지 않은 것은 큰 흠결로 보고 있다.

150여 년간 건원과 개원을 간단없이 계속했던 발해조가 멸망한 뒤, 궁왕은 '후고구려(고려)·마진·태봉'으로 국호를 바꾸면서, 단기 3234(901) 중원 왕조에 책봉을 받지 않고 스스로 왕위에 오른 뒤, 즉위 4년(904) 국호를 마진(摩震, 摩를 大로 보아, 대한이나 대진으로 해석된다)으로 칭하고, 건원하여 연호를 '무태(武泰, 904)'라고 일컬은 후 황제라고 일컫고 연호를 '수덕만세(水德萬歲, 911~913)'로 개원했다.[78]

궁왕은 오행론(五行論)에 관심이 많았으며 또 황제만이 할 수 있는 오행(五行, 金·木·水·火·土)을 표방한 입국(立國)을 감행하

---

[78] 『三國遺事』「연표」는 大順 庚戌(890)에 北原賊 良吉에게 가서 丙辰(895)에 鐵原城에 도읍했다가, 丁巳((897)에 松嶽郡으로 移都한 후, 辛酉(901)에 국호를 高麗로 칭했으며 甲子(904)에 摩震으로 바꾸고 虎泰(武泰)로 건원한 뒤, 수도를 鐵原으로 옮겼다고 했다.

여, '수덕(水德)'을 연호로 삼은 것은 칭제건원의 웅혼한 기개의 표상이다. 진나라의 시황(始皇, BC, 259~210)은 하늘로 부터 '수덕'을 받아 나라를 세운 뒤 세수를 10월로 하고 10월 1일에 조하(朝賀)를 받았다. 이는 주나라의 화덕(火德)을 압승한다는 수극화(水克火)의 논리가 깔려있다. 궁왕이 어느 달을 세수로 했는지는 문헌에 기록이 없다. 다만 우리나라에 시월상달이라는 말이 있는데 혹시 세수와 관련이 있는지 모르겠다.

오행은 목으로 시작하여 수로 끝나고 토가 중심이며, 고대에 만물생성의 오행 중 금(金)은 공구(工具) 등 문명이기의 편의시설, 토(土)는 만물을 키우는 근원으로 인식했다. 이에 관해 주 무왕(武王)이 은의 주왕(紂王, 名, 受)을 정벌할 때, 군사들이 "만물의 운행은 나태함이 없이 영원이 진행되는데, 수화는 백성들의 음식을 주고 금목은 생활 공구를 주며, 토는 이들을 키운다."라고 노래하고 춤추며 진격했다고 『선진예악(先秦禮樂)』의 저자는 『상서대전(尙書大傳)』을 인용하여 부연(敷衍)했다.[79]

5행의 '행(行)'은 하늘이 오기(五氣, 金·木·水·火·土)를 운행시켜 만물을 생양(生養)한다는 의미이다. 수는 방위로는 북방이며, 북방은 만물을 저장하고, 계절은 겨울이며, 오음(五音, 宮·商·角·徵·羽)의 우(羽)에 속하고, 오장(五臟, 心臟·肺臟·脾臟·肝臟·腎臟) 중 신장(腎臟)에 해당되고, 오상(五常, 仁·義·禮·智·信)의 지(智)이며, 오미(五味, 辛·酸·鹹·苦·甘)의 함(鹹), 오취(五臭, 羶·

---

79 『先秦禮樂(劉淸河 李銳)』「中和·繁縟之樂的歷史緣由」105頁

腥·香·焦·朽)의 휴(朽), 오방신(五方神, 東 句芒·南 祝融·西 蓐收·北 玄冥·中 后土)의 현명(玄冥)이고, 사정(四精, 東 青龍·南 朱雀·西 白虎·北 玄冥)은 현무(玄武, 거북과 뱀의 합체)이며, 오색(五色, 青·黃·赤·白·黑) 중 흑색이다.

물은 아래로 흐르고 함(鹹, 소금)은 음식물을 짜고 단단하게 하며, 부패한 오물을 정화하여 하나로 통합한다. 궁왕은 한반도 북방에 자리하여 물이 아래로 흐르듯, 남녘 나라를 통합하여 만민을 평등하게 잘 살게 하는 대제국을 이룬다는 웅지를 품었기 때문에, '수덕만세'라는 연호를 표방했다고 필자는 이해한다.[80]

궁왕의 태봉국은 '수덕만세(水德萬歲)' 4년(914)에 함양된 수덕을 바탕 하여 선정을 펼친다는 의지로 '정개(政開)'로 다시 개원했지만, 정개 5년(918) 6월에 궁왕은 시해되어, 칭왕(稱王)에 이어 칭제(稱帝) 까지 일컬으며 국조(國祚)를 누린지 18년, 칭왕(901) 이전(집권은 891년) 10년을 합쳐 28년을 존립한 왕조였다. 궁왕의 연호 '수덕'은 사서에 나타나지 않았지만 신라를 금덕(金德) 왕조로 인식한 것 같고, 오행론의 금생수(金生水)라는 발전논리가 개재된 것이다.

궁왕의 연호 '수덕만세'에서 우리가 주목해야 할 부분은 '만세(萬歲)'이다. 국가적 행사에서 지도자를 칭송하는 구호도 황제와 제후왕은 엄연한 차이가 있었다. 황제라야만 만세를 제창할 수 있었으며, 제후왕은 '천세(千歲)'라고 제창하는 것이 중세의 질서였

---

80 『白虎通疏證』卷四 五行 편 참조

다. 조선조 500여 년 동안 고종황제와 융희황제만이 어전에서 만세를 외쳤고, 이태조(李太祖) 이후 여타 수많은 왕들은 만세소리를 들을 수 없었고 '천세(千歲)' 소리만 들었다.

해방전후 국가 공식행사에서 공식적으로 외치는 '만세삼창(萬歲三唱)'은 고종황제가 천여 년 동안 중국의 책봉을 받은 관례를 깨고, 천명을 받아 대한제국의 제위에 등극한 뒤에야 비로소 '만세'를 소리 높이 외쳤다. 이 무렵의 감격을 되살려 해방 이후부터 지금까지 각종 행사 때마다 '대한민국만세'를 세 번식 외치고 있는 것이다.

이에 준하여 황제가 아닌 제후 왕을 비롯한 일반 관료나 평서인(平庶人)에게는 만수무강(萬壽無疆)이라는 용어도 원칙적으로는 사용하지 못했다. 중세의 경우 관료나 평민에게 장수를 빌 때도 강녕백수(康寧百壽)를 누리시길 바란다는 정도가 상례였다. 왕후장상(王侯將相)이나 일반 백성을 막론하고 인간은 장수를 누리길 바란다. 일찍부터 노인이 빨리 죽기를 바란다는 말은 거짓으로 알려져 있다. 요즘 일부 종교인들이 빨리 죽어서 그들이 믿는 신이 있는 저 세상에 가고 싶다는 주장 역시 진심이 아닌 경우가 대부분이다.

백수(百壽)를 누리고 싶다는 말 또한 요즘에 생긴 말이 아니라, 아득한 옛날 춘추시대(春秋時代, BC, 770~476)전후부터 있었다. 춘추 좌씨전(左氏傳) 노나라 5대 희공(僖公) 32년 조 부주(附註－林日, 人生上壽百二十年, 中壽百年, 下壽八十年)에, 인간의 수명에 삼수(三壽)가 있는 데 상수는 120년 중수는 100년 하수는 80년이라고 했다. 당시에도 현재보다 한 술 더 떠서 120살 까지 살고 싶어 한 욕망이 있었음을 확인 하게 된다.

궁왕은 중세 우리 동방에 최초로 공식적으로 오행 가운데 '수덕'에 입각하여 국가를 통치했을 뿐 아니라, 칭제(稱帝)까지 한 지도자였는데도 불구하고, 우리 사서에는 이를 무시했거나 의도적으로 기술하지 않았다.[81] 수덕은 방위는 북방이며 물의 속성처럼 평균을 지향하고 만물을 함양한다. 동아시아에서 수덕으로 국가를 경영한 왕조는 '복희(伏羲)·전욱(顓頊, 黃帝의 손자, 『제왕운기[帝王韻紀]』에는 목덕[木德]으로 표기)·제곡(帝嚳, 黃帝의 曾孫)·은(殷)·진(秦)·북위(北魏) 등이 있다.[82]

왕 태조가 고려를 개창할 때, 궁왕의 연호 '정개(914~917)'에 근거하여 '천수(天授, 918~933)'로 개원했다. 무력으로 왕위를 찬탈했기 때문에 민인들에게 정당성을 인정받기 위해 건원이 아닌 개원을 선택한 듯하다. 『삼국사기』「열전」 '궁예'조는 고려조에 의해 의도적으로 폄하된 흔적이 도처에 나타나고 있는데, 승자에 의해 날조된 역사의 대표적 사례이다.

태조가 중원 정권에 책봉을 받지 않고 자립하여 왕이 된 것은 평가되어야 할 것이나, 궁왕은 왕 태조 보다 훨씬 앞서 하늘의 명을 받아 즉위했다고 선언했다. 왕 태조는 궁왕의 칭제건원의 전례가 없었다면, 과연 연호를 시행 할 수 있었을까 하는 의심을 갖게 하

---

81 『三國史記』第五十「列傳」弓裔, 朱梁, 乾化元年辛未, 改聖册爲水德萬歲.
82 『帝王韻紀』上卷 및 『白虎通疏證』「五行 편 참조

며, 그나마 일보 후퇴하여 칭제는 못했다.

고려 태조 왕건은 궁왕의 '정개'를 개원하여 '천수'라는 연호를 일컬어 정권의 합법성을 선언했다. 하늘로부터 권력을 받았다는 의미의 연호 '천수'에서 왕 태조와 고려조의 개국의지를 읽을 수 있다. 단기 3251년(918) 6월 15일 궁왕의 국도 철원에서 즉위하여 이듬해(919)에 수도를 송악으로 옮겼다. '천수' 16년(933)에 자체 연호를 버리고, 후당(後唐)의 연호 장흥(長興, 930~933)을 쓰기 시작했고, 21년(938)에 장흥을 폐기하고 또 후진(後晉)의 연호 천복(天福, 936~943)을 사용했으며, 다음해(939) 후진의 책봉사(冊封使)가 고려에 왔다.[83]

왕 태조는 재위 26년 동안 '천수'를 폐기하고 남의 나라 연호를 두 번이나 사용하는 수모를 겪었다. 그 후 정종(定宗, 재위, 945~949) 3년(948)에 후한(後漢)의 연호 건우(乾佑, 948~950)를 사용하다가, 광종(光宗, 재위, 949~975)이 즉위하자(950) '광덕(光德, 950~951)'으로 재차 건원했다. 개원이 아니고 건원이라 한 이유는 그 간에 연호가 단절되었음을 의미한다. '광덕'을 2년간 사용하다가, 다시 후주(後周)의 연호 광순(廣順, 951~959)을 썼고(951), 후주가 망하자, 광종은 재위 11년(966)에 즉시 '준풍(峻豊, 960~963)'으로 다시 건원했지만, '준풍' 4년(963)에 송나라의 연호 건덕(乾德, 宋太祖

---

83 『高麗史』「世家」太祖 一, 元年夏六月丙辰, 卽位于布政殿, 國號高麗, 改元天授 … 十六年 … 又賜曆日, 自是除天授年號, 行後唐年號. … 二十一年, 是月(秋, 七月)始行後晉年號. … 二十二年 … 是歲晉遣國子博士謝攀來, 冊王爲開府儀同三司檢校太師餘如故.

조광윤[趙匡胤]의 연호, 963~967)을 시행했고, 송나라의 책명사(册命使)가 송경에 왔다.

이후 줄곧 송나라의 연호를 쓰다가, 성종 13년(994)에 거란의 연호 통화(統和, 거란 성종[聖宗]의 연호, 983~1011)를 사용했다. 고려조는 개원을 못하고 두 차례의 건원만 계속하다가, 자체 연호를 사용한지 통산 22년 만에 연호 시행을 접었다. 고려조의 연호는 구호만 요란했지 실지로는 누더기에 비견될 정도로 상처투성이였다.[84]

조선조는 개국 초부터 연호 시용을 포기하고, 제후 왕으로 만족한 현실주의적 체제였다. 청조(淸朝)가 쇠퇴하자 고종 31년(1894) '개국(開國, 1894~1895)' 기년의 시행을 선포하고, 다음해(1896)에 '건양(建陽, 1896)'으로 교체했다가, 단기 4230년(1897) 대한제국으로 나라를 재 창건한 다음, '광무(光武, 1897~1907)'로 개원했다.[85] 개국과 건양 연호를 거쳐 광무를 11년간 사용했다. 광무 11년(1907) 고종황제가 순종황제(1874~ 1926)에게 양위했고, 즉위년(1907)에 '융희(隆熙, 1907~1910)'로 개원했다. 융희 4년(1910) 8월

---

84 『高麗史』「世家」光宗, 元年 … 建元光德, 二年 … 冬十二月, 始行後周年號. … 十四年 十二月, 行宋年號, 宋遣册命使. 成宗 十三年 … 始行契丹統和年號.

85 『高宗太皇帝實錄』卷三十一 六月 四十四頁, 從今以後, 國內外公私文牒書, 開國紀年事 … 卷三十二 七月 二十九頁, 條約文牒에 大朝鮮國開國503年이 日本明治年號앞에 명기되어 있고, 卷三十四 一月 조에 建陽元年 一月 一日(陰曆 十月月 十七日)기사와 함께 '改正朔·建年號·易服色' 등의 典章法度의 취지가 피력되어 있으며, 卷三十六, 八月 十六日(陰曆 七月 十九日) 조에 圓丘와 社稷·宗廟에 光武年號를 시행한다고 告由하여, 이 해를 光武元年으로 선포했다.

22일에 합방조약을 맺고, 9월 29일에 합방늑약을 반포함과 동시에, 대한제국은 역사 속으로 사라졌다.[86]

조선조의 연호와 대한제국에의 재조는 영욕이 뒤엉킨 것이지만, 외세를 이용해서라도 황제국으로 부상코자 한 의지는 평가해야 할 업적이다. 5천년 민족사에서 칭제건원을 이룩한 영광에 이어, 국운이 나락으로 떨어진 비극을 잉태한 야누스적인 변혁이기도 했다. 칭제건원의 민족적 숙원이 국권상실과 맞물려 진행된 것은 비극이다.

칭제건원의 숙원은 지금도 결실을 맺지 못하고, 진행형이라는 현실과 우리는 마주하고 있다. 민족의 긍지와 국가의 자존적 정체성을 지키기 위해, 주변 강대국들이 우리나라를 아직도 제후국으로 여겨, 형식을 달리하여 속국 또는 예속과 병합의 대상으로 삼으려는 야욕을 품고 기회를 노리고 있는 엄중한 현실에 우리는 처해있다.

4. 서구(西歐)와 일본 연호의 사용

대한제국이 소멸하고 일제 강점기가 시작된 후, 수천 년간 써왔던 중원 왕조의 연호를 버리고, 10여 년간 사용한 '개국·건양·광무·

---

86 『純宗皇帝實錄』卷一 七月 一頁, 光武 十一年 七月 十九日(陰曆 六月十日) 承命代理, 仍受禪, 同月 二十二日(陰曆 十三日), 進稱皇帝, 八月 二日(陰曆 六月 二十四日) 改元 隆熙, 隆熙 四年 八月 二十九日 退位.

융희'의 자체 기년이 일제강점기에 폐기되고, 일본의 연호 명치(明治, 1868~1911), 대정(大正, 1912~1925), 소화(昭和, 1926~1988)를 30여 년 동안 사용했다. 중원 연호에서 일본의 연호로 바뀌었는데도 불구하고, 이에 대한 반성이나 부끄러움이 없는 것은, 연호가 갖는 역사적 함의를 절실하게 깨닫지 못한 연고이다. 어쩌면 남의 나라 기년을 써온 역사가 워낙 장구하기 때문에, 은연 중 몸에 배어 있었기 때문일 수도 있다.

1945년 8월 6일 미국의 원폭 투하 후, 일제는 항복하고 한반도에서 축출되었다. 당시 이 같은 돌발사가 일어날 줄을 예측한 사람들은 거의 없었으며, 따라서 뜻밖에 얻은 해방임을 시인해야 한다. 그러므로 우리가 일제에 저항하여 힘으로 쟁취한 것으로 보고자 하는 것은, 잘못일 뿐 아니라 그렇게 믿어야 한다는 인식도 치기이다. 이제 역사적 진실을 두고, 어설픈 자존과 망상에 근거한 단정도 버릴 때가 되었고, 그래야만 민족사가 올곧게 확립된다.

1948년 미군정이 끝나고 대한민국정부가 수립되었지만, 수년 후 6·25사변이 발발하여 순식간에 서울이 점령당하고 수도는 부산으로 내려갔다. 유엔군이 참전하여 인천 상륙작전의 성공으로 북한군을 몰아내고, 휴전선을 경계로 하여 원상회복을 했다. 만일 유엔군이 참전하지 않았다면, 오늘의 대한민국 체제가 존재하고 있을 것인지도 의문이다. 맹수는 상처를 까칠한 혀로 아픔을 참고 핥아서 치료를 한다. 우리는 실패와 과오를 거품 같은 오기와 자존심을 내세워, 아픈 과거를 덮거나 말하지 않는 것을 능사로 삼았고, 그렇게 해야만 애국이라고 생각하는 아주 나쁜 풍조 속에 지금도 살고 있다.

해방과 더불어 일제의 연호를 청산하고, 한동안 '단기' 연호를 긍지를 가지고 사용했다. 얼마 후 서구적 사고에 젖은 신 사대주의에 침윤된 지식인들에 의해, '단기기년'을 버리고 서기를 자랑스럽게 사용했고 지금도 계속 쓰고 있다. 호적부와 각종 관공서나 기타 공서문서들에 서기연호로 환치하는 작업이 진행되어, 지금 '단기연호'는 거의 소멸했다. '단기'를 표기하는 것조차 부끄럽게 여기고, 개념 없이 서기를 무소부지로 사용하고 있다. 그래야만 진보이고 세계화라는 주장이 근저에 깔려 있다. 더 한심한 것은 '단기'를 쓰는 사람을 우리 역사에 존재하지도 않았던 봉건제도에 연계시켜, 전근대적 사람으로 취급하는 경망스런 풍조도 문제이다.

일본과 대만은 국가공식문서나 졸업장과 학위기 등에 그들의 자체기년인 '평성(平成)'과 '민국(民國)' 연호를 사용하고 있는데, 이를 봉건잔재라고 비판할 수 있는지. 중원 왕조의 연호를 천여 년간 쓰다가, 이를 버리고 영혼도 없이 일제의 연호를 사용하다가, 해방 후 한동안 주체적 이념에 근거한 '단기' 연호를 사용했다. 얼마후 '단기'를 봉건잔재라고 여겨 이를 폐기하고, 서양 연호인 서기로 대체한 것을, 우리는 민족사에 정당한 진전이라고 믿고 있다. 도하 각종 일간지나 잡지와 홍수처럼 쏟아지는 서적들에도 '단기'는 없고, 이를 표기하는 신문은 이제 하나밖에 없다.[87]

---

87 모 일간지의 경우, 오랫동안 지면 상단에 서기와 함께 檀紀年號를 표기하다가, 근년에 와서 이를 제거했는데 그 까닭이 무엇인지.

현재 발간되는 모든 서적과 공사문서 등에는 서기 기년을 쓰고 있다. 우리가 서구의 특정 종교와 연관된 서기를 이와 같이 방만하게 쓰고 있는 이유는 도대체 무엇인가. 역설적으로 북한은 저들 나름의 불합리한 주체기년(主體紀年)을 사용하고 있고, 대만 정부도 서기가 아닌 '민국(民國, 1912년이 元年이다)' 연호를 쓰고 있으며, 일본 역시 중요한 공식문서와 화폐(銅錢) 등에 '평성(1989~2020)연호'를 쓰고 있다.

일본왕은 작금에 선위를 받고 즉위하여 영화(令和)로 개원하여 영화 원년으로 선포했다. 일본은 이와 같이 천여 년 동안 자체연호 사용을 계속하고 있다. 이 같은 지속적인 개원을 두고 전근대적 나쁜 시도라고 비난만 해도 되는 것인지 모르겠다. '대만·일본·북한' 등의 자체 기년 사용에 대해 우리가 본받을 점이 있는지 여부에 대해 고민할 이유가 있다.

한 때 소동을 야기했고, 지금도 계속되고 있는 '각하(閣下)'라는 칭호도 그렇다. 중세 동아시아 예악질서에 의하면, '폐하(陛下), 전하(殿下), 저하(邸下), 각하(閣下), 휘하(麾下)·막하(幕下), 절하(節下)·대하(臺下), 족하(足下)' 등 존자의 위계에 따른 호칭이 있다. 황제는 폐하, 제후왕은 전하, 세자(世子) 등은 저하, 대신(大臣)은 각하, 장신(將臣)은 휘하·막하, 사자(使者)는 절하·대하, 동배는 서로를 족하라고 불렀다. 따라서 '각하'는 장관급에 해당되는 호칭에 불과함에도 불구하고, 이를 최고통치자인 대통령에게 붙이는 것도 망발이며, 이를 두고 왜 존칭을 붙이느냐고 분란을 일으키는 행위도 가소롭다. 이는 동아시아 고전적 질서에 대한 무식이

빚어낸 소극의 한 단면이다.[88]

대한민국의 수도를 '한성(漢城)'으로 부르는 것은 무개념의 소치이다. 조선조는 서울을 '경도(京都)'로 칭했으며, 그 관리는 한성부(漢城府)가 맡았다. 과거 성읍국가 이후 세계 어느 나라의 수도명칭에 협의의 '성(城)'자를 붙이고 있는지 묻는다. 중국인은 '경(京)'자가 없는 '한성'이라는 지명을 대단히 좋아한다. 그 이유는 묻지 않아도 자명하다. 이것도 모자라 서울을 간체자로 중국어 발음대로 표기하고 있는데 이 역시 중국인들의 비위에 꼭 맞는다. 경도와 한성부를 혼동하여 한성부를 수도로 착각하는 우를 범한 것이다.

신라는 수도 서라벌을 동경(東京)으로 일컫고, 그 밖에 오경(五京, 中原京·西原京·北原京·金官京·南原京)을 두었고, 발해조 역시 오경(五京, 上京·中京·東京·南京·西京)을 두었으며, 고려조도 삼경(三京, 開京·東京·西京)을 설치했으며, 조선조에도 한때 양성지(梁誠之, 1415~1482)에 의해 "경도(京都)를 상경(上京), 한성부와 개성부를 합쳐 중경(中京), 경주를 동경(東京), 전주를 남경(南京), 평양을 서경(西京), 함흥을 북경(北京)"으로 하자는 오경(五京) 논의 되었지만 시행되지는 않았다.[89] 현재 우리가 과연

---

88 李睟光;『芝峯類說』卷十七 雜事部, 馬史指斥, 天子曰上, 武帝則曰今上, 乃知今上之稱, 肇於此也. 又凡言天子爲陛下, 諸侯王爲殿下, 世子爲邸下, 大臣爲閤下, 將臣爲麾下幕下, 使者爲節下臺下, 同輩相稱爲足下, 盖秦漢以來, 始有此稱.

89 梁誠之;『訥齋集』卷二「奏議」, … 乞以京都爲上京, 漢城府開城府爲中京 屬京畿右道, 以慶州爲東京, 全州爲南京, 平壤爲西京, 咸興爲北京.

격하하고 있는 중세 왕조들 보다 우월하다고 할 수 있는가. 대한민국 치세에 와서도 서울을 개념 없이 '한성'으로 부르고 있는 우를 또 범하고 있다. 일제는 그들의 경도와 중복되기도 했지만, 의도적으로 수도가 아님을 강조코자, 경성(京城)으로 격하시켰다.

대통령 집무실과 관저를 경무대(景武臺)에서 청와대(靑瓦臺)로 바꾼 것도 문제가 있다. 중세에 방위와 연관된 소위 오방색(五方色)이 있다. 중앙은 황색(黃色), 동방은 청색(靑色), 남방은 적색(赤色), 서방은 백색(白色), 북방은 흑색(黑色)이 그것이다. 중국 자금성(紫禁城) 기와가 황색인 것은, 천하의 중심이고 사방의 제후국을 거느린다는 제국주의적 이념이 깔려있고 자색도 황제를 의미하는 단어이다. 사실 한족은 이른바 사이의 모든 나라를 제후국으로 수천 년간 여겨왔고 지금도 한 치의 변화도 없다.

청와대라는 호칭은 결과적으로 동방 제후국 지도자의 관부라는 오해를 불러올 빌미를 줄 수도 있다. 따라서 중국은 '청와대'나 '한성'이라는 호칭을 내심으로 대단히 좋아하고 있을 것이다. 청와대의 옛 이름 '경무대'가 내력 여하를 떠나 차원이 더 높다. 일본의 수상은 역사의식을 중요한 자질 중에 하나로 친다고 한다. 역사의식이 없는 지도자는 청와대의 '청(靑)'이 갖는 뜻을 모른다. 사실 지붕에 청기와를 얹은 것이 잘못이고 뜻있는 사람이 있었다면 대통령 관저를 지을 때 황기와를 이어야 함이 마땅했다. 혹시 중국이 청와대를 두고 동방 제후국의 지도자가 거주하는 집으로 인식하고 있는지도 모를 일이다.

반만 년간 지속된 전통 왕조의 틀에서 벗어나 사회주의 국가가 된 중공정권을 흠모하는 친중파의 의식에는, 과거처럼 제후국이 되어도 경제적인 실리와 여타의 혜택만 있으면 무관하다는 오래된 사대주의적 근성이 바닥에 깔려있다. 중공정권을 찬양하는 친중파는 중국에 가서 살기를 바라지 않고, 반미를 외치는 반미주의자들은 그들의 자제들을 미국에 유학을 보내고, 미국에 가서 살고 싶어 하는 사실을 두고, 이를 어떻게 해석해야 할지 난감하다.

5. 기년의 향배와 미래

우리 겨레는 반만년 동안 초강대국 사이에 끼어서 뼈저린 고통과 압박을 받고 살아왔다. 중국과 일본 등과는, 면적이나 인구 등에 비교가 안 될 정도로 약세였다. 약세가 아니라고 하는 것은 허세이고 현실감각이 없는 판단이다. 이 같은 객관적 상황을 말하면 친중파나 친일파로 모는 유치한 발상도 이제는 접어야 한다. 냉엄한 현실 판단이 없으면 적의한 대응도 할 수 없을 뿐 아니라, 끝내 침탈의 역사를 극복할 수도 없다.

16세기에 수십만 대군을 파견하여 수도 한양을 보름여에 정복하고, 파죽지세로 한반도를 침탈했던 임진왜란(壬辰倭亂)은 조선조와 일본의 국력을 극명하게 판별하는 계기였음에도 불구하고, 왜(倭)에 자력으로 승리했다고 자위하는 것도 문제이다. 또 명나라가 수륙의 수십만 대군을 보내 돕지 않았다면, 조선조가 과연 지속될 수 있었는지를 돌이켜봐야 함에도 불구하고, 애써 이를 무시하는 것도 소아병적이다.

북측에서 임진왜란을 두고 '임진조국전쟁'으로 일컫는 것도 해괴하다. 6. 25동란을 구지 한국전쟁이라 칭하는 것과 같은 시각이다. 왜란이라는 용어는 사실 여부를 떠나 왜국을 조선조의 제후국으로 취급코자 하는 자긍심과 관계가 있다. 명나라가 임진왜란에 참전한 것은 그들의 이익 때문이라고 말하는 것도 문제이다. 국제관계나 사적인 면에서 이익이 없는 행동을 한 예는 자고로 없었고 앞으로도 없을 것이다. 명군의 참전을 두고 이 같은 논리로 자위하는 것은 퇴영적이다.

명군 참전에 대한 정신적 보답으로 창덕궁 안에 '대보단(大報壇)'이 조성되었는데, 이를 의도적으로 무시하려는 태도 역시 비합리적이다. 고마움을 아는 것은 인간의 도리이다. 병자호란(丙子胡亂) 시 창졸간에 청군이 엄습하자, 혼비백산한 왕과 비빈 및 신료들은 강화도와 남한산성에 피난하여 항전다운 항전도 못한 채, 삼전도(三田渡) 항단(降壇)에서 인조(仁祖, 재위, 1623~1649)는 청 태종에게 민족사에 유례가 없는 삼배구고두(三拜九叩頭)를 하고 굴욕적인 항복을 했다.

이는 민족사의 전무후무한 참담한 치욕이며, 그 결과로 만들어진 것이 한문과 몽골어·만주어 등, 동아시아 삼대문자로 표기된 소위 '삼전도비(三田渡碑, 大淸皇帝功德碑)'이다. 통시적으로 우리가 멸시해 왔던 '몽골족·여진족·왜족' 등 한반도 주변 이른바 사이들은, 모두 중원을 점령하여 우리가 끝내 못했던 칭제건원을 실천했지만, 유독 우리 겨레만이 이를 성취하지 못했을 뿐 아니라 우리가 멸시했던 그들에게 치욕을 당했다. 사정이 이러함에도 불구하고 지금까지 이를 애써 외면한 채 그들을 비하하면서 자만에 빠져있다.

우리는 '대보단'은 물론이고 '삼전도비'도 본격적으로 언급하지 않고, 무시하는 것을 애국이나 주체성으로 인식하는 치기어린 발상에 젖어있다. 6·25사변 때 맥아더 원수의 공적을 기려 인천에 세워진 '동상'을 철거해야한다는 일부의 주장도 같은 논리이다. 미군을 비롯한 UN군이 참전하지 않았다면, 우리 대한민국이 지금처럼 존재할 수 있을 것이며, 또 6·25 사변 때 중공군이 대거 개입하지 않았다면, 오늘의 북한정권이 현재와 같이 남아있을 수 있는지도, 냉철하게 돌이켜 봐야 한다. 6·25동란 후 다시 70여 년간 휴전선을 경계로 분단은 지속되고 있다. 이 과정에 대한민국은 고려조의 474년간 수도였던 개경을 잃고, 동해연안 산악지대만 차지하는 손실을 입었다.

신라와 연합하여 백제를 정복한 소정방(蘇定方, 592~667)이 무례하고 오만하게 정림사(定林寺) 5층 탑신에 백제를 침탈한 기공문(紀功文)을 새겨놓은 소위 '평제탑(平濟塔)'의 오욕도 잊어선 안 된다. 백성들이 숭앙하는 불탑에 침탈의 만행을 새긴 것은 참람함의 극치이다. 천년사직의 신라를 고려에 바치고 태조의 사위가 되어, 촉한(蜀漢)의 후주(後主) 유선(劉禪, 207~271)처럼, 개념 없이 안락하게 여생을 보내며 공손하게 고려조에 투항했다는 작호를 받은 경순왕(敬順王, 金傅, ?~979)의 석물이, 곡령에 있는 왕 태조의 현릉(顯陵) 말미에 신하의 위상으로 초라하게 놓여있는 것도 감계로 삼아야 한다.

오랜 기간 부끄러운 줄도 모르고 중원 제왕들의 연호(紀年)를 쓰다가, 이어서 일본왕의 연호를 사용했던 과거를 우리는 잊어서 안 된다. 일제강점기가 끝나고 한동안 자체 기년인 '단기'를 사용했지만, 근대화란 명목으로 미련 없이 파기하고 서기를 으스대며 쓰고 있는 현실에 대한 반성도 있어야 한다.[90] 편의상 서기를 사용할 수도 있으나, 국가의 중요한 문서 등에는 '단기'를 쓰는 자주적 기년인식(紀年認識)은 반드시 되살려야 할 과제이다.

5천 년간 자체 기년을 써왔던 중국이 공산화된 후, 이를 미련 없이 폐기하고 '서기'를 '공원(公元)'이라 칭하며, 반세기 이상 사용하고 있는 현상은 어이가 없다. 아마도 조만간 중국 공산정권은 서기, 즉 공원에 대한 재평가가 있을 것으로 필자는 예상한다. 대한민국의 기년문제도 일본의 '평성기년(平成紀年)'이나 대만의 '민국기년(民國紀年)'을 타산지석(他山之石)으로 삼아, 사안에 따라 국가의 공식 중요 문서들에는 '단기' 연호를 사용할 것을 제언한다. 과거처럼 수천 여 년의 전례에 따라 제후국임을 인정하면, 경제적 도움을 줄 수 있다는 중원정권의 위협에 우리는 지금 시달리고 있다.

반만년 동안 우리는 '한족·거란족·몽골족·여진족·왜족' 등의 나라들을 동반국으로 하여 살아왔다가, 지금은 주로 미국을 우방

---

90 본고는 필자의 『韓國 民族樂舞와 禮樂思想·韓文化와 韓文學의 正體性·韓文化의 源流』 등의 해당 내용들을 참고했다.

으로 하여 살고 있다. 한족왕조인 '한·진·수·당·송·명' 등과 함께 했던 기간과, 거란족의 요나라, 여진족의 금나라와 청나라, 몽골족의 원나라, 왜의 강점기 등, 우리가 통시적으로 시대를 같이했던 동아시아 여러 민족들의 왕조 중, 어느 민족의 정권이 비교적 우리를 편안하게 했고, 나름대로 양호했는지를 돌이켜 보며, 조국의 미래구도를 짜야 할 것이다.

중세의 '연호·묘호·정삭' 등을 포용하고 있는 품고 있는 예악론을 과거의 유물로만 치부할 것이 아니라, 오늘과 먼 훗날까지 민족의 긍지와 주체성을 살리는 중차대한 과제로 인식하여, 국가의 백년대계를 정립해야 할 때가 되었다. 현재와 미래는 과거와 단절된 것이 아니라 견고하게 접맥되어 있기 때문이다, 이제 팽배하게 퍼져있는 구사대주의와 새롭게 우리를 속박하고 있는 신사대주의의 신구 예악론에서 해방되기 위해 미래지향적 '민족예악론(民族禮樂論)'을 창출하여 시행해야할 시점에 와있다.

연호와 묘호 정삭 등은 중세왕조에 있어서 국가의 존엄과 주체성이 내재된 중대한 표상이었다. 연호는 중세의 경우 제후국은 이를 시행할 수 없고, 중원의 소위 황제국들이 반포한 '정삭'에 기준하여 그들 나라의 기년(연호)을 사용해야 했으며, 이를 어기면 강력한 제제가 따랐다. 그리하여 우리 역대 왕조는 장구한 기간 동안 중국의 연호를 써왔다. 묘호 역시 삼국시대 천여 년 동안, 고구려의 '태조'과 신라의 '태종' 밖에 없고, 나머지는 제왕들 모두 ○○왕으로 칭했다.

고려 조선조 천여 년 동안 우리는 자체기년을 거의 사용하지 못하고 중원 왕조들의 연호를 써왔다. 조선조 말엽 대한제국으로 재창건된 후, 광무황제에 의해 연호 '광무'가 건원 되고, 융희황제가 선양을 받고 즉위하여 '융희'로 개원했다. 명실상부한 칭제건원이 실시되었지만, 외세가 작용했기 때문에 아쉬운 점이 있긴 하나, 민족자존과 긍지를 실천한 천재일우(千載一遇)의 기회를 후인들은 계승하여 살리지 못했다.

일제강점기 동안 천여 년간 사용해왔던 중원왕조의 연호를 버리고, 일본왕의 연호를 별 저항 없이 30여 년간 사용하면서, 그것이 갖는 치욕도 인식하지 못했을 뿐 아니라, 우리는 이를 부끄러워하지도 않았다. 해방 후 민족연호인 '단기'를 의연하게 사용하다가, 졸지에 별다른 고민도 없이 파기하고, 서양 연호인 '서기'를 근대적인 것으로 인식하여 사용했고, 지금도 당연한 것처럼 사용하고 있다.

산야의 편만한 묘갈명에 수 세기 동안 중국연호로 도배되었다가, 지금은 서양연호인 서기가 편만해 있다. 통시적으로 계속된 이 같은 암묵적 신구(新舊) 사대주의적 행태가, 편의와 관행에 편승하여 소위 진보라는 탈을 선 채, 자주성을 버린 이 같은 현상이 당연시 되어서는 안 될 것이다.

과거와 달리 수천 년간 시행했던 사대주의를 버릴 때가 되었다. 중세의 경우 사대주의를 버릴 수가 없었다. 사대를 안 하면 국가가 소멸 될 처지에 있었기 때문이다. 이제 우리는 중원 예악론의 질곡에서 벗어나, 자주독립을 구가해도 좋은 시대에 살고 있다.

제4장

인문학의 확산과
기층문화와의 융합

오조룡(五爪龍) 황제의 상징인 발톱 다섯 개와 정면을 향한 용의 머리

1. 간지(干支)와 민인의 일상

　인문학은 천지인(天·地·人)의 '삼재(三才)'를 포괄하지만 그 중에서 인문(人文)을 근간으로 한다. 천문(天文)·지문(地文)·인문(人文) 가운데, 인문이 제일 중요하다. 천문은 하늘의 일월성진이 중심이며 지문은 산천초목과 암석 등이 근간을 차지한다. 천문학 지질학과 동등으로 병행하지만 이 중에 인문학의 비중이 가장 현저하다. 인문학의 분야로서 '문학·사학·철학'의 이른바 문사철(文·史·哲)이 분립하여 삼대 장르로 발전했다.

　그러다가 근래에 와서 분리하여 연구하는 것이 능사가 아니라고 하여, 동아시아의 전통을 되살려 통합연구가 진행되고 있다. 인문학의 세분화는 서구식 방법론에 말미암았으며, 이로 인해 통합에서 분석적 시각으로 접근했기 때문에, 득보다 실이 많았음을 깨닫고 종합적 시각이 다시 각광을 받았다. 인문학의 영역은 광대무변하여 쉽게 말하기가 어렵다. 이들 중 다소 무시되고 비하되어 미신정도로 인식되고 있으나, 실재로 우리들 삶의 많은 영향력을 갖고 있는 간지 문제를 논의할 가 한다.

　간지는 천간(天干) 지지(地支)의 준말이고, 10간(十干)과 12지(十二支)로 나누어진다. 간과 지가 왜 하늘(天)과 땅(地)에 배속되는지 그 원리는 소상하게 알지 못한다. 천간은 대체로 공간과 방위 등에 관련된 것이고, 지지는 방위와 시간 개념과 함께 땅에 살고 있는 동물을 일컫고 있다. 천간의 '간(干)'은 요구하고 바란다는 의미이고, 지지의 '지(支)'는 싣는다는 뜻으로 봐서, 하늘의 뜻에 따라 땅은 사물을 탑재한다는 것으로 해석하기도 한다.

하늘은 양(陽)이고 땅은 음(陰)이며, 건(乾)과 곤(坤)으로도 호칭된다. 왕비를 곤전(坤殿)이라고 칭하는 이유도 여기에 있다. 현실의 강자는 하늘이 아니고 땅이다. 삼라만상은 대지에 생성되어 양성된다. 자녀가 어머니의 처지에 따라 신분이 정해지는 '종모법(從母法)'도 시각에 따라 여성의 위상이 높음을 뜻한다.

남자의 신분이 아무리 높아도 여자의 신분이 낮으면 그 사이에 태어난 자식은 모두 여자의 신분을 따르게 된다. 유명한 『춘향전』의 주인공 성춘향도 아버지는 성참판(成參判)이었지만, 어머니가 남원부의 기생이었기 때문에 남원부 기적(妓籍)에 올라있었다. 따라서 변학도가 수청을 들라고 한 행위는 당시의 실증법상에는 하자가 없었다. 『홍길동전』의 홍길동 역시 홍판서(洪判書)의 아들이었으나 "아버지를 아버지라 부를 수 없다"고 개탄하여 혁명을 꿈꿔 결국 율도국(硉島國)의 왕이 되었다.

선조와 계비 인목대비(仁穆大妃, 1584~1632) 사이에 탄생한 영창대군(永昌大君, 1606~1614)과 세자로 있다가 왕위를 계승한 광해군(光海君, 1575~1763)과의 알력과 소위 인조반정(仁祖反正, 1623)의 참화도 일부일처제(一夫一妻制)에 기인했다. 인목대비는 광해군보다 아홉 살 아래였다. 광해군이 정식 왕비 소생이 아님을 빙자하여 명나라가 이를 약점으로 잡아, 조선조에 많은 것을 요구하는 빌미가 되었다. 일부일처제는 왕들에게도 예외 없이 엄격하게 적용되었다. 중원의 황제의 경우는 일부다처제가 용인되었다.

중국에도 적서차별로 인해 벌어진 비극이 있었다. 은나라 말기

주왕(紂王, 辛, 受, BC, 845~813)이 온갖 박해를 가했던 그의 서형 미자(微子, 이름은 계)는 동복형제인데, 그의 어머니가 정식 왕비로 승격되기 전에 낳았고, 왕비가 된 후 주왕 수(受)를 낳았으므로 왕위를 계승했다. 당시에도 미자가 인품이 출중했지만 법률에 의해 수가 왕이 되었다. 당대 뜻있는 사람들 거의 모두가 그 따위 법은 없는 것보다 못하다고 탄식한 바 있었다.

인조(仁祖, 1595~1649)는 우리 역사상 최고의 치욕을 당한 무능한 왕으로 길이 기억되어야 할 인물인데. 이 왕에게 파당의식에 매몰되어 인조(仁祖)의 '조(祖)'라는 칭호를 붙인 선인들의 인식도 문제이다. 일부일처제와 적서차별 문제는 경우에 따라 예상 밖의 문제가 야기되었다. 다 같은 여성으로서 적실 부인의 입장과 측실 아내의 시각에 따라 평가는 다를 수도 있다.

우리나라는 역대로 아들보다 딸을 많이 낳았다. 지봉 이수광(李睟光, 1563~1628)은 채식 식생활과 관계가 있다고 하며, 중국은 육식 식생활 때문에 남아 출산율이 높다고 했다. 중국에는 여성의 지위가 높고 한국에는 고래로 남성이 우대받은 것도 성비와 관계가 있다. 우리나라는 끊임없는 외세의 침탈과 전란으로 남자들이 많이 죽었다. 이는 문화인류학적으로 접근할 소지도 있다. 남자는 하늘이고 여자는 땅이라는 용어는 남녀의 차이를 말하는 것이지, 여성을 비하는 말이 아니다. 역대 우리 왕조의 권력 실세는 거의가 왕비와 그 친족들이었다. 왕이 교체 될 때 대왕대비가 왕권의 상징인 '전국옥새(傳國玉璽)'를 새 왕에게 주는 사실이 이를 증명한다.

따라서 '간지'에서 우리의 생활에 영향을 더 크게 미치는 것은

'천간'이 아니라 '지지'이다. 일상의 대화 중에도 '띠'는 상당한 비중을 갖고 있다. '돼지띠, 말띠, 용띠' 등은 남녀노소를 막론하고 은연중 정신문화의 한 축을 점유하고 있다. 12지의 띠가 그 띠를 타고난 사람들에게 본원적으로 부여된 품성의 특징이 있는지는 의문이다. 소위 사주(四柱)의 출발점도 태어난 해의 간지로부터 시작한다.

수십억 인구를 12간지로 배분한 것은 과학적이 아니다. 사주가 미신이라고 입으로는 외치지만, 속으로 상당한 관심을 갖고 있는 것도 흥미롭다. 풍수지리설이 비과학적이라고 입으로는 비난하지만 부모가 상을 당하면 명당을 찾는 사실도 이와 비슷하다. 태어난 '해·달·날짜·시간' 즉, 사주가 인간의 운명과 직접 관련이 없는데도 불구하고, 이에 대한 미련을 완전하게 떨어버리지 못하고 있다.

'연·월·일·시(年·月·日·時)'의 근저에는 10간과 12지가 깔려 있다. 동아시에서 간지를 배열시켜 세월의 진행을 결정하는 것은 고대로부터의 전통이었다. 출발 시점인 갑자년(甲子年)부터 계해년(癸亥年)까지 간지가 조합되어 60년이 된다. 햇수를 따져 60년이 지난 후 갑자년이 다시 오면 이를 회갑(回甲)이라 한다. 음력과 양력은 서로 영향을 받았고 이면으로는 연결 고리가 있다.

회갑이 되는 해의 생일은 음력과 양력이 60년 동안 어긋나다가 이 해에 합치되는 것이 그 한 예이다. 쥐를 위시하여 돼지로 끝나는 지지의 배열 순위에 대한 이유도 확실치 않다. 짐승의 발톱숫자로 나누었다는 설과 인간과 가까운 동물로 순위를 매겼다는 설도 있으나 모두가 분명한 논리는 아니다.

하나의 사례로 정유(丁酉)년 다음은 무술(戊戌)년이다. 정은 남쪽이니 굳이 따진다면 붉은 닭띠가 될 것이다. 간지의 배열에 따라 전후 수십만 년 동안 늘 '일·월·성·진(日·月·星·辰)'의 변화가 없는 한 이렇게 진행될 것이다. 만세력(萬歲曆)이 존재하는 소이도 여기에 있다. 간지는 음력에 기반했지 양력과는 관계가 별로 없다. 간지에는 또 의미를 알 수 없는 '알봉 섭제격(閼逢 攝提格, 甲寅年)' 등의 고간지(古干支)도 있다.

2. 간지의 오방색(五方色)과 띠

간지는 철저하게 음력에 기반했다. 그럼에도 불구하고 양력인 서기 연대가 바뀌면 간지를 적용하여 ○○년이라 언론 매체들이 대서특필하는데 이는 잘못이다. 중국 역시 소위 공원(公元)이라 명명한 서기에 입각하여 간지의 해를 거론한다. 간지 연도는 음력 설날을 기준하여 결정해야 한다. 만일 사주 등을 믿거나 혹은 재미 삼아 볼 경우도, 음력과 양력이 바뀌는 연말연시 생일을 가진 자는 자칫 엉터리 사주를 보는 사례가 허다하다.

세속에 띠를 두고 '백말 띠·백호 띠·붉은 돼지 띠·청룡 띠' 등등의 색채가 첨가된 띠가 회자되고 있다. 이는 천간의 방위에 말미암은 것이다. 방위표시는 동서남북만 있는 것이 아니라, 우리 고유어인 '새쪽·마쪽·하늬쪽'도 있고, '청·백·흑·적·황(靑·白·黑·赤·黃)의 오방색(五方色)도 있다. 청은 동, 백은 서, 흑은 북, 적은 남쪽이고 황은 중앙을 가리킨 오방정색(五方正色)과, 동방은 녹(綠), 서방은 벽(碧), 남방은 홍(紅), 북방은 자(紫), 중앙은 유황(騮黃)으로 한 혼합으로 만들어진 간색(間色)이 있다. 조선조의 왕은 거개가 중앙을 상징한 황색 곤룡포(袞龍袍)를 입지 못하고, 간색인 홍포(紅袍)를 입었다.

또 다섯 방위는 '인·의·예·지·신(仁·義·禮·智·信)'의 오상(五常)으로도 표시된다. '흥인지문(興仁之門)·돈의문(敦義門)·숭례문(崇禮門)·홍지문(弘智門)'의 '인·의·예·지'도 '동·서·남·북' 등의 방향을 표시 했다. 종로 보신각(普信閣)의 '신(信)'은 한양의 중심이라는 의미이고, 신은 믿음이니까 보신각의 종은 시간을 관장한다. 제야의 종이 보신각에서 울리는 것은 이 같은 함의에서 이다.

띠 동물에 '청룡·백말·붉은 원숭이·황금돼지' 등의 색채가 첨가되는 이유는 동물을 가리킨 지지(地支)앞에 붙은 천간이 가리킨 방위 색(方位 色)에 의해서이다. '갑·을(甲·乙)은 동쪽, 병·정(丙·丁)은 남쪽, 경·신(庚·辛)은 서쪽, 임·계(壬·癸)는 북쪽이고, 무·기(戊·己)는 중앙'을 표시한다. 그러므로 동쪽은 청색, 남쪽은 적색, 서쪽은 백색, 북쪽은 흑색, 중앙은 황색이다. 북경 자금성(紫禁城)의 기와가 황색인 것은 세계의 중심이라는 자만심의 표현이다. 청와대(靑瓦臺)의 청색 기와는 중앙이 아닌 동방의 관저라는 국축이 있다. 우리가 동방이라 스스로 자처할 것이 아니라, 동아시아나 세계의 중심이라는 인식을 가질 수는 없는 것일까.

천간에 의한 방향 표시도 있다. 대체로 갑을(甲乙)은 동방 병정(丙丁)은 남방 무기(戊己)는 중앙이며 경신(庚申)은 서방 임계(壬

癸)는 북방이다. 병신년(丙申年)의 경우 병(丙)은 남쪽이고, 남쪽은 적색이며 신(申)은 원숭이니까 병신년은 붉은 원숭이 띠가 된다. 을미년(乙未年)의 을은 동쪽이고 동은 청색이므로 푸른 양이 된다. 양에는 푸른색이 없는 연고로 청양(靑羊)은 널리 일컬어지지 않는다. 임진왜란이 일어난 임진년(壬辰年)의 임은 북쪽이고, 진은 용이고 북은 흑색이므로 흑룡의 해이고, 무진년(戊辰年)의 무는 중앙이고 황색이므로 황룡의 해가 된다. 경오생(庚午生)의 경은 서쪽 색은 백, 오는 말이므로 이 해에 탄생한 사람은 백말 띠이다. 색상이 첨가된 띠는 이 같은 논리에 의해 정해진다.

항간에 나도는 달력에 우리의 고유 기년(紀年)인 단기와 음력 날자와 간지가 없는 것이 대부분이다. 이는 책력에 중요한 정보를 결락시킨 것으로 관심 있는 이들에 이 같은 달력은 별 의미가 없다. 국가의 기년문제(紀年問題)는 매우 중요한 명제임에도 불구하고, 이에 대한 관심이 별로 없다. 일본과 대만이 그들 국가공식 문서에 서기를 쓰지 않고, '평성(平成)·민국(民國)' 등 자체 기년을 사용하고 있는 의도를 주목해야 하며, 심지어 북한조차 '주체' 기년과 자체 시간대까지 정하는 무리수를 두고 있다.

3. 용생구자(龍生九子)의 연역

용에 대한 전설은 다양하다. 용은 4령(四靈) 중 최상위에 있다. 세속에 전하기를 비늘이 있는 것은 교룡(蛟龍), 날개가 있는 것은 응룡(應龍), 뿔이 있는 것은 규룡(虯龍), 뿔이 없는 것은 이룡(螭龍), 아직 승천하지 못한 것은 반룡(蟠龍), 물을 좋아하는 것은 청룡(蜻龍), 불을 좋아하는 것은 화룡(火龍), 울부짖기를 즐기는 것은 명룡(鳴龍), 싸우길 좋아하는 용은 석룡(蜥龍) 등으로 칭하는데, 이들 가운데 '규룡'은 최상의 용으로 모든 용들을 부렸으며, 구름을 타고 비를 내려 창생(蒼生)을 제도했다. 아울러 비를 빌고 사악을 물리치는 신으로도 존숭되었다.

지지(地支)의 동물 가운데 조류가 없는 점은 특이하다. 진(辰)은 용이며 3월을 진월(辰月)이라 칭하고, 12율려(律呂) 중 양률(陽律)인 고세(姑洗)의 달로도 불린다. 3월은 하(夏)나라의 인통(人統) 역법을 기준한 것이고, 은(殷)나라의 지통(地統) 역법에 의거하면 4월이며, 주(周)나라 천통(天統) 역법으로는 6월이고, 진(秦)나라 역법으로는 7월이다. 소위 '하·은·주'의 삼대는 '천지인(天·地·人)'의 삼통(三統)이 적용되었으나, 진시황의 진나라는 10월을 세수로 했기 때문에 모든 중원 사서들에서 배제 되었다.

용이 비록 하늘을 날지만 조류는 아니다. 용은 지상의 소택이나 강하에 살다가 때가되면 등천한다. 『용경(龍經)』에 의하면 용은 조류처럼 알을 낳지 않고, 아홉 마리의 새끼를 낳는다고 알려져 있으며, 이를 두고 '용생구자(龍生九子)'라고 한다. 별 가운데 용성(龍星)은 기후를 관측하기 때문에 대진(大辰)으로 칭한다. 용과 비슷한 동물로 '등사(螣蛇)'가 있는데 구름과 비를 일으켜 그 속에 노닌다고 했다. 용은 세성(歲星) 즉 목성으로 보아 동방에 위치함으로 좌청룡이라는 말이 생겼다.

용은 전설의 동물로 비와 구름을 일으켜 만물을 살게 하는 역할을 하는 성수로 인식했다. 이른바 '기린(鱗)·봉황(鳳)·거북(龜)·용(龍)' 등의 '사령'의 하나로 고래로 제왕이나 황제에 비의되었다. 『주역』의 '비룡재천(飛龍在天) 대인조야(大人造也)'도 이를 말한다. 『좌전(左傳)』에 용사(龍蛇)는 심산대택(深山大澤)에 사는 영물로서 비상한 인물을 지칭하기도 한다. 훌륭한 아들을 칭하여 용자라 하는 것도 동일한 구도이다. 용은 구름 속에서 학을 사랑하여 봉황을 낳았고, 육지에서 암말과 교합하여 기린을 낳았다는 전설도 있다.

앞서 말한 '용생구자' 중 제1자(子)인 '비희(贔屭)'는 무거운 짐 지기를 즐겨하므로 비석의 받침돌인 귀부(龜趺) 역할을 하는데, 모두들 이를 거북으로 알고 있지만 거북과 비슷하기 때문에 생긴 오해이다. 제2자는 이문(螭吻)이다. 이문은 멀리 바라보기를 좋아하고 아울러 화재를 예방하고 불을 끄는 기능이 있기 때문에 가옥의 처마 끝에 설치되어 있으며 일명 치미(鴟尾)라고도 한다. 사악한 것을 구축한다는 뜻도 있다. 궁궐이나 관가 지붕 등 처마 끝에 잇는 이들 조형물을 두고 잡상이라 일컬어 무의미한 장식물로 취급하는 것은 잘못이다. 우리 선인들은 이처럼 건물 장식 하나에도 심오한 뜻을 부여했다.

제3자는 포뢰(蒲牢)이다. 포뢰는 고함지르기를 좋아한다. 그러므로 소리가 클수록 좋은 종이다. 이 포뢰를 아로새겼다. 재미있는 것은 포뢰는 고래를 무서워하기 때문에 종소리를 더 크게 하기 위해 종치는 나무에 고래를 조각했다. 포뢰와 고래를 대응시켜 종소리를 웅장하게 하려고 했던 선인들의 의중이 흥미롭다.

제4자는 폐안(狴犴)이다. 폐안은 일명 헌장(憲章)이라고도 하는데, 위엄과 위력 위풍을 상징하므로 감찰기관이나 감옥 문 앞에 세운다. 법은 지켜야 하고 어기면 감옥으로 보낸다는 엄중한 의미가 있다. 제5자는 도철(饕餮)이다. 도철은 탐욕스럽게 음식을 먹는 짐승이다. 도는 탐한다는 글자이고 철 역시 음식을 탐욕스럽게 먹는다는 글자이다. 따라서 음식을 조리하거나 담는 솥(鐘鼎)에 조각한다.

제6자는 공복(蚣蝮)이다. 공복은 지내와 살모사 등을 지칭한 동물인데 기록에는 물을 좋아한다고 했지만 사리에 괴리되는 면도 있다. 또 일명 양서류인 원공(蚖蚣)으로 불리어진다. 여하튼 공복은 물과 물 마시길 좋아하기 때문에 다리 기둥에 새겼다. 그러므로 교각에 조각된 짐승은 다름 아닌 공복이다.

제7자는 애자(睚眦)이다. 애자는 날카로운 눈초리로 상대를 노려본다는 의미를 가진 글자이다. 애자는 성질이 포악하여 살육을 즐겨한다. 칼이나 칼자루에 새겨진 짐승이 바로 애자이다. 제8자는 산예(狻猊)이다. 산예는 일반적으로 모습이 사자와 비슷하기 때문에 사자로 알고 있지만 사자가 아니다. 산예는 연기와 불을 좋아하고 앉아있기를 즐겨하므로, 향로나 부처님과 탑을 이고 있다. 금예(金猊) 라고도 한다. 산예가 사찰 전각 앞의 향로나 탑을 머리에 이고 있는 이유도 여기에 있다. 최치원(857~?)의 「향악잡영(鄕樂雜詠)」에 나오는 '산예'도 사자가 아니다. 제9자는 초도(椒圖)이다. 초도는 초도(椒塗)로 표기된다. 초도는 소라나 고동의 모습을 하고 있는데 성질이 잠그기를 좋아한다. 그러므로 문고리 등의 자물통에 조각된다.

용의 소위 아홉 아들들은 일상생활이나 문화유적에 지금도 엄연히 살아 숨 쉬고 있음에도 불구하고 우리는 이를 모르고 있다. 또 속설에 용의 다른 아들로써 '금오(金吾)'가 있다. 금오는 머리는 미인, 꼬리는 물고기 꼬리와 같고 두 날개가 달린 새의 일종으로, 잠을 안자는 성향이 있기 때문에, 야간 순찰이나 호위무사의 상징으로 통용 된다. 또 '이호(螭虎)'가 있는데, 형체는 용과 비슷하고 화사한 문채를 좋아하므로 비석 머리를 장식하며 이수(螭首)로 불리어 지기도 한다.

'오어(鼇魚)'는 일명 만합(蠻蛤)이라고 하며 모양은 용과 유사하고 불 삼키기를 즐기기 때문에 지붕에 설치하여 화재를 진압하는 역할을 하고, 아울러 비바람을 애호하고 아울러 봉래산(蓬萊山)을 짊어지고 있다고 한다. 그밖에 용과 용의 아들들에 관한 내역과 종류도 다양하다. 용과 그 아홉 아들들은 현재까지 도처에 고스란히 이처럼 생활 속에 살아서 현실적으로 우리와 함께 존재하고 있다.

4. 용의 다양한 변환

1) 용과 천문기상

용은 상상의 동물로 구름을 타고 비를 내려 창생을 구제한다. 구름은 용을, 바람은 범을 좇는다고 했다. 용은 동양뿐만 아니라 서양에도 있다. 동양의 용은 길상(吉祥)을 상징하지만, 서양의 용은 부정적인 요인이 더 많다. 용은 권력의 상징이다. 임금님의 자리를 용상이라 일컫는 것이 대표적이다. 용이 인간이 만든 상상의 동물인지, 아니면 고대에 실존했던 동물인지는 단정키 어려우나, 시대가 흘러갈수록 점점 더 위엄과 권위적인 요소가 첨가되고 미학적으로 장엄되었다.

용은 12지(支)중 진(辰)이고 고갑자(古甲子)는 '집서(執徐)'이다. 십간(十干)에도 고갑자가 있지만, 그 함의가 무엇인지 알 수 없다. 일상생활 중 많은 꿈을 꾸지만, 그 중에 용꿈을 최고로 친다. 태몽으로서의 용꿈은 귀자를 낳는 것으로 되어 있고, 유명한 인물은 거의가 용꿈을 꾸고 잉태했다고 전해진다. 서울의 낙산도 좌청룡으로 풍수학에서도 용은 큰 비중을 차지하고 있다.

'사령(四靈)'이란 말이 있는데, 동물 중에 네 가지의 신령스런 영물을 지칭했다. 이들 네 영물의 특성을 두고, 용은 변화를 관장하고, 봉황은 정치의 치세(治世)와 난세(亂世)를 주도하고, 거북은 일상의 길흉을 예측하는 능력을 지녔고, 기린은 인(仁)과 덕(德)을 상징하는 것으로 인식했다. 거북은 장수의 동물로서, 천년을 살아야 길흉을 예단할 능력을 가질 수 있고, 천이백년을 살면 천지의 시종을 점칠 수 있다고 했다. '용·봉황·거북·기린'을 오행(五行)과 결부시켜 용은 수(水), 기린은 화(火), 봉황은 목(木), 거북은 금(金)으로 상정했다. '사령'에다 범(虎)을 첨가하여 '오령(五靈)'으로 지칭하기도 했다.

범은 오행 중 토(土)에 배정하고, 이를 기준하여 사령을 사방(四

方)의 방위에 배치했으며, 사령을 '사신(四神)'으로 호칭하기도 한다. 사신 중에 거북을 뱀(蛇)으로 대체하여 현무(玄武)로, 봉은 주조(朱鳥)로 환치하기도 했다. 소위 오령 중 범이 중앙을 차지하여 토로 상징된 것은, 범이 통시적으로 중시되었음을 뜻한다.

고대에는 '동·서·남·북·중앙' 등의 방위를 동물이나 색채로 표시했다. 이는 문자가 발명되기 전 구상적인 동물과 시각적인 색채로 대신했음을 의미한다. '좌청룡(左靑龍)·우백호(右白虎)·남주작(南朱雀)·북현무(北玄武)' 중 '청색·백색·적색·흑색' 등이 그것이다.

범을 토에 배정하여 중앙에 놓은 것은, 범이 대지를 주관한다는 의미이다. 중앙은 황색이다. 중국 북경 자금성(紫禁城)의 기와는 황색이고, 이는 세계의 중심임을 뜻한다. 따라서 동서남북에 위치한 주변의 사이(四夷)는 모두 중앙(중국)의 울타리로서 역할 해야 함을 강조한 것이다. 우리나라 대통령 관저를 '청와대(靑瓦臺)'라 명명한 것은, 스스로가 동쪽 변방임을 은연 중 자인했다고 해도 할 말이 없다.

대통령을 '각하'라는 최고 호칭을 사용한다고 논란이 많았는데 이는 무식의 소치이다. 천자를 비롯한 신료들의 호칭에 천자(天子)를 폐하(陛下), 제후 왕(諸侯 王)을 전하(殿下), 세자(世子)를 저하(邸下), 대신(大臣)을 각하(閣下), 장신(將臣)을 휘하 막하(麾下·幕下), 사자(使者)를 절하 대하(節下·臺下), 동배(同輩)를 족하(足下) 등이 있다. 말썽 많은 '각하'는 대신 직급에 대한 호칭에 불과한데도 불구하고, 우리는 부끄러운 줄도 모르고 소란을 피웠고 지금도 떨고 있다. 또 '청와대'로 명명할 당시 동아시아의 예악적인 사유에 식견이 있었다면, 이 같은 이름을 붙이지 않았을 것이다.

용의 경우도 황룡(黃龍)은 중심에 위치한 것으로 곤룡포에도 황룡이 수놓아져 있다. 경주에 삼한통합을 기념하여 축조된 구층탑과 황룡사(皇龍寺)가 있다. 필자는 삼한통합의 위업을 이룩한 신라가 세계의 중심임을 인식하고 응당 '황룡사(黃龍寺)'일 것으로 알았지만, 나중에 황(黃)과 함께 황(皇)자로 표기한 것은 중국을 의식한 소치이 수도 있으나, 신라의 기상으로 봐서 '황룡(黃龍)'이라 칭했을 가능성이 더 많다.

우리나라 왕의 곤룡포에 수놓은 용의 발톱은, 고종황제와 순종황제를 제외하고 모두 다섯 개가 아니고 네 개다. 만일 다섯 개였다면 그것은 당시 동아시아 질서를 위배한 것으로, 외교적 마찰이 심각했을 것이다. 신륵사 경내에 조각된 용의 발톱이 다섯 개였기 때문에, 중국 측으로부터 항의를 받았다는 전언도 있다. 용의 발톱은 위계에 따라 황제는 다섯 개, 제후왕은 네 개였으며, 각급 작위에 따라 세 개, 두 개 등으로 가감되었는데, 이는 당대에 거역할 수 없는 불문율이었다.

2) 용과 사환(仕宦)

중국에는 등용문(登龍門)이라는 지명이 여러 곳에 있다. 등용문의 원조는 황하 상류 급류지역이다. 『삼진기(三秦記)』에 "강해(江海)의 모든 고기들이 용문 아래 모여, 쏟아지는 급류를 뛰어올라 상류로 오르면 용이 되고, 오르지 못하면 이마에 점하나가 찍힌 채 낙오가 된다고 했다. 세상에서 이 전설로 인하여 용문은 명망을 얻어 고위직에 오르는 것을 의미했다"고 했다. 『주역(周易)』에도 '잠룡(潛龍)·항룡(亢龍)·비룡(飛龍)' 등이 등장하는 것으로 보아, 용은 중세를 거슬러 고대에도 중요한 영물로 취급되었다.

구름은 용을 따르고, 바람은 범을 쫓는다고 했다. 용은 그러므로 구름과 비를 뿌리고, 범은 바람을 일으킨다고 했다. 청천 하늘에는 용이 없고 항상 풍우가 몰아치고 구름이 일어나야 용은 움직인다. 속설에 용띠의 사람은 운우를 몰고 다닌다는 말은 여기에 기인했다. 창용(蒼龍)은 청룡이다. 창용은 춘분(春分)에 하늘로 날아올라, 추분(秋分)에 연못에 들어간다고 한다. 이 역시 용은 깊은 연못에 깃들고 있음을 말한다. 산야 곳곳에 용연(龍淵)이나 용추(龍湫)가 산재하는 이유도 여기에 있다.

『환용경(豢龍經, 환용 씨는 순 임금 시 용을 기르고 길들인 인물)』에 의하면 용의 우두머리인 규룡은 육지에서 호랑이와 표범을 먹고, 수중에서는 교룡(蛟龍)을 먹는다고 했다. 『시경』에는 교룡이 그려진 깃발을 단 수레에 공물을 싣고 오거나, 의기양양하게 수레를 어거한다는 기록이 여러 차례 나온다. 교룡은 시대에 따라 위상의 차이가 있었지만, 비늘이 달린 용임은 같았다. 또 뿔이 없는 이룡(螭龍)은 사특함을 배제하고 사악을 없애는 역할을 했다. 구름은 용이 기를 뿜어서 만든다고 했다.

『용경(龍經)』에 기룡(夔龍)은 모든 용 가운데 중심으로, 먹이를 먹는데도 절도가 있고, 더러운 곳에 놀지 않으며, 불결한 물도 마시지 않고, 청결한 물에만 노닌다고 했다. 기룡은 규룡의 일종이다. 각 종의 도안 가운데 규룡과 교룡이 가장 많이 등장한다. 이들 두 용이 여의주를 중간에 두고 희롱하는 그림을 '이룡희주(二龍戲珠)'라 하여 잡기와 가구 탁자의 다리, 문기둥에 거는 등불 등에 널리 사용된다. 기룡은 용을 단순화시켜 구슬과 배합하여 '건축·가구·잡기·의복' 등의 도안으로 널리 사용된다. '이룡희주'의 두 용은 규룡·교룡이지만, 때로는 아버지용과 아들용으로 배치되어, 창용이 아들용을 교육시킨다는 의미도 있다.

잉어가 등용문을 통과하여 용이 된다는 전설은, 여러 문헌에 세월이 흘러갈수록 첨가되었다. 등용문 설화도 입신출세와 연계되어, 부모들이 아들의 과거 합격을 거쳐 고위직으로의 진출을 소망하는 염원과 어울려 절실한 이야기로 각색되고 미화되었다. 잉어가 어찌하여 용과 접맥되었는지는 알 수가 없지만 물고기 중 크고 아름다운 자태를 가진 것과 연관이 있을 것이다. 잉어 그림은 과거 급제를 바라는 잠룡(潛龍)의 모티브가 있다.

전설에 의하면 360 또는 3600마리의 잉어가 황하를 거슬러 올라 용문산 아래에 도착하여, 이들 중에서 가장 용감하고 신령성을 갖춘 단 한 마리만 용문의 급류를 통과하는데, 뛰어오른 잉어의 잇몸 아래 36매의 비늘이 역으로 돋아나고, 이어서 몸을 흔들어 용으로 화한다고 했다. 만일 외부의 어떤 사물이 용의 그 역린을 건드리면 즉시 분쇄 당한다고 했다. 권력자의 역린(逆鱗)을 저촉해서 안 된다는 사회적 통념도 여기에서 비롯되었다.

3) 용의 함의와 상징

용문에서 급류를 뛰어넘지 못한 잉어들은 뺨에 흑점 하나가 찍혀서 내려와 일 년 동안 재 시도를 못한다. 이 같은 용문(龍門)의 화룡(化龍) 전고는, 후세 대과급제에 비유되었으며 과거 응시자를 점액(點額)에 대비한 것도 여기에 연유했다. 『수경주(水經注)』에 잉어들이 3월에 용문에 도착하여 격류를 뛰어오른 것은 용이 되고, 오르지 못한 잉어들은 뺨에 점하나가 찍혀 돌아온다는 기록도 있으며, 그 시기를 3월(辰月)로 잡은 것도 의미가 있을 것이다. 용에 얽힌 이야기 가운데 흥미를 끄는 것도 많다. 그 중에 용이 구름 속에서 학과 사랑을 나누어 봉황을 낳고, 땅에서 암컷 말과 교합하여 기린을 생산한다는 전설도 있다.

용의 천변만화(千變萬化)는 무궁무진하여 인간이 망령되어 억측을 하기가 어렵다고 했다. 용과 학이 사랑하여 봉황이 태어났고, 용과 암말이 교합하여 기린이 탄생했다는 것은, 봉황이 용과 학의 특성을 지녔으며, 용과 말의 모습을 기린이 갖고 있음을 암시한 것이다. 용은 문헌에 따라 알을 낳는다는 설과 새끼를 낳는다는 상반된 주장이 있고, 사신(四神) 가운데 북 현무(뱀과 유사하다)가 시대에 진행에 따라 다양한 동물의 형상이 첨가되어, 현재 우리가 알고 있는 용의 모습으로 변모했다는 견해도 있다. 또 고대 원시부족들의 그들이 숭앙하는 동물 토템을 전부 조합하여 만들어졌다는 견해도 있다. 이는 각 부족을 정치적으로 통합하기 위한 전략적 의도가 작용한 것으로 해석했다.

'현무'는 뱀의 형상을 하고 있으며 그 방위는 북방이다. 중국의 경우, 용은 북방과 연관이 있다. 용은 구름을 만들어 비를 내리게 한다. 황하 유역은 비가 적은 편이어서, 농경생활에 비를 바라는 마음이 간절했기 때문에, 용에 대한 숭배가 자연스럽게 형성되었다. 반면 비가 많은 남방지역은 운우와 관련된 용이 달가운 존재는 아니었다. 『회남자(淮南子)』에 여와 씨(女媧氏)가 흑용(黑龍)을 죽여, 비를 멈추게 하여 기주(冀州)를 구제했다는 기록도, 수정(水精)을 상징하는 흑룡에 대한 반감을 표한 것이다. 용이 출현했다는 기록은 중국의 사서(史書)를 비롯한 각종 문적에 무수히 나오지만 그 실체가 과연 용인지는 단정키 어렵다. 이른바 용오름은 기류가 하늘로 상승하는 현상을 말하는데 용이 실지로 승천하는 것은 아니다.

용은 그 역할과 기능에 따라 다기다양하게 분류되었다. '규룡'을 용의 우두머리로 취급하기도 했지만, 오방색(五方色)을 기준하여 중앙색인 황룡(黃龍)을 사룡(四龍, 靑·白·赤·黑)중 최고로 인식했다. 황룡은 중앙에 자리 잡아 신령(神靈)의 정을 받아, 능히 '거세(巨細)·유명(幽明)·장단(長短)·존망(存亡)'을 무소부지로 행할 수 있다. 황룡은 무리를 지어 다니지 않고, 떼를 지어 거처하지 않으며, 풍우를 쫓아 청정한 환경에 노닐며, 성인이 나타나면 출현하고, 성현이 없을 때는 숨는다고 했다. 용은 이처럼 신령스럽고 고귀한 성품을 지닌 영물로 인식하여 만 백성이 숭배했다.

중국황제의 어가(御駕)와 복색(服色) 및 국가의 상징은 수천 년간 용봉(龍鳳)이었다. 용은 북방 강역과 백성을, 봉은 남방지역과 백성을 통합하기 위해서였다. 용봉에서 용은 북 현무, 봉은 남 주작(朱雀)에 뿌리를 둔 것이다. 조선왕조에 이은 대한민국의 국장이 용이 없고 봉황으로 국한된 것은, 황제국이 아니었다는 사실과 연관이 있는 것일까.

중국이 용봉을 버리고, 오성(五星)을 국장으로 삼고 그들 국기에 그려진 5성도 오행(五行)의 '金·木·水·火·土'가 아니고, 한족과 소수민족을 상징한 것으로 해석하고 있지만 이는 납득이 안 되고, 이를 두고 오성의 현대적인 재해석으로 취급하는 것도 잘못이다. 청천백일기(靑天白日旗, 대만국기)를 오성기(五星旗)로 바꾼 것이 진보인지도 역시 의문이다. 태양과 별은 그 위상이 현저하게 다르다.

4) 용생구자와 삼자설(三子說)

황룡은 오방색에 기준 할 경우, 용의 우두머리이다. 오방색이 아닌 다른 척도로 보았을 때, 용의 수장은 규룡(虬龍)이다. 규룡이 황룡일 가능성도 있다. 규룡은 여타의 용을 불러 모을 수도 물리칠 수도 있으며, 구름을 타고 하늘에 올라 비를 뿌려 대지를 적셔 풍년을 만들고, 사악한 것을 제거하는 일을 수행하며, 아홉 아들을 낳아 인간 생활에 다방면으로 도움을 준다는 설이 있다.

소위 용의 아홉 아들은 구체적 형상으로 우리 주변 고궁이나 문화유적과 여러 건축구조물에 두루 각인되어 있음에도 불구하고, 그저 예부터 있어왔던 무의미한 잡상 정도로 취급하여 그냥 스쳐지나고 있다. '용생구자' 설에 대해, 저인확(楮人穫, 淸代人)의 『견호집(堅瓠集)』과 호승지(胡承之)의 『진주선(眞珠船)』 등 서적에 용생구자 이외에 삼자설도 전한다.

용이 낳은 구자 '비희·이문·포뢰·폐안·도철·공복·애자·산예·초도'가 용이 이들을 직접 낳았는지, 아니면 알을 낳아 부화했는지는 견해가 분분하다. '비희'는 비석 받침, '이문'은 건물 옥상이나 추녀에 있는 치미로 화재예방과 진압의 기능이 있고, '포뇌'는 소리 지르기를 좋아하기 때문에 종을 거는 상부 고리에 조각한다. 종은 소리가 커야하므로 고래를 무서워하는 특성을 이용하여, 종 치는 기구에다 이를 새겨 더 큰 소리를 내게 하는데 목적이 있다. 이들 용의 아홉 아들은 궁전이나 사찰 등 사묘(社廟)에 널리 사용되어, 건물의 권위를 높이는 상징물이 되었고, 지금도 각종 건물과 구조물에 두루 남아있음에도 불구하고 우리는 그 숨겨진 뜻을 자세하게 모르고 있다.

'용생구자' 이외에 속전에 '삼자(三子)'가 또 있다. '금오(金吾, 새 이름)'는 새처럼 두 날개가 있고 물고기와 비슷하며 비늘이 있다. 성질은 신령스런 면이 있으며 잠을 자지 않으므로, 밤낮으로 순찰하는 경비책임자 및 나졸의 호칭이 되었다. '이호(螭虎)'는 용과 비슷하고 문채(文采)를 좋아하므로 비석 양 모서리에 새겼다. '별어(鼈魚)'는 만합(蠻蛤)이라고도 하는데 용 비슷하게 생겼고, 불을 삼키길 좋아해 집 용마루 등에 세운다. 아울러 바람과 비를 좋아해, 바다 가운데에 봉래산을 짊어지고 있는 영물로 숭앙되었다. 속설에 한반도를 이 '별어(자라)'가 짊어지고 있다고 한다.

이들 용의 아홉 아들은 용이 되지 못한 용새끼로 인식되며, 문헌에 따라 그 명칭에 다소의 출입이 있다. 일반적으로 통용되는 구자

(九子)에 없는 '수우(囚牛)'도 있다. '수우'는 음악을 좋아하는 괴수로, 호금(胡琴)애 새겨 악기가 아름다운 소리를 내기를 바라는 뜻이 담겨 있다. 물을 좋아하기 때문에 교각에 조각하는 '공복'을 '이문(螭吻)'으로 대체한 사례도 있다. 이들 용의 아홉 아들은 도안에 구체적 형상으로 남아 있기 때문에, 우리 주변 구조물에 있는 조각과 부조 등에 많이 부조되어 있다.

고고학적 발굴에 나온 이상한 형체의 물건을, 사람에 따라 다르게 명명하는 것은 '용생구자'의 내용과 용에 관한 이해가 부족하기 때문일 수도 있다. 그리하여 잘 모르는 짐승의 형상을 한 유물을 두고, 쉽게 '잡상'으로 일컬어 얼버무리고 있다.

전설과 상상 속에 영물인 용은 실지로 우리 주변 도처에 살아 숨쉬고 있다. 궁전이나 사찰 또는 각종 묘우(廟宇)와 가옥 고 가구 및 현재 재현되는 소품에도, 용은 죽지 않고 남아 인간과 대화를 나누며 함께 있다. 비록 상상으로 만들어졌을 지라도, 용은 신비하고 아름답고 위엄 있는 이미지로 우리 곁에 살아 숨 쉬고 있다. 용은 앞으로도 우리의 삶속에 소멸되지 않고 길이 존재할 것이다.

5. 닭의 오덕(五德)과 계서지약(鷄黍之約)

12월 중 닭(酉)의 달은 8월이다. 달에는 강월(剛月)과 유월(柔月)이 있다. 강월은 홀수의 달인 '1·3·5·7·9·11'월을 말하고 유월은 '2·4·6·8·10·12'월을 이른다. 12율려(律呂)로 따질 경우, 양률

(陽律)에 속한 '황종(黃鐘, 11월)·태주(太簇, 1월)·고세(姑洗, 3월)· 유빈(蕤賓, 5월)·이칙(夷則, 7월)·무역(無射, 9월)'의 달은 강월이고, '대려(大呂, 12월)·협종(夾鐘, 2월)·중려(仲呂, 4월)·임종(林鐘, 6월)·남려(南呂, 8월)·응종(應鐘, 10월)'의 달은 유월에 속한다. 닭의 달인 8월은 음률(音律)로는 '남려'이다.

비록 부드러운 유월과 음률에 배정되었지만, 닭은 양(陽)이 쌓여서 생긴 것이며 태양이 불타는 남방의 상징이므로, 해가 뜨면 닭이 우는 것은 동류로서 감응하기 때문이며, 시간을 알리는 기능도 이에 말미암았다고 했다. 전국시대(BC, 476~221) 합종책(合從策)을 추구했던 소진(蘇秦, ?~BC, 317)이 주창한 "차라리 닭의 입이 될지언정 소의 꽁무니는 되지 말아야 한다(寧爲鷄口, 無爲牛後 －『史記』「蘇秦列傳」)"는 충고도 닭의 기상과 관계된 말이다. 여기에 첨가하여 당대(唐代) 장수절(張守節)은 "닭의 입은 비록 작지만 음식을 먹고, 소의 꽁무니는 크지만 변을 배출한다(鷄口雖小, 猶進食, 牛後雖大, 乃出糞也－『史記』「正義」)."라고 하여 소진의 뜻을 보완하여 닭의 입을 예찬했다.

전국시대 맹상군(孟嘗君, ?~BC, 279)과 관련된 '계명구도(鷄鳴狗盜)'라는 고사성어에도 닭이 등장한다. 제나라 왕족인 맹상군은 천하의 현자를 불러 모아 식객이 수천 명이 되었다. 이중에는 학자만 있는 것이 아니라 좀도둑과 짐승 울음소리에 능한 사람도 뒤섞여 있었다. 맹상군이 진나라 소왕(昭王, 재위, BC, 311~279)에게 갔다가 여의치 않아 소왕이 그를 죽이려 하자, 이미 소왕에게 뇌물로 바쳤던 귀한 '흰여우 가죽조끼(狐白裘)'를 예의 그 좀도둑을 시켜 궁중 창고에 있던 조끼를 훔쳐서 소왕의 행희(幸姬)에게 주고, 관문을 통과할 수 있는 가짜 역권(驛券, 여권)을 만들어 진나라를 탈출하게 되었다.

진나라 '관법(關法, 출경규칙)'에 닭이 울어야 관문을 열어 사람을 출입하도록 되어 있는데, 하급식객으로 하여금 닭 울음소리를 내게 하니, 주변의 닭들이 모두 울어 진나라 관문을 탈출 했다(乃夜爲狗, 以入秦宮臧中, 取所獻狐白裘至, 以獻秦王幸姬. 幸姬爲言昭王, 釋孟嘗君 … 孟嘗君至關, 關法鷄鳴而出客, 孟嘗君恐追至, 客之居下座有能爲鷄鳴, 而鷄齊鳴, 遂發傳出 –『史記』「孟嘗君列傳」). 이는 전국시대에 은나라 정삭(正朔)을 시행하고 있었음을 말한다. 하로의 변경을 은(殷)나라는 닭이 울 때, 즉 계명을 기준했다. 닭은 이와 같이 고대와 중세에는 중요한 역할을 한 조류였다.

닭은 우리주변에 소와 개 다음으로 가까운 가축으로 형제간의 화목과 우애를 상징하기도 한다. 계견(鷄犬)이라는 단어도 그래서 생겼다. 사위를 백년지객이라 부른다. 손님 중 최고의 대접을 받는 손님이 사위이다. 사위가 오면 닭을 잡는 풍속이 있다. 닭은 가금 중 가장 맛있는 동물이다. 자고로 '계서지약(鷄黍之約)'이라는 말이 있는데, 귀한 손님이 오면 기장밥을 하고 닭을 잡아서 대접하는 풍속을 말한 것이다.

'계서지약'은 귀한 벗이나 친지가 방문하면 기장밥과 닭고기를 먹으며 정담을 나눈다는 오래전부터 내려온 고사성어이다. 그런데 요즘엔 맛있는 음식이 워낙 많아서 옛날처럼 닭고기가 맛이 없어 진 면도 있지만, 오늘의 닭고기에는 옛날 먹었던 그 환상적인 맛이 없다. 입맛이 변했기 때문이라 말하는 사람이 있는데 그것은 사정을 모르는 소리이다. 현재 우리가 먹는 닭은 과거 우리 할머니와 어머니가 잡아준 토종닭이 아니라는 점을 이해하지 못한 소이이다. 또 기장밥 역시 옛날에 먹던 기장밥과는 맛이 전혀 달라서 다시 먹고 싶은 생각이 없다. 그 이유는 과거의 기장과 요즘의 기장은 질적으로 다르기 때문이다.

우리가 맛있게 먹던 토종 기장은 멸종 했고 지금의 기장은 중국 등지에서 수입한 외래종이므로 맛이 본질적으로 다를 수밖에 없다. 6·25동란 이후 해외에서 '레그혼·미종' 등으로 불리었던 외래 닭들이 대량으로 수입되어, 토종닭들과 함께 키웠다. 레그혼은 백색 미종은 황갈색으로 몸통도 크고 힘도 세 토종닭과 경쟁에서 압도적 우위를 차지했다. 토종 암탉은 한 달에 15개 내외의 알을 낳는데 비해, 외래종은 30개를 낳았다. 외래종 수탉은 덩치와 힘으로 상대적으로 왜소했던 토종 수탉을 밀쳐내어 원래 장닭은 교미도 못하는 처지에 몰렸다. 이른바 자웅도태가 치열하게 진행된 것이다.

옛날 농촌에서는 집 마당과 마을 공터나 백사장에 인근의 닭들이 모여 함께 방사되었다. 이 과정에 자연스럽게 토종과 외래 닭들이 어울려 모이를 먹으며 놀았다. 닭은 잘생기고 강건한 수탉 한 마리가 나약한 여타 수탉을 무리로부터 몰아내고 수십 마리의 암탉을 독차지하는 습성이 있었다. 왕 노릇을 하던 토종 수탉도 외래종에 밀려 한 마리의 암탉도 차지하지 못하게 되었다. 왕 노릇을 한 수탉은 왕위를 차지하기 위해 피나는 경쟁을 했다. 토종 수탉과

몸집이 장대한 외래종 수탉과의 싸움에서 토종은 대부분 밀려나 외롭게 살다가 보다 앞서 사람의 먹이가 되었다. 이 과정에서 토종 닭과 외래종이 혼혈되어 국적불명의 닭으로 변했다.

토종닭의 도태과정에서 긴긴 시간을 함께 살아온 토종닭(방언은 '새달'이라 했다)은 고기의 양도 적고 산란도 많지 않았으므로 결국 도태되고 말았다. 고기 양은 적지만 고기의 맛은 외래종이 따라올 수가 없었다. 토종닭의 명맥은 산골 외딴집에서 간신이 이어 지다가 남파 공비(共匪)의 은신처가 될 수도 있다고 우려하여, 정 책적으로 독가(獨家)들이 철거되었으며 따라서 토종닭은 완전히 멸종했다. 요즘 그 감미로운 맛을 되찾기 위해 토종닭의 복원을 시 도하여 비슷한 닭이 탄생했지만, 필자가 보기엔 옛날의 토종닭과 는 거리가 있다. 이는 고기의 양이 풍성한 거대한 외국산 소고기를 멀리하고 다시 한우를 찾는 사정과 비슷하다.

반세기 전 처가에서 사위에게 잡아준 토종닭은 지금 어디에도 없다. 계란의 경우도 토종닭이 낳은 달걀과 외래종이 낳은 달걀의 맛은 비교가 안 된다. 요즘 시장에서 옛날 생각이 나서 구입한 기 장으로 밥을 해먹지만 옛날 맛과는 전혀 달라서 기장밥 먹기를 포 기한 지 오래되었다. 한번 잃어버린 종은 복원이 거의 불가능하 다. 미국 모처에 전 세계의 종자를 수집해 모아놓은 '종자은행'이 있다고 들었는데 혹시 거기에 과거 기장의 씨앗이 있기를 기대해 본다.

닭은 예부터 선비들의 사랑을 받았다. 마당에 닭들이 암수가 섞 여 모이를 먹는 장면은 아름다웠다. 닭은 모이를 발견하면 혼자 먹지 않고 '꾹꾹'하고 소리를 질러 무리를 불러 함께 정답게 나누어 먹었다. 암탉이 병아리를 데리고 마당 안을 모이를 찾아다니다가 갑자기 솔개가 나타나면, 어미닭은 혼비백산하여 새끼를 날개 안에 품고 으슥한 곳을 달려가던 모습도 회상된다. 시대가 흘러 이같은 닭에 대한 추억도 병아리를 채 갖던 소리개도 이제는 사라져 아득한 옛 이야기가 되었다.

닭이 사랑받는 까닭은 오덕(五德) 갖춘 덕금(德禽, 덕을 가진 가금)으로 인식했기 때문이다. 신라의 국명이 얼마 동안 '계림(鷄林)'이었던 것도 다른 설화도 있지만, 닭이 가진 오덕의 뜻도 작용했을 법하다. 어미 닭이 다섯 마리의 병아리를 데리고 노는 '길상도(吉祥圖)'를 10세기 중엽 후주(後周, 951~959) 두우균(竇禹鈞)의 다섯 아들의 과거급제와 고위직 승진을 의미하는 '오자등과(五子登科)'와 '오자고승(五子高陞)'을 연계한 것도 닭이 가진 오덕을 기린 것이다. 닭이 종일 '꼬끼오'하며 우는 소리를 '고귀호(高貴乎)' 또는 간단없는 '교육(敎)'에 대비했고, 닭 벼슬을 관(冠)과 결부시켜 관직으로 본 것도 시사적이다.

닭 머리에 달린 벼슬은 제왕이 쓰는 면관(冕冠)에 빗대어 관직과 문(文, 학문)을 뜻하고, 닭다리의 날카로운 발톱은 무(武)를, 적을 만나면 어김없이 즉각 공격하는 행동은 용맹(勇猛), 먹이를 발견하면 주변 닭들을 불러 모아 함께 먹는 것은 인(仁), 때맞추어 시각을 알리는 것은 신(信)에 비의하여, 이를 '문·무·용·인·신(文·武·勇·仁·信)'의 오덕의 표상(是因爲鷄頭戴冠是文, 脚趾有爪是武, 遇敵而鬪是勇, 覓食相呼是仁, 守時報曉是信－『中國

吉祥圖案』, 112, 敎五子)으로 인식하여 닭을 덕금으로 규정한 것이다.

토종닭과 달리 외래 닭은 시간관념이 없어 새벽을 알리는 울음소리도 뒤죽박죽이 되어 이른바 신의의 상징도 없어졌다. 토종 '새달'은 새벽 1시에서 2시 사이에 정확하게 시간을 지켜 울었지만, 외래 닭은 우는 시각도 일정하지 않아 무시로 울어대었다. 시간을 알리는 종로 보신각(普信閣)의 '신'자도 서울의 중심임을 말하는 동시에 믿음과 신의를 의미한다. 오덕과 오상(五常)의 인의예지신(仁·義·禮·智·信)은 각각 '동·서·남·북·중앙'의 방향을 갈음하고, '청색 백색 적색 흑색 황색(靑·白·赤·黑·黃)'의 오색(五色)의 뜻도 갖고 있다.

닭이 가진 오덕 가운데 신은 '정삭론(正朔論)'과 결부되어 하루를 시작하는 시각과도 맞물려 있다. 날자가 바뀌는 시점을 일출(夏, 日出, 平明), 야반(周, 夜半, 子正), 계명(殷, 鷄鳴)으로 보고 왕조와 시대에 따라 기준을 달리했다. 시계가 보편화 되지 않았던 고대와 중세에 닭은 이처럼 중요한 역할을 수행했다. 제사를 모실 때 닭이 울면 낭패했던 과거의 기억은, 닭 울음소리를 날자가 바뀌는 기점으로 보았던 정삭론의 흔적이고, 이는 중국 은(殷)나라의 정삭에 기준한 것이다. 우리민족이 백색을 숭상하고 계명을 일자 변경의 시점으로 삼은 것은, 은나라의 정삭을 준용했던 흔적으로 볼 수 있다.

6. 인문학과 사대주의 잔재의 극복

『삼국사기(1145, 포괄연대, BC, 57~AD, 935, 역년, 992)』와 『고려사(1145)』의 서술 중 '본기'와 '세가'에 대한 차이와 왕에게 책을 올리며 '진삼국사기표(進三國史記表)'라고 한 점과 '진고려사전(進高麗史箋)'이라 한 사실 가운데 왜 '표(表)'와 '전(箋)'으로 달리 표기 했는지를 알고, 이에 관한 편차와 차이를 인식해야 한다. 우리 전조들의 역대 왕에 대한 칭호의 '○○조종(祖·宗)'과 '○○왕(王)'인 이유와 이렇게 표기한 까닭도 밝혀야 한다.

김부식(1075~1151)이 신라 본기를 기술하면서 초기 왕들의 칭호를 '거서간(居西干, 1왕, 태조(太祖)를 지칭한 고유 조종법임), 차차웅(次次雄, 1왕, 김대문은 巫)라고 했고, 중이라는 고유어라는 견해도 있지만, 필자는 동아시아 조종법의 太宗의 의미로 생각한다), 이사금(尼師今, 15왕), 마립간(麻立干, 4왕)' 21대에 걸친 왕에게 민족 고유 조종법(祖宗法)을 버리지 않고, 객관적으로 당대에 사용했던 칭호를 사실대로 기술한 점과, 이와 달리 최치원(857~?)은 이들 신라 초엽 왕들을 두고 고유 명칭을 버리고, 중국식으로 모두 '○○王'이라 했는데, 김부식과 최치원의 이 같은 민족사 인식에 차이점도 심도 있게 논의되어야 할 것이다.

『삼국사기』를 신라 중심의 사서라고 평하고 있는데, 삼국통일 후 역년이 267여 년이나 더 존속한 신라에 비해, 「신라본기」(BC, 57~935)는 12권에 불과하다. 「고구려본기」(BC, 37~668년) 10권, 「백제본기」(BC, 17~ 660) 6권과 비교할 때, 「신라본기」는 적어도

20권이 되어야 할 것임도 불구하고, 김부식이 오히려 축소 편찬한 것으로 여겨진다. 『삼국사기』편찬 당시 신라는 고려조에 스스로 복속했기 때문에 해당 사료가 고구려 백제보다 훨씬 많았을 것임에도 불구하고, 의도적으로 사료의 수습을 축소했다는 비난을 면키 어렵다.

김부식이 『삼국사기』를 제후왕의 역사가 아닌 황제의 역사체계인 '본기'로 일컬어 서술한 점을 볼 때, 철저한 사대주의자로 보는 견해는 재고해야 한다. 또 기상청이 한국의 기상관측을 일제의 영향을 받아 100여 년 전후로 보는 것도 잘못이다. 『삼국사기』의 1000여 년을 위시하여 『고려사』『조선왕조실록』 등 사서의 1000여 년을 합치면 2000여 년의 기상자료를 갖고 있음에도 불구하고, 일제 침탈기 전후부터 시작했다는 시각은 심각한 과오이다.

전국 모든 부주군현(府·州·郡·縣)마다 설치한 진산(鎭山) 문제도 그 중요성에 비해 관심 밖으로 방치된 현상 역시 문제이다. 국도 서울의 진산은 북한산이다. 진흥왕(眞興王, 재위, 540~576) 순수비(巡狩碑)가 왜 일반인이 접근하기 어려운 비봉(碑峰) 정상에 있는지도 그 까닭을 밝혀야 할 것이다. 상식으로 볼 경우 사람들이 많이 왕래하는 종로 근처에 세우는 것이 순리가 아닌가.

국사를 비롯한 동아시아 역사는 중원에서 체계화된 예악론을 모르면 그 실상을 파악할 수 없다. 『고려사』의 '천문편(天文篇) 3권, 예악편 13권, 오행편(五行篇) 3권' 등의 대한 연구부진도 이에 연유한다. 서양사적 시각으로 국사에 접근하면 나름의 수확도 있지만, 간과되는 면도 매우 많다.

삼조선(三朝鮮, 단군조선, 기자조선, 위만조선), 한사군, 이부(二府), 부여, 삼한, 삼국, 예, 맥, 옥저 등을 망라한 부여계(夫餘係) 국가들의 남진정책과 이에 대응한 삼한계(三韓係)의 북진정책과의 갈등과 통합 문제는 현 남북한의 상황과도 연계된다. 부여계와 삼한계의 갈등과 알력은 현재에도 지속되고 있다. 신라(BC, 57~936), 고구려(BC, 37~668), 백제(BC, 18~660), 후백제(892~935), 태봉(901~917), 고려(918~1391), 발해(699~926), 조선조(1392~1910) 이후 남북분단이 '부여계'와 '삼한계'의 통시적 갈등 양상으로 접근할 수도 있다.

10세기 전후에 소멸한 과거 왕조를 두고 해당 지역의 민인들이 여한을 갖는 것은, 비현실적이고 이를 지역감정과 결부시켜 정치적으로 이용하는 술수도 이제는 털어버릴 때가 되었지 않은가. 궁왕(弓王)의 고구려 부흥과, 견현왕의 백제 부흥을 제창한 사실도 지역정서를 이용하여 집권하려는 전략이었다.

여기서 주목할 사실은 우리 반만년 역사에서 일부 반역자들을 제외하고 칭제건원을 최초로 공식적으로 일컬은 지도자는 궁왕인데, 고려조 시각에 얽매여 『삼국사기』는 건원은 말했지만 중국 측 사서에는 칭제를 엄연히 기록했음에도 불구하고 이 중요한 문제를 싣지 않았고, 『고려사』는 처음부터 논의 자체를 하지도 않았다. 역사를 담당했던 중세 우리 선인들의 사대적 시각에 유감을 표하지 않을 수 없다.

삼국시대의 묘호는 고구려 태조왕(大祖王, 太祖, 고구려의 실질적 시조로 보는 견해도 있음, 100세에 선위, 재위, 94년, 향년, 119)

과 신라 태종무렬왕(太宗武烈王, 604~661) 둘밖에 없고, 나머지는 전부 '○○왕'으로 표기했다. 진덕왕 2년(648, 당 태종 22년) 대당 사신 한질허(邯帙許)가 태종(太宗, 高宗)으로부터, 당나라를 신하로 섬기는 처지에 있는 신라가 어찌 감히 자체 '연호'를 쓰고 태종이라는 당태종과 동일한 '묘호'를 쓰느냐고 질책당한 뒤 '태화(太和)' 연호와 조종(祖宗)으로 칭했던 민족의 자주적 연호와 묘호를 폐지하고, 당나라의 연호 '영휘(永徽)'를 사용(650)하기 시작한 신라의 정책은, 삼국통일을 위한 일보 후퇴였다는 논리를 감안해도 비판받아야 마땅하다.

'고구려·신라·태봉·고려조'의 연호 사용과 조선조의 '개국(開國)·건양(建陽)·광무(光武)·융희(隆熙)' 등의 연호를 중시하지 않고, 가벼운 과거지사로 취급하는 사실도 문제가 있다. 만세(萬歲)와 천세(千歲)의 층위, 면류관(冕旒冠)의 12유(旒)와 9유(旒)의 차이, '짐(朕)·고(孤)·과인(寡人)·여(余)'의 호칭 역시 중세의 중시되었던 본래의 의미를 부각시켜야 한다. 오경(五京)과 삼도(三都)와 '부·주·군·현·읍·면' 등 행정조직과, 과거 한반도의 78(72)소국(小國)과 현 지방자치제의 관활 영역이 수천 년의 역사와 연관되어 있는 사실도 기억되어야 한다.

발해조의 현란한 발해악무(渤海樂舞)가 당시 동아시아에 '발해류(渤海流)'로 통했으며, 동북아시아와 일본 악무계를 석권한 것은, 오늘날의 한류악무(韓流樂舞)의 선편을 잡은 현상이었다. 무력위주의 강포한 거란(遼)과 문명국 발해의 대치에서 발해의 패망은 필연이다. 발해가 허망하게 거란에게 패망한 원인을, 일부 사서들은 술 먹고 노래하고 춤을 즐기는 데에 기인했다는 평은 오늘 우리에게도 경고가 된다(酣宴而取亡). 열락과 퇴폐문화에 심취하여 무사안일을 구가하다가 흉포한 게르만족에게 대제국이 유린당한 로마제국에 비교된다.

중원왕조의 문화제국주의(文化帝國主義) 시행 강령인 '정삭(正朔)·유학(儒學)·악률(樂律)·도량권형(度量權衡)'을 12세기에 『고려도경(高麗圖經, 1124)』을 통해 서긍(徐兢, 1091~1153)이 명시했다. 이 중 '동문(同文)'조에 나오는 '용하변이(用夏變夷, 중국문화로 주변 민족을 변화시킴)'를 중심으로 한 동문주의(同文主義, 사이족[四夷族]의 중국화)와 정삭을 천하에 반포하여 연대 표시를 통일(統天下之治)하며, 유학을 널리 펴서 동아시아를 교화(美天下之化)하고, 악률로 천하 백성을 조화롭게(導天下之和)인도하고, 도량권형으로 천하를 공평무사(示天下之公)하게 한다는 전략은 오늘에도 살아있다. 우리가 서양이 강요하지 않았는데도 불구하고, 스스로 시행하고 있는 서기연호와 미터법도 여기에 해당된다.

성(姓)의 경우도 개인이 임의로 정할 수 없었다. 사성(賜姓)이라는 용어도 그렇게 해서 생겼다. 성은 제왕만이 하사할 수가 있었다. 한국과 중국도 동일했다. 중원 서북지역을 석권하여 서하제국(西夏帝國)을 세운 탁발 씨(拓跋氏)는, 당나라 때는 이 씨, 송나라 때는 조 씨로 성을 받았다. 서하족은 한 때 이를 명예롭게 생각했다. 귀순한 발해의 대광현(大光顯)도 고려조가 대 씨(大氏)를 왕 씨(王氏)로 이름도 계(繼)로 바꾸었다. 이보다 앞서 신라로 투항해

온 금관가야의 구형왕(仇衡王, 仇亥王)의 성도 신라가 김 씨로 사성하여 신김 씨(新金氏)로 일컬었다. '김유신·김무력·김서현' 등의 가야인맥 모두 신라가 하사한 김 씨였다.

한국과 중국은 고래로 하층민에게는 성이 없었다. 시대가 흘러 민인들의 권리가 향상되자 모두들 성을 갖고자 했으나 조정에선 이를 억제하는 분위기였다. 성을 갖는 것은 신분의 상승을 의미했다. 성은 친애를 도모하고 혼인을 유별하기 위해서였다. 성은 생(生)이라 했다. 하늘의 기를 타고나기 때문에 생이라 했다.『시경』의 '천생증민(天生蒸民)'과 『상서』의 '평장백성(平章百姓)'도 이를 두고 한 말이다.

백성이라는 말에도 깊은 뜻이 있다. 성(姓) 앞에 백(百)이 있는 까닭은, 옛날 성인이 음률(音律)을 불어서 성을 정한 뒤 그 족속을 기록했다. 사람은 오상(五常, 仁·義·禮·智·信)을 품고 태어나는데, 정성(正聲)에는 오음(五音) 궁상각치우(宮·商·角·徵·羽)가 있어서 이들이 서로 어울려 5·5, 25가 되고, 여기에 춘하추동의 사시(四時)의 다른 기가 합쳐져 음률의 100이 구비되어 백가지의 성(百姓)이 탄생했다(姓所以有百者何, 以爲古者聖人吹律定姓, 以紀其族. 人含五常而生, 正聲有五, 宮商角徵羽, 轉而相雜, 五五二十五, 轉生四時異氣, 殊音悉備, 故姓有百也. -白虎通疏證, 卷九, 姓名)고 분석했다. 성의 근원과 본질을 오상과 오음 그리고 사계의 융합에서 잡은 것이다.

초강대국 옆에 반만년을 살면서 살아 남기위해, 발휘한 선인들의 지혜와 우물 안 개구리처럼 졸렬한 우둔으로 인한 성공과 실패를 반면 거울로 삼아야 한다. 우리와 이웃한 교활한 강국 일본의 과소평가와, 한족과 만주족(明·淸)이 교체한 중원 왕조에 대한 정책 실패로 겪은, 선조(1552~1608)대의 임진왜란(1592)과 정유재란(1597), 그리고 인조(1595~1649)대의 병자호란(1636) 등의 뼈저린 참상은 함량미달의 어리석은 지도자와의 당파싸움과 비현실적 형이상학(성리학)에만 몰두했던 못난 신료(臣僚)들 때문에 일어난 참사였다.

'임진·정유' 왜란의 와중에도 당파싸움을 치열하게 계속했고, 남한산성의 백척간두의 위기 속에도 주화파(主和派)와 척화파(斥和派)의 황당한 포퓰리즘은 그칠 줄 몰랐다. 천여 년에 걸쳐 약탈과 침탈을 일삼는 강포한 일본과 표한한 몽골과 거란·만주족 옆에 살면서 부국강병의 전략을 뒤로 하고, 성리학에 침잠하여 문명주의를 구가하던 조선조가 폐퇴될 것은 당연하다.

근 현대에 들어와 '이화제화(以華制華)·이일제일(以日制日)·이미제미(以美制美)'의 전략으로 대응하여, 세계 10대 경제대국으로 성장한 오늘의 번영을 긴장을 늦추지 않고 계속 지속시켜야 한다. '대보단(大報壇)·삼전도비(三田渡碑)·정림사탑문(定林寺塔文)·맥아더동상' 등에 담긴 민족의 비극과 수란도 감성적으로 은폐하지 말고, 이를 의연하게 부각시켜 그 진상을 후손들에게 알려 감계로 삼아야 할 것이다.

칭제건원을 하고 중원을 정복하여 천하를 호령했던 사이(四夷, 몽골·거란·여진·선비·서하)족들의 정치적 실패와 좌절은, 결과적으로 중국에 민족과 국가와 광대한 강역을 진상한 사실과 대비할 때, 사대주의를 마냥 비판해서도 안 될 것이다. 백호 임제(林悌, 1549~1587)는 '사이가 모두 칭제건원을 하여 중원을 정복했는데, 우리만 이를 못했으니 나의 사후(향년, 39) 곡하지 말라'고 유언을 남긴 백호의 반사대주의적 기개도 큰 교훈이다.

반만년 동안 우리의 파트너로 존재했던 이민족왕조들의 횡포를 직시하여, 이들 중 어느 민족(한족·거란족·몽골족·여진족·일본족·아메리칸)의 정권이 지정학적인 점도 참고하여 비교적 우호적이고 관대했던 가를 돌이켜 보고, 미래를 설계해야 할 것이다. 민족의 역사는 과거가 아니고 현재이며 미래이다. 지금부터 정감적이고 편향적 역사인식에서 벗어나, 국가와 민족의 발전과 비약을 위해 발전적이고 객관적이며 열린 자세로 임해야 한다.

우리 한민족은 학술의 경우 세계 정상을 세 번이나 차지한 민족으로, 8세기 전후 통일신라 시기의 '불교학'과 16세기의 '성리학'과 20세기의 '한류악무'와 'IT기술'이 그 대표적 업적이다. 우리는 계속 천부의 창의력을 발휘하여 이를 살리고 계승하여, 더 나은 또 다른 새로운 공적을 창출해야할 막중한 의무가 있다.

제5장

『보한집』과
고려조 문단과 사회상

강화도호부(신증동국여지승람)

1. 강화 천도의 난맥상

『보한집』의 저자 최자(1188~1260)는 고려조의 왕권과 문신의 권위가 실추되고 무신이 사회 전면으로 부상하여 권력을 전횡하는 시기에 태어나 성장했다. 자고로 지배계층의 이동은 사회전반에 걸쳐 많은 변화를 일으킨다. 문신이 물러나고 무인이 권력을 장악하여 왕의 교체를 손바닥 뒤집듯 자행하여 왕실의 권위와 국가의 정체성을 크게 훼손했다. 몽골군이 고려조를 실질적으로 접수하지 않았다면, 고려왕실의 지속과 무신집권 시대의 마감여부도 미지수가 아니었을까.

중세 왕조의 실상을 그 권위의 표상인 건원과 개원으로 이어지는 연호를 기준으로 검토할 경우, 고려조는 개국의지와 달리 좌절과 굴종으로 점철된 국가였고, 소위 후삼국을 통일한 왕조치고 너무나 무기력한 체제였다. 이렇게 된 원인은 강력한 중앙집권을 이루지 못한 정치 상황과도 관련이 있다. 왕 태조의 유화적 통일정책이 백성들의 불행을 경감시키는 효력이 있었는데 반해, 통합된 강역의 백성과 지역 호족들의 권한을 완전하게 접수하여 장악하는 데는 문제가 있었다.

고려조가 동아시아 강대국으로 부상하는 북방 민족들의 침탈과 고압적 외교 공세에 적절하게 대적하지 못했던 것도, 대내적으로 통합한 강역을 완전하게 장악하지 못한데 기인했다. 왕 태조가 일종의 소국가 형태로 존립했던 지역 세력을 통합하기 위해, 혼인정책과 같은 미봉책을 썼던 것은 국가적 차원으로 볼 때 긍정적으로 보기는 어렵다. 따라서 과연 왕 태조가 명실상부한 삼한 통합을 했던 것인지도 의문이다.

중세 자존적 독립국가임을 선언하는 중요한 척도는 칭제건원 (稱帝建元)이다. 우리 역대 왕조는 중원에 비해 국토의 협소와 백성의 소수로 말미암아 정통왕조에 반기를 들었던 묘청(妙淸, ?~1136) 과 같은 유의 일부 세력을 제외하고 칭제(稱帝)는 감히 시도하지 못했다. 그러나 칭제는 일단 보류한 체 '고구려·신라·발해·후고구려'는 일정기간동안 당당하게 건원과 개원은 지속했다.

고려조는 이 같은 민족 자존적 칭제건원 의지에 입각하여 단기 3251년(918) 연호 '천수(天授)'를 태봉국의 연호 '정개(政開)'를 개원의 형식으로 선포했지만, 천수 16년(933)에 이를 폐지하고 후당(後唐) 연호 '장흥(長興, 930~933)'을 사용했고, 정종(定宗, 923~ 946) 34년(948)에 다시 후한(後漢) 연호 '건우(乾佑, 948~950)'를 1년간 사용하다가 광종(光宗, 925~975) 즉위와 동시에 이를 폐지하고, 자체 연호 '광덕(光德, 950~951, 951~953)'으로 건원했다.

그러나 일 년이 지난 뒤 자체 연호를 중단하고, 후주(後周)의 연호 광순(廣順, 951~953) 등을 쓰다가, 광종 11년(960)에 후주가 망함과 동시에, 자체 연호 '준풍(竣豊960~963)'으로 다시 건원하여 사용하다가 준풍 4년(963)에 이를 폐기하고, 송(宋)의 연호 '건덕(乾德, 963~967)'을 이후 31년간 사용했으며, 성종(成宗, 960~997) 13년(994) 거란(契丹)이 강성해지자, 글 안의 연호 '통화(統和, 983~ 1011)'를 사용했다. 고려조의 자체 연호는 광종 11년(960)부터 14년(963)까지 4년간 사용했던 '준풍'을 끝으로 칭제건원의 의지는 종언을 고했다.

고려조가 불완전하게나마 품었던 칭제건원의 민족 자존적 개국이념은 나약한 군사력과 북방외교의 난조와 실패로 만신창이가 되었고, 따라서 백성들의 고통도 역대 왕조를 통털어 가장 혹독한 간난의 세월을 수백 년간 감수해야 했다. 동아시아의 신흥 강국으로 부상한 거란이 우호의 상징으로 보낸 낙타 50마리를 낙타교 아래에 아사시킨 왕 태조의 정감적 행위는, 백성들을 어육으로 만든 참혹한 대가로 나타났다. 통합한 삼한 지역의 민심도 제대로 수습하지 못했고, 표한한 북방 민족의 강력한 군사력에 대항할 군대와 방어책도 갖추지 못한 처지에, 어설픈 자존의식만 앞세운 무모한 정책이 초래한 당연한 귀결이다.

고려조 개국 후 수백 년간 주변 민족들에게 속수무책으로 참담하게 유린당하면서, 방방곡곡 백성들에게 전무후무한 고통만 안겨준 당국자들의 무능에 대한 역사적 심판이 있어야 할 것이다. 이 같은 고려조의 리더십은 『보한집(補閑集)』의 저자 최자(1188~1260)의 시대까지 지속되었고, 세계를 재패한 원제국(元帝國, 1280~1368)의 침탈 기간에도 되풀이 되었다. 백성을 잔인한 몽골 침략군에게 방기한 체 저들 일신의 안일만 추구한 시책은, 백성들에 대한 전무후무한 범죄행위였다.

부패하고 나약했던 문신집권시대에 이어, 자신들의 안일만을 추구했던 무능한 집권 무신집단의 강화도 천도는, 저들 가족들의 안전과 재산도피가 전제되었을 것은 물론이다. 소위 무사 출신인 그들이 몽골군과 정면으로 싸울 생각은 않고, 섬으로 도피하여 권력과 부귀를 지속시키려는 파렴치한 욕망이 '대몽항쟁'이라는 포 퓰리즘적 구호로 미화되었는데, 후세 일부 학자들이 이를 주체 운 운하는 따위의 평가도 희화적이다.

왕을 강박하여 강화도로 파천시켜 저들과 저들 가족들의 안일 과 열락을 지속시켰던 무신집단과, 조선조가 남한산성에서 포위 되어 왕을 비롯한 신료들의 생명이 경각에 달렸던 절체절명의 위 기 상황에서, 항복을 거부하고 입으로 항쟁을 소리 높여 외쳤던 척 화파의 위선과도 대비된다. 강화도에서 왕비를 비롯한 비빈들이 청나라 군사에게 잡혔고, 지방의 원군도 끊어지고 식량도 소진된 외로운 산성에서, 대청 항쟁을 입과 글로 강경하게 주장한 그들의 용기를 칭송해야 되는지 필자는 의문이다.

만백성을 짐승 같은 수만 또는 수십만의 몽골군에게 방치한 채, 개인의 얄팍한 지조와 후세인으로부터 받을 명성을 기대하며 항 쟁이나 척화를 외치는 행위는, 13세기의 몽골 난과 17세기의 병자 호란의 경우와 흡사하다. 13세기와 17세기의 칭송받는 저들 집단 들의 언행들은 그 시대의 연출된 포퓰리즘의 이상도 이하도 아니 다. 그들이 용감무쌍하게 만백성들의 생명과 노예화 및 재산상의 손실 등을 외면한 채, 강경하게 소리쳤던 소위 항쟁파와 척화파들 의 가족들은 당시 어디에 있었으며, 그들도 적군들의 해침을 받을 수 있는 지역에 있었는지 궁금하다.

최자는 제대로 방어나 저항도 못했던 나약한 고려군을 압도하 며 전국을 유린하고 있는 당시 세계 최강의 원나라 군대를 맞아 구 국적 차원에서 항복하는 것이 옳다고 주장한 용감한 인물이었다.

몽골에 항복하느냐 항쟁하느냐를 두고 조정에서 논의가 분분할 때,『고려사』「최자열전」에 의하면 "강도(江都)는 땅이 넓고 인구가 적은 관계로 지키기가 어려우니 항복하는 것이 옳다."라고 김보정(金寶鼎, 고종대의 무신)과 함께 왕에게 건의했다.

남한산성의 국란 시 주화론자들이 지금까지 정당한 평가를 못 받은 것처럼, 최자의 국토와 백성을 보존시키기 위해 투항하는 것이 상책이라는 주장도 칭송보다 비난이 더 많다. 상황이 항복할 수밖에 없는데도 불구하고, 결과적으로 항복할 수밖에 없다는 사실을 알면서도, 당대나 후세에 충신으로 대접받으려면 항복불가론을 펴는 것이 실리적이라는 의도가 과연 없었다고 단정할 수 있으며, 후세의 지식인들 역시 당시 상황에서 항복할 수밖에 없다는 주화파의 인식이 정당함을 내심으로 인정하면서도, 항쟁파와 척화파를 편드는 것이 자신에게 명분상 유리하다는 판단과 무관한 것일까.

2. 고려조의 권신과 문단

조선조 사인(士人)들은 고려시대의 문풍과 문단성향을 비판했다. 조충전각(雕蟲篆刻)적 표현과 음풍영월(吟風咏月)적 주제의식에 침윤된 고려조 문단상황에 대한 거부감이었다. 조선조 개국과 더불어 진행된 주자학적 신문학의 수립 의지와 맞물려 고려조 문단의 거침없는 남녀상열적(男女相悅的) 형상을 비판했다. 그들은 국운의 흥왕과 쇠락을 음악(音樂)과 시문(詩文)과 연관시켰다. 조야상하가 애호하는 악무와 시인묵객들이 창작하여 향유하는 문사를 보면, 그 나라의 운세를 알 수 있다는 동아시아의 전통적 문예의식에 입각한 인식이다.

조선조 사인들은 고려조 멸망원인의 일단을 문학과도 결부시켰다. 문약에 흐른 나라는 쇠퇴한다는 전대의 문학과 정치의 연결고리를 신봉했다. 문학뿐 아니라 음악에 국운을 연계시켜 망국지음(亡國之音)이라는 악무인식도 조선조 지식인들은 가졌다. 그리하여 고려조의 문학과 악무를 폄하고 이를 극복하려는 신문학 운동이 일어나, 16세기 무렵에는 주자학과 결부된 조선조 특유의 주자학적 신문학이 형성되었다. 조선조 지식인들의 고려조 문단에 대한 이 같은 인식의 근거를 『보한집』을 통하여 확인할 수 있다.

최자는 『보한집』 서문에서 "시문은 도(道)로 들어가는 관문이어야 하고 따라서 경전에 바탕을 두어야 하지만, 욕망과 발랄한 기를 펼쳐서 사람들의 관심을 끌기 위해서는, 특이한 표현기법도 사용할 필요가 있다"고 했다. 『보한집』은 강도(江都) 강화에서 고종 41년(1254)에 완성되었다. 『보한집』이 완성되던 그 해에, 무신 집권자가 버리고 온 우리 백성들 20여만 명이 몽골병에 포로가 되었고, 이보다 16년 앞서 고종 25년(1238)에는 신라의 국보였으며 삼국통일의 웅혼한 기상이 담긴 높이 80여 미터의 황룡사 9층탑이 야만적인 몽골군에 의해 불탔다.

고종과 집권 최씨 일문 및 그를 추종한 관료들이 강도에서 호의

호식할 동안, 국토는 유린되어 초토화되었고 백성은 미증유의 고통을 감내해야했다. 이 같은 여러 정황을 감안할 때, 고종과 그 아들 및 집권 최씨 일가와 그 추종 신료들은 민족사의 돌이킬 수 없는 죄악을 저질렀다. 이들에게 호의를 가진 후세 일부 학자들이 미사여구를 동원하여 변호해봤자, 그것은 또 하나의 죄를 짓는 것에 불과하다.

〈한림별곡(翰林別曲)〉중 '원순문(元淳文)'으로 나와 있는 유승단(俞升旦, 1168~1232, 俞升朝로도 일컬어짐)도 강화천도에 대해 최자와 같은 생각을 갖고 있었다. 고종 19년(1232) 6월 최우(崔瑀, 崔怡, ?~1249)가 왕을 협박하여 강화천도를 단행했을 때, 유승단은 "소국이 대국을 섬기는 것은 예인데, 해곡(海曲)으로 도피하여 도성을 버리고 종묘사직을 방기하는 것은 계책이 아니다."고 진언했다. 야별초지휘(夜別抄指揮) 김세충(金世沖, ?~1232)도 대문을 박차고 들어와 "송경은 조종의 도읍인데 이를 버리고 어디로 가느냐."라고 꾸짖자 최우는 김세충을 끌어내어 참수한 뒤, 왕을 위협하여 강도를 가자고 요구했다.

왕이 쉽게 결정을 못하고 머뭇거리자, 이를 아랑곳 않고 즉각 천도를 결행했다. 그때 비가 십여 일간 내려 길이 진흙으로 뒤덮혀 사람과 말이 넘어지고 쓰러져 울부짖는 소리가 천지를 울렸다. 당시 10만호에 이른 송경의 백성들이 오랫동안 살아온 정든 집을 뒤로하고 통곡하며 독재자의 뒤를 따라 강화로 울부짖으며 옮겨갔다.

『고려사』「열전」에 유승단이 천도의 불가함을 폭압적 독재자에게 자신의 소신을 비장하게 개진하는 상황을 감동적으로 묘사했다. 당시 최우는 원과 화친을 할 경우 그들의 무신 독재가 끝남은 물론이고, 그 자신과 일가의 생명과 재산도 풍비박산된다는 사실을 예측하고, 왕을 강박해서라도 천도를 추진할 수밖에 없는 처지였다. 이 무렵 몽골군이 대거 침구하여 경기지역을 휩쓸었다. 최이(崔怡, ?~1249)는 재추(宰樞)들을 소집하여 강화로 천도할 것을 논의했다. 당시 태평세월이 오래 지속되어 경도(京都)의 호구는 10만에 이르렀고, 호화저택들이 줄지어 늘어선 번화한 도회여서 사람들이 집을 버리고 강화로 떠나기를 싫어했다.

그러나 최이를 두려워해서 감히 반대하는 말을 하는 사람이 없었지만, 유승단이 홀로 "작은 나라가 큰 나라를 섬기는 것은 대의입니다. 예로서 대하고 신의로서 우애를 나누면 그들이 무슨 명목으로 우리를 핍박하겠습니까. 이제 도성을 버리고 종묘사직을 버리고 해도를 도피하여 엎드려 구차하게 세월을 보내는 사이에, 변방 백성들과 장정들 모두가 적의 창칼과 화살에 희생될 것이고, 노약자들은 노비나 포로로 전락할 것이 분명할 터이니, 이는 국가가 취할 정책이 아닙니다."라고 비장하게 개진했다. 유승단 이외 모든 신료들은 한 결 같이 입을 굳게 다물고, 사악한 독재자의 반민족적 반국가적 결정에 주구처럼 따랐음은 물론이다.

최이와 그 추종자들이 해곡 강화에서 호의호식하며 음풍영월을 일삼을 동안, 삼천리 방방곡곡의 백성들은 몽골군의 칼날 앞에 어육이 되었거나 노예로 전락했다는 사실을 우리는 과소평가하고, 세계를 재패한 몽골군과 용감하게 최씨 정권이 맞섰다는 사실을 과대 포장한 일부 학자와 사가와 그 추종자들의 견해를 미화시키지 않았는지를 반성해야 한다.

『보한집』의 편찬 발간 역시 독재자 최씨 일문과 그 추종자들인 상류 지식인들과 무관한 저술은 아니다. 조선조 지식인들이 고려조의 문학을 '망국지문(亡國之文)'으로 인식하고 격하시킨 사실도 이 같은 시대상을 근저로 하고 있다. 『보한집』의 전편에 해당되는 이인로(李仁老, 1152~1220)의 『파한집(破閑集)』도 소위 자주적 항몽투쟁 운운하며 왜곡 평가된 무신 집권 세력과 비호 아래 발간된 사실이 주목된다. 『파한집』과 『보한집』이 16세기 무렵에 성리학을 몰두했던 조선조 유학자들 눈에 음풍영월적 언어유희로 비칠 것은 당연하다.

최자는 『보한집』의 편찬 경위에 대해 "진양공(晉陽公, 崔怡)이 『파한집』은 풍부한 내용을 담지 못했으니 이를 보강하라."는 지시를 받고 인멸된 시문의 잔편을 모으다가 근체(近体) 약간 편을 얻었는데, 승려와 아녀자들 작품 중에 좋은 글은 아니지만 담소(談笑)에 보탬이 되는 것들은 함께 수록하여, 한 권의 책을 만들고 이를 삼권(三卷)으로 나누었다고 했다. 『파한집』과 『보한집』이 함께 '상·중·하' 삼권으로 된 것 역시 이들 두 간책의 성향이 동일함을 의미한다.

『파한집』과 『보한집』은 문신을 학살하고 권력을 장악한 무신 집단을 대표한 최우 등의 속죄의식과, 그들도 문학을 애호하고 육성한다는 의지를 밝힌 것으로 이해된다. 조선조 성리학자들이 고려조 문단과 시문의 동향과 문풍을 '망국지문'으로 인식한 저변에는, 『파한집』과 『보한집』의 음풍영월적 유희와 흥미를 돋우는 주제의식에 대한 비판이 깔려있었다. 척불숭유(斥佛崇儒) 이데올로기의 근저가 된 '예악론'에 입각한 조선조의 개국이념과 토속적 산천숭배와 불가를 신봉한 왕 태조와 그 주변 인물들의 개국이념은 차이가 있었다. 그리하여 조선조 개국과 더불어 고려조의 '악장'과 '속악' 및 즐겨 사용했던 '당악(唐樂, 외래악)' 등도 역시 망국지음(亡國之音)으로 격하시켰다.

『보한집』은 최자의 편찬의도와 달리 당시 문신들은 고려왕조 체제를 천양하려는 의도가 있었고, 최이를 비롯한 무신들은 저들도 무력만 숭상하는 것이 아니라 문학을 긍정하고 문풍을 진작하려는 의지가 있음을 『보한집』을 통하여 선전하려는 정치적 의도와, 고려 태조의 위업을 기려 최이 세력을 견제하려는 관료들의 암묵적 목적도 작용했다. 최이가 최자에게 『파한집』을 능가하는 책 만들기를 지시한 사실과, 손변(孫抃, ?~1251)이 태조의 성제(聖製)를 책머리에 넣으라는 요구 등이 이를 뒷받침한다.

최자는 『보한집』 서문에서 글은 도를 섭렵하는 관문이긴 하지만, 독자의 감동을 유발시키기 위해 험괴(險怪)와 기궤(奇詭)를 활용해야만, 기운이 웅혼하고 뜻이 심오하고 주제가 선명하게 된다고 했다. 그러기 위해 표절과 미사여구나 과장 성률(聲律) 탁자(琢字) 연의(鍊意) 등의 인위적 작문 태도는 지양되어야 한다고 했다. 글은 모름지기 인심을 감발시켜 오묘한 뜻을 발양시켜서 정심(正心)으로 귀착시키는데 목표를 두어야 한다고 표면적으로는 유가적 문학론을 전개했지만, 『보한집』 전편을 통해 문이재도적(文以載道的) 주제의식은 거의 나타나지 않고 있다. 전래의 기층문화와 불교까지 포용한 고려조 문단의 특색을 잘 나타낸『보한집』은 문이재도적 굴촉을 벗어났기 때문에 가치가 있다. 유교적 획일성을 촉구했던 조선조 문단과 성격이 다른 다양한 문화를 융합한 고려조 문단의 정황을 파악할 수 있는 계기를『보한집』이 제공한 사실은 의미가 있다.

최자가『보한집』서문을 통해 고려조가 인문주의(人文主義)를 표방했기 때문에 현준(賢儁)이 시대마다 배출되어 풍화가 흥융하여 훌륭한 인물들이 배출되었는데, 왕융(王融, 광종 성종대 인), 서희(徐熙, 942~998) 등이 나타났고, 뒤를 이어 최충(崔沖, 984~1068), 박인양(朴寅亮, ?~1096), 김부식(金富軾, 1075~1151), 정지상(鄭知常, ?~1135) 이인로, 이규보(李奎報, 1168~1241) 등이 배출되어 금과 돌이 사이에 끼이고, 별과 달이 서로 빛나서 한(漢)나라의 문(文)과 당나라의 시(詩)가 풍성하게 본조(本朝, 高麗朝) 문단에 발휘되었다고 했다.

『보한집』에 수록된 시문 가운데 문이재도적(文以載道的) 작품이 드문 이유는, 최자가 재도적 문학관에 대해 우호적이지 않았다는 증거이다.『파한집』과『보한집』에 근거할 때, 고려조는 상무(尙武)보다 상문(尙文)에 가까운 인문주의 국가였고, 이 같은 정책으로 인해 거란족의 요나라와 여진족의 금나라 등 호전적인 북방민족이 만주와 중원을 석권하던 시대에, 이를 적의하게 대응하지 못하여 갖가지 치욕을 겪었다.

고려조는 북방민족과 동방의 왜족의 무수한 침략과 약탈 및 분탕질에 대해 외교적으로도 무력했고 무력적으로도 나약하여 만

백성을 도탄에 빠뜨린 불운한 왕조였음은 앞서도 말한 바 있다. 이와 달리 조선조는 한족과 만주족·왜족에 대한 북방외교와 동방외교를 적절하게 구사하여 임진왜란이 일어나기까지 200년간 우리 역사상 찾아보기 힘든 태평시대를 구가했다. 조선조는 고려조의 국가 축전이었던 '팔관회(八關會)'와 '연등회(燃燈會)' 등을 폐지하고 상무정신의 근간이 된 '강무(講武)'를 국가 공식행사로 정착시킨 세종대왕의 정책이 돋보인다.

조선조를 문약에 흘렀다고 일반적으로 평하지만, 이는 조선조 전기에는 해당되지 않는 평가이다. 육진개척을 위시한 압록강 두만강까지 국토를 확장한 업적은, 상무(尚武)에 기반을 둔 강무의식을 국가 공식행사로 실시했던 사실과도 연관된다. 조선조 전기의 이 같은 상무정신이 없었다면 불가능했을 것이다. 세종이 국가의 공식행사로 강조했던 '강무'는 중국에서 유래된 것으로, 오늘날 군사훈련과 같은 의식이었는데 조선조가 멸망할 때까지, 그 본래의 뜻은 비록 상실했거나 약화되었지만 시행된 것처럼 여겨진다.

3. 최씨 정권과 『보한집』

최자가 『보한집』을 찬술할 때 손변이 왕 태조의 성제(聖制)를 제시하며 수록하라고 요구했다. 최자는 이 책은 자질구레한 잡담을 모아 심심풀이로 삼기 위한 의도로 찬집하고 있는바, 제왕의 성전(盛典)을 싣는 것은 적절치 않다고 반대했다. 이에 손변은 유신으로서 성훈(聖訓)의 등재를 사양하는 것이 말이 되느냐는 항의를 받고, 황급히 태조의 글을 『보한집』 머리에 수록했다고 했다.

『파한집』이 소략하니 보다 증광 시켜 '속 파한집'을 찬술하라는 최이의 지시와 왕 태조의 글을 실으라는 손변의 요구 사이에 미묘한 간극이 있는 듯하고, 최자가 『보한집』의 편술의도를 말하면서 손변의 요청을 일단 거부한 사실 가운데 행간에 흐르는 의식의 차이를 엿볼 수 있다.

고려조 개국 후 왕 태조와 왕권을 무력화시킨 최이와 최이 밑에서 일하고 있는 손변과 최자 사이에 약간의 견해차를 읽게 되는 바, 이는 『보한집』에 대한 이들의 의도가 상이했음을 알 수 있는 단서가 된다. 『보한집』 첫 머리에 왕 태조의 개국이념이 담긴 글이 실린 것을 본 고종과 최이의 심경이 궁금하다. 손변이 왕 태조의 글을 '성훈'이라 한 것은 「훈요십조(訓要十條)」의 '훈(訓)'과도 일맥상통한다.

후삼국 말엽 난세를 평정하고 나라를 세울 때 왕 태조는 음양과 부도(浮屠, 불교)에 관심을 가졌다. 참모 최응(崔凝, 898~932)은 "전(傳)에 이르길 난세에는 문덕(文德)을 닦아 인심을 얻어야 한다고 했습니다. 그러므로 왕자(王者)는 비록 전쟁의 와중에서도 문덕을 닦는 것이 마땅하지, 불교나 음양에 의거하여 천하를 얻었다는 말을 듣지 못했습니다."라고 했다.

태조는 "이 말을 짐이 어찌 모르겠느냐마는, 우리나라 산수(山水)는 신령스럽고 기이하면서도 지역이 편벽되어 궁벽한 곳에 처했기 때문에, 백성들의 심성이 불교와 신령을 좋아하여 복리를 구하는 성향이 강하다. 또 방금 전투가 그치지 않아 안위가 불안하여 아침저녁 할 것 없이 불안과 공포에 떨며 어찌할 바를 모르고 있는 터에, 백성들은 부처와 신령을 생각하고 산수의 영험함에 의지하고 있는 실정인 만큼, 잠정적으로 이를 인정할 따름이다. 부도와 신령과 산수의 기이함이 국가를 다스리고 백성의 마음을 얻는 정도가 아님을 짐도 알고 있다. 난리가 끝나고 사직이 안정된 뒤에 풍속을 올바르고 아름답게 바꾸는 등의 교화를 실시할 것이다." 라고 답했다. 이 같은 태조의 주장에서 유교적 통치이념을 국체가 안정된 뒤에 시행하겠다는 의지를 읽을 수 있다.

손변은 위의 왕태조의 경국이념과 후백제 정벌, 발해인의 귀순, 개태사(開泰寺) 창건과 경순왕(敬順王, ?~979)의 내조(來朝) 및 신검(神劍)의 자멸과 견훤(甄萱, 867~936)의 입조(入朝) 등 고려조의 삼한통합(三韓統合)이 천명임을 『보한집』머리에 수록하는 것이 옳다고 했다. 계속하여 손변은 광종(光宗, 925~975)과 성종(成宗, 960~997), 현종(顯宗, 992~1031), 문종(文宗, 1019~1083), 예종(睿宗, 1079~1122) 등 성군의 업적과 이 시대에 배출된 문헌공 최충(崔沖, 984~1068)을 위시한 인물들을 널리 소개하여, 고려조가 역사상 위대한 왕조임을 천명해야 한다고 했다.

사실 『보한집』의 앞부분은 『보한집』 전편을 관류하는 음풍영월적 시문과 흥미로운 사건들의 나열에 수반된 주제의식과는 차이가 있다. 최자가 편술한 『보한집』의 주제영역은 기층신앙을 위시한 다양한 내용들로 충만하다. 『보한집』의 출간을 통한 최이와 손변 그리고 최자의 목적은 다소간의 편차가 있는 것은 사실이지만, 후인들은 이 간책을 창으로 하여 고려시대의 문단과 사회상을 볼 수 있게 된 것은 다행이다.

이인로의 『파한집』은 『보한집』에 비해 정치적 색채가 덜한 편이다. 최이가 최자에게 『파한집』이 다루지 못한 내용을 싣고 보다 광범위하게 자료를 수집하여 속편을 만들라고 한 이유는, 고려조의 정통성을 보강하라는 뜻은 아닐 것이다. 왜냐하면 왕권을 무력화시킨 반역적 무인의 가계인 실권자 최이가 고려조의 개국 이념이나 왕권의 회복과 성장을 원하지 않았음이 확실하기 때문이다. 『파한집』은 『보한집』이 왕 태조의 성훈(聖訓)으로 시작한 것과는 달리 진양(晉陽)을 소재로 한 시화로 시작했다. 모든 저술에 서장(序章)은 중요하다. 필자의 편찬의도 중 가장 현저한 내용을 모두(冒頭)로 삼는 경우가 많기 때문이다.

필자가 『파한집』의 첫머리를 언급하는 이유는 진양을 두고 왜 옛날 '제도(帝都)'라고 했는지 석연치 않아서이다. 진양은 일찍이 제국(帝國), 즉 한 국가의 수도가 된 적이 없었고, 혹시 가야 등 고대 72소국 중의 수도였을 가능성까지 검토했으나 수도였다는 정황도 희박하다. '제도'가 수도가 아닌 다른 의미가 있을 수도 있겠으나 필자의 과문인지 상고할 방도가 없다.

진양은 옛 제국의 수도로 산천의 경치가 영남의 제일이라고 최자는 평했다. 어떤 사람이 진양도(晉陽圖)를 그려 상국(相國) 이지저(李之氐, 1092~1145)에게 바쳤다. 이지저는 이 그림을 벽에 걸어두고 진양의 아름다운 풍광을 감상했다. 마침 군부(軍府) 참모

영양(榮陽) 정여령(鄭與齡)이 방문했을 때, "이 그림은 군의 고향을 그렸으니, 응당 시 한수를 남겨야 하지 않겠느냐"고 하자, 그는 즉시 붓을 잡고 다음과 같이 읊었다.

두어점 푸른산은 호수에 비꼈는데	數點靑山枕碧湖
공은 이를 가리켜 진양도라 하네	公言此是晋陽圖
물가에는 초갓집 두어 채가 있지만	水邊草屋知多少
이 중에 나의 집은 보이질 않구나.	中有吾廬畵也無

상국을 비롯한 좌중의 모든 사람이 탄복하며 정민(精敏)하다고 평했다. 최자가 『파한집』에 실린 많은 시들 중에 이 시가 특히 그의 마음을 사로잡았으므로 책머리에 편차했다고 볼 수도 있으나, 필자는 옛 제도인 진양을 그린 진양도와 이를 시로 형상한 점에 무게를 두었기 때문이라 생각한다. 혹시 당시 실권자인 최충헌이 진강공(晋康公)이고 아들 최이가 진양공(晋陽公)인 사실과 관련이 있는 것인지, 아니면 제왕이 되고자 한 참람한 생각을 가졌기 때문인지는 조만간 단정하기 어렵다.

작위를 수여하고 명칭을 붙일 때 대체로 해당 인물의 관향에 결부된 읍호(邑號)에 의거함이 상례이나, 진강공과 진양공은 관향이 진주가 아닌 만큼 다른 까닭이 있을 법하다. 그 중에 혹시 식읍(食邑)과 관련이 있는지 모르나 현재로서 필자는 무어라 속단하기가 어렵다. 『파한집』 서두에 최초로 나오는 지명은 '진양'이고 인물은 '이지저'와 '정여령'이고, 『보한집』에는 '왕 태조'와 '손변'

이 머리에 등장한다. 최자가 손변을 서두에 배치한 것은 그가 왕 태조의 성훈을 수록해야 한다는 지시와 관계가 있을 수도 있으나, 손변이라는 인물이 그만큼 중요한 위치를 점하고 있었기 때문이 아닐까.

손변은『고려사』「열전」에 의하면 최자가 중시할 만한 위상을 가진 인물이었다. 특히 그가 형제간의 송사를 해결한 명 판결은 조선조까지 훌륭한 판례로 계속 논의될 정도였다. 이제현(李齊賢, 1287~1367)의『역옹패설(櫟翁稗說)』에도 손변을 수록하여 그의 윤리적 정감에 입각한 판결을 찬양해 마지않았다.

『고려사』「열전 손변」조는 유명한 판례(判例)에 관해서 다음과 같이 말했다. 손변이 경상도 안찰부사로 재직 시 동생과 누나 사이에 송사가 있었다. 남동생이 이르기를 "부모의 재산은 누이와 동생이 함께 나누어 갖는 것이 원칙인데, 어째서 누나가 재산을 독차지하고 동생인 나에게는 하나도 없느냐"고 하자, 누나가 대답하기를 "임종 시 아버지가 전 재산을 나에게 준다고 했고, 네 몫으로 검은 옷 한 벌과 검은 갓 하나와 짚신 한 켤레, 종이 한 권만 준다고 했는바, 이를 기록한 문서가 남아 있는데 부모의 뜻을 어찌 어길 수 있느냐"라고 응대했다. 이 누나와 동생 간의 송사는 수년간 미결인 채로 남아 있었다.

이 송사를 접한 손변은 이들을 불러 앞에 새워놓고, "너희 아버지가 돌아가실 때 어머님은 어디에 계셨느냐"고 물었다. "당시 어머님은 먼저 사망했다"고 답하자, 손변은 또 "그 때 너희들 나이가 얼마냐"고 물었다. "누나는 이미 결혼했고 동생은 어린이였다"고대답했다. 이 말을 들은 후 손변은 "부모의 마음은 모든 자식에게 공평하다. 그런데 어찌 시집간 딸에게 후하고 어머니도 없는 코 흘리게 아들에게 박할 수 있겠는가. 돌아보건 데 어린 아들이 믿을 곳은 누나밖에 없다. 만일 재산을 균등하게 나누어 주면 누나가 혹시 동생을 덜 사랑하고 부양하는 마음이 부실할 수도 있음을 두려워했던 것이다. 어린 아들이 누나의 사랑을 받고 훌륭하게 자라 성인이 되었을 때, 부모가 남겨준 종이에 소송 내용을 적고 검은 옷을 입고 짚신을 신고 관청에 소송을 제기하여 능히 이를 변별하여 명 판결을 내릴 명판관을 기대하고, 위의 네 가지 물건을 남긴 것이다."라고 타일렀다.

손변의 이 같은 말을 듣고 나서 누나와 동생은 마주보며 울었다. 손변은 이에 재산을 반으로 그들에게 나누어 주었다. 감동적인 판결이다. 누나의 주장과 동생의 불만도 일리가 있다. 아버지 유언장에 담긴 뜻도 심오하고, 종이와 검정색 옷과 짚신 그리고 검정색 관 등 네 가지 물건을 남긴 뜻도 절묘하다. 어머니를 여읜 어린 아들을 두고 생을 마감하는 아버지의 깊은 뜻을 헤아려 명 판결을 한 손변의 형안도 감동적이다. 요즘 권세와 인기에 영합하여 엉뚱한 판결을 남발하는 비인간적 법관들 모두가 꼭 읽어야 할 내용이다. 옛날 송사를 할 때 검정색 의관을 착용하는 것이 관례였다고 알려져 있다.

『파한집』의 서두에 등재된 이지저(李之氐)는 묘청(妙淸) 백수한(白壽翰, ?~1135), 정지상(鄭知常, ?~1135), 김안(金安, ?~1135), 문공인(文公仁, ?~1137), 임경청(林景淸, 예종 인종 대 문인) 등이

소위 칭제건원 및 반 금조(反金朝)의 기치를 들고 고려조를 전복하고자 했던 서경파(西京派)를 제거하고, 고려조의 정통을 계승 발전시키려는 인물이었다.

당시 묘청 등의 주장대로 국호를 '대위(大爲)'로 하고 '천개(天開)'로 건원(建元)한 '대위제국(大爲帝國)'이 성립되었다면, 중국 남방의 남송(南宋)과 요나라를 정복한 뒤 중원의 강대국으로 군림했던 금제국(金帝國) 등이 이를 용인 했을지도 의문이다. 반만 년 민족사의 전개과정에서 '칭제건원'은 뜨거운 감자와 같은 것으로 권력을 장악하려는 반역세력들이 표방한 포퓰리즘적 구호로 활용된 측면이 많았지만, 우리민족 심성 속에 깊숙이 각인된 자존적 염원이기도 했다.

칭제건원은 조선조에 들어와서도 일부 반역자들에 의해 제창될 만큼 매력적인 정치적 구호였다. 권력을 잡으려는 야심가들이 이를 즐겨 이용한 것은 우리민족 뇌리 속에 강인하게 자리 잡고 있는 중원세력으로부터의 자주독립 의지가 줄기차게 흐르고 있음을 간파했기 때문이다. 이 같은 통시적 민족의 염원인 칭제건원의 의지는 광무황제(光武皇帝, 1852~1919)에 의해 성취되었으나, 완벽한 칭제건원과는 다소간의 거리가 있었으므로 아쉬움이 남아 있다. 한민족(韓民族)의 숙원이었던 칭제건원이 조선조 멸망과 연결되었기 때문에, 못다 이룬 한으로 지금까지 겨레의 마음에 앙금으로 남아있다.

이지저는 문충공 이공수(李公遂, ?~1137)의 아들로서, 이자겸(李資謙, ?~1126)이 권력을 무소불위로 휘두를 때 모든 사람들이 그에게 아부했지만, 유독 의연하게 처신하여 친하게 지내지 않았다. 묘청을 중심한 서경파들이 인종(仁宗, 1109~1146)을 부추겨 '칭제건원·금국 정벌·서경천도' 등의 정책을 펼 때, 그는 현실적으로 불가능할 뿐 아니라 고려왕실의 안위와도 연관된 것으로 인식하고 이를 완강하게 반대했다.

특히 묘청파(妙淸派)들이 말한 "대동강에 서기가 돌고 신용(神龍)이 침을 토했으니 이는 천재일우의 기회인만큼 서경으로 천도하여 황제의 나라로 재조(再造)해야 한다"는 등의 야심찬 주장을 듣고, 인종(仁宗)이 어떻게 생각하느냐고 묻자, 그는 금나라는 강성한 나라임으로 가볍게 대해서 안 된다고 답하고, 항차 대신들이 상도(上都, 개성)에 있는 터에, 그들 몇 사람의 의견을 듣고 국가의 중대사를 결정할 수 없다고 하자, 왕은 이지저의 주장에 따랐다.

이후 묘청 등 반역 인물들이 서경을 중심으로 반란을 일으켜 오랫동안 진압되지 않은 상태에서, 그는 "범과 코뿔소가 우리를 나와 행패를 부리고, 보화가 함 속에서 깨어지고 있는 것은, 문공인(文公仁, ?~1137, 인종 때 문신 묘청을 추앙)과 임경청(林景淸, 인종 시 인물로 묘청을 지지) 등 두어 명의 대신들이 이면으로 도왔기 때문이니 이들을 참수하라"는 상소문을 올리기도 했다. 『고려사』「열전 이지저」편에 기록된 이 같은 내용을 감안할 때, 그는 고려왕실의 중신으로 국통을 지속시키는데 큰 공을 세운 명신임이 확실하고, 최자도 이를 높이 평가하여 『보한집』 모두에 이지저 상국을 기재한 것으로 생각된다.

명조(明朝)가 중원을 석권할 때까지, 송나라와 거란(遼) 금나라

원나라로 이어지는 동북아시아 강대국들의 각축 속에서, 마음만은 강국이었던 12, 13세기 약소국인 고려조가 감내해야 했던 비극과 참상 속에 피어난, 문예의 꽃인『파한집』과『보한집』의 콘텐츠는, 당대 집권 사대부나 지식인들의 암울한 마음을 달래주던 오아시스와 같은 역할을 하지 않았나 한다. 최이가『파한집』에 이어『보한집』에 큰 관심을 가졌던 까닭도 당대의 이 같은 정치적 정황과도 관련이 있었다.

4.『보한집』의 품격론과 표절문제

최자는 그의 선대인 문헌공(文憲公) 최충(崔沖, 984~1068)의 업적과 가훈(家訓)을 소개하며 이를 기렸다. 최충은 두 아들을 두었는데 항상 그들에게 "학자(士)가 권세에 의거하여 출세하면 그 끝이 아름다운 사례가 적고, 반면 학문적 업적으로 영달하면 경사가 따른다. 나는 다행이 학문과 이에 따른 실행으로 현달하여 삼가고 조신하며 청빈과 근신을 행하는 것으로 삶을 마치게 되었다."라고 한 후 자손들을 훈계하는 글을 남겼다. 후손들이 삼가지 못하여 그 문서는 중간에 잃어버렸지만, 그 중 두 수의 시가 전해지는 데 그 중 한 수의 내용은 다음과 같다.

우리 집안에 대대로 무용지물은 없고   家世無長物
오직 후대에 전할 보물만 간직했다.   唯傳至寶藏

문장은 바로 비단과 같고	文章爲錦繡
덕행은 곧 옥으로 만든 홀이 된다.	德行是珪璋
오늘 이 보배를 나누어 줄 터이니	今日相分付
후일 부디 이것을 잃어버리지 말고.	他年莫敢忘
이를 잘 활용하면 벼슬길에 나아가	好支廊廟用
대대로 가문이 번창할 것이다.	世世益興昌

문헌공의 손자 중서령 최사추(崔思諏, 1034~1115)도 후손들에게 「검소하게 생활하라고 훈계하는 글(訓儉文)」을 지어 아들 평장사(平章事) 최진(崔溱, 인종대 인)에게 남겼고, 진의 손자가 이를 나에게 보여주었는데 이미 30여 년 전 일이라, 단지 '나의 할아버지가 공(公)으로 하여금 일상엔 나무 그릇을 쓰게 했다(吾祖令公常用木器).'는 여덟 글자만 기억하고 나머지는 잊어버렸다. 지금 그 문권을 혹시 자손 가운데 누가 전하여 갖고 있는지 모르겠다고 했다. 최자는 자신이 문헌공의 후손임을 자랑스럽게 생각했다.

최사추는 명문거족임에도 불구하고 교만하지 않았으며 재조 40여 년간 과실이 없었다. 유명한 이자겸(李資謙, ?~1126)이 그의 사위였을 정도로 권문세족의 지위에 있었지만, 겸손과 근검절약을 생활신조로 삼았다. 이 같은 최문(崔門)의 가풍은 문헌공 최충의 가훈에 영향을 받았다. 최충의 아들 중 취유선(崔惟善, ?~1075)은 중서령(中書令) 최유길(崔惟吉, 문종대 인)은 상서령(尙書令)에 올랐다. 인간은 직위고하를 막론하고 혈연을 뛰어넘을 수 없음을 『보한집』의 찬자 최자 또한 상당한 애정을 가지고 자신의 선대를 기록한 것에서도 확인된다.

『보한집』은 앞머리의 왕 태조 '성훈' 등을 제외하면 거의가 시문과 시문비평 및 시문에 얽힌 흥미로운 이야기가 주류를 이루고 있다. 특히 당시 문단의 주관심사였던 비평론에 그는 많은 지면을 할애했다. 중원에서 유입된 '품격론(品格論)'을 고려문단 나름으로 변용시켜 이를 척도로 하여 비평을 했는데, 시문의 주제파악의 경지를 넘어 미학적으로 분석하려는 의식이 강했다. 비평론과 더불어 최자는 장르론까지 관심을 가져 문체(文體)에 대한 개념 정의를 시도했다.

무릇 송(頌)은 공덕을 기리고 찬미하는 것이고, 찬(讚) 역시 송과 같은 유이다. 부(賦)는 본래 시에서 근원하여 사(詞)로 나아갔다. 정미하게 사리를 분석하는 것을 논(論)이라 하고, 실증적 증거를 찾아 문제점을 설명한 것이 책(策)이다. 문을 베풀어 본질을 알게 하는 것을 비(碑)라 하고, 사물을 밝고 윤택하게 서술한 것을 명(銘)이라 일컫는다. 표(表)로서 충성심을 개진하고, 소(疏)로서 자신의 뜻을 개진하고, 책(冊)으로 공적을 기록하고, 뇌(誄)로서 삶의 마감을 예찬한다. 잠(箴)은 부족한 것을 보완하는 것이고, 격(檄)은 널리 전하여 타이르는 것이다. 이 같은 글들은 각각 체제가 정해져 있다. 그러나 찬(讚)은 문장이 준일(俊逸)할 것을 요구할 뿐 형식에 구애받지 않는다.

이상은 최자가 문체(장르)에 대해서 약술한 내용이다. 그가 이같은 장르론을 전개한 이유는 당시 문인들에게 문체에 관한 정확한 이해를 돕기 위해서였다. 요즘의 시각으로 볼 때 최자의 문체론

(文體論)은 상식에 불과할 수도 있지만, 13세기 고려조 문단에서는 중요한 관심사였을 것이다.

최자는 문체론에 이어 '품격론'을 펼쳐서 고려조 문단에 신선한 충격을 주었다. 그는 성률과 평측 압운 등의 '격률론(格律論)'에서 한 걸음 나아가 시문의 미학적 접근을 시도했다. 『파한집』의 탁물우의(託物寓意)와 환골탈태(換骨奪胎) 신의(新意) 등의 시론을 뛰어넘어, 문예 미학에 바탕을 둔 품격론의 전개는 고려조 문단의 품위를 한층 더 향상시켰다.

'준장(俊壯)·부귀(富貴)·정묘(精妙)·함축(含蓄)·표일(飄逸)·청원(淸遠)·유박(幽博)·호방(豪放)·청아(淸雅)·호탕(豪宕)·호매(豪邁)·경준(勁峻)·신기절묘(新奇絶妙)·표일경직(飄逸勁直)·굉섬화유(宏贍和裕)·평담고막(平淡高邈)·우한이광(優閑夷曠)·생졸야소(生拙野疏)·건삽한고(蹇澁寒枯)·천속무잡(賤俗蕪雜)·쇠약음미(衰弱淫靡)·호장부귀(豪壯富貴)·웅심고아(雄深古雅)' 등의 시와 산문을 넘나드는 비평의 준척이 되는 품격용어가 『보한집』전 편에 걸쳐 깔려있다.

품격론에 초점을 맞추어 『보한집』을 검토한다면 더 많은 용어들이 부각될 것이지만, 본고에서는 용어를 소개하는 것으로 만족한다. 고려조 문단에 왕성하게 전개된 품격론이 조선조에 들어와서 오히려 관심이 식었다고 볼 수 있는 바, 이 같은 형상을 어떻게 평가할 것인지도 문제이다.

최자는 이규보 「만일사루시(萬日寺樓詩)」의 "몇 사람을 건네 놓고 배는 절로 떠 있으며(渡了幾人舟自浮), 외로운 범을 지저귀어 쫓아내고도 새는 계속 울고 있네(嗓殘孤虎鳥猶鳴)."를 평하여 신경(新警)이라 했다.

김극기(金克己)의 "천마는 발이 빨라 천리도 가깝고(天馬足驕千里近), 바다자라는 머리가 굳세어 다섯 산도 가볍네(海鼇頭壯五山輕)."는 준장(俊壯)으로 칭했으며, 진화(陣華)의 강상시(江上詩) "바람은 낚시꾼의 배에 비를 뿌리고(風吹釣叟帆邊雨), 산은 모래 벌 갈매기 그림자에 가을이 물들었네(山染沙鷗影外秋)."를 표일이라 했다.

이규보의 북사루시(北寺樓詩) "한가한 구름 삽시간에 천상이 되고(閑雲頃刻成千狀), 흘러가는 물은 한결같은 소리를 내네(流水尋常作一声)."를 두고 청사(淸駛)라고 평했다. 품격론에 입각한 시비평은 자칫 추상에 흐를 소지가 있는 데, 최자는 독자들에게 거부감 없이 이를 설득력 있게 제시했다.

고려조 문단에는 크게 두 부류의 작가 군이 있었다. 그 중 하나는 사인(士人) 즉 유자(儒者)부류이고, 다른 하나는 승려계층이다. 그밖에 여류나 기타 다양한 시인들이 작품 활동을 하고 있었으나, 대표적 그룹은 유자군(儒者群)과 시승군(詩僧群)이다. 고려시대는 유불선(儒佛仙)이 적대시하거나 서로를 폄하하는 경향이 없었으므로 상대를 존중하며 교류했다. 시작 활동 역시 차운(次韻)이나 화운(和韻)을 주고받으며 서로에게 형향을 끼치고 있었다. 그러나 유학과 불교의 이념적 차이로 말미암아 시풍은 물론이고 주제의식도 차이가 있었다. 이로 인해 고려조 문단은 조선조의 문단과 달리 다양성을 갖고 있었으며, 아울러 발랄하고 흥미진진한 면도 갖추고 있었다. 그 한 예로서 다음에 인용할 시승 원잠(元湛)의 사대부 시에 대한 평가가 주목된다.

시승 원잠(元湛)이 나(최자)에게 이르기를 "요즘 사대부들은 시를 지을 때 멀리 다른 나라의 인물과 지명을 사용하면서, 마치 우리나라의 일처럼 떠벌리고 있는데, 이는 퍽이나 가소로운 일이다. 그 한 예로서 이규보의「남유시(南遊詩)」중에 '가을 서리는 오중(吳中, 남녘)의 나무들을 남김없이 물들였고(秋霜染盡吳中樹), 저녁 비는 초(楚)나라 밖 산들을 어둡게 하네(暮雨昏來楚外山).'라는 시가 있는 바, 비록 시어(詩語)는 청원(淸遠)하나 오와 초는 우리나라의 땅이 아니다. 이에 비해서 선배의 시「송경초발(松京早發)」에 '처음 마판(馬坂)을 지날 때 인가에 아침 연기가 일더니(初行馬坂人烟動), 낙타교를 지나니 들녘의 기운이 일어난다(及過馳橋野意生).'라고 읊은 것은, 특별히 사어(辭語)가 새롭거나 의취가 뛰어나지는 않지만, 시어가 매우 적절한 면이 있다."라고 하여 사대부 시에 나타난 일종의 사대주의적 성향을 비판했다.

원잠의 이 같은 이규보 시에 대한 평가절하에 대해, 최자는 "무릇 시인이 사물을 이끌어 씀에 있어서, 반드시 그 근본에 구애될 필요가 없다. 그것은 단지 뜻을 붙이는 것에 불과하다. 더구나 천하는 일가(天下一家)이고, 문장을 지음에 있어서 한자(漢字)를 같이 쓰는 '동문지국(同文之國)'인 터에, 다른 나라와 우리나라를 분간할 필요가 어디에 있느냐"라고 반박하자, 원잠은 승복했다.

고려조의 사회상과 문화나 학술분야에서 승려들은 사대부들과 달리 민족주의적 성향이 강했다. 유가(儒家)들이 유학과 중원

문화에 심취했는데 반해, 승려들은 고려조 고유문화에 대해서 이를 지키고 보존하려는 경향이 많았다. 최자가 고려를 '동문지국'이라 인식한 것은 은연중 중원제국주의의 범주 속에 빠져들었음을 말한다. 특히 '천하일가(天下一家)'라는 표현과 한묵동문(翰墨同文)이라는 견해는, 당시로 봤을 때 그가 세계주의적 풍조에 물들어 있었음을 뜻한다.

이규보가 남쪽을 여행하면서 남방을 중국의 오(吳)나라와 초(楚)나라에 비유한 것을 두고, 최자는 단순한 우의(寓意)인 만큼 문제될 것이 없다고 했지만, 원잠은 '오'나 '초' 등 중국지명보다 우리나라 고유지명인 '마판' '타교' 등이 한결 실감나고 의미가 있다고 했다. 삼국시대에는 삼한통합(三韓統合)이나 삼한일가(三韓一家) 등의 정치적 구호가 있었고, 후삼국시대에도 동일한 구호가 조야에 나돌았다. 신라와 고려는 삼한을 통일한 진취적 왕조이다.

고려조는 삼한을 통합한 왕조이긴 했지만, 거란(遼)과 금나라의 연속된 침략과 몽골족의 한반도 전역에 걸친 약탈과 유린까지 겪긴 했으나, 한편으로는 당시 동북아시아를 무력으로 위세를 떨치던 여러 민족들의 문화를 접하는 계기도 되었다. 동북아시아 야만적 민족들의 약탈과 노략질의 장으로 전락한 고려사회는 역설적으로 '삼한일가'에서 '사해일가'로 의미가 확장되었다. 이 같은 사회 분위기는 문단에까지 영향을 미쳐 '한묵동문'이라는 범 동아시아적 문학관이 성립된 것이다.

최자는 『보한집』을 통하여 시문의 표절 문제도 언급했다. 그는 표절하려고 하지 않았지만, 시공을 뛰어 넘어 작가들 사이에 우연의 일치도 있음을 시인했다. 임춘(林椿, 의종 문종대 문인)이 이미수(李眉叟, 李仁老의 아들)에게 준 편지에, "나와 그대는 비록 소동파(蘇東坡)를 읽지 않았음에도 불구하고, 왕왕 구법이 비슷한 데가 있다. 어찌 마음속에서 깨달아 얻은 것이 모르는 사이에 동파 문과 합치된 것이 아니겠는가"라고 했다.

이제 미수의 시를 보니 어떤 것은 일곱 자 또는 다섯 자가『동파집(東坡集)』에서 나왔다. 이규보의 시에서도 너 댓 자가 동파의 시어를 도용하지 않았는데도 불구하고, 호매(豪邁) 한 기개와 부섬(富贍)한 문체는 바로 동파와 그대로 부합된다.

세상에서 임춘(林椿)의 문이 고인의 체를 얻었다고 말하고 있지만, "그의 글을 보면 모두 고인의 글귀를 탈취한 것이다. 어떤 것은 수십 자를 잇달아 가져다가 엮어놓고, 자신의 창작이라 강변하고 있다. 이것은 고인의 체를 몸소 얻은 것이 아니라 표절한 것에 불과하다."라고 당시 문단의 표절 풍조에 대해 비판했다. 고인의 명구를 훔쳐서 실정을 잘 모르는 독자를 속여 유명해지는 경향은, 700여 년이 지난 오늘에도 일각에서 되풀이 되고 있는 현실이 안타깝다.

정월 초하루와 동지 및 팔관회(八關會) 그리고 성상절일(聖上節日)에 양계 병마사와 여러 주의 목사 도호부사가 축하하는 표(表)를 올리면 중서성에서 등급을 매겨 방을 내 걸었다. 옛날 상주 목사가 "섭현에서 한나라 궁정 뜰에 날아왔지만 쌍 오리 없음이 부끄럽고, 〈소악(韶樂)〉을 순임금 뜰에 연주할 때 온갖 짐승들이 몰려와 춤추는 자리에 함께 있음을 광영으로 여깁니다."라는 내용의 「팔관하표(八關賀表)」를 올리자, 당시에 모두 놀라운 문장이라고 칭송했다. 그런데 혹자는 쌍 오리는 중국 섭현(葉縣)의 현령의 사적을, 상주목사와 대비한 것은 잘못이라고 힐란했다.

강화도 천도 후 신축년(辛丑年, 고종 41년, 1241) 「팔관회표」에 "의관이 번화함은 신도가 구도보다 우월하고, 풍악소리 쟁쟁하니 금악(今樂)이 고악(古樂)과 다름이 없네."라고 읊었으며, 「동지표(冬至表)」는 "목덕(木德)이 왕성하게 펼쳐져 송악의 황제 터전이 다시 연장되고, 어진 정치가 초목에까지 미쳐서 화산(花山)의 왕기가 찬연하게 빛난다."라고 찬양했다. 표는 원래 통치자의 업적을 과대평가하는 글이므로 내용을 가지고 왈가왈부할 필요는 없다.

신도 강화가 구도 개성보다 화려하고 근사하다는 표현도 미화되어 있다. 그럼에도 불구하고 필자가 이 표를 인용하는 이유는, "목덕이 왕성하게 뻗어나 송악의 제업(帝業)이 화산(강화)의 왕기로 이어졌다(在木德盛, 更延松麓之帝基, 及草仁深, 已暢花山之王氣)"라는 글 중에 '목덕'이라는 글귀를 접해서이다.

고려조의 전조(前朝)는 후고구려 즉 태봉이다. 궁왕(弓王, ?~918)은 우리 민족사에서 문헌에 나타난 기록을 기준으로 할 때, 최초로 오행입국(五行立國)을 한 지도자이다. 신라는 『삼국사기』 등 각종 사서에 오행입국을 했다는 기록은 없으나, 여러 가지 정황을 참작컨대 '금덕(金德)'을 국가의 기틀로 삼았다고 여겨진다. 신라의 왕업을 부정하고 극복한다는 차원에서 궁왕은 '수덕(水德)'으로 개국한 것으로 인정된다. 동양중세사에서 오행입국은 황제만이 가능한 것으로 인식했던 상황에서, '수덕만세(水德萬歲)'라는 연호를 내건 것은 우리 중세사의 획기적인 사안이다.

연호가 '수덕만세'인 것은 궁왕이 수덕으로 개국했다는 사실의 표현이다. 고려조는 태봉국을 소멸시키고 탄생한 왕조이다. 고려 태조 왕건의 연호 천수(天授)는, 건원(建元)이 아니고 궁왕 태봉국의 연호 정개를 개원했다. 「동지표문」에 '목덕이 왕성하다'는 문구는 고려조가 '목덕'으로 국기를 삼았다는 증거가 아닐까. 태봉국이 '수덕'인 터에 고려조가 '수생목(水生木)'이라는 오행의 연결고리를 유추할 때 '목덕입국'의 논리가 부합된다. 신라의 '금덕', 태봉의 '수덕', 고려조는 '목덕'으로 오행입국을 시행했던 것으로 필자는 생각한다. 오행입국이 비록 중원정권을 의식하여 당당하게 내걸지는 못했지만 암암리에 '신라·태봉·고려' 등 역대 왕조가 시행하고 있었다고 생각된다.

최자는 당시 종교의 본령과 다소 멀어진 불교와 그 승려들에 대한 비평도 서슴치 않았다. 승려 익분(益芬)이 나에게 와서 이르기를, "근래 삼각산에서 행자(行者)를 보았는데 잔병도 없이 잘 지내고 있습니다. 근처 주민들이 그 행자가 떠나 갈까봐 서로 상의하여 거주하는 초가집을 잘 수리해주고 아침저녁 공양하며 돌보고 있었습니다. 내가 작별을 고하자 행자가 '대체로 수행하는 사람은 춥고 고통스럽다고 해서 그 뜻을 바꿔서 안 된다. 그런데 요즘 수행자들은 반드시 고루거각에 단청을 입혀 그 무리들을 거주하게 하고, 맛있는 음식과 좋은 옷으로 자신을 공양하고자 하며, 더 나아가서 공경사대부들의 저택을 드나들며 절을 지으면 이익도 얻고 복도 곁들여 얻는다고 회유하여, 대다수의 평민을 해치고 있는데, 이러한 수행자들의 행위가 과연 도를 닦는데 무슨 도움이 되겠는가. 너는 마땅히 이를 명심하고 소홀히 하지 말아야 한다.'라고 하자 익분이 감복해 마지않았다."는 일화를 채록하여 세속적 부귀영화와 일신의 안락을 취하는 승려들의 수행 양태를 꼬집었다.

고려조는 광종 이후 문풍이 크게 일어 문물이 중원과 비교해도 손색이 없다는 평가를 받았다. 의종(毅宗, 1127~1173) 말년 무신들의 반란이 일어나 당대의 문신 학자들이 막대한 피해를 입었다. 옥과 돌이 함께 불탔다(玉石俱焚)는 말이 당시 상황을 적의하게 대변한다. 무신의 무자비한 탄압과 살육을 피해 문신 학자들은 벼슬을 버리고 심산궁곡으로 몸을 숨겨 은둔하거나 아니면 승려가 되었다.

따라서 조정에는 지식인이 거의 없어졌다고 해도 과언이 아니었다. 배우고자 하는 사람이 있어도 학식을 갖춘 스승이 없었기 때문에, 산야로 은둔한 학자나 학식을 갖춘 승려를 찾아 공부를 할 수밖에 없었다. 심산궁곡으로 들어가 공부하는 풍조는 의종 대 무신 난 이후에 형성된 것이라고 『역옹패설』은 기록했다.

최자는 의종 대 이후 지식인들의 은둔과 승려화에 대해서 그 일단을 다음과 같이 적었다. '지식(知識)'은 어린나이로 남성(南省, 중서성)에서 부 장원으로 급제하여 조정에 벼슬했지만, 곧이어 관직을 버리고 송광사로 들어가 도를 닦았다. 진양공(晋陽公)이 지주사(知奏事)로 있을 때, 마침 강남으로 가는 중사(中使) 편에 편지와 함께 차와 향 그리고 『능엄경(愣嚴經)』을 보냈다. 중사가 돌아올 때 진양공에게 주기위해 회신을 달라고 요구하자, 선사는 '나는 세속과 인연을 단절했는데 어찌 서신 왕래를 하겠느냐'로 거절했다. 중사가 강박하다가 다시 시를 지어서 건네자 선사는 아래와 같이 차운했다.

여윈 학은 소나무 가지위에서 달을 바라고	瘦鶴靜翹松頂月
한가한 구름은 바람 따라 산마루에 흩어지네	閑雲輕逐嶺頭風
눈앞에 넓은 대자연이 망망하게 펼쳐 있거늘	箇中面目同千里
어찌하여 이미 한 말을 번복할 수 있으리요	何更新翻語一通

끝내 선사(知識)는 진양공에게 답장을 주지 않았다. 이는 진실로 세상과 단절한 도인일 뿐 아니라, 그 고매하고 우아한 기상은 요즘 산림(山林)이라 이름 하면서, 벼슬길로 나가기 위해 첩경으로 삼는 이중적 사인(士人)과는 본질적으로 다르다고 최자는 격찬했다. 무신의 폭압정치 하에서도 시비선악을 분별하지 않고, 현실적 영화를 누리기 위해 은둔산림이라 일컬으며 내심으로는 벼슬하고자 하는 사람들이 최자의 시대에도 많았음을 의미한다.

아주 오랜 옛날부터 권력에서 밀려난 경대부들이 귀거래를 소리높이 외치며, 강호로 돌아가 갈매기와 벗하며 사회와 단절하는 척하며 세상 사람들로부터 은사라는 평을 받고자 했다. 진실로 은퇴나 은거 또는 은둔하는 것이 아니라, 최자가 지적한 대로 은자라는 명망을 얻어 벼슬길로 나아가는 첩경으로 이용하고자 한 것이다.

사인들의 이 같은 교활한 이중성을 두고 선인들은 '조명(釣名)' 또는 '도명(盜名)'이라 칭하여 이를 백안시하는 경향도 강했지만, 은거를 빙자하여 벼슬 얻기를 바라는 사인들의 행태는 역사적으로 비일비재였다. 현대에 들어와서는 외견상으로나마 멋있게 여겨지던 은거 풍조조차 자취를 감추고, 오히려 들어 내놓고 자리를 달라고 노골적으로 엽관운동을 펴는 경향이 대세가 되었다. 이를 두고 지식인들이 천여 년간 써왔던 가면을 벗어부쳤으니 솔직해졌다고 평가할 수 있으나, 한 가닥 남았던 이중적 위선적 멋조차 없어졌다는 아쉬움만은 버릴 수가 없다.

5. 사인(士人)과 승려의 위상 변화

　『보한집』에 의거할 때 고려조의 문단과 사회상은 조선조와는 상당히 다르다. 저변에 불교사상과 유교의 교리와 이념과도 연관된 것이긴 하나, 그 농도와 차이점은 그것들이 가진 특성을 감안해도 사회상과 문단에 투영된 현상은 시대의 변화를 실감나게 한다. 고려조에는 승려와 경대부 및 사인들의 사회적 위상과 비중이 높거나 비슷했던데 반해, 조선조에 들어와서 승려계층은 사대부들의 하인 정도로 격하되었다.

　사대부들이 산천 유람을 할 때 해당지역 사찰의 승려들은 머슴이나 하인들처럼 길을 닦아주고 음식을 만들어 제공하는 심부름꾼으로 치부되었고, 한시의 창작과 차운도 조선조에 들어와서 고려조만큼 고상한 것으로 인정받지 못했고 음풍영월 정도로 취급되는 경향도 있었다.

사대부와 기녀들의 만남과 헤어짐도 조선조의 경우, 고려조만큼 아름답거나 멋진 낭만으로 여겨지기는커녕 조소의 대상으로 여겨졌다. 고려조와 달리 무신들은 조선조에 와서 문신들의 지휘를 받는 처지로 변했다. 일본이 중세 무렵부터 유자(儒者)들이 무사들을 보필하는 서기 수준으로 자리매김했던 사실이 연상된다.

『보한집』에 묘사된 인물 군에서 진강공(晋康公)과 진양공(晋陽公) 등 몇몇 무신들을 제외한 나머지 무신군은 경멸의 대상으로 묘사되고 있다. 그러나 우리가 주목해야 할 점은 『파한집』과 『보한집』이 진양공 최이의 관심과 후원으로 편찬된 점이다. 최씨 일문의 집권시기인 60여 년간 고려조는 문신이 무신의 막하(幕下)에서 부림을 받는 처지에 있었는데, 『보한집』은 이와 같은 정치적 상황에서 편찬되었다.

최자는 『보한집』 발문에 준하는 글에서 "당나라 이조(李肇)의 『국사보(國史補)』 서문에 귀신과 음사(淫事)를 서술한 것들을 모두 삭제했고, 구양공(歐陽公, 歐陽脩, 1007~1072)이 『귀전록(歸田錄)』을 찬술하면서 이조의 이 말을 근간으로 삼았는바, 이는 고금 유자(儒者)들의 상례이다. 지금 이 『보한집』의 편찬은 문장으로 국조의 문화를 증광 시킨다는 의도도 아니고, 성조(盛朝)의 유사(遺事)를 기술한 것도 아니며, 단지 다듬고 아로새긴 글귀들을 모아 독자들이 마음을 풀 웃음거리를 제공했을 뿐이다. 그러므로 말미에 몇 건의 음란하고 괴상한 사안들을 편차하여, 고심하며 공부하고 있는 신진학자들이 이 책을 두루 읽어서 위안을 받고 휴식을 취하는데 보탬이 되고자 했으며, 이에 곁들여 감계하는 뜻도 약간은 있으니, 독자들은 이를 유념해야 한다."라고 하여 편찬의도를 명쾌하게 밝혔다.

고려조는 『보한집』의 저자인 최자에게 '문청공(文淸公)'이라는 시호를 내렸다. 시호는 사후 해당 인물의 공적을 평가한 뒤 내리는 것이다. 시법(諡法)에는 "실사에 민첩하고 학문을 좋아하며 도덕과 해박한 지식을 가진 것은 '문(文)'이라 하며, 불의를 멀리하고 정의를 실천하는 것을 '청(淸)'이라 했다."라고 밝혔다. 고려 조정이 최자의 사후, '문청(文淸)'이라는 시호를 내린 데는 그만한 이유가 있었을 것이다.

제6장

포은(圃隱)과 여말선초의
정국과 동방이학(東方理學)

선죽교 고려, 개성시 선죽동, 1930년대 사진

1. 포은과 고려조의 명운

포은은 고려조와 운명을 같이했다. 그는 조선조 개국을 지지하지 않고 불사이성(不事二姓)의 지조를 지킨 절의인(節義人)이었다. 원명교체기를 현명하게 대처하여 고려조를 보위했다. 포은은 명 태조의 환심을 사 정치와 경제적으로 많은 도움을 받았으며, 확고한 반원 친명정책은 훗날 조선조의 개국과 정치적 안정에 보탬이 되었다.

몽골제국에 의한 다년간의 폐해를 명나라의 힘을 빌려 청산코자 한 의도도 있었다. 고려사회에 깊숙이 침윤된 몽골 풍을 탈피하여 중원문화로 대체코자 했으며, 불교와 노장 및 무속을 배척하고 유교문화를 부식하려했다. 후인들은 이 같은 포은과 포은학이 배향서원(配享書院)을 통해 전승 심화되는 현상을 두고, 모든 강이 바다로 흐르고 뭇 별들이 북극성을 옹위하는 것에 비유했다.

포은은 성리학을 중시하여 성리학적 개혁을 시도했고, 아울러 당시 중원의 신유학이었던 주자의 성리학을 수용하여 동방 성리학의 비조가 되었다. 포은이 창도한 성리학은 공리공론이 아닌 실천을 중시한 실학이었다. 조선조의 국시가 억불숭유(抑佛崇儒)인 것은 포은의 영향으로 볼 수도 있다. 고려조의 불교 폐해에 대해 그는 상당한 거부감을 가졌고, 장례제도와 민간의 불교식 생활양식에도 호의적이지 않았다.

포은은 명 제국에 대한 사대(事大)와 일본에 대한 교린(交隣) 책을 적의하게 구사하여, 조선조 개국 이후 임지왜란 까지 200년간 미

증유의 평화시대를 열었다. 포은이 창도한 성리학은 조선조가 문명
국가로 나아가는 기초가 되었다. 대륙세력의 위협과 일본의 노략질
이 없었던 2세기 동안, 조선조는 민족문화의 기반을 착실하게 닦았
다. 동북아시아의 이 같은 평화는 명 태조와 포은과의 우호적 인간
관계가 작용했다.

　포은 정몽주는 단기 3670년(忠肅王[1294~1339] 6년, 서기, 1337
년 정축(丁丑)년) 12월 무자일(戊子日)에 출생하여 1392년 4월 4
일 향년 56세로, 송경 대가(大街)를 지나 선죽교 근처에서 조영규
(趙英珪, ?~1395) 등에 저격당해 삶을 마감했다.[91] 포은은 변방 영
천과 오천에서 출생 성장하여 문하시중까지 오른 입지전적 인물
이다. 조국 고려를 위해 사대교린(事大交隣)의 외교를 적절하게
실시했고, 국정전반에 걸쳐 진충보국을 소임으로 삼았지만, 고려
조는 포은의 복절(伏節) 3개월 뒤 역사의 뒤안길로 사라졌다. 포은
의 초명은 몽란(夢蘭) 몽룡(夢龍)이었다가 관례(冠禮) 후 몽주(夢
周)로 바꾸었는데, 영일지역 전언에 의하면 포은공의 부친 꿈에
주공(周公)이 나타났기 때문이라고 했다.[92]

　포은은 1357년 감시(監試, 國子監試)에 합격하고, 1360년 문과에
장원한 뒤 요직에 올랐다. 당시 김득배(金得培, 1312~1362)가 홍건

---

[91] 『圃隱集』卷四 咸傳霖 撰「行狀」, 妣有娠夢抱蘭盆, 忽驚墮寤而生公, 乃至元
　　丁丑十二月戊子也 … 及我朝將受命, 公伏節以終, 乃壬申四月初四日也, 壽
　　五十六.

[92] 圃隱의 향리 烏川地域 전설에 포은공 부친의 꿈에 周公이 현신했기 때문에,
　　冠禮 後 이름을 夢周라 했다고 전해지고 있다.

적(紅巾賊)을 격파하고 수도를 수복했음에도 불구하고, 간신배의 모함에 빠져 처형되자, 문생으로서 의리를 지켜 왕에게 청하여 장례를 지냈다. 포은의 이 같은 의리와 지조는 고려조를 지키기 위한 복절로 구현되었다.[93]

중세에 봉군(封君) 시 읍호(邑號)를 따르는 것이 관례였기 때문에, 포은은 '영원군(永原君)·익양군충의군(益陽郡忠義君)·익양군충의백(益陽郡忠義伯)'등의 작호를 받았다. 포은의 고원(故園) 영천군(永川郡)은 '절야화(切也火)·임고(臨皐)·영주(永州)·익양(益陽)·영양(永陽)·고울(高鬱)'이었는데, 태종(太宗, 1367~1422) 13년(1413) 10월 전국의 지명을 바꿀 때 '영천'이 되었다. 영천은 신라 시대 도동화현(刀冬火縣)을 경덕왕이 도동(道同)으로 바꾸어 임고군(臨皐郡)에 배속했고, 임천폐현(臨川廢縣)은 본래 골화소국(骨火小國)이었는데, 조분왕(助賁王, 재위, 230~247) 7년(236) 이를 정벌하여 현으로 강등시켜 임고군에 배속시켰다.[94]

신라 삼산(三山, 奈歷·骨火·穴禮) 중 골화산(경주와 영천 경계에 있는 금강산?)은 중세 국가신앙인 삼사(三祀, 大祀·中祀·小祀) 가운데, 대사에 속했다가 신라의 영역이 확대되자 중사로 될 만큼 중시된 산이다. 영천의 진산(鎭山)은 모자산(母子山)이다.『신증

---

93 『圃隱集』卷四「年譜攷異」二十二年, 壬寅, 時金得培破紅賊復京城, 還爲金鏞所害, 梟首于尙州, 先生自以得培門生, 請于王收葬其屍.

94 『三國史記』卷三十四 雜志 三 地理 二, 臨皐郡, 本切也火郡, 景德王改名, 今永州, … 臨川縣, 助賁王時伐得骨大(火?)小國, 置縣, 景德王改名, 今合屬永州, 道同縣, 本刀冬火縣, 景德王改名, 今合屬永州.

동국여지승람(新增東國興地勝覽)』의 김유신(金庾信, 595~673)이
북벌 시 골화관(骨火館)에 유숙했다는 기록도 골화산의 위상에
참고가 된다.

한반도에는『삼국유사』등에 의하면 78(72) 소국이 있었다고
했지만 실제로 더 많은 소국이 있었을 것이다. 삼국시대 전후에 이
를 복속시켜, 나라의 강약과 형세에 따라 '부(府)·주(州)·군(郡)·
현(縣)'으로 강등시켰다. 고려조가 신라를 합병하여 '경주(慶州)'
로 격하한 것이 그 대표적 사례이며, 영천군 관내 '골화소국'이 현
으로 강등된 것도 동일하다.

『삼국사기』「악(樂)」'군악(郡樂)' 조에〈석남사내(石南思內)〉
는 도동벌군악(道冬伐郡樂)이라했다. '도동벌(刀冬伐)'은 영천
군 영현이므로 신라시대 영천지역에〈석남사내악〉이 있었다. 폐
현된 '도동'과 '임천'이 임고군에 예속되었으므로 영천군은 3세
기 초엽까지 소국으로 존립했다. 따라서 현존 '시·도·군·읍·면'
등의 경계는 대체로 고대 78여 소국의 영역 거의 그대로이고, 소위
요즘의 지방자치제라는 것도 고대나 중세 소국들의 변형된 부활
로 볼 수도 있다.[95]

포은이 숭양서원(崧陽書院)에 배향될 때, 선조(宣祖, 1552~1608)

---

95 『三國遺事』「紀異」七十二國,『通典』云, 朝鮮之遺民, 分爲七十餘國 … 分爲
七十八國, 各萬戶(馬韓五十四, 辰韓十二, 卞韓十二).『三國史記』「樂」郡樂,
石南思內, 道同伐郡樂也.『新增東國興地勝覽』卷二十二 永川 古蹟 條, 道同
廢縣(在郡南七里, 本新羅刀冬火縣, 景德王改道同, 爲臨皐郡領縣, 高麗初
仍屬. 臨川廢縣(本骨火小國, 新羅助賁王時伐取之, 置縣, 景德王改臨川, 爲
臨皐郡領縣 … 金庾信謨伐高麗, 出宿於骨火館, 此其地, 見『三國遺事』).

는 위판의 명칭을 '포은선생'이라 함이 적절하다고 한 뒤, "아국 정몽주의 절의와 문장은 만세인신(萬世人臣)의 표준"이라고 격찬했다.[96] 포은은 국방에도 관심을 가져 '영남·김해' 등지는 왜구 출몰이 번다하므로, 험지에 관방을 설치하여 평소에 농사와 고기잡이에 종사하다가, 봉화가 오르면 가족을 이끌고 보루에 옮겨 주둔하면 베개를 높이 베고 잘 수 있다는 정책을 제시했다. 율령(律令)에도 주목하여 공양왕 4년(1392) 『대명률(大明律)』을 참고하여, 고려조 실상에 맞게 『신률(新律)』을 만들어 올렸다.

『신증동국여지승람』 「영일현 인물」조에 사람됨이 호매절륜(豪邁絶倫)하여 학문을 게을리 하지 않았으며, 성리학을 정치하게 연구하여 사계의 큰 업적을 쌓았고, 관직이 삼한삼중대광수문하시중(三韓三重大匡守門下侍中)에 이르렀으며 '익양군충의백'에 봉해졌다고 했다. 조선조에 와서 대광보국숭록대부영의정부사익양부원군(大匡輔國崇祿大夫領議政府事益陽府院君)에 봉하고 시호를 문충(文忠)이라 했다. '문하시중'과 '영의정'은 격이 다르다. 문하시중은 황제의 재상이고 영의정은 제후왕의 재상이다. 따라서 포은은 문하시중으로 칭하는 것이 격에 맞다. 또 포은의 출생지를 영천군(永川郡) 동쪽 우항리(亏項里)라고 했는데, 문집 등에 나오는 우항리(愚巷里)와 표기가 다른 것은, 우리말로 된

---

96 『增補文獻備考』卷八十四「禮考」三十一 補, 宣祖癸酉, 將以鄭夢周享崧陽書院, 有司以位版爵號事上稟, 上曰鄭夢周高麗人也, 豈肯受本朝官爵, 雖有領議政之贈, 只書圃隱先生可也, 圃隱夢周別號也, 後又敎曰, 予嘗讀文山指南錄, 悲凉慷慨不忍終篇, 夫文山, 夷齊後一人而已, 爲萬世人臣之標準, 我國鄭夢周節義文章, 可與文山儷美. 其文集印出刊布中外.

지명을 한자식 음차표기를 했기 때문이다.

『고려사』「열전」정몽주편은 이를 기술한 사관의 고민이 곳곳에 배어있다. 포은에 대한 일부 사실의 왜곡과 불합리한 죄목을 씌워 복절된 시신을 저자에 효시하고, 포은을 따르고 비호했던 뜻을 함께한 사류를 귀양 보냈다. 시신 옆에 "헛된 일을 꾸미고 대간(臺諫)을 꾀어 대신을 모해하고 국가를 소란하게 했다"는 죄목을 적은 방을 걸었다. 사관도 마음에 걸렸던지, 몽주는 의혹을 결단하고 성색(聲色)에 흔들리지 않고, 일을 처리함에 마땅하지 않는 바가 없었다고 평하고, 조선조가 추증한 직함을 나열하여 마무리했다.[97]

남공철(南公轍, 1760~1840)의 「숭양서원동정비명 병서(崧陽書院東庭碑銘并序)」에는, 포은이 복절되자 도의로 교유했던 우현보(禹賢寶, 1333~1400)는 위험을 무릅쓰고 시신을 천마산 승려를 시켜 관곽을 갖추어 해풍현에 장사지냈다고 했다. 이용수(李龍秀)의 「녹사비부(錄事碑附)」는 『진도김씨구보(珍島金氏舊譜)』에 근거하여, 포은 복절 시 경조(慶祚)도 함께 목숨을 잃었으며, 공민왕 시중(侍中) 구주(九周)의 아들이라 했다.[98]

---

97 『高麗史』卷一百十七「列傳」三十 鄭夢周, 太祖不得已, 使黃希碩白王曰, 夢周等黨庇罪人, 陰誘臺諫, 誣陷忠良, 今已伏罪, 請召浚闓等, 與臺諫辨明. 於是鞫臺諫流之, 并流其黨, 梟夢周首于市, 揭榜曰, 飾虛事, 誘臺諫, 謀害大臣, 擾亂國家. … 夢周處大事, 決大疑, 不動聲色, 左酬右答, 咸適其宜.

98 『圃隱文集』卷三 陳請·讚述·記題「崧陽書院東庭碑銘并序(南公轍)」, 禹忠靖公諱玄寶, 與先生同仕麗末 爲道義交, 當先生之遇害也, 人無敢來視者, 公密嘸天磨山僧一人, 具棺槨葬于海豐縣.「錄事碑附(李龍秀)」, 甲申夏, 余出守松京, 旣月, 士人金鼎九, 得一古紙於其母黨李氏妹, 以示余, 卽珍島金氏

『영일군읍지』권2에 포은과 관련된 '청림(靑林)·문충곡(文忠谷)·문충동(文忠洞)' 등의 지명과 함께 포은의 사적이 기록되어 있다. '청림'은 오천면의 고 현성 넓은 들판에 고목이 울창했기 때문에 붙여 진 이름으로, 포은선생의 구거지이며 서원의 유구가 지금도 남아있는데, 포은의 시 '오천식유어(烏川食有魚)'의 구절이 이와 관련이 있다.

'문충동'은 일명 '사거리(師居里) 또는 색거리(索居里)'인데 문충공 포은선생의 유지가 있고, 말을 매었던 백곡구(栢谷口)와 생활했던 청렴대(淸廉臺)와 선생이 드나들 때 말을 탔던 상마암(上馬巖)도 남아있다. '문충동'은 옛날 학산동(鶴山洞)이며 천마(天馬)와 문덕(文德)이 합쳐진 곳으로 문충공 포은과 연관된 고장이다. 『신증동국여지승람』「영일현 인물」조에도 선대 정습명(鄭襲明, ?~1151)과 함께 포은의 사적이 구체적으로 수록되어 있다.[99]

『해동명신록(海東名臣錄)』은 포은을 21세에 감시(國子監試) 제3에 합격하고 24세에 3장(三場)에 수위를 차지하여 장원에 급제한 후, 벼슬길에 나아가 이성계(李成桂, 太祖, 1335~1408)를 따라 여진을 격파했고, 1365년에 외간상(外艱喪)을 당하여 묘소 여

舊譜也, 其中有名慶祚者, 以恭愍侍中九周子, 其名下書官御, 曁從文忠公同遇害事甚悉, 譜之刊在嘉靖癸未, 去麗季不遠, 此必有考信, 而其爲錄事名姓無疑也. … 慶祚無後, 鼎九爲其十五代旁孫云爾.

99 『迎日邑誌(1929)』卷之二「雜著」靑林, 上田下畓, 平野漠漠, 中有林藪, 千年喬木鬱鬱, 以是名, 其東圃隱先生舊居地也, 書院遺址嘗存, 西臨冷川, 多産銀魚, 圃隱詩曰, 烏川食有魚之句, 正指此也. 文忠谷, 一云師居里, 索居里, 卽文忠公鄭圃隱先生遺址 … 文忠谷東北背, 繫馬陌谷口有淸廉臺, 卽圃隱先生杖屨處也, 又有上馬巖, 是果先生出旅時, 上馬處也.

막(盧幕)에 기거하여 국가의 표창을 받았다. 1375년에 북원(北元)의 사신이 오자, 원에 다시 사대하려는 권신들의 시도를 좌절시키려 했다가 언양에 2년간 유배를 당했다. 왜(倭)와의 관계가 악화되자 왜의 사행을 회피하는 당국자들을 대신하여 위험을 무릅쓰고 도왜(渡倭)하여, 교린이해(交隣利害)로 왜를 설득하여 인격적으로 승복시켜, 왜노에 포로가 된 민인(民人)을 대신(大臣)들의 사재를 갹출하여 귀환시키는 공을 세웠다.

명 태조(朱元璋, 1328~1398)의 탄신 조빙사행을 권신들이 회피하자, 포은은 감연히 나서서 절일(節日)에 도착하여 명태조의 칭찬을 받고, 1386년에 공물을 대폭 경감하는 허락을 받아 귀환하자, 왕은 크게 기뻐하여 의대와 안마를 하사했다. 이 태조는 명 태조의 7년 연하로 같은 시대를 살았다. 조선조와 명나라가 우의를 돈독히 하여 동아시아의 화평시대를 연 것도 포은의 공적으로 인정된다.

포은은 1390년에 '좌명공신익양군충의군'에 봉작되었다가, 공양왕 즉위년인 1389년에 '충의백(忠義伯)'의 호가 추가되었다. 서애 유성룡(柳成龍, 1542~1607)은 『시경』을 빌어 높은 산처럼 고귀하고 대도를 거니는 자태를 가졌다(『詩』曰 高山仰止, 景行行止)고 격찬했다. 포은은 중국어와 왜어들을 구사할 줄 알았던 것으로 여겨진다.[100]

---

100 『海東名臣錄』鄭夢周, 二十一中監試第三, 二十四連魁三場, 遂擢第一 … 我太祖兵馬使, 公以從事官從擊女眞, … 乙巳丁外艱, 于時喪制紊弛, 士大夫遭喪皆百日卽吉, 公獨廬二親墓, 哀禮俱盡, 國家嘉之, 爲旌其閭 … 乙卯北元遣

2. 포은의 충절과 경륜

포은은 명제국이 중원을 석권하는 시대를 살면서, 고려조를 보위하기 위해 가진 바의 경륜(經綸)을 과감하게 펴나갔다. 국제정세에도 밝아 반원친명(反元親明)이 고려조의 살길이라고 확신했고, 이 점에 대해선 이 태조와 뜻을 같이 했다. 포은은 고려조의 기반을 이루고 있는 불교문화를 극복하여 유교문화로 국가를 개혁코자 했다. 불교의 극성과 세속화 및 부패를 직시했기 때문이다. 고려는 전국 방방곡곡 절반 가까이가 사찰로 넘쳐나고, 민인의 절반이 승도이며 전답 역시 대부분 사찰의 소유가 되어 있었다.

복식(服飾)의 경우도 호복(胡服)을 혁파하고 화제(華制)로 유도했으며, 민인을 구제하기 위해 '의창(義倉)'을 세우고, 물류를 원만하게 하기위해 '수참(水站)'을 설치한 것도, 포은의 기획과 업적이라고 『해동명신록』은 평가했다.[101] 왕조가 교체되었는데도

使來, 權臣李仁任池奫欲復事元, 公與文臣十數人, 抗章論列, 池李甚忌, 貶公彦陽, … 時倭寇充斥, 遣羅興儒使覇家臺說和親 島主拘囚興儒, 幾致餓死, 僅保性命還, 權臣繼使公, 公略無難色, 及至極諫陳古今交隣利害, 主將敬服, 及歸刷還尹明安遇世等數百人, 遂使三島悉禁侵略, 越數年, 公憫念倭賊奴我良家子弟, 酒謨贖歸, 力勸諸相, 各出私貨 … 時國家多釁 高皇帝震怒, 增定歲貢, 馬五千匹金五百斤銀五萬兩細布如銀兩, 乃以五歲貢不如約, 杖流入朝使臣 … 是年當賀聖節, 諸宰皆規避 … 王召公面論曰, 今陳平仲痒不能行, 乃代以卿, 卿意如何, 對曰水火尙不避, 況朝天乎, 然南京凡八千里九十日程, 今去聖節纔六旬, 此臣恨也, 王曰何日就道, 曰安敢留宿, 遂行晨夜倍道, 及節日進表. 帝覽表曰, 爾國陪臣托故不來, 曰迫乃遣爾也, 爾得非往以賀平蜀來者乎, 公悉陳其時船敗留滯, 帝(帝曰, 然則應解華語－行狀)溫其玉音, 特賜慰撫優禮以送. 遂放洪尙載等. 丙寅請減歲貢赴京, 永除前五年未納者及增定之數, 只定種馬五十匹及還, 王喜甚賜衣帶鞍馬.

불구하고 포은이 존중된 이유는, 불사이군의 충절과 유교적 개혁 의지가 조선조 사인(士人)들에게도 공감되었기 때문이다.

충절과 절의는 포은가계의 내력이었다.『고려사』「열전」권11 에 선대 정습명은 인종(仁宗, 1109~1146), 의종(毅宗, 1127~1173) 대의 지주사(知奏事)로 기개가 기위헌앙(奇偉軒昂)하고 학문에 힘써 향공(鄕貢)으로 등제하여, 관직에 있으면서 김부식(金富軾, 1075~1151) 등과 「시폐십조(時弊十條)」의 상소를 올리고, 인종이 왕후와 함께 불민한 태자(毅宗)를 폐위시키고 차자를 계승자로 삼으려하자, 이를 적극 말리고 태자를 보위하여 왕위에 오르게 했 고, 간직(諫職)에 오래 있으면서 국정을 광정코자 했다.

인종은 의종에게 "치국(治國)에 습명을 중용하라"는 당부를 내 리기도 했다. 그러므로 국정의 잘못이 있을 때마다 직언을 했고, 이로 인해 의종이 꺼려하고 있음을 간파한 간신들의 모함으로 정 습명은 독약을 먹고 자살했다. 그 후 의종은 더욱 방자하고 일락에 빠져 국정은 물론이고 왕위까지 잃었다. 포은은 정습명의 10세손 이다.[102]

---

101 『海東名臣錄』鄭夢周, 公請令士庶立廟作主, 以奉先祀. 內建五部學堂, 外置 鄕校, 文風復振, 革胡服而襲華制, 立義倉以賑窮乏, 設水站以便漕運, 皆公 畫也.

102 『高麗史』卷九十八「列傳」卷 第十一 鄭襲明, 迎日縣人, 倜儻奇偉, 力學能 文 … 宰相金富軾, 任元敱, 李仲, 崔奏等, 上書時弊十條 … 毅宗卽位, 授翰林 學士, 進樞密院知奏事, 初毅宗爲元子, 襲明侍讀, 仁宗慮元子不克負荷任, 后亦愛次子, 將立爲太子, 襲明盡心調護, 故得不廢, 襲明久居諫職, 有諍臣 風, 仁宗深加器重, 使傅東宮, 及不豫, 謂毅宗曰, 治國當用襲明言, 襲明自以 先朝顧托, 知無不言, 毅宗憚之 … 襲明揣知王意, 仰藥而死.

세조(世祖, 1417~1468) 때 사육신의 옥사가 일어나 포은의 손자 정보(鄭保, 세종·세조대)가 이들과 가까이 지내면서 성삼문(成三問, 1418~1456) 박팽년(朴彭年, 1417~1456)은 '정인군자(正人君子)'라고 말한 것이 알려져, 왕이 격노하여 환형(轘刑)에 처하라고 했는데 좌우가 포은의 손자라고 하자, 감형하여 할아버지의 고향 영일로 유배하라고 지시했다. 보의 언행도 불사이군의 절의를 지닌 정의롭고 올 곧은 포은가계의 혈통과 관계가 있다.

『송자대전』 권154 「포은선생신도비명병서(圃隱先生神道碑銘并序)」에 의하면 정보의 서매(庶妹)가 한명회(韓明澮, 1415~1487)의 측실이었는데, 그 무렵 정보가 서매의 집을 찾아 '공은 어디로 갔느냐'고 묻자 옥사를 처리하기위해 궁에 갔다고 했다. 정보는 공(韓明澮, 妹兄)은 단연히 만세의 죄인이 될 것이라고 했는데, 한명회가 이 말에 더 충격을 받은 것으로 이해된다. 사육신을 '정인 군자라고 한 정보의 신념은 불사이성(不事二姓)을 죽음으로 실천한 포은의 기개를 이어받은 절의의 일환이다.[103] 남공철은 「숭양서원동정비명병서(崧陽書院東庭碑銘并序)」에 "선생의 절의는 평소 학문에서 나온 것이고, 인륜과 강상의 천양(闡揚)도 성리학의 결실"이라 평하여 실천을 중시한 포은학과 연계했다.

권채(權採, 1399~1438)는 「포은선생시권서(圃隱先生詩卷序)」

---

103 『宋子大全(宋時烈)』卷一百五十四 碑 「圃隱鄭先生神道碑銘 并序」, 光廟朝 有名保者, 與六臣友善, 逮其獄起, 保常慷慨, 往省其庶妹爲韓明澮之妾者曰, 公安往, 曰詣闕鞫獄也, 曰公當爲萬世罪人, 明澮聞之, 卽詣闕告上親鞫之, 保曰常以成三問, 朴彭年, 爲正人君子, 故實有是言, 上命轘之, 左右曰, 是鄭某之孫也, 上遽命減死曰, 忠臣之後, 只竊迎日, 亦可謂尙其類也.

에 "우러러 하늘에 부끄럽지 않고 굽어는 인간에 부끄럽지 않아, 말하여 문장이 됨은 웅심아건(雄深雅健)하고 혼후화평(渾厚和平)하여 임금을 사랑하고 나라를 위해 목숨을 바치는 뜻이 언사(言詞)에 넘쳐나고, 인륜세교(人倫世敎)의 심대한 뜻이 어찌 사어의 정미함과 성률의 공교함에 그칠 것인가. 덕이 넘쳐나고 명실이 상부하고 문과 도가 겸전했다. 조선조 개국 후 태종이 그 절의를 가상히 여겨 관작을 내리고 자손들을 배려했다"고 했다.[104]

태조는 1335년생이고 포은은 1337년생으로 두 살 차이가 나고, 태종은 1367년생이니 포은이 30세 연상이다. 이들 3인은 모두 시대의 변화에 수응한 반원 친명파들이다. 친명을 주체성 회복으로 보는 것은 잘못이다. 사대의 대상이 원에서 명으로 바뀐 것에 불과하다. 18세기 실학파가 친명에서 친청(親淸)으로 변화한 사실을 두고 주체성의 발휘로 보는 학계의 일부 시각 역시 착각이다.

선조 6년(1573) 포은을 숭양서원에 배향할 때, 서원 유사가 위판의 작호표기에 대해 묻자, 선조는 "정몽주는 고려인인 만큼 조선조의 관작을 좋아하지 않았을 것이니, '포은선생'이라 표기하는 것이 옳다"고 했다. '문충공·영의정' 등은 조선조가 내린 관작이다. 따라서 선조의 교시대로 위판에 조선조의 관작을 빼고 단지

---

104 『圃隱文集』卷三「崧陽書院東庭碑銘 幷序(南公轍)」, 先生之節, 實出於平日之學問, 而且其首扶倫綱倡明性理之功, 得退溪, 尤庵而益著顯.「圃隱先生詩卷序(權採)」, 仰不愧於天, 俯不怍人矣. 唯其存於中者如此, 故發爲文章者, 雄深而雅健, 渾厚而和平, 愛君許國之意, 溢於言詞之表, 其有關於人倫世敎爲甚大, 豈止辭語之精, 聲律之工而已哉, 可謂有德有言, 名與實之相孚, 文與道之兼備矣, 我朝受命, 太宗大王嘉其節義, 特加封贈錄其子孫.

'포은선생'이라 하는 것이 맞다.

조선조는 포은의 적통에 대해서도 관심을 가져 종손 호(鎬)가 후사 없이 사망하자 숙종(肅宗, 1661~1720)이 후손 도제(道濟)로 하여금 계승시켰고, 훗날 도제 등이 후손 없이 죽자 다른 후손을 선택하여 종통을 잇게 했다. 1681년 우암 송시열(宋時烈, 1607~1689)은 "포은 사손이 연소하고 향곡에 윤락해 있으니, 특별히 별과에 합격시켜 상경시켜 묘우(廟宇)를 수호케 해야 한다"고 진언했다. 포은이 우암을 비롯한 노론계의 기림을 받은 이유는 절의와 친명정책 및 성리학을 창도했기 때문이다.

포은이 복절된 뒤 유해는 효시되었는데, 우현보의 부탁을 받은 승려에 의해 해풍군에 안장되었다가, 1406년 3월 용인현 현치(縣治) 동쪽 쇄포촌(曬布村)에 부인 봉경순택주(奉敬順宅主)와 합장했다고 「연보고이(年譜攷異)」는 기록했다. 이재(李縡, 1680~1746)의 「묘지명병서(墓誌銘并序)」에는 이를 보완하여, 처음에 해풍군에 안장되었다가, 영락 병술(永樂 丙戌, 1406)에 용인 모현촌(慕賢村) 문수산(文秀山) 진지원(辰之原, 동남자락)에 이장했고, 부인 경순택주 경주이씨와 합폄했다고 기록하고, 슬하에 2남 2녀가 있었는데 2남은 '종성(宗誠)·종본(宗本)'이고 여서(女壻)는 '성익지(成翼之)·이장득(李長得)'이었으며, 후손이 매우 번성했으므로 전부 기록할 수 없다고 했다.[105]

---

105 『圃隱文集』卷四「年譜攷異」, 永樂四年 丙戌 烏川鄭氏族譜云, 先生初葬于海豐郡, 至是年三月遷于龍仁縣治之東曬布村, 夫人李氏奉敬順宅主, 與先生合葬焉. 『圃隱文集』卷二「墓誌銘并序(李縡)」, 先生初葬海豐郡, 後永樂

포은은 중종(中宗, 1488~1544) 12년(1517) 태학생 등이 "충효 대절을 지켰고 동방이학의 비조로, 단기(檀箕, 檀君과 箕子)이래 사문(斯文)에 끼친 공적이 지대함으로 문묘에 종사해야한다"고 주청하자, 동년 9월 17일에 문묘 서무(西廡) 문창후 최치원(崔致遠, 857~?) 뒤에 배향하고 분묘에도 초목(樵牧)을 금지시키고, 불사이성(不仕二姓)의 기절을 높이 사, 조선조에서 받은 문충공 등을 위패에 표기하지 않았다고「묘갈음(墓碣陰)」은 기록했다.[106]

문종(文宗, 1414~1452) 원년(1451) 고려 역대 사우(祠宇)를 '숭의전(崇義殿)'으로 명명하고, 공주에 사는 고려 현종(顯宗, 992~1031)의 원손(遠孫) 왕우지(王牛知)가 성명을 제민(齊民)으로 바꾸어 살고 있음을 알고 '순예(循禮)'로 사명하여, 고려조 종실복장을 착용케 하고 서울에 왔을 때 자리를 삼공(三公)의 위에 있게했다.

이 해에 포은은 '신숭겸(申崇謙, ?~927)·강감찬(姜邯贊, 948~1031)·김부식' 등 고려공신 15명과 함께 숭의전에 배향되었다. 전조 선대의 제사를 잇게 하고 후손을 예우한 것은, 조선조가 주나라의 제도를 본뜬 것으로 역성혁명으로 개창한 국조를 탄탄하게 하려는 전략이다.[107]

丙戌移卜龍仁慕賢村文秀山座辰之原, 夫人敬順宅主慶州李氏祔, 男女各二人, 宗誠, 宗本, 女壻成翼之, 李長得, 後孫甚蕃, 不能盡記.

106 『圃隱文集』卷四「墓碣陰」, 正德十二年丁丑, 太學生等上言, 文忠公鄭夢周有忠孝大節, 理學爲東方之祖, 有功於斯文甚大, 請配享文廟, 上允可, 其年九月十七日, 配享于文廟西廡, 文昌侯崔致遠後, 又令修墳墓立表石, 以禁樵牧, 其書官繫以高麗, 不書文忠公者, 盖明公不事二姓之本意也.

포은 복절 93년 뒤 1485년 생육신의 일인인 남 추강(南 秋江 南 孝溫, 1454~1492)이 송경(松京)을 유람하며 그 견문을 적은 「송경록(松京錄)」을 남겼다. 이 「송경록」 중에 포은의 격살처(擊殺處)와 고택에 관한 기록이 주목된다. 남추강 일행이 개성을 탐방했을 때, 고려조 고적에 해박한 지식을 가진 개성 노인 한수(韓壽)를 향도로 삼았다. 그들은 한수의 안내를 받아 '화원(花園)'을 찾았다. 화원의 팔각전(八角殿)은 추강이 10년 전에 왔을 때, 퇴락한 채로 있었지만 당시에는 주춧돌만 남아 있었다.

　한수는 남추강 일행을 안내하여 화원 동편으로 고도평의사(故都評議司)에 들어갔다가, 또 동쪽으로 나와 토령(土嶺)을 넘어 반 리쯤 좌측으로 '태묘동(太廟洞)'으로 들어갔다. 한수는 태묘등 동구에 있는 누각 초석 근처를 가리키며, "여기가 포은이 고려배(高勵輩)에게 격살당한 장소"라고 했다. 한수는 남 추강 일행을 인도하여 근처에 있는 소옥(小屋)을 가리키며 포은의 옛집이라고 했다. 그들은 그 소옥 문전에 앉아 처절했던 옛일은 되새기며 포은에게 조의를 표했다. 남 추강은 포은 고택 앞에서 7언시 2수를 남겼는데 그 중 한수는 다음과 같다.[108]

---

107 『增補文獻備考』卷六十四「禮考」十一, 文宗元年, 名高麗歷代祠宇曰崇義殿, 得高麗顯宗遠孫於公州, 賜名循禮爲副使奉其祀, 賜土田臧獲 … 於是賜殿號, 求得循禮以奉祀, 陞麻田縣爲郡, 實敎官敎王氏子弟, 循禮章服如當代宗室, 朝京位在三公上. 補, 麻田郡故事云, 公州地有高麗顯宗遠孫, 王牛知變姓名爲齊民, 與隣人爭畔而告之, 上特命釋褐進三品, 賜名循禮 … 命高麗功臣 … 申崇謙 … 姜邯贊 … 金富軾 … 配享崇義殿.

108 『秋江先生文集(南孝溫)』卷之六 雜著「松京錄」, 仍請開城老人韓壽者, 壽頗知前朝古迹, 百源請爲嚮導, 歸訪花園, 所謂八角殿, 但有故基, 余去十年

신라를 병합한 반 천년의 고려조　　　　操鷄鴻業半千年
기우는 나라를 노신 홀로 지탱타가　　　　楚楚朝綱仗老臣
가정도 파괴되고 나라도 망했는데　　　　家破國亡無一物
퇴락한 유택만 행인을 비통케 하네　　　　至今遺宅愴行人
　　　　　　　　(『秋江集』卷3 詩 經圃隱古宅 二首 中 一首)

　태묘동은 고려조의 종묘가 있었던 곳으로 조선조의 종묘 부근
에 해당된다. 황제국은 '태묘' 제후국은 일반적으로 '종묘'로 칭한
다. 고려조는 조선조와 달리 황제예악(皇帝禮樂)으로 국가를 경
영했다. 고려조는 '이부(吏部)·예부(禮部)'라 칭한데 반해 조선조
는 '이조(吏曹)·예조(禮曹)'라 일컬은 것도, 황제예악과 제후예악
(諸侯禮樂)에 근거한 표현이다. 왕조가 망하면 제일 먼저 손괴되
는 곳이 해당 왕조의 종묘이다. '종묘사직(宗廟社稷)'이 국가를 의
미했기 때문에, 태조를 비롯한 왕들의 신위를 모신 '종묘'가 역성
혁명(易姓革命) 주체에 의해 우선적으로 훼철될 것은 당연하다.
　한수는 포은의 피격 처를 태묘동 동구(洞口)의 누각 초석 부근
으로 보았고, 포은의 집은 태묘동 안에 있었다고 했다. 널리 알려
진 선죽교에 대해서 한수는 말하지 않았고 「송경록」에도 언급이
없다. 영조(英祖, 1694~1776) 경신(1740) 상이 송도에 행차하여 선

前到此, 則八角摧朽不掇, 今則無復存者 … 韓壽引余輩座殿基上, 談前朝古
事, 亹亹不厭, 移時去花園, 東入故都評議司 … 又東出越土嶺路半里許, 左入
太廟洞, 韓壽指洞口樓礎曰, 此鄭侍中夢周爲高勵輩所擊殺處也. 引余輩入
洞小許, 指一小屋曰, 此侍中故宅也, 余等坐門前, 慷慨弔古.

죽교에 머물러, 선현 경모의 뜻을 표하여 시와 소지(小識)를 짓고 비각(碑閣)을 선죽교 옆에 세우라고 명한 뒤, 대제학 오원(吳瑗, 1700~1740)에게 이를 비음(碑陰)에 기록하게 했으며 "도덕 정충은 만고에 빛나고, 포은의 고절은 태산같이 높다"라고 읊기도 했다.[109]

『포은선생집속록(圃隱先生集續錄)』권2에 고종(高宗 太皇帝, 1852~1919) 9년(壬申, 1872), 상이 개성에 행차하여 "문충공은 동국유종(東國儒宗)으로 절의가 일월을 관통 한다"고 하며, 숭양서원에 치제하고 선죽교 비를 세우라고 교시하고 사손으로 하여금 이를 주관하게 했다. 선죽교는 포은 복절 이후 후대에 축조되어 명명된 것으로 여겨진다.[110]

포은이 민인들에게 더 널리 알려진데 결정적인 역할을 한 것이 유명한 〈단심가(丹心歌)〉이다. 포은은 원에 굴복하지 않고 송나라에 지조를 굳게 지킨 문산(文山, 文天祥, 1236~1283)에 비의되고, 문산 역시 송조를 향한 우국충절을 〈정기가(正氣歌)〉로 표현한 바 있다. 포은의 〈단심가〉는 훈민정음(1443)이 창제되기 반세기 이전에 창작되었다. 문산(文山)의 〈정기가〉는 대체로 13세기 말엽에 지어졌으니, 포은의 〈단심가〉와는 1세기여의 간극이 있

---

109 『增補文獻備考』卷八十四「禮考」三十一 禮俗, 庚申駕幸松都 過善竹橋止, 金以示敬賢之意下, 御製詩及小識, 命竪碑建閣于橋傍, 又命大提學吳瑗, 記其碑陰, 其詩曰, 道德精忠亘萬古, 泰山高節圃隱公.

110 『圃隱先生集續錄』卷之二 年譜, 壬申, 上駕次松都, 傳曰, 鄭文忠公, 卽是東國儒宗, 矧居節義, 可貫日月, 今來此地, 豈可無示意, 致祭于崧陽書院, 又命竪善竹橋碑, 其嗣孫問名調用.

지만 그 조국에 대한 추상같은 절의를 형상한 주제는 동일하다. 〈단심가〉의 원문은 『포은선생집속록』 권1에 실려 있다.

此身死了死了 一百番更死了 白骨爲塵土
魂魄有也無 向主一片丹心 寧有改理也歟

이몸이 주거주거 一百番 고쳐 주거
白骨이 진토ㅣ 되여 넉시라도 잇고 업고
님向한 一片丹心이야 가싈 줄이 이시랴

〈단심가〉 주에 이 노래는 이미 「유사(遺事)」에 실려 있으나, 그 가사가 천년이 지났음에도 귀신조차도 눈물짓게 하는 바가 있으므로 특히 여기에 싣는다고 했다. 후손 인평위(寅平尉) 제현(齊賢)은 효종대왕(孝宗, 1619~1659)이 매 월야(月夜)에 〈단심가〉를 읊고 비분강개하여 "백골이 진토 되어 혼백의 유무를 떠나 마음을 바꾸지 않겠다고 했으니, 천고(千古)에 어찌 이 같은 정충(精忠)이 있겠느냐"며 감읍했다고 후손 제두(濟斗)의 「기문(記聞)」을 인용하여 적었다.[111]

효종은 북벌을 주창하고 이를 시행하려 했던 왕으로, 포은의 절

---

[111] 『圃隱先生集續錄』 卷之一 「歌」 丹心歌, 按此歌已入於遺事, 而其辭千載之下, 可泣鬼神, 不可不表而出之, 故特載于此云. … 後孫寅平尉齊賢言, 孝宗大王每於月夜, 朗詠丹心歌 輒悲凉慷慨, 擊節感涕曰, 白骨成塵, 魂魄有無, 而尙不改心, 千古安有此箇精忠云. 出後孫齊斗記聞.

의와 충절을 표현한 〈단심가〉를 북벌의지와 연계시키려고 했으며, 포은의 반원정책을 그의 반청(反淸) 의지와 결부시키려 했던 듯하다.

3. 포은과 동방이학의 정립

『해동명신록』「정몽주」편은 포은학(圃隱學)에 대해 1361년 홍건족(紅巾賊) 입구 이래 학교가 황폐하여, 공민왕(恭愍王, 1330~1374)이 성균관을 새로 개창하여 포은을 '김구용(金九容, 1338~1384)·박상충(朴尚衷, 1332~1375)·박의중(朴宜中, 1337~1403)·이숭인(李崇仁, 1347~1392)'과 함께 겸 학관에 임명하고, 이색(李穡, 1328~1396)을 겸 대사성을 삼았는데, 포은이 강설(講說)을 맡아 통설과 달리 심도 있는 강의를 하자 사람들이 의아하게 여겼다가, 그 내용이 나중에 수입된 운봉 호씨(雲峰 胡氏, 元代人, 胡炳文, 호는 운봉 독실한 주자학자)의 설과 합치되자 제유가 탄복했다.

이에 목은은 "포은의 논리는 이치에 맞지 않는 데가 없다"고 칭송하고, 동방이학(東方理學)의 조종이라고 했다. 당시에도 고려의 학계는 포은을 한국 성리학(性理學)의 비조로 평가했다. 포은은 또 도성 안에 5부학당과(五部學堂)과 지방에 향교(鄕校)를 개설하여 문풍을 진작시켰다.

우암은 「포은선생신도비명병서」를 통해 "불교의 폐단을 불식하고 의관문물을 중화제(中華制)로 바꾸어 이풍(夷風)을 배제했

을 뿐 아니라, 주자(朱子, 朱熹, 1130~1200)의 성리학 위주로 강설
하여 호응을 받았으며, 『경서』의 지리멸렬한 주석의 굴레를 벗어
나 강서영가학파(江西永嘉學派)의 이론을 극복하여, 백천(百川)
이 바다로 흘러들고 뭇 별들이 북극성을 받들 듯 동방의 학풍을 주
자학으로 귀일시켰으며, 호원(胡元)을 배척하여 중화문화로 오
랑캐풍속을 변개시켜, 우리 동방을 예의의 나라로 만들었다"라고
했다.

포은은 주자를 종주(宗主)로 하여 후학들로 하여금 '주경(主
敬)'을 근본으로 삼고, 이치를 궁구하여 올바른 지식을 몸소 실천
하는, '주경입본(主敬立本)·궁리치지(窮理致知)·반궁천실(反躬
踐實)'의 세 강목을 성학(聖學)의 요체로 삼았다. 포은의 이 3대 강
령은 조선조 유학의 바탕이 되었다.

주자 이후 중원 학계는 왕양명(王陽明, 1472~1529) 등이 황당하
고 편벽된 설을 제창하여, 공맹학(孔孟學)과 정주학(程朱學)의 정
맥이 막혀 홍수와 맹수의 피해보다 더 해독을 끼치고 있는 상황에
서, 우리나라는 포은이 나타나 이학(理學)의 기틀을 세워 끊어진
학통을 잇고, 암흑에서 광명으로 인도하여 도학의 본원을 구명했
다고 진단했다. 도학의 명맥이 중원에서는 단절되어 암흑세계로
된 것과 달리, 동방에서 포은의 계도로 공맹과 주자의 도학이 찬연
하게 전개되었다고 우암은 평했다.[112]

---

112 『宋子大全』卷一百五十四「碑」圃隱先生神道碑銘幷序, 然食稻衣錦, 供佛
　　飯僧之俗, 漸變其舊矣. 衣冠文物, 遵用華制, 以革鞮鞻卉裳之陋, 則用夏變
　　夷之漸已見於此矣. 講書談理, 主於朱子, 而橫說竪說, 無不脗合, 則不但古

16세기 사림파(士林派) 사인들도 명조(明朝)의 학계와 학풍을 폄하하고, 동방의 학술이 중국보다 앞서 있다고 자부했으며, 16세기 전후 성리학에 관한 한 중국을 뛰어넘어 세계 정상의 자리를 차지한 것도. 그 뿌리가 포은에 있다고 우암은 판단하여 "주자가 야만의 땅인 '민(閩)' 지역에 탄생하여 '추노지향(鄒魯之鄕)'으로 변개시킨 것처럼, 우리 동방도 하늘이 포은을 탄생시켜 도덕의 나라로 만들었다"고 기술했다. 우암 역시 포은학은 사승(師承) 관계없이 포은 스스로의 예지가 암묵적으로 도(道)와 부합되어 독창적으로 개창한 것으로 평했다.[113]

우리 학계에서 통시적으로 스승 없이 자성한 선학은 '포은·퇴계·율곡(栗谷 李珥, 1536~1584)' 밖에 없다. 진실로 배운 스승이 없었는지 아니면 문도들이 스승을 높이기 위해 의도적으로 배제시킨 것인지는 알 수 없으나, 위 세분 선현들은 대체로 자수성학(自手成學)의 석학들이고, 학문의 기반이 공맹과 정주학을 정맥으로 삼은 점도 동일하다.

포은학의 기축은 앞서 그가 제시했던 '삼대강령(三大綱領)'이

註之支離紛挐者, 不能以誤人, 而如江西永嘉之似是而非者, 亦無所售焉, 則有如百川歸海, 衆星拱極矣 … 唯其以儒者之學爲己任, 而其爲學也, 必以朱子爲宗, 使後之學者, 皆知主敬以立其本, 窮理以致其知, 反躬以踐其實, 此三者爲聖學之體要, 則其功孰與之侔竝哉. 且朱夫子以後, 中朝之道學, 分裂岐貳, 陽明白沙之徒, 以荒唐隱僻之說, 思有以易天下, 而洙泗洛閩之宗脈, 晦塞而不傳. 此其害甚於洪水猛獸之禍矣. 獨我東土擇之也, 精守之也 … 若尋源泝本, 則捨先生其誰哉, 故前後尙論之士, 莫不曰先生東方儒學之宗.

113 『宋子大全』卷一百五十四「碑」圃隱先生神道碑銘竝書, 昔者全閩, 一蠻夷區, 洎紫陽生, 爲魯爲鄒 … 惟我先生, 崛起其季, 豪傑之才, 純粹之體, 不由師承, 默與道契.

고 그것을 몸소 실천에 옮겼기 때문에 그 위상이 높다. 포은학의 이념을 민인에게 적용할 때는 향리에 순박한 기풍이 넘쳤고, 나라에 펼쳤을 경우는 원근의 풍속이 정화되었으며 상서(庠序)를 설립하여 도의가 충만하게 했다. 호로(胡虜)와 이단의 사학(邪學)을 배척하고, 춘추대의(春秋大義)를 실행하여 배음향명(背陰向明)의 기상이 일월처럼 빛났는데, 그 큰 뜻이 저변까지 미치기 전에 몸이 먼저 세상을 떠났지만, 포은학의 주지는 태산북두처럼 뻗어나 백가(百家)를 양척(攘斥)하여, 수사학(洙泗學, 孔孟學)과 자양학(紫陽學, 朱子學)을 동방에 길이 전승시켰다고 우암은 진단했다.

　포은학의 파장(波長)은 포은의 향리까지 전파되어『영일군읍지』「충의(忠義)」편은 향리 '청림(靑林)·문충곡(文忠谷)·문충동(文忠洞)·구정동(舊政洞)'에도 유덕이 퍼져 "사람됨이 충효대절이 있었고, 소시부터 학문에 힘써 특히 성리지학(性理之學)에 몰두하여 얻은 바가 심오했다"고 했으며,『신증동국여지승람』「영일군·영천군」편 인물난에도, 포은을 일러 "성리학에 높은 경지까지 이르렀다"고 했다. 포은은 성리학을 관념론이 아닌 실천궁행의 학문으로 인식했다. 성현(成俔, 1439~1504)은『용재총화(慵齋叢話)』를 통해 고려문사들 거개가 시소(詩騷)에 몰두했지만, 포은은 성리학을 창도했다고 평했다.

　『증보문헌비고』「예고(禮考)」31에 선조는 1573년 포은을 숭양서원에 배향하면서 "내가 일찍이 문산의『지남록(指南錄)』을 읽을 때, 비통한 심정을 이기지 못해 끝까지 읽지 못했다. 문산은 백이 숙재 이후 절의를 지킨 1인자로 만세 인신(人臣)의 표준으로,

우리나라 정몽주의 절의와 문장이 이에 필적 한다"라고 했다.

포은학은 선조의 표현과 같이 절의(節義)를 바탕으로 했다. 절의에 근거했으므로 시대를 초월하여 전승된 것이다. 성리학의 오묘한 이치에 국한 했다면 그 수명이 장구할 수가 없다. 학문의 논리는 시대에 따라 부침하기 때문이다. 선조 2년 1568년 선조는 "포은은 성학을 창도하여 '김굉필(金宏弼, 1454~1504)·정여창(鄭汝昌, 1450~1504)·조광조(趙光祖, 1482~1519)·이언적(李彦迪, 1491~1553)' 등이 계승하여 도의를 강명(講明)하고 『경전』을 궁구하여 사도(斯道)에 큰 공이 있으므로 그 자손에게도 보상해야한다"고 기렸다.[114]

우암은 「포은선생집중간서(圃隱先生集重刊序)」에 "포은학의 연원을 멀리는 '홍범구주(洪範九疇)' 및 기자의 '팔교(八敎)'와 가깝게는 주자학의 정수를 이어받고, 문산의 절의(節義)까지 겸하여 동방이학(東方理學)의 비조가 되어 '조광조·김굉필·김종직(金宗直, 1431~1492)·김숙자(金叔滋, 1389~1455)·길재(吉再, 1353~1419)'로 학통이 소급 계승되는데, 이 학맥을 일군 선현이 포은이다"라고 했다. 또 강상(綱常)을 부식(扶植)하고 사문을 크게 밝힌 공이 있다고 칭찬하며, 소위 포은학의 일단을 두고 '횡설수설(橫說竪說)'이라 평한 것도 마땅찮게 여겼다.[115]

---

114 『增補文獻備考』「選擧考」十七 宣祖元年 敎曰, 本國舊稱文獻之邦, 而其於格致誠正之學, 則罕有傳焉, 自高麗鄭夢周始倡絶學, 至本朝金宏弼, 鄭汝昌, 趙光祖, 李彦廸等, 相繼而起, 講明道義, 發揮經傳, 大有功於斯道, 錄其子孫.

115 『圃隱先生集重刊序(宋時烈)』自殷師以弘範之道來, 設八敎而三綱, 明九疇叙矣, 其後數千餘載, 而我圃隱先生挺生麗季, 盡忠所社, 革命改社, 其扶倫立彝之功, 固足以軒天地耀日月 … 惜乎, 其嘉言至論, 不盡傳於世, 而獨此寂

노수신(盧守愼, 1515~1590)도『포은집』「서문」에서, 포은은 소시부터 큰 뜻을 품고『중용』과『대학』을 날마다 암송하여, 학문이 정수하고 연원의 강설이 초출하여 유림(儒林)의 종주가 되었지만, 자손과 도제(徒弟)가 쇠미하여 유문(遺文)을 완벽하게 수습하지 못한 것을 아쉬워했다.[116]

권채 역시「포은선생시권서」를 통해 성품이 순수하고 아름다우며 학문도 정심(精深)하여, 사변적이 아닌 실천궁행을 위주로 한 성리학을 창도하여 동방의 명현들이 심복했고, 목은과 도은(陶隱 李崇仁, 1347~1392)도 탁월하다고 칭찬했다. 포은의 시문은 "임금을 사랑하고 나라를 위해 목숨을 바친 기개가 사어(詞語)에 넘쳐나고, 유덕자는 말이 있고 명과 실이 합치되며 문과 도가 겸비하여, 도문일체(道文一體)가 되었다"고 했다.

박신(朴信, 1362~1444)도「포은선생시권서」에서 포은은 평생 시문을 신속하게 짓고 즉시 파기하여 작품이 많이 남아있지 않은데, 사남(嗣男) 철원부사 종성과 곡산군사 종본이 일찍이 수집해 두었던 것과, 몇 진신(搢紳)들 간에서 얻은 약간의 시를 챙겨 와서 나에게 서문을 부탁했다. 내가 이를 공경스럽게 받아 읽어보니, 평일의 호쾌하고 탁월한 기상이 방불 약여했다. 포은 시의 호일수발

廖數篇幸存而不泯, 則牧隱橫說竪說者, 未知爲何等語也, 可勝惜哉.

116 『圃隱先生集序(盧守愼)』, 盖自少有大志, 日誦中庸大學, 學問精粹, 講說淵微, 初出人意, 暗合集註, 及得胡書, 諸儒驚服, 其文風學術, 翕然有所矜式, 眞可謂儒林中宗主 … 而子孫徒弟絶, 莫能收拾其遺文微語傳諸後, 吾邦文獻不足, 乃至此乎.

(豪逸秀拔)함에 대해 제현들이 표현한 바가 많은 만큼 군더더기 붙이기 어려워 약한다고 했다.[117]

하륜(河崙, 1347~1416)은 포은 소저 시문이 난리 중에 거의 전부 망실된 점을 안타까워하면서, 남은 작품들을 보니 사어가 호방하고 의사(意思)가 포일(飄逸)하지만, 유려(流麗)나 기교에 빠지지 않고 충후(忠厚)와 의열(義烈)의 정신이 진퇴와 평온과 위기에도 일관했다고 평했다. 이는 포은문학의 기상을 품격론(品格論)에 입각하여 분석한 것이다.[118]

변계량(卞季良, 1369~1430)도 전조 수백 년간 인재와 풍화(風化)의 공효가 포은 일신에 모아졌고, 조선조 억만년 신자(臣子)의 강상이 포은공에 기인했다고 했다.[119] 조선조 제가의 포은학에 대한 평가는 표현의 차이만 있지 내용은 동일하다. 포은의「행장(行狀)」을 찬한 함부림(咸傅霖, 1360~1410)도 후생들의 경모가 태산북두 같았으며, 염락지도(濂洛之道)를 창도하고 불교와 노장(老莊)을 배척했고, 성정을 논함에 성현의 경지에 이르렀으며, 후학

---

117 『圃隱先生詩卷序(朴信)』先生平生所製詩文, 旋作旋棄, 未有成薰, 嗣男鐵原府使宗誠, 谷城郡事宗本, 將嘗所裒集, 及搢紳間所得詩文若干首, 將欲刊行, 而請序于余, 敬受而讀之, 平日豪爽卓越之氣象, 彷彿乎心目, 可勝嘆哉, 其詩之豪逸秀發者, 諸賢之序鋪叙已盡, 非拙筆所敢贅論也.

118 『圃隱先生詩卷序(河崙)』, 吾先子小著詩與文, 喪亂之中, 失亡殆盡, 幸此若干百篇僅存, 欲錄諸梓以傳不朽, 子之於吾先子, 平生相許不淺矣, 幸題一言于卷端也. 余感其言, 受而讀之, 辭語豪放, 意思飄逸, 和不至於流麗, 不至於靡, 忠厚之氣, 不以進退而異, 而義烈之志, 不以夷險而殊.

119 『圃隱先生詩薰序(卞季良)』, 豈惟前朝數百年, 作成人才風化之効, 鐘於公, 我朝鮮億萬年臣子綱常之立, 起於公而矣哉.

을 교회하여 인재들이 족출(簇出)했을 뿐 아니라, 명성이 내외에 크게 떨쳤다고 칭송했다.[120]

『포은문집』 권4 「부록」 말미 「고천일향사론(古川一鄉士論)」에, 애석하게도 난리 중에 소저 시문 거의 전부가 유실되어 그 서론(緒論)을 밝힐 수 없는 터에, 그 1권 중에 수록된 〈독역(讀易)·관어(觀魚)·동지음(冬至吟)·호연(浩然)〉 등의 시편은 성리(性理)에 대한 내용을 담은 것인데, 자고로 성현의 전도(傳道)에는 많은 말이 필요하지 않았으며, 요순(堯舜)도 몇마다 말로 도를 전했으니, 논저가 많이 남지 않았다고 실망하지 않아도 될 뿐 아니라, 남아있는 몇 편의 글을 통해서 족히 선생의 학문의 진수를 접할 수 있고, 이를 근거로 동방이학의 시조라는 평결에도 무리가 없다고 했다.[121]

조호익(曺好益, 1545~1609)은 1607년 『포은선생집』 중간(重刊) 「발문」에 "포은은 스승을 통해 학문을 전수한 것이 아니라, 초연이 홀로 독득한 호걸지사였다. 일찍이 주자 『사서집주(四書集註)』가 처음 동방에 전해졌을 때 그 뜻을 아는 이가 없는데, 포은이 이를 정밀하게 분석하고 해석하자 처음에는 모두 이를 신봉하지 않다가,

---

120 『圃隱文集』卷四 行狀(咸傳霖), 後生景慕, 而如仰山斗, 倡鳴濂洛之道, 排斥佛老之言, 講論惟精深, 得聖賢之奧, 敎誨不倦, 蔚有人材之興, 德望由是而益崇, 聲名以之而大振.

121 『圃隱文集』卷四 附錄(古川一鄉士論), 惜乎喪亂之餘, 小著詩文遺失殆盡, 使來學不得尋其緒論, 其幸存一卷, 集中所錄, 讀易, 觀魚, 冬至, 浩然等篇, 皆性理之作也. 自古聖賢之傳道, 亦不在多言, 堯之傳舜, 允執厥中 … 心學之淵源, 則於數篇之中, 亦足以見先生之學也, 其推爲東方理學之祖, 不亦宜乎.

호병문의 『사서통(四書通)』이 수입되어, 선생의 해석과 합치되었기 때문에 시인들이 도학의 깊은 뜻을 통달했다고 감탄해 마지않았다"라고 논평했다. 아마도 포은은 중원을 일곱 차례나 다니면서 성리학에 관한 서적을 구입하여 읽었던 것으로 예측된다.[122]

포은과 포은학에 대해 조선조 사인 중 가장 관심을 가졌던 분은 우암이다. 우암은 「홍현서원강당기(興賢書院講堂記)」에서 "포은은 진실로 우리 동방이학의 조종으로, 중국으로부터 처음으로 『낙건제서(洛建諸書)』를 전수하여 교육함에 있어서, 중화를 존숭하고 오랑캐를 배척하여 기자(箕子)의 정신을 이어받아, 중원 문화로 사이를 교화한다는 용하변이(用夏變夷)에 입각하여 우리나라를 예의지방(禮義之邦)으로 격상시켰다"고 찬상했다.[123]

4. 포은과 서원향사

서원은 향교가 국립인데 반해 사립학교이며, 주향이나 배향된 선현의 학덕을 기리며 원생들을 교육했다. 서원의 기원은 당나라

---

122 『圃隱先生集重刊跋(曺好益)』, 先生生于昏亂之際, 老佛之藪, 慨然以斯道自任, 觝斥舞鼓, 扶植名敎, 不由師傳, 超然獨得, 若吾先生者, 眞所謂豪傑之士矣, 竊嘗聞之, 朱子四書集註, 行于東方, 無有知其義者, 獨先生剖析精微爲之訓解, 及雲峯胡氏四書通至, 所論皆合, 時人始服先生之深於道學矣.

123 『圃隱先生集續錄』卷之三 記題「興賢書院講堂記(宋時烈)」, 子惟圃隱先生實我東理學之宗也, 始傳洛建諸書於中國以爲敎, 而其尊周背虜, 用夏變夷, 使我箕封, 得爲禮義之邦者, 攻誰與競哉.

중서성(中書省) 수서(修書) 혹은 시강(侍講)의 부속기관 이였다가, 당나라 현종(玄宗, 685~762) 때 여정수서원(麗政修書院)에서 집현전 서원으로 호칭되었고, 송나라 청대에는 독서와 강학을 주로 했다. 송대에 진입하여 '백록(白鹿)·석고(石鼓), 숭양(崇陽), 응천(應天), 악록(岳麓)'의 4대서원이 유명하다. 원나라 때 서원은 각 '로(路)·주(州)·부(府)'에 두루 창설되었으며, 청대에는 과거시험 준비가 중심이 되어 학당으로 일컬어졌다가, 청나라 광서(光緒, 청 德宗의 연호, 1875~1980) 27년(1901)에 서원 호칭이 없어졌다.

한국인의 교육열은 통시적으로 치열했고, 지금도 그 지속 선상에 있다. 조선조 중엽부터 전국에 사립서원이 우후죽순처럼 개설되었다. 이는 오늘날 대학이 전국 방방곡곡에 설립되고 또 계속 창설되고 있는 현상과도 무관치 않다. 명종(明宗, 1534~1567) 5년(1550) 백운동서원(白雲洞書院)을 소수서원(紹修書院)이라 사액한 것이 사액서원(賜額書院)의 효시이다.

서원의 퇴락과 훼철을 막기 위해, 송나라의 제도를 본 따 퇴계가 사액할 것을 제창하여 명종이 이를 시행했다. 한국 최초의 서원은 중종(中宗) 임인(壬寅, 1542)에 안유(安裕, 安珦, 1243~1306) 옛 집터에 주세붕(周世鵬, 1495~1554)이 건립한 소수서원이며, 이후 전답과 노비가 지급되어 위상을 높였다. 진천 백원서원(百源書院)과 함흥 문회서원(文會書院)이 소수서원보다 앞서 창건되었다는 설도 있다. 사액 중에 어필사액도 있었다.[124]

---

124 增補文獻備考 卷二百九 學校考 八「附 書院」, 明宗五年, 賜紹修書院之額,

서원이 난립하여 지역단위의 분파주의가 심화되는 등의 폐해
가 생기자 조정에서 서원을 정비코자 했다. 효종 조 서필원(徐必遠,
1614~1671)의 상소로 서원 설립이 금지되었다. 숙종(肅宗, 1661~
1720)은 1714년에 각 도에 서원의 사건(私建)을 금지시켰고, 영조
(英祖, 1694~1776)는 1741년 금령을 어기고 개설한 서원을 철폐
했다. 난립된 서원을 고종은 1871년 3월 사액서원과 문묘종향 인
물 이외 첩설(疊設)된 서원을 포함해 47개소만 남기고 모두 훼철
했다.[125]

『포은선생집속록』권2「서원」조에 포은이 배향된 13처의 서원
을 아래와 같이 채록했다. 임고서원(臨皐書院)은 영천에 있는데
임진병란에 불탔다가 임인(壬寅, 1602)에 중건했다. 숭양서원(崧
陽書院)은 개성에 있다. 충렬서원(忠烈書院)은 용인에 있는데, 만
력 병자(萬曆 丙子, 1576)에 창건되었고 임란 시 불타 을사(乙巳,
1605)에 중건되었다가 숙종 병술(丙戌, 1706)에 이건했다. 오천서
원(烏川書院)은 영일에 있고, 만력 무자(戊子, 1588)에 창건되어

院在順興縣白雲之洞, 書院之設始此(禮曹書院錄, 鎭川之百源, 咸興之文會,
其刱建在於紹修之前, 李文純公李滉文集曰, 東國舊無書院, 自紹修創始云,
故錄之如右), 東國初無書院, 中廟壬寅, 故參判周世鵬爲豊基守, 豊基屬縣
順興, 有高麗文成公安裕舊居, 世鵬遂卽其基, 創立紹修書院, 以爲士子藏修
之地. 文純公李滉, 繼世鵬而爲邑守, 轉聞于朝, 請依宋朝古事, 賜額頒書, 且
給土田臧獲, 明廟許之.

125 『增補文獻備考』卷二百九 學校考 八「附 書院」, 於是士爭慕効, 書院寢盛 …
後來書院益多, 幾遍于州縣, 孝宗朝徐必遠之疏, 朝家始議設禁, 至肅廟甲午,
命諸道禁其私建, 英祖辛酉, 凡甲午以後創設者, 皆毀撤焉, 蓋以冒禁令而私
建故也. 『典故大方(姜斅錫)』卷四「書院鄕祠錄」, 高宗八年 辛未三月, 命文
廟配享人外, 書院疊設, 并爲毀撤, 只存四十七處.

임란 때 회진된 것을 임자(壬子, 1612)에 중건했으며 광해 계축(癸
丑, 1623)에 사액되었다. 도남서원(道南書院)은 상주에 있고 만력
을사(乙巳, 1605)에 창건했다. 흥현서원(興賢書院)은 영흥에 있고,
만력 임자(壬子, 1612)에 창건되어 현묘(顯廟) 병오(丙午, 1666)에
이건했다.

　삼강서원(三江書院)은 용궁에 있는데, 숭정(崇禎) 임신(壬申,
1632)에 창건했다. 성산서원(星山書院)은 순안(順安)에 있으며,
인묘(仁廟) 정해(丁亥, 1647)에 건립했다. 운전서원(雲田書院)은
함흥에 있는데, 현묘(顯廟) 을사(乙巳, 1665)에 창건했다. 망덕서
원(望德書院)은 정평(定平)에 있고, 현묘 무신(戊申, 1668)에 창건
했다.

　구강서원(鷗江書院)은 울산에 있는데, 숙묘(肅廟) 무자(戊子,
1708)에 설립했다. 반구서원(蟠龜書院)은 언양(彦陽)에 있고, 숙
묘 임오(壬午, 1702)에 창건했다. 용암서원(龍巖書院)은 운봉(雲
峰)에 있으며, 숙묘 계사(癸巳, 1713)에 봉안(奉安)했으며, 창건은
임오(壬午, 1702)년이다.[126]

　위의 서원들 중『증보문헌비고』「각도사원(各道祠院)」조에 의
거하여 보완된 부분을 첨가하겠다. 상주 도남서원은 선조 병오(丙
午, 1606)에 창건하여, 정사(丁巳, [광해海] 9년, 1617)에 현액(懸
額) 했다. 울산 구강서원은 숙종 기미(己未, 1679)에 현액 되었다.
영천 임고서원은 명종(明宗) 을묘(乙卯, 1555)에 창건되어, 선조

---

126 『圃隱先生集續錄』卷之二 書院篇 參照

계묘(癸卯, 1603)에 사액되었다.

연일(延日) 오천서원은 선조 무자(戊子, 1588)에 창건, 광해 계축(癸丑, 1613)에 사액되었다. 용궁 삼강서원은 인조 계미(癸未, 1643)에 창건했다. 언양 반구서원은 숙종 임진(壬辰, 1712)에 창건했다. 운전서원은 현종 정미(丁未, 1667)에 창건, 영조 정미(丁未, 1727)에 사액되었다. 영흥 홍현서원은 광해(光海, 1575~1641) 임자(壬子, 1612)에 창건, 정사(丁巳, 1617)에 사액되었다. 순안 성산서원은 인조 정해(丁亥, 1647)에 창설, 숙종 갑술(甲戌, 1694)에 사액되었다. 『증보문헌비고』와 『포은선생집속록』의 서원 기사가 연대 등에 약간의 편차가 있다.[127]

『전고대방(典故大方)』「서원향사록(書院鄕祠錄)」에는 "개성 숭양서원은 선조 계유(癸酉, 1573)에 창건 하여, 을해(乙亥, 1575)에 사액했다. 용인의 충렬서원은 선조 병자(丙子, 1576)에 창건되어, 광해 기유(己酉, 1609)에 현액 했다. 용암서원은 숙종 임오(壬午, 1702)에 창건했다. 상주 도남서원은 선조 병오(丙午, 1606)에 창건하여 숙종 정사(丁巳, 1677)에 현액 했다. 울산 구강서원은 숙종 기미(己未, 1679)에 창건 하여, 갑술(甲戌, 1694)에 현액 했다. 임고서원은 명종 을묘(乙卯, 1555)에 창건, 현액하고, 선조 계묘(癸卯, 1603)에 다시 현액 했다. 연일 오천서원은 선조 무자(戊子, 1588)에 세워 광해 계축(癸丑, 1613)에 현액 했다. 삼강서원은 인조 계미(癸未, 1643)에 세웠다. 언양 반구서원은 숙종 임진(壬辰,

---

127 『增補文獻備考』卷之二百十一「學校考」 '10~12' 各道 書院·祠院篇 參照

1712)에 세웠다. 운전서원은 현종 정미(丁未, 1667)에 창건하여, 영조 정미(丁未, 1727)에 현액 했다. 흥현서원은 광해 임자(壬子, 1612)에 세워 정사(丁巳, 1617)에 현액 했다."고 했다.

　반구서원의 경우 문집과는 10여 년 연대 차이가 있고, 서원 명칭의 반(蟠)자도 다르게 표기했다.[128] 서원 창건과 사액 및 현액에 관한 연대가 합치되지 않는 것이 한 둘이 아니다. 이 같은 연대의 편차는 문헌마다 달라, 어느 것이 맞는지를 판정하기가 용이하지 않다. 『전고대방』은 「서원」 조에서 '사액(賜額)'과 '액(額)'을 변별했다. 필자는 '액'을 '사액'과 분별하여 '현액'으로 표기했다. 이 경우도 『증보문헌비고』와 『포은문집』 및 『전고대방』이 각각 상이하다. 어느 것이 맞는지는 해당 문헌들을 참고하여 정확한 연대를 확정지을 필요가 있다.

　고종 8년(1871) 대원군(大院君 李昰應, 1820~1898)이 주도한 서원 철폐는 긍정적인 시책임에도 불구하고, 지역 유림사회에 문제가 야기되어 분란이 일어났다. 훼철을 면한 서원은 일정한 원칙에 입각하여 존치시켰다. 이 가운데 포은이 배향된 서원은 숭양서원 정도인데, 여타의 배향된 사액서원들은 47처(開城崧陽·金浦牛渚·龍仁深谷·抱川龍淵·坡州坡山·果川四忠·驪江江漢·忠州忠烈·陽城德峯·江華忠烈·果川鷺江·廣州顯節·高陽紀功·連山遯巖·魯城魯岡·鴻山彰烈·淸州表忠·泰仁武城·長城筆巖·光州褒忠·咸陽藍溪·慶州西岳·順興紹修·善山金烏·玄風道東·居昌褒忠·

128 『典故大方(姜斅錫)』卷四「書院鄕祠錄」五頁~三十八頁 參照.

慶州玉山·禮安陶山·尙州興巖·尙州玉洞·東萊忠烈·安東屏山·
晉州彰烈·固城忠烈·寧越彰節·金化忠烈·鐵原褒忠·海州淸聖·
長淵鳳陽·平山太師·白川文會·北靑老德·永柔三忠·平壤武烈·
安州忠愍·定州表節·寧邊酬忠)의 존립 서원에 포함되지 않았다.

이들 중 '사충·충렬(4)·현절·기공·창렬(2)·표충·포충(3)·창
절·삼충·무렬·충민·표절·수충'등의 나라에 대한 충렬과 절의를
실현한 인물들을 배향한 원사(院祠)들이 다수이다. 문묘종향인
물을 모신 서원과 사액서원은 47처 외에 별도로 처리한 듯하다.[129]
현전 문헌에 수록된 사액서원이 과연 명실상부한 사액인지도 모
르겠고, 대원군이 단행한 서원 폐철이 경향 각지의 완강한 반대에
부딪쳐 제대로 실행되었는지도 의문이며, 훼철되었다가 얼마 후
복설된 사례도 더러 있었다. 포은이 주향 또는 배향된 '서원향사
(書院鄉祠)'는 일반 향촌지역의 사건(私建) 서원과 달리, 충절과
성리학을 바탕 한 유교문화의 확산에 일익을 담당했다. 한국의 서
원은 세계사에 유례가 없는 현상으로 중세 유교문화의 토착화와
보급을 선도했고, 지금도 그 영향력이 남아있다.

삼국에서 고려조 까지 천여 년간 한반도 전역에 사찰이 편만했
고, 조선조 5백여 년 동안 향교와 서원이 방방곡곡에 편재했다. 19
세기 말부터는 도농을 불문하고 나라 안 도처에 외래종교의 사우
(祠宇)가 넘쳐나고 있다. 먼 훗날 어떤 교조적 건물이 또 우리 강토
에 이들을 압도하고 다시 즐비하게 세워질 것인지 궁금하다.

---

129 『典故大方(姜斅錫)』卷四 書院鄉祠錄「未撤院祠」項 參照.

포은은 사양길에 접어든 고려조에 이 태조와의 갈등을 감내하면서 복절할 때까지 고려조에 충성했다. 포은도 고려조의 명운이 종언을 고할 때가 되었음을 예견했을 터이지만, 성이 다른 임금을 섬기지 않는 다는 불사이성(不事二姓)의 지조를 굽히지 않고 진충보국으로 일관했다.

우왕(禑王, 1365~1389), 창왕(昌王, 1380~1389)을 이성계와 뜻을 같이 하여, 왕씨(王氏)가 아니고 신씨(辛氏)라고 인정하고, 공양왕(恭讓王, 1345~ 1394, 재위, 1389~1392)을 추대한 것도 불사이성과 관련이 있다. 우왕 창왕에 대한 이 같은 포은의 인식은 후대에 논란이 되기도 했다. 진시황(秦始皇, 嬴政, BC, 259~210)이 영씨(嬴氏)가 아니고 여씨(呂氏)라고 강변한 역성혁명에 성공한 강자의 논리라는 설과 맥을 같이 한다. 포은은 이성계와 이방원에 의해 고려왕조를 지키지 못하고 최후를 맞았다. 훗날 양심에 가책을 느낀 태조와 태종으로부터 사후 극진한 대접을 받았다. 조정을 위해 헌신한 공적과 성리학을 창도하여 국시로 삼게 한 점과, 민인들로 하여금 조선조에 포은처럼 충성하라는 전략적 의도도 작용했다.

성리학을 기반으로 한 신유학(新儒學)을 중원을 드나들면서 최신정보를 얻어 사승관계 없이 독자적으로 포은학(圃隱學)을 일구어, 문묘와 숭의전에 배향되는 영광도 얻었다. 조선조에 들어와 문묘배향 인사들을 놓고 시비가 야기 된 것과는 차이가 있다. 포은이 제창한 성리학은 공리공론이 아닌 실천위주의 논리를 주축으로 했다. '주경입본(主敬立本)·궁리치지(窮理致知)·반궁천실(反

躬踐實)'의 삼대강목을 성학(聖學)의 요체로 삼은 것이 그 한 예이다. 포은학은 『서경』의 '홍범구주(洪範九疇)'와 기자의 '팔교(八教)'와 문천상의 '절의(節義)'까지 겸비하여 명실상부한 동방이학(東方理學)의 비조로 추숭되었다. 포은은 '조광조·김굉필·김종직·김숙자·길재'로 이어지는 성리학 학맥의 영수로 한국 학술사에 자리 잡은 것은 우연이 아니다. 개성에 5부학당과 지방에 향교를 창설 또는 중수하여 유학 진흥에도 심혈을 경주했다.

거개의 인물들에 한 결 같이 명암과 공과가 있게 마련인데, 포은의 경우는 후인들로부터 부정적인 평을 받은 사실이 거의 없다. 중원의 정권 교체와 일본의 노략질에 임하여 사대교린 시책을 적의하게 구사하여, 고려조를 누란의 위기에서 구한 정치적 업적과, 성색(聲色)을 멀리한 반듯한 삶과 인간적인 매력도 작용했다. 그리하여 '임고서원·숭양서원·오천서원' 등 13처의 서원향사에 주향 또는 배향되어 사인과 민인들의 흠앙을 받는 영예를 얻었다.

5. 포은을 통한 민족중흥의 염원

옛글에 가정이 빈한해지면 어진 아내를 생각하고, 나라가 위태하게 되면 어진 재상을 생각하게 된다는 말이 있다, 필자가 새삼 포은을 생각하고 흠앙하면서 이 글을 집필하는 까닭도 여기에 있다. 가정과 나라가 평화로울 때는 양처와 양상의 존재를 느끼지 못한다.

우리 민족이 반만년 동안 살아온 한반도와 만주지역은, 동아시아와 세계를 석권해온 한족과 몽골족·거란족·선비족 및 여러 북방의 표한한 민족들과, 바다를 횡행하며 수천 여 년간 노략질을 일삼던 왜족 등에게 지정학적으로 교량의 형국에 처하여, 이들 이민족 간에 유혈 낭자한 각축장이 되었다. 중원을 차지하려면 한반도는 반드시 통과해야 하는 요충지였다.

중원에 수립된 한족이 정통으로 삼는 '한·당·송·명'나라는 물론이고, 소위 사이로 명명된 민족들에 의해 수립된 오호(五胡) 16국 및 남북조(南北朝)의 일부 정권과 요(遼)·금(金)·원(元)·청(淸)나라 등도, 동아시아를 지배하기 위해서는 한반도의 경략은 언제나 대전제였다. 한 무제(武帝, BC, 156~87)가 BC, 108년에 한사군을 설치한 것도 동일한 맥락이다. 현재 강국으로 등장한 중공정권이 한술 더 떠서 한반도 북부의 북한의 4군과 남한 의 강역까지 아우른 '한팔군(漢八郡)'의 개설을 염두에 두고 있는 것은 아닌지?

지금 한반도의 실상은 5·6세기 전후처럼 해당 지역의 주민과 각지로 이주한 거민을 기반으로 4국시대(고구려·신라·백제·가야)가 재현되어, 나당연합(羅唐聯合), 여제동맹(麗濟同盟), 나려동맹(羅麗同盟), 나제동맹(羅濟同盟), 제야연맹(濟耶聯盟) 등에 비견되는 합종연횡(合從連衡)이 외피를 달리하여 내면으로 교차하고 있는 분열의 난세로 접어들고 있다. 지도자가 오만방자하고 백성이 포악무도하여 국기가 물란 해져 방비를 허술히 하면, 외국의 침략과 도적을 불러들이고, 여인이 용모와 몸매만 예쁘게 가꾸면 치한들의 음심을 자극한다는 『주역(周易)』의 글귀(上慢下暴,

盜, 思伐之矣, 慢藏誨盜, 冶容誨淫)를 되풀이 강조하는 까닭은 국가와 민족의 분열과 도덕적 해이는 언재나 외국의 침략을 불러와 나라를 멸망으로 이끌기 때문이다.

중원의 한족은 물론이고 중원을 둘러싸고 있는 다수의 민족들 거개가 중원을 정복하여, 주인 노릇을 하며 호기를 뽐었던 것과 달리, 유일하게 우리 민족만 한반도를 벗어나지 못하고 중원정권에 사대하며 안분자족(安分自足)했다. 중원 정권에 대항하여 자주권을 확보하려면 연대 할 국가가 필요한데, 당시는 왜국 말고는 없었으므로 부득이한 고육책이었다.

역설적으로 중원을 차지하여 칭제건원을 실시하여 으스대던 북위(北魏)의 선비족과 요(遼)나라의 거란족 금(金)과 청(淸)나라의 만주족 등은 지금 흔적도 찾기 어렵고, 세계제국을 이룩하여 천하를 호령했던 몽골족도 북쪽 초원지대에서 간신이 명맥만 유지하고 있다.

이에 비해 사대교린(事大交隣)의 전략으로 나라를 경영한 역대 정권에 힘입어, 8천만 겨레를 거느리며 10대 경제 대국으로 성장하여 세계를 주름잡고 있다. 결국 사이민족들의 이 같은 기백은 정치적으로 무참한 실패로 귀결되었다. 우리 선인들은 오기를 부렸던 사이의 여러 민족과 달리, 강대국의 힘을 긍정하고 주어진 현실을 냉철하게 수용한 뒤, 국토와 백성을 보존하기 위해 울분을 참고 시행한 사대교린의 전략은, 오늘의 우리를 존재하게 한 아쉽기는 하지만 탁월한 선택이었음이 분명하다.

14세기 후반 사대교린이 제세안민(濟世安民)의 근간임을 인식하고, 이를 실천한 삼한삼중대광수문하시중익양군충의백(三韓三重大光守門下侍中益陽君忠義伯)의 직함을 받은 포은 정몽주(鄭夢周, 1337~1392)의 치적은 시대를 뛰어 넘어 지금도 광채를 발하고 있다. 조선조가 내린 직함 대신 고려조로부터 받은 관직명을 표기한 이유는, 영의정은 제후 왕(諸侯王)의 총리이고, 문하시중은 황제의 재상이다. 포은 역시 고려조에서 받은 직함을, 당신을 살생한 뒤 조선조가 내린 관직보다, 더 선호했을 것이라고 보고 필자가 대서특서했다.

몽골족의 원나라가 쇠락의 길로 접어들 무렵, 포은은 국가의 안보와 번영의 요체가 외교임을 확신하고, 중원의 신흥왕조인 명나라와의 유대를 견고히 하는 것이 고려조가 살 길이라고 믿어, 명나라와의 사대적 우호관계를 강화코자 했다. 배원친명(排元親明)이 구국의 방책으로 인식하고, 고려 조정의 뿌리 깊게 자리 잡은 친원파(親元派)를 견제하면서 이를 실천했고, 아울러 당시 노략질이 심했던 왜구를 토벌과 회유를 병행하여, 왜에 잡혀간 동포를 귀국시키는 등의 업적을 남겨 고려조를 보위했다. 포은의 이 같은 사대교린 전략은 중국·소련·일본·미국 등을 배경으로 한 친미 진중 친일 등으로 민족이 사분오열 된 오늘의 현실이, 국가와 민족의 장래를 백척간두로 몰아간 오늘에도 참고해야 할 반면거울이다.

중원을 정복한 민족은 거의 모두가 멸망했다. 유일하게 일본만이 섬나라였기 때문에 국가를 유지했고, 몽골이 간신히 명맥을 유지하고 있는 까닭도 본거지를 보존하고 있었기 때문이다. 만주와 한반도의 북부를 근거지로 하여 우리 민족과 함께 살아온 여진족이 중원 정복의 야심을 품지 않았다면, 한족(漢族)의 팽창을 막는 만주지역에 강국으로 남아 동북아의 세력균형을 잡는 우리의 번 방으로 존속하고 있을 것이라는 가상도 해 본다.

임어당(林語堂, 1895~1976)은 사이의 이 같은 행위를 두고, 중 국을 정복하는 것은 세단을 타고 사막을 달리는 것과 같아, 끝내 모래 벌에 묻히고 만다는 진단이 연상된다. 우리 민족과 달리 기고 만장하여 중원을 정복한 뒤, 중원주변 동서남북의 광대한 땅을 점 령하여, 해당지역의 정통 왕조를 괴멸시켜 호기를 뿜던, 원나라와 청나라는 결과적으로 광활한 땅을 중국에 바쳤다. 자신들의 멸망 은 물론이고 동아시아의 역사를 왜곡시킨 범죄행위에 준하는 망 동으로, 오늘날 중공을 강대국으로 만든 기반을 제공한데 불과하 다. 천하를 정복하고 자체 문자까지 창제하여, 기염을 토하던 몽 골족과 만주족(여진족)은 지금 어디에서 무엇을 하고 있는가.

필자가 우리의 처지를 냉철하게 파악하고 사대교린에 만족했 던 역대 왕조와 당대 선인들의 지혜를 칭송하는 이유도 여기에 있 으며, 14세기 전후 동북아의 격변기에 조국 고려조를 보위한 포은 의 공적이 그 대표적 사례이다. 동아시아의 주변정세를 정확하게 판단하여 치기를 부리지 않고, 냉정하게 국가를 지탱했던 지난날 포은의 경륜은, 누란에 위기에 몰려 안위를 예측키 어려운 오늘에 도 참고할 시책의 하나이다. 우리가 중국과 소련 미국에 정면으로 대적할 국력을 갖고 있는 지도 검토해야 할 것이다.

역사는 항상 치란(治亂)이 교차한다. 치세가 오래되면 난세가 오고, 난세가 계속되면 치세가 오는 것은 진리이다. 6. 25 동란 이후 미국 등의 도움을 받고, 우리 민족이 가진 탁월한 역량을 발휘하여 세계 10위권의 경제대국으로 성장하여, 역사상 일찍이 경험하지 못했던 반세기여의 태평성대를 우리는 지금 구가하고 있다, 단점만을 침소봉대하여 대한민국의 번영을 폄하하는 일부의 견해도 있으나 이는 대중의 공감을 얻지 못한다. 이 글의 첫머리에 현재 우리는 난세에 접어들고 있다는 진단이 필자의 오판이길 바란다.

장구한 민족사의 전개과정에서 통시적으로 우리 민족은 현재 말고도 한 반도에 몇 차례의 태평성세가 있었다. 그 첫 번째가 단기 3001년(668)신라에 의해 3국통일이 이룩된 이후, 892년 후백제가 건국되기 까지 224년간의 평화이고, 두 번째는 1392년 조선조의 개국 이래 1592년 임진왜란 까지 200년 동안의 태평시대이다. 이 통산 400여 년 동안 북방민족의 침탈도 없었고 왜구의 노략질도 거의 없었다.

이 기간 동안 우리는 문화의 창달과 경제적 번영을 성취했다. 그후에도 소강 시기는 있었지만 제한적이었다. 이 같은 평화를 두고 반대의견도 있을 수 있으나, 그것은 거시적 판단이기 보다는 미시적 시각에 근거한 견해일 뿐이다. 조선조 개국 후 200년간의 평화와 번영은 고려 말 포은의 대명 대일의 사대교린의 탁월한 외교에 힘입은 결과였다.

우리는 지금 주변에 적이 없다고 믿으며 무사안일의 방만한 삶을 누리고 있다. 북한도 친구이고, 중국과 소련도 우호국으로 믿고 안심하고 있다. 과연 그러한지 아니면 편하게 살기위해 적이 없다고 믿고 싶은 것인지? 이재 와서 일본을 다시 적으로 등장시켜 국민 결속에 활용하고 있는데 과연 현명한 선택인지는 의문이다. 6. 25 동란 직전까지 평화의 시대가 왔다고 착각하고, 노래하고 춤추며 열락에 빠져 있다가 나라는 순식간에 비참한 나락으로 추락했다. 진실로 지금 우리 주변에는 적이 없고 착한 이웃만 있는지 함께 생각해야 할 때이다.

6. 구국 영도자의 출현을 갈망

동양의 『경서』들에 현재의 긍정 또는 부정적인 상황을 감식할 수 있는 글들이 넘쳐난다. 각종 언론매체들에 발표되는 유명한 논객들의 현실을 진단하는 수많은 시론들은, 우리와 무관한 서양의 고전과 학자들의 글귀들을 현학적으로 인용하여 독자들의 관심을 끌고 있다. 대부분의 독자들 또한 서양의 문헌이나 석학들의 글이 인용되면, 신빙성이 있고 권위가 있다고 여기는 것이 보편적이다. 그러나 오늘의 우리의 현실을 가장 심층적으로 밀도 있게 평결하는 글들은 『사서삼경』을 비롯한 하늘의 별처럼 많은 동아시아 문적들에 충만해 있다.

『대학』에 오늘의 현실을 상징하는 촌철살인에 값하는 경구가 있다. 중국의 성군 요순(堯舜)이 천하를 인의(仁義)로 통치하자 백성들이 즐겨 순종했고, 흉악한 군주인 걸주(桀·紂)가 포악으로 다스렸는데도 백성들이 역시 따랐다. 요순과 걸주가 이처럼 제왕으로 군임 한 이유는 요순시대에는 백성들이 요순과 같았고. 걸주시대에는 백성들이 걸주처럼 포악했기(堯舜帥天下以仁, 而民從之. 桀紂帥天下以暴, 而民從之. 其所令反其所好, 而民不從) 때문에 가능했다고 말했다

지배자와 백성이 공범자였음으로 통치가 가능했다는 논리이다. 그 지도자에 그 백성이라는 지적이다. 백성이 어질고 정의로우면 걸주 같은 지도자는 존재할 수 없으며, 백성들이 사악하고 사욕에 물들어 있을 경우, 요순 같은 지도자는 설 곳이 없다는 평가이다. 현재 우리들은 정의롭고 선량한 백성이며, 세계 모든 지도자들이 요순인지 걸주인지도 되돌아볼 시점에 놓여 있다.

『서전(書傳)』에 현인군자는 물러나 재야에 있고, 소인배들은 득세하여 요직을 꿰차고 행악을 자행하고 있다(君子在野, 小人在位)라는 구절이 있다. 수천 년 전의 글이라고 보기에는 너무나 엄중하고 박진감이 넘친다. 자고로 득지한 소인배들은 오만불손에다 방약무인까지 겹쳐 안하무인적 행동을 한 점의 부끄러움도 없이 당당하게 자행했다. 역사적 사실과 사회상은 시간의 흐름과 관계없이 언재나 동일하다.

『서전』은 이 장구를 평하여 "소인배가 득지하면 반드시 장차 화를 불러오고 분란을 일어 킨다(小人得志, 必將召禍而起亂矣)."라고 부연했다. 천 여 년 전에 한 평이 아니라 며칠 전에 양식 있는 반듯한 지식인의 말로 오인할 정도이다. 현인군자는 핍박을 받고 축출되어 재야에 엎드려 있고, 무식하고 무도하고 간악하여 아첨을 일삼는 무리들이 등용되어 요직을 차지하고 있음을 풍자한 것이

라는, 후대 학자들의 해석 역시 감동적이다.

이와 관련하여 천자는 7명의 잘못을 간하는 신하(爭臣)가 있어야 천하를 보존하고, 제후(諸侯)는 5명의 현신을 휘하에 둬야 나라를 지키고, 대부(大夫)는 3명의 어진 신하를 거느려야 휘하 집단을 유지하고, 사인(士人)은 바른 말을 하는 벗을 옆에 둬야 명예를 지탱하고, 부모는 바른 말을 하는 자식을 둬야 불의에 빠지지 않는다고 한『효경(孝經)』의 경고도 과거의 말이 아니다. 아첨군만 주변에 득실거리면 그 지도자는 민심이 이반하여 결국 자리에서 쫓겨나서 국가도 망한다는 경고이다.

동서고금을 불문하고 지도자의 자질과 백성의 삐뚤어진 행위는 줄곧 문제가 되었기 때문에 교육이 중시된 것이고, 포은이 5부학당(五部學堂)과 향교를 증광 하여 민인교육에 힘쓴 이유도 고려조의 중흥과 재조(再造)를 위해서였다. 일찍이 삼연(三淵) 김창흡(金昌翕, 1653~1722)은 '성인(聖人)·대현(大賢)·군자(君子)·선인(善人)·속인(俗人)·소인(小人)'의 6등으로 사람을 유분 한 예가 있는데, 오늘의 우리들은 어느 등급에 속해 있는지, 혹시 너나없이 속인도 아닌 소인의 무리로 전락한 것이 아닌지 두렵다.

조선조 말엽 유림이 분열되어 백색파벌(百色派別)로 나누어져, 자기의 당파는 도척(盜跖) 같은 흉인도 현자로 둔갑시키고, 당색이 다르면 공자(孔子, BC, 551~479) 같은 성인도 악인으로 몰아세웠다. 시비선악의 판단 기준도 상실하여, BC, 6세기에 공자가 좋아해야할 사람은 미워하고, 미워해야할 사람을 좋아하지 말라는 의미의, 능호인 능오인(能好人, 能惡人)의 교시도 와해된 지 오래되었다. 세계 지도자들 중에도 좋아할 사람과 미워해야 할 사람을 분간 못하는 정상모리배(政商謀利輩) 수준의 인물이 많다. 당파가 같으면 도척이 요순이 되고, 당색이 다르면 요순도 도척이 되는 기막힌 시대에 우리는 지금 살고 있다. 고려 말 국란의 시기에 나라를 위해 불편부당의 자세로 동분서주했던 포은을 다시 상기하는 까닭도 여기에 있다.

나라의 강역이 초강대국으로 둘러싸인 지정학적인 위치에서, 침략에 대비한 군사력과 경제적 풍요를 누리기 위해 부국강병의 경국제민 전략은 선택이 아니라 필수이다. 조선조가 200년간의 평화에 중독되어 국방에 관심을 두지 않고, 사변적인 성리학에 몰두하여 문약에 흘렀던 것이, 임진왜란과 병자호란 그리고 국권상실과 6·25 동란 등의 비극을 자초했던 점을 직시해야지, 구차한 수사를 동원하여 책임을 남에게 전가하는 술수는 버려야 한다. 맹수는 상처를 입으면 고통을 참고 혀로 핥아서 치료를 하는데, 우리도 남 탓은 이제 그만하고 아프지만 우리들 모두에게 책임이 있음을 깨닫고, 과거의 상처를 고통을 참고 핥아야 할 계제에 와 있다.

국토와 인구로 봐서 주변강대국과 정면으로 맞서기에는 문제가 많다. 과거 선인들이 칭제건원의 염원을 접고, 사대를 할 수밖에 없었던 지혜를 되새겨 현실을 직시하여, 포은과 같이 외교로서 난국을 타개했던 점을 거울삼아, 국가를 지혜롭게 이끌어 가야할 것이다. 고려 말 난세를 당하여, 약소국으로서 힘의 한계를 절감하고, 외교를 통해 나라의 위기를 극복코자 한 포은의 시도는, 오늘의 위기를 벗어나는 해답임을 상기해면서, 조국을 위해 몸과 마음을 바친 포은의 구국 정신은 후인들이 본받아야 할 귀감으로 삼아야 할 것이다.

해방 전후 미국과 영국 그리고 소련은 일본의 한반도 강점을 용인했을 뿐 아니라 방조했다. 중국·몽골·거란·여진·왜 등의 침탈에서 벗어나자, 더 많은 새로운 강적들이 나타나 우리를 노리고 있고, 이 참언이 불행하게도 적중했다. 중국은 항상 황제의 나라로 자처하여 한반도를 제후국으로 인식했고 지금도 그 의식은 변함이 없다. 일본 역시 중국의 황제를 모방한 소위 천황을 중심에 둔 대동아공영권(大東亞共榮圈)의 야심을 품고 있었으며, 그 첫 시도가 임진왜란이었고, 2차 대전 중 중국을 포함한 동남아시아 여러 나라들을 침탈한 것도 같은 맥락이며, 그 흉모는 지금도 진행형이다.

우리의 처지가 지금 과거보다 더 심각한 누란의 위기를 맞고 있는 상황에서, 외교로 국란을 극복코자 했던 포은과 같은 제세현(濟世賢, 세상을 구제할 현자)을 고대하는 것은 당연하다. 명 태조 주원장(朱元璋, 1368~1398)의 절일(節日)을 맞아 촉박한 기간임에도 불구하고, 당시 권신들이 모두 회피했지만, 포은은 목숨을 걸고 해로로 남경까지 가서, 명태조의 지우(知遇)를 얻어 과도한 공물의 면제를 받았고, 또 간악한 왜에 사절로 가서 왜를 회유한 외교적 업적도 기억되어야 한다.

을사늑약(乙巳勒約, 을사보호조약)의 5적(이완용·박제순·이지용·이근택·권중현)과 경술국치(庚戌國恥, 한일합방)의 7적(이완용·임선준·고영희·이병무·조중응·이재곤·송병준) 같은, 일본이 아닌 다른 외세에 또 영합하여 국가를 팔아 사익을 챙기려는 소인 난신적자(亂臣賊子)들의 득세는 다시 되풀이 되어선 안 되고, 왕비와 왕자들을 배신하고 천년사직의 신라(역년, 992)를 고려조에 바치고 왕 태조(王太祖, 877~943)의 사위가 되어, 죽을 때까지 부귀영화를 누렸던 제2의 경순왕(敬順王, ?~979)이 다시 나와서도 안 될 것이다.

제7장

부안삼현(扶安三賢)과
조선조의 성리학과 실학

부안현(신증동국여지승람)

1. 한국 학술사와 부안 삼현

부안 삼현인 '김구(金坵)·유형원(柳馨遠)·전우(田愚)'를 집중적으로 조명한 연속 3회에 걸친 학술대회는, 한국 학술사의 전개에 있어서 큰 의미를 가진 행사이다. 우리 학계는 서울 중심으로 연구가 집중된 감이 있다. 중세의 경우 학술사(學術史)는 서울이 아닌 지방에 은거했던 학자들에 의해 전개되었다. 부안지역이 13세기의 김구(1211~1278), 17세기의 유형원(1622~1673), 19세기 중엽과 20세기 초엽의 전우(1849~ 1922) 등의 삼현을, 출생 연대를 기준으로 볼 때 411년과 227년의 시차가 있다. 지포와 간재의 시차는 무려 638년이다.

6세기의 격차를 둔 삼현의 학문적 업적을 엮어서 한국 학술사의 한 영역으로 편입코자 한 시각은 기발하면서도 의미가 있다. 학술은 단대적인 것이 아니라 대를 이어 계승 발전된다는 사실을 확인시켜 준 관점이다. 동아시아 학술사의 맥락을 한유(韓愈, 768~824)는 요, 순, 우, 탕, 문왕, 무왕, 주공, 공자, 맹자(BC, 372~289)로 공식화했다.

조선조는 위에 한유의 도통론(道統論)을 근거로 하여 맹자 이후, 이정(二程, 程顥 1032~1058, 程頤 1033~1107)을 거쳐 주자(朱熹 1130~1200)를 도통의 후계로 보았다. '정호·정이'를 출발점으로 하여 주자가 집대성한 주자학, 즉 성리학(性理學)을 안유, 정몽주, 길재, 김종직, 김굉필, 조광조 등을 거쳐 퇴계(退溪), 남명(南冥), 율곡(栗谷), 하서(河西) 등으로 이어졌다고 했다. 물론 시각에 따라 다른 계보도 있을 수 있지만, 대체로 학계에서는 이 같은 도통론을 인정하고 있다.

부안 삼현은 위에 열거한 학술사의 계보에 확고하게 편차되지는 않았다. 이들 삼현은 지역을 거점으로 하여 활동한 학자로서, 반계를 제외하고 대체로 중앙학계에서 본격적으로 다루지 않았다. 학술사의 이 같은 미비점을 보완하기 위해 특히 성리학과 실학을 주축으로 보완 내지 완성하는 차원에서 시도된 학술행사이다. 성리학은 전근대적인 죽은 학문이 아니다. 성리학의 특성상 학문 자체를 적극 노출시키지 않고 있기 때문에, 그 존재를 모르고 있을 따름이지 우리 일상생활이나 의식 속에 겸허한 자세로 살아있다.

성리학에 대한 애정은 지금도 뿌리 깊게 남아 있는데, 그 실례로 조상이 양명학자(陽明學者)가 분명함에도 불구하고, 성리학자라고 주장하는 현실에서도 찾을 수 있다. 성리학에 기반한 도통을 최치원(857~?), 설총(655~?), 안향(유, 1243~1306), 이제현(1287~1367), 이색(1328~1868), 권근(1352~1409)으로 잡는 경우도 있고, 안향, 백이정(1247~1323), 우탁(1263~1342), 권보(1262~1346), 이제현, 이색으로 도통을 잡기도 하는데, 부안 삼현 학술대회에서 내린 연구성과에 의하면, 안향보다 21년 연장이니까, 김구를 도학 수용의 선구자로 보는 견해가 있다.

위에 열거한 도학(道學, 儒學·性理學)에 근거한 도통론은 얼마간 차이가 난다. 고려 말에 도입된 유학이 이 같은 선현들을 도통과 관련지은 것을 감안할 때, 그 뿌리에는 성리학은 전제로 하거나 또는 효시로 인식한 정황이 포착된다. 주자는 1130년에 태어나

1200년에 서거 했으니, 사망 연대를 기준했을 때 김구와는 11년, 안유는 43년의 간격이 있다. 주자학의 수입 연대를 1290년으로 본다면, 주자 사후 90년 뒤에 성리학이 유입되었다.

성리학은 정호·정이의 이정이 토대를 깔았고, 주자가 완성했으므로 주자학이라 했다. 그러므로 김구가 주자학 이전의 성리학을 수용했다고 볼 수도 있다. 성리학은 고려조가 망하고 조선조가 개창된 뒤에, 꽃이 피어 16세기에 와서 열매를 맺은 뒤, 조야상하의 민인들에게 일정한 범주 안에서 그 뿌리를 내렸다.

2. 부안현과 부안 삼현

지역과 인물의 상관관계는 밀접하다. 지역이 인물을 만드느냐, 아니면 인물이 태어나서 거주하고 있었기 때문에 그 지역이 유명해졌는지는 예부터 논의가 되었다. 중국의 경우 세계적인 문화관광지인 무이구곡(武夷九曲)은 본래부터 저명했지만, 주자(朱子, 1130~1200)가 은거하여 무이정사(武夷精舍)를 개설하고 성리학을 강의하며 제자를 양성했기 때문에, 도교적 색채를 벗어나 유학의 명승지로 재탄생하여 천하에 알려졌다.

우리나라 역시 도산(陶山)은 퇴계, 고산(高山)은 율곡, 장성(長城)은 하서, 서경덕(徐敬德, 1489~1546)은 개성의 화담, 성운(成運, 1497~1579)은 속리산, 조식(曺植, 1501~1572)은 지리산, 윤선도(尹善道, 1587~1671)는 보길도, 파주는 우계(牛溪, 成渾 1535~1598)

가 학문연구와 강학하며 문하생을 양성했기 때문에 국내외 널리 알려졌다. 이 밖에 수많은 지역들도 저명학자들과 연계되어 인구에 회자되고 있다.

한국학술사에 큰 발자취를 남긴 삼현도 '부안'을 배제하고는 논의가 불가능하다. 왜 부안이라는 지역에 이처럼 훌륭한 삼현이 활동하여 지역을 찬란하게 빛나게 했는지 검토할 필요가 있다. 인물은 아무 곳에나 나지 않는다는 사실은 모두가 알고 있다. 소나무가 잘 자라서 동량지재가 되는 산야는 따로 있다. 대궐이나 사찰 등을 짓는 소나무 같은 목재가 번성하는 고장은 그러므로 한정되어 있다. 인재 역시 아무 곳에나 양성되지 않는 것은 역사가 말해주고 있다.

각 고을마다 진산(鎭山)이 있다. 부안현 옆 금구현(金溝縣)의 진산은 봉두산(鳳頭山)이고, 옥구현의 진산은 발이산(鉢伊山), 용안현(龍安縣)의 진산은 모산(母山), 함열현(咸悅縣)의 진산은 함라산(咸羅山)이다. 경도(京都)를 비롯한 전국의 '부(府)·주(州)·군(郡)·현(縣)' 중 극소수를 빼고 모두 진산이 있지만, 중요한 현인 부안현(扶安縣)은 진산이 없다. 기록의 누락으로 여겨지는데 아마도 변산(邊山·卞山·楞伽山·瀛洲山)이 진산이 아닌가 한다. 변산은 봉만이 백 여리를 굽이돌아 중첩되었는데, 여기에 자라고 있는 나무는 고려시대 궁궐과 선박의 재목으로 사용되었기 때문에, 이규보(李奎報, 1168~1241)는 "나라의 재부(國之材府)"라고 읊었다.

부안현은 백제의 개화현(皆火縣)이었는데, 신라가 부령(扶寧,

戒發)으로 고쳐 고부군(高阜郡)에 복속시켰고 고려조도 동일했다. 후에 감무(監務)를 두어 보안(保安)지역을 겸임했다. 보안현(保安縣)은 백제의 흔량매현(欣良買縣)이었는데, 신라가 희안(喜安)으로 고쳐 고부에 복속시켰으며 후에 부령 감무를 겸했다. 신우(辛禑, 禑王, 1364~1389)때 두 현에 각각 감무를 두었다. 조선조에 들어와 태종 14년(1414) 보안을 보령에 합친 뒤, 15년(1415)에 다시 갈랐다가 8월에 합쳤으며, 다음해(1416) 다시 합쳤다가, 12월에 두 현을 합쳐서 '부안현'이 되었다. 다음해(1417)에 흥덕진(興德鎭)을 이곳에 옮겨 부안진(扶安鎭)으로 하여 병마사겸판사(兵馬使兼判事)가 주관했다. 세종 5년(1423)관례에 따라 첨절제사(僉節制使)를 두었다가 후에 감무로 고쳤다. '부안현'은 '부령현·개화현·계발' 등의 명칭이 있었으며 고부군의 속현으로서 '흔양매·희안·개화·부령·계발·보안·낭주' 등으로 일컬어진 지역을 통합하여 '부안현'이 되었다. 부안현의 검모포영(黔毛浦營)은 수군만호(水軍萬戶, 從四品)의 고위직이 주차한 관방(關防)의 요충지였다.[130]

1481년에 발간된 한국의 지방 역사와 문화를 종합 정리한『신증동국여지승람(新增東國興地勝覽)』에는 각 지방마다 반드시 '인물' 난을 만들어 그 지역을 빛낸 인사에 대해 핵심적인 사항을 적출하여 제시했다. 이는 지역과 인물을 연계한 것으로 주목되는 편집 시각이다. '부안현' 조에도 '인물' 편이 편차되어 김구와 성중

---

130 『新增東國興地勝覽』卷 24 扶安縣「建置沿革」과「山川」및「關防」참조.

엄(成重淹, 1474~1504) 두 분이 실려 있다.

성중엄의 선대 성억(成抑, 1386~1448, 左贊成·贈左議政)은 딸이 성령대군(誠寧大君, 太宗의 四男)에게 출가하여 전라도 관찰사 공조판서 등을 역임한 분이다. 청호(晴湖) 성중엄은 성균관 재학 시 하루에 시 30편을 지어 '김일손(金馹孫, 1464~1498), 조위(曺偉, 1454~1503)' 등을 놀라게 했으며 1494(成宗 25)년 문과에 급제하여 춘추관사를 역임하고『성종실록』을 편찬했지만, 연산군(1476~1506) 때 사화에 연루되어 살해되었다.

김구에 관한 기록은『지포집(止浦集)』의 내용을 벗어나지 못하지만, 촌철살인이라는 말이 있듯이, 지포의 핵심적인 면모를 적시했다. 김구는 희종 대(熙宗, 재위1205~1211)에 등제하여 관직은 찬성(贊成)에 이르렀고 시호는 '문정(文貞)'이고 문장은 당대의 제일이었다. 매번 표전(表箋, 황제나 왕에게 올리는 글)을 지을 때 객관적 사실에 근거하여 작성했기 때문에 사리에 맞았다. 원나라 한림학사 왕악(王鶚, 元代人)이 김구의 표문을 볼 때마다 칭송해 마지 않았고, 만나서 대면하지 못함을 한스러워 했다.

여기서 주목되는 표현은 표문을 작성할 때 '사실에 입각하여 객관적으로 작성했다.'라는 점이다. 이 부분은『지포집』을 위시하여『고려사』등 각종 문헌에 실려 있는데도 불구하고 재론하는 이유는, 15세기『증보문헌비고』의 편집자에 의해 그 중요성이 인정되었다는 사실을 강조하기 위해서이다. 고려조가 원에 보낸 표문은 당시 가장 민감한 외교문서였다. 글자 한 자라도 그들 비위에 거슬리면 트집을 잡아 소란을 피웠던 당시의 대원관계를 유추컨

대, 김구의 표문은 국태민안과 직결된 중요한 현안이었다.[131]

지정학적 정황과 전통적인 맥락에 기준하여 외교를 볼 때, 이소사대(以小事大)의 불가피성을 지포는 인식하고 있었다. 국가 간에는 강약과 우열의 차이는 있게 마련이다. 모든 국가는 평등하다는 주장은 언어의 유희이지 실상과는 거리가 멀다. 동서고금의 모든 나라는 강대국과 약소국이 혼재되어 살고 있다. 강대국에는 사대(事大)해야 나라를 보존할 수 있고, 강대국은 약소국을 병탄하려는 야심을 갖는 것이 현실이다.

제(齊) 선왕(宣王)이 이웃 나라와의 외교에도 도가 있느냐고 묻자, 맹자(BC, 327~289)는 "어진 지도자는 자기 나라가 크고 강해도 작은 나라를 포용한다. 탕왕(湯王)이 약소국 갈(葛)국을 보호했고, 주나라 문왕(文王)은 곤이(昆夷, 흉노족의 국가)를 보호했다. 지혜로운 작은 나라가 큰 나라를 섬긴 실례는 주의 대왕(大王)이 훈육(獯鬻)을, 사실상 강국이었던 월(越)의 구천(句踐)이 오(吳)나라를 신하의 예로 섬긴 점을 들 수 있다. 대국의 지도자가 소국을 섬기(보호)는 것은 천리(天理)에 순응하는 것이고, 소국의 지도자가 대국을 섬기는 것은 천리를 두려워하는 것이다. 천리에 순응하면 천하를 보존하고, 천리를 두려워하면 국가를 보존한다."라고 하여 이대사소(以大事小)와 이소사대(以小事大)의 논리를 구체화했다.[132]

---

131 『新增東國輿地勝覽』扶安縣,「人物」편, 金坵 조, 每撰表, 因事措辭, 皆中於理, 元翰林學士王鶚, 每見表辭, 必稱美, 恨不見其面.

132 『孟子』梁惠王篇, 齊宣王問曰, 交鄰國有道乎, 孟子對曰, 有, 惟仁者爲能以

김구는 남송(南宋)과 금나라와 몽고가 대륙의 주도권을 다투던 시대를 살았다. 23세 때 금나라는 망했다. 20대 중반부터는 중원의 남부에는 남송, 북부에는 몽골이 대치하다가, 김구가 서거한 다음해 송나라는 패망하고, 동아시아는 전부 원제국의 판도로 귀속되었다. 세계 최강국으로 등장한 원제국과 국세가 위축된 고려조가 함께 살아야 했던 엄중한 시대를, 조국을 위해 불가피하게 이소사대의 전략으로 국가를 보필한 지혜로운 분이었다.

3. 13세기 동아시아 정세와 지포 김구

동북아시아와 중앙아시아 서유럽 일부까지 질풍노도의 위세로 석권한 원 제국에, 왜 저항하지 않고 사대주의 정책을 시행했느냐고 반문하는 것은 치졸한 발상이다. 현재 우리가 미국과 소련 중국 및 일본에 각을 세워 적대시할 수 있는지를 반문해보면, 김구가 냉엄한 현실에 바탕 하여 외교문서를 작성하여 원제국과 원만한 관계를 유지키 위해 노력한 것은, 천리에 순응한 이소사대의 지혜이다. 『동국여지승람』 김구 편의 "매번 원에 보내는 표문을 작성할 때 동아시아 정세에 바탕 하여 표문을 지었다"라는 지적은 정곡을 찌른 평가이다.

大事小, 是故湯事葛, 文王事昆夷, 惟智者爲能以小事大, 故大王事獯鬻, 句踐事吳. 以大事小者, 樂天者也. 以小事大者, 畏天者也. 樂天者保天下, 畏天者, 保其國.

당시 세계 최강대국이었던 몽골제국이 고려조를 점령하지 않고 보존시킨 이유는, 김구와 같은 지혜롭고 냉정한 대원외교의 결과로 인식할 수도 있다. 우리 민족은 숙명적으로 지정학적 위치에 기인하여, 소위 천리에 순응키 위해 이소사대를 불행하게도 근간으로 한 대외관계를 지속해야 했다. 이소사대를 거부하고 중원을 정복하여 호기를 부렸던 몽골족, 만주족, 거란족, 선비족 등은 지금 어디에서 무얼 하고 있는지를 돌이켜 보면, 이소사대를 했다고 노상 비난 받아온 우리 선인들이 얼마나 슬기롭게 국가를 경영했던가를 재인식하게 된다.

그러므로 함부로 현명했던 우리 선인들을 비난하는 자세와 인식은 버려야한다. 송나라와 금나라가 각축했던 13세기에, 대외관계를 원만하게 풀어나갔던 김구의 예지는 평가받아야 한다. 따라서 『동국여지승람』의 김구 에 대한 기술도 이와 같은 당대의 상황을 반영한 것이다.

고려조가 보낸 김구가 찬한 표문을 접하고 감탄한 나머지, 그를 직접 만나지 못한 것을 한했다는 한림학사 왕악(王鶚, 1190~1273)은 자(字)는 백일(百一)이고, 총명하여 사부에 능했으며 금나라 정대(正大, 1224~1231, 고려 고종 대)초 진사시에 합격한 뒤 좌우시랑을 역임했다. 김구가 조정에서 영달하자 부안현인 황각보(黃閣寶)의 시기를 받기도 했다. 세조(世祖, 忽必烈, 재위1260~1294) 잠저 시 치도(治道)와 경전을 강의하다가, 황제위에 오른 후 한림학사 승지가 되어 제조전장(制詔典章)을 주도했다. 당시 고려조에 일일이 트집을 잡던 원나라는, 지포 김구 표전(表箋)의 언어가 간

절하고 이치가 합당함에 힘입어, 매사가 원만하게 해결되었다고
했다.[133]

왕악과 김구는 여러모로 유사한 점이 많았다. 왕악은 김구보
다 21년 연상이고 5년 앞서 사망했다. 김구를 좋아했던 이유는 왕
조 교체기 난세에 생존했던 점과 문장의 관심분야가 유사했다는
점도 일인이 되었을 것이다. 김구는 외교의 중요한 수단인 표전 문
체의 중요성을 인식하고, 주변 국가들과의 통역을 주관하는 통문
관(通文館) 설치를 주장한 선각자였다.

중세에는 우리 선인들도 이대사소적(以大事小的) 자세로 왜
(倭)와 대마도, 탐라, 여진 등에 대해 은혜를 베푼 교린외교를 했
다. 사실 '한·당·송·요·원·명·청' 등 초강대국들과 이웃하여 살
면서, 사대는 숙명으로 받아드릴 수밖에 없었음을 솔직하게 인정
하고 자만과 유치한 오기를 부려서는 안 된다. 유치한 오기를 부리
다가 나라를 도탄에 빠지게 한 함량미달인 '선조·인조' 등의 지도
자는 반면교사로 삼아야한다.

이소사대는 강요된 선택이었기 때문에 선인들은 내면으로 앙
앙불락했다. 그리하여 이를 초극하기 위해, 중원 왕조에 이화제화
(以華制華)의 전략을 채택하여 국가를 경영했다. 부안 삼현인 '김
구·유형원·전우' 등의 선인들 모두가 이화제화적 이념을 바탕으
로 하여 학문과 삶을 영위했다. 우리 겨레의 사대의 축은 중원을

---

133 『高麗史』列傳 卷 第19 金坵, 掌詞命, 時上國徵詰, 殆無虛歲, 坵撰表章, 因事
措辭, 皆中於理, 回詔至云, 辭語懇實理當兪允.

차지한 왕조들이었다. 한족이 아닌 이민족이 중원을 장악하여 개국한 왕조들도 여기에 포함된다.

앞서 지적한 것처럼 중원왕조에 사대를 하지 않았다면, 지금 우리는 존재했을 것인지도 의문이다. 사대 정책은 우리의 진심이 아니었다. 따라서 이에 대한 대응으로 '이화제화'의 가치를 들었다. 여기서 말한 '화(華)'는 중원 왕조를 뜻한다. 성리학과 실학의 유입과 융성도 이화제화의 결과이다. 부안 삼현 역시 이 같은 인식에 입각하여 성리학과 실학을 수용하여 본거지인 중원을 능가했다.

따라서 중원의 학문을 받아들여 중원 학술계를 제압한 것도 이화제화의 산물이다. 미국과 일본 역시 이미제미(以美制美), 이일제일(以日制日)로 설명할 수 있다. 중원에서 불교와 성리학, 미국에서 근대문물과 IT, 일본에서 서구의 문물과 제철기술을 받아들여, '중국·미국·일본'을 능가한 성과도 선인들의 이화제화적인 지혜에 말미암은 것이다.

한국은 통시적으로 세계에서 정상을 차지한 분야가 서너 차례 있었다. 학술과 문물전장의 발전은 국태민안(國泰民安)과 경제적 성취와 직결된다. 문무왕(文武王, 재위 661~681) 8년(668) 삼국통일 및 699년 발해조가 창건되어 비교적 평화롭게 공존하다가 892년 후백제가 개국하기 까지, 약220여 년 동안 통일신라 또는 남북국시대로 호칭된 기간에 한반도는 평화시대가 전개되었다.

이 무렵 원효(617~686), 의상(625~702), 혜초(8세기 중엽) 등도 삼국통일과 남북국시대의 평화시대를 배경으로 연구에 몰두하여 불교학이 세계 정상에 올랐다. 세계 정상을 차지한다는 것은 난

중지난사이다. 세계 정상을 차지한 불교학 다음, 16세기에 성리학이 두 번째로 세계 정상을 또 차지했다. 성리학의 발휘 및 세계 정상도, 1392년 이태조의 조선조 개국 후, 1592년 임진왜란까지 200년간, 주변 강대국의 침략과 왜구의 발호도 없었던 미증유의 태평시대가 전개되었기 때문에 가능했다.

이는 이 태조(1335~1408)의 친명 사대정책의 긍정적 효과로 볼 수도 있다. 만일 강국 원 제국을 정복한 강성한 명조(明朝)를 적대시 했다면, 200여 년의 평화를 기약할 수 있었을 것인지도 의문이다. 이 시기 조선조는 문물제도의 완성과 경제성장을 이룩하여 15·16세기를 기준했을 때, 세계 선진국의 반열에 올라 있었다. 훈민정음의 창제와 기타 찬란한 문물도 여기에 힘입어 이룩되었다. 당시 조선조가 초강대국이었던 명나라와의 사대적 공존 전략은 지혜로운 처사였다.

현실을 무시한 무모한 삼류 배원(排元)정책에 의해, 본토의 백성을 야만족에게 유린당하게 하면서, 강화도에 피난하여 안일을 추구했던 고려조의 퇴영적 자존 행태는 지탄받아야 마땅하다. 16세기의 성리학이 세계 학술계에 최고의 경지에 도달한 것은, 이 같은 국가 정세와 밀접하게 관계된 것이다.

또 사정이 어떻던 간 6, 25사변 뒤 70여 년간 지속하고 있는 평화에 입각하여, 오늘의 번영과 경제적 부를 축적한 사실도, 위에 열거한 역사적 맥락과 기조를 같이한다. 70여 년 동안 지속된 평화(위장평화라는 견해도 있다)에 힘입어 우리는 오늘의 물질적 풍요와 문화의 흥성과 학문의 발달을 구가하고 있다. 일부의 부정적

현상에 초점을 맞추어 오늘의 번영을 부정할 수는 없다.

반계(1622~1673)가 우반동에 은거하여 실학을 연구한 것도, 병자호란 후의 소강적 평화와 관계가 있고, 다산(1762~1836) 역시 영 정조 시대의 중흥기의 사회상과 접맥되었다. 부안 삼현 가운데 간재는 구한국 말 국란 기를 당하여 성리학을 구국적 이념으로 재해석 하여, 현실 타개의 일환으로 활용한 시각이 특이하다.

이미제미(以美制美)는 미국의 선진 과학기술을 능동적으로 수용하여 근대화의 박차를 가했으며, 특히 미국에서 배운 전자공학(IT, 등)분야는 미국을 제압했으며, 이일제일(以日制日)의 단적인 일례는, 일본 신일본제철의 기술을 수용하여 포항종합제철을 만들어 일본을 압도한 것도 동일한 사례이다. 반계, 성호, 순암(順菴, 安鼎福, 1712~1791), 다산으로 이어지는 실학도, 청나라로부터 받아들인 다음 이를 추월하여 한국적 실학의 결실을 맺었다.

그동안 축적된 연구업적에 의하면 지포는 '유학의 정통성과 기반을 구축'했고, 반계는 '유학의 실학적 전환'을 이룩했으며, 간재는 '성리학의 현대적 가교'를 구축한 것으로 종합 정리되었고, 이는 적의한 연구 성과로 인정된다.

부안 삼현과 실학 삼조는 부안지역에서 양성된 것으로, 한국학술사의 의미 있는 업적을 이루었고, 이후의 문제는 이를 현실생활에 투영하여 민인들의 삶을 윤택하게 하고, 문화적 삶의 품격을 높이는데 초점을 맞추어야 할 것이고, 주최 측도 이를 통감하여 역동적으로 추진하고 있는 것으로 알고 있다.

4. 부안현과 성리학 및 실학

지포의 대원 표문은 한국문학과 한국한문학의 중요한 장르로 부각시켜 재조명 되어야 한다. 특히 고려조 후기에 난세를 맞아 세계의 대제국으로 등장한 원의 제국주의의 폭풍 속에, 민족과 국가를 보위하고 발전시키기 위해, 표전 장르를 무기로 삼아 국조를 수호하기 위해 노력한, 지포의 구국적 노고는 길이 칭송되어야 할 것이다. 한 때 표전이나 주소(奏疏) 등을 두고 문학이 아니라고 하여 격하된 적이 있다. 문학의 범주를 서양의 '서정(시)·서사(소설)·희곡'의 삼대 장르에 국한시켜, 동아시아의 다기다양(多技多樣)한 문체(文體)를 배제시켜 놓고 의기양양한 적도 있었고, 지금도 그 잔영이 우리들의 의식 속에 남아있다.

일찍이 다산 정약용은 "왕을 사랑하고 나라를 걱정하는 주제를 형상하지 않으면 시가 아니요, 시대를 아파하고 비리가 난무하는 세속에 분노하지 않으면 시가 아니다."라고 설파한 적이 있다. 역대의 왕들을 시비선악을 구분치 않고 통 털어 증오하고, 현실의 모순을 아파하지 않고 오히려 이를 즐기며, 국가가 도탄에 빠지기를 기대하는 듯한 주제를 형상한 시는 문학으로서 의미가 없다. 지포나 '반계·순암·다산·간재' 모두가 성리학과 실학적 논리를 근저로 하여 시대를 아파하고 나라가 잘되기를 기대했던 우국충정의 지사였다.

나라가 잘못되면 큰 이익이 자신에게 올 것으로 기대하는 감상적 생각은 배격되어야 한다. 그러므로 현재 우리는 '지포·지봉·반계·성호·순암·다산·간재'의 경국제민적 우국충정을 계승 발전시켜, '부안'을 넘어 한반도 전역으로 확충시킨다는 소명의식을 가져야 한다. 따라서 한국문학의 범주를 서양의 '서정·서사·희곡'의 편협한 울타리를 허물고, 비리를 척결하여 나라와 백성의 안락한 삶을 추구하는 주제의식을 표현한 '표전·주소·책문' 등의 문장을 재해석하고 천양할 필요가 절실하다.

중국 모방을 벗어나 '조선문학(朝鮮文學)'의 독립을 제창하고, 그 성과인 문장을 총집합한 15세기 『동문선(東文選)』의 편찬 발간 모티브는 한층 더 강조되어야 한다. 이는 역대 중원 왕조의 동문주의(同文主義)에 대항한 결연한 극복 의지의 문헌적 총화이다. 중원 문단의 문학선집인 『문선(文選)』에는 37문체, 『문체명변(文體明辯)』에는 111 문체가 나열되어 있다. 우리나라와 중원 문원에 '동문선의 48장르, 문선의 37장르, 『문체명변』의 111장르'를 몰랐거나 또는 무시하고 서양의 3대 장르를 도입하여, 동아시아의 5천년 문학사를 왜곡하고 단순화 시킨 이유가 무엇인지 아연하다.

통시적으로 볼 때 근래에 와서 한국의 학술사나 문학사는 영역을 확충한 것이 아니라, 편협하게 축소시켜놓고 이를 진보라고 주장해 온 것이 사실이다. 이 학술모임에서 기리고 있는 부안 3현이나 실학 3조는 정통적인 학술사나 문학사의 범주 안에서 당당하게 활동했던 선학들이다. 이 같은 시각으로 평결할 때 '후생가외(後生可畏)'라는 공부자의 논정도 의미가 없을 뿐 아니라 '후생불가외'라는 말이 오히려 적의하다.

우리 학계는 명실이 상부하지 않고 비문학적인 요인으로 유명해진 사람이 많다. 실지로 의미 있는 학인임에도 불구하고, 이름이 숨겨져 나타나지 못한 인물이 많다. 부안 삼현은 오랫동안 그 내실과 업적에 비해 널리 선양되지 못했던 것이 사실이다. 주머니 속의 송곳은 반드시 노출되게 마련이다. 근대에 부안 삼현의 은폐되었던 업적들이 밝혀져 부안 지역을 넘어 한국 학술계에 널이 천양된 것은 사필귀정이다. 내실이 없는 인물들이 유명학자나 대가로 알려진 사례는 지금도 적지 않다. 이 같은 현상은 예부터 있어 왔다.

실질이 없음에도 불구하고 외적요인에 의해 유명해진 사람은 한국뿐만 아니라 중국에도 흔했다. 율곡 이이(栗谷 李珥, 1536~1584)도 벼슬에 관심이 없고 은거하는 사인의 품(品)을 네 가지로 분류하고 이 중에, 학문에 열중한다고 표방하면서 실지로는 호시탐탐 벼슬길에 나가고자 혈안이 된 불순한 사람을 일러 '도명(盜名)'이라 칭하고 이를 신란 하게 비판한 바 있다. 소위 요즘의 시각으로 볼 때 언론매체를 이용하여 유명인이 되어 출세하려는 사람으로 이를 '도명지사(盜名之士)'라 하고 이 같은 사람은 현재 폭발적으로 넘쳐나고 있다. 부안 삼현은 율곡의 분류에 따르면 '유현(遺賢)'에 비의되는 인물들이다.[134]

---

134 『栗谷全書』卷5 辭直提學再疏, 士之不仕 … 其品有四. 懷道抱德, 不求聞達, 藏非潔身忘世, 行可致君澤民者, 謂之遺賢. 淸介自守, 輕視軒冕, 不屑天下之務, 獨潔其身者, 謂之隱遁. 自度才不足, 而安於家食, 自度學不足, 而習於求靜, 量己揣分, 不敢進者, 謂之恬退. 若其矯情飾行, 釣採虛譽, 陽辭徵辟, 陰覬非望, 貌澹而中熱, 色厲而內荏者, 謂之盜名.

명대(明代) 왕세정(王世貞, 1526~1590)은 실속이 없이 과대 포장되어 유명해진 인물들을 비꼬면서 그 폐단에 관해 언급했다. "세상에 알려진 문장가 중, 저명인사의 추장에 힘입었거나, 과거에 합격했거나, 시류에 편승하여 사람들이 좋아하는 흥미로운 글을 썼거나, 호언장담을 일삼고 파당을 만들어 서로 추켜세워 명망가가 된 사람이 많은데, 이렇게 하여 이름을 얻어 유명인사가 된 사람은 그 생명이 길지 않다"라고 한 말을, 이수광(李睟光, 1563~1628)이 그의 명저 『지봉유설(芝峯類說)』에 인용하여 이를 공유했다. 이 같은 현상은 요즈음에는 언론매체를 활용하여 시도되고 있으므로 지금도 진행형이다.[135]

필자가 이를 재차 인용한 이유는 부안 삼현과 실학 삼조는 이와 달리 당연히 유명해져서 통시적으로 추앙을 받아야 한 선학임을 강조하기 위해서이다. 무의미한 사람들을 과장하여 의도적으로 유명인사로 조작하는 일부 현상에 대한 경고이다. 한 때 혜성처럼 나타나 도하의 언론매체들을 휩쓸던 인물들이 지금 까맣게 잊혀진 경우가, 바로 왕세정이 지적한 것과 같이 내실이 없었던 평범한 사람들이다.

김구를 만나지 못한 것을 한스러워 했던 왕악은 사망한 다음 문강(文康)이라는 시호를 받았고, 지포는 '문정(文貞)'이라는 시호

---

135 『芝峯類說』卷8 文章部 一 文, 王世貞曰, 世之於文章, 有挾貴而名者, 有挾科第而名者, 有中一時之所好而名者, 有依附先達, 假吹噓之力而名者, 有務爲大言, 樹門戶而名者, 有廣引朋輩, 互相標榜而名者, 要之非可久可大之道也. 余謂所挾, 有所假而爲名者, 皆一時之名者也. 烏足輿論於萬歲之名哉, 然世之名文章者, 皆有挾焉者也.

를 받았다. 시호(諡號)는 한 인물이 사망한 뒤 내리는 것이니 해당 인물들의 당대의 평가를 엿 볼 수 있다. 소순(蘇洵, 1009~1066)의 『시법(諡法)』에 의하면 '문(文)'은 명민하면서 학문을 좋아하며 모든 행동이 사리에 맞는 것을 뜻하고, '정(貞)은 굳세고 절개가 있으며, 나라를 위해 목숨을 바칠 수 있고, 청렴결백하여 절개를 지키는 등등의 여러 의미가 있지만, 지포의 경우는 아마도 이들 세 가지 의미를 포괄하여 시호를 부여한 듯하다. 지포 사후 고려 말 당시의 평가를 이해하기 위해 동아시아의 시법체계의 범주와 의미망이 참고가 된다.[136]

중세 인물들의 시호는 제왕을 비롯하여 종친과 공신 문무관 정2품 이상에 내리는 것으로 원칙을 삼았으나, 사안에 따라 융통성 있게 시행되었다. 시(諡)는 행적, 호(號)는 공적을 표상한 것으로 대행(大行)은 대명(大名)을, 세행(細行)은 세명(細名)을 받았다. 행적은 자신으로부터 나오고(行出於己), 명망은 타인에 의해 결정된다(名生於人). 지포의 시호 '문정'은 생존 시 행적과 업적에 근거하여 조정에서 내린 것이다. 우리 역대 제왕의 시호는 조선조는 거의 전부, 고려조와 삼국시대의 대부분을 중원왕조가 내렸다. 이

---

136 蘇洵의 『諡法』에, 施而中理曰文, 經緯天地曰文, 敏而好學曰文, 修德來遠曰文, 忠信接禮曰文, 道德博聞曰文, 剛柔相濟曰文, 修治班制曰文. … 固節幹事曰貞, 圖國忘死曰貞, 淸白守節曰貞.
『史記』附錄 「諡法解」, … 諡者行之迹, 號者功之表, 車服者位之章也. 是以大行受大名, 細行受細名. 行出於己, 名生於人. … 經緯天地曰文, 道德博聞曰文, 學勤好問曰文, 安民大慮曰文, 慈惠愛民曰文, 愍民惠禮曰文, 賜民爵位曰文. … 淸白守節曰貞, 大慮克就曰貞, 不隱無屈曰貞.
『史記正義』 「諡法解」, … 淸白守節曰貞, 大慮克就曰貞, 不隱無屈曰貞.

를 두고 자존심이 상한다고 해서 여러 가지 설명을 붙여 궁색한 변명을 하고 있지만, 당시의 동아시아 정치 상황에서 피할 수 없는 엄연한 현실이었다.

중세 최고 통치자(皇帝, 王)는 네 개의 호(四號)를 가져야 하는데, '묘호(廟號)·시호(諡號)·능호(陵號)·연호(年號)'가 그것이다. 우리 중세 왕조에서 이 네 개의 호를 완벽하게 가지고 나라를 황제예악(皇帝禮樂)으로 통치한 지도자는 많지가 않다. 고려 태조는 '태조(太祖)·현릉(顯陵)·신성(神聖)·천수(天授)'등의 사호를 완전하게 갖춘 통치자였다. 태조는 묘호이고, 현릉은 능호이고, 신성은 시호이며, 천수는 연호이다.

조선조의 모든 왕의 시호는 광무황제(光武皇帝, 1852~1919)와 융희황제(隆熙皇帝, 1874~1926)를 제외하고 나머지 왕들은 전부 명과 청나라가 내려주었다. 그러나 왕 태조의 시호 '신성'은 고려가 자체적으로 올렸고, 연대를 표시하는 기년(紀年)인 연호 '천수(天授)' 역시 왕 태조가 스스로 정한 것이다. 천수는 건원(建元)이 아니고, 궁왕(弓王·弓裔, 재위 901~018)의 연호 '정개(政開)'를 개원(改元)한 것이다.

한반도 산야의 묘갈(墓碣)이나 대부분 문헌의 발간 연대는 거의 중원 제왕의 연호를 사용했다. 이는 오늘의 기년(紀年)이 모두 '서기'로 획일화 되어 있는 것과도 근저를 같이 한다. 삼국시대의 삼국 중 묘호(廟號)를 가진 왕은, 고구려의 '태조왕(太祖王)'과 신라의 '태종무렬왕(太宗武烈王)' 두 분밖에 없고 백제는 아예 없다. 고려조는 원 제국 지배하에 있을 무렵 충렬왕(忠烈王) 이후부터 조종법(祖宗法)을 쓸 수가 없었다. 오늘의 입장에서는 별 의미가 없을 수도 있으나, 당시로서는 자주성과 관련된 중요한 정치적 사안이었다.

5. 부안 삼현의 학술사적 위치

부안 삼현의 학술사적 위상을 고찰하기 위해, 한국 학술사의 전개과정을 일별할 필요가 있다. 부안 삼현을 중심으로 펼쳐진 부안 학맥에 대해서도 심도 있는 연구가 있어야 하는데, 이에 관해 그동안 개최된 수차례 학술대회에서 광범위하고 정밀한 연구 성과가 있었다. 부안 삼현의 업적을 넘어 부안의 학맥도 천착되어야 할 것이다. 통시적으로 전개된 장구한 한국학술사에, 부안 삼현과 그 학맥이 합당한 위상을 확보해야 할 이유가 있다. 근자에 와서 부안 삼현과 부안학파를 중심한 몇 차례 학술대회를 통해 심도 있게 부각되고 있다.

한국학술사는 삼국시대부터 비롯되었다. 삼국 이전 삼한시대나 '부예·예맥·옥저' 등 고대 국가에서도 학술사에 준하는 것이 있었겠지만, 문헌으로 확인할 수 없는 점이 아쉽다. 고구려는 소수림왕 2년(372)에 태학(太學)을 세웠고 뒤에 사학(私學)인 경당(扃堂)도 개설되었다. 이 무렵 백제도 근초고왕 29년(374)에 박사를 두었다는 기록을 참착컨대, 이 시기에 국학을 개설한 것으로 여겨진다.

신라는 이보다 훨씬 뒤 신문왕 2년(682)에 공식적으로 '국자감(國子監)'이 설치되었고, 발해조는 9세기 무렵 '주자감(冑子監)'이 설립되었다. 국자와 주자는 국가의 인재로 대체로 공경대부의 자제들이었다. 고려조는 성종 11년(992)에 국자감을 개설했으나, 이보다 앞서 태조15년(930) 서경(西京)에 학교를 세웠으며, 광종(光宗, 925~975) 9년(958)에 과거제를 실시했다. 조선조는 태조 7년(1398) 한양에 성균관 축조를 완성하여 유학을 위주로 한 교육을 완벽하게 실시했다.

위의 기록은 참작컨대 한국 학술사는 4세기 전후 삼국의 국립대학에서 배출된 학인들로부터 전개되었다. '고구려·백제·신라·발해·고려'의 국립대학은 공식적인 창설연도 이전으로 거슬러 올라갈 수 있기도 하나, 문헌의 기록을 근거로 하는 것이 합리적이다. 아쉽기는 하나 고구려학파와 백제학파 및 발해학파는 역사의 뒤안길로 사라졌다. 이를 안타까워 해봤자 의미가 없고 복원도 불가능하다. 이는 냉엄한 역사적 현실이고 이에 울분을 터뜨리는 것은 부질없고 비합리적이며 건설적이지 않다.

영고성쇠(榮枯盛衰)는 역사 진행의 필연이고 숙명이다. 춘생(春生), 하육(夏育), 추살(秋殺), 동장(冬臧)이라는 말이 있다. 이 자연의 법칙은 그 누구도 피할 수가 없다. 정치와 학술 또한 동일하다. 그러므로 한국학술사 역시 삼국시대, 남북국시대, 고려시대, 조선시대로 그 맥락이 계승되었다. 삼국시대의 경우 고구려 백제의 맥은 끊어졌고, 남북국시대의 발해조의 학맥 또한 사라자고 없다. 결국 남은 것은 신라, 고려, 조선조의 학맥만 계승되었다.

이에 대한 불만이나 부정하고자 하는 것은 의미가 없고 감상적이다. 부안학파의 학맥도 고려조에서 발원한 것이지, 고구려나 백제 후백제의 학맥과는 무관하다.

이를 근거하여 한국학술사의 맥락을 요약 정리하면, 신라의 경우 화랑도(花郎徒)와 사선인맥(四仙人脈)을 극복하고 나타난 '국자감학파'가 국가를 경영했으며, 신라 후반기에는 도당유학파인 '빈공과(賓貢科)' 및 그 학파가 영향력을 행사했고, 이어서 이들은 후백제와 후고구려(泰封)에도 일정한 역할을 했다. 고려조는 신라의 국자감(國子監) 학파와 빈공과(賓貢科) 지식인을 포용하여 국가를 통치코자 했다. 고려조를 불교국가로 단정하는 것은 문제가 있다.『고려사』를 놓고 볼 때 조선조 초기에 편찬되었다는 점을 감안해도, 고려조는 유학이념에 입각하여 나라를 통치했다.『고려사』「열전」에 승려가 거의 등장하지 않는 것도 참고가 된다.

조선조 개국 후 고려조 국자감(國學·成均監·成均館)학파가 권력을 어느 정도 장악하다가, 16세기 무렵부터 성리학을 이념으로 무장한 사림파(士林派)가 정국을 장악했다. 학계에선 '사림파'의 대립 세력으로 '훈구파(勳舊派)'로 규정하고 있다. 훈구파의 이념도 유학이었기 때문에 사림파는 신유학학파로 볼 수도 있다. 사림파는 오늘의 시각으로 접근하면 좌파세력으로 여길 수도 있다. 여기서 말하는 좌파는 세인이 좌 우파를 일컬어, 풍자적으로 '토마토·사과·수박'에 비유되는 사이비 인물들이 아니고, 성리학적 이념으로 사회를 광정코자 한 개혁적 의미로 해석했다. 수천 년 동안 계승된 전통문화를 보수로 규정하여, 이를 폐기코자 하는 시도는 반드시 정당하다고 여길 수 없다. 일상생활에 뿌리 깊게 남아있는 전래문화 전반을 중원에서 형성된 성리학 또는 주자학을 척도로 뿌리 뽑으려는 시도는 꼭 완미한 것이 아니다.

따라서 이 같은 사림파의 시도는 민인(民人)들의 삶에 착근하지 못하고 관념의 유희로 그친 감도 있다. 이기설(理氣說)이나 이발기발(理發氣發), 사단칠정설(四端七情說), 인물성동이설(人物性同異說)이 민인들의 현실적 삶과 어떤 연관이 있으며, 민인들의 심성과 실생활에 끼친 영향이 얼마만큼 컸는지도 짚어봐야 한다. 민족사 인식의 경우도 사림파는 대체로 단군(檀君)을 부인하고 기자(箕子)를 선양했는데, 이것이 과연 진보적 사유인지도 문제이다. 중국은 전설적인 황제(黃帝)를 국조(國祖)로 인정하고, 거대한 조각상 까지 만들어 한 결 같이 존숭하고 있는데 반해, 우리는 단군을 국조로 인정하지 않고 배척하는 것이 진보로 인식되는 현실을 어떻게 받아들여야 할 것인지.

반계가 실학을 제창한 이유도 성리학의 민인과 유리된 사변체계에 대한 반발과 극복의지의 일환이다. 9세기 중엽 고려 태조(王建, 877~ 943)는 "우리 동방은 오래전부터 당나라 풍속과 문물 예악을 흠모하여 그 제도를 본받고자 했는데. 지역이 다르고 풍토가 같지 않고 인성도 다른데, 반드시 같게 할 필요가 없다"라고 교시했다. 이를 오늘에 대입하여 우리가 꼭 중국과 미국 유럽 등의 문물을 본받아 이를 모방하려는 자세와 인식에 결부시킬 수도 있다.[137]

---

137 『高麗史』「世家」卷2 訓要, 四曰, 惟我東方, 舊慕唐風文物禮樂, 悉遵其制, 殊

16세기 후반 지봉(芝峯) 이수광(李晬光, 1563~1628)에 의해 토대가 이룩된 뒤, 성호 이익(李瀷, 1681~1763)을 거쳐 반계로 계승된 실학이, 다산에 와서 완성되는 실학파 지식인의 계보도 부안과 관련이 있다. 실학파 지식인들의 물결이 잠잠해지던 시기에, 서학(西學)이 물밀듯이 들어오자, 이에 대한 반발로 동학(東學)이 수면위로 떠올랐다. 그 구체적 발현으로 개항파(開港派)와 위정파(衛正派)가 대립했다. 위정파는 유학을 근간으로 한 지식인들이었고, 이 격동기에 간재가 구국적 깃발을 들고 출현한 것이다.

동학파와 서학파, 위정파와 개항파가 혼재하여 치열하게 각축하던 시기에, 사회주의와 자본주의가 일본과 서구로부터 들어와, 기존의 지식인 학파들이 퇴색하거나 위축되기 시작했다. 동서고금의 학문과 학파들이 백가제명(百家齊鳴)으로 들어와 천여 년의 한국학술사와 충돌하면서 위세를 부리는 상황에서, 부안 삼현과 실학 삼조의 학술 및 학맥이 한국학술사에 긍정적으로 작용한 것은 사실이다.

역대 중원왕조들의 대 사이정책(四夷政策)이었던 '동문주의(同文主義)'를 벗어나자, 해양세력에 의해 형성된 또 다른 동문주의인 '글로벌리즘'이 대세를 차지했다. 우리는 다시 구한국 말엽의 감상적인 '사해동포주의(四海同胞主義)'의 전철을 밟아서는 안 될 것이다. 이 같은 불행을 자초하지 않기 위해 천여 년간 양성되어 지속된 정통학술을 재평가하고, 그 가치와 의미를 정립하여

方異土, 人性各異, 不必苟同.

현재와 미래의 좌표로 삼아야 한다.

이를 위해 부안현이 배출한 성리학 삼현과 실학 삼현의 학문과 인맥을 한층 더 배양하여 한국학술사를 풍성하게 하고, 겨레의 심성을 고양하고 문화의 품격을 높이는데, 배전의 노력을 경주해야 할 것이다. 지포는 부안현 동쪽 선학동에 우거하면서 아울러 현의 서편 변산 바다 가에 집을 짓고, 이 두 지역을 오가며 거문고와 서책을 벗하여 즐기는 여가에, 엄격하게 후학을 교육시켜 인재가 성대하게 배출되었다고 했으니, 응당 지포학맥이 성립되었을 것이 분명하므로 이에 대한 심도 있는 연구도 요망 된다.[138]

공부자는 "아름다운 옥이 있다면 상자 안에 감춰두는 것이 좋은지, 아니면 제값을 주는 상인에게 파는 것이 좋은지"를 물은 자공(子貢, BC, 520~?)에게, "팔아야지, 팔아야지"라고 반복하여 강조한 바가 있다. 부안 삼현은 한국학술사의 보옥이다. 그러므로 공부자의 현실적 인식처럼 소장한 미옥(美玉)이 있으면 널리 선전하여 퍼뜨려야 한다.[139] 부안 삼현의 학술은, 부안지역을 넘어 호남으로, 호남과 삼남(三南) 전 지역을 넘어 한반도 전역으로 '부안학파'와 그 인맥들의 외연이 확장되기를 기대한다.

---

138 『止浦集』卷3 年譜, 公初卜居于扶安縣東, 仙鶴洞, 又築室於縣西, 邊山海上, 名之知止浦, 逍遙兩處, 琴書自老, 訓誨後學, 嚴立課程, 人才蔚興.

139 『論語』卷9 「子罕」, 子貢曰, 有美玉於斯, 韞匵而藏諸, 求善賈而沽諸, 子曰, 沽之哉, 沽之哉, 我待沽者也.

제8장

국조악무(國朝樂舞)와
사민(四民)의 화합 추구

경복궁 근정전

1. 악무 민족주의와 제국주의

악무는 고대에 이어 중세와 근 현대에 이르기 까지 정치와 밀접하게 연계되어 있다고,『악기(樂記)』는 기록했다. 악은 정치와 통하고 악무를 보면 그 나라 정치 상황을 알 수 있고, 태평시대와 어지러운 시대 및 망국의 악무가 있다고 했다(治世之音·亂世之音·亡國之音). 악무는 중세의 이데올로기였던 '예악론(禮樂論)'에서 예는 차이(異), 악은 화합(同)으로 이를 통합하여 화해를 추구했다'과 연계되어 있다. 그러므로 동아시아 여러 나라는 악무로서 민인을 교화한다는 '용악화민(用樂化民)'을 우선 과제로 삼았다.

역대 중원정권은 악무를 제국주의 실현 도구로 활용하여 이른바 사이제국(四夷諸國)을 복속시키려 했다. 중세에는 한 나라를 정복하면 우선적으로 해당 국가의 악무를 수거해갔다. 당나라와 금나라도 '고구려·백제·발해'의 악무들을 전부 가져갔다. 신라와 가야 는 이민족 국가에게 병탄되지 않았기 때문에 민족악무로 지금까지 전승되고 있다.

따라서 고구려 백제의 악무는 중원의 사서를 검토하지 않으면 그 실체를 알 수가 없다.『삼국사기』「악」조의 '고구려·백제악'이 중원 사서에 의존한 까닭도 여기에 있다. 중원의 악무제국주의(樂舞帝國主義)는 당이 백제를 침탈한 뒤, 그들의 악무인(樂舞人)을 대려와 부성(府城)이었던 공주에 주재시켜 당악(唐樂, 중국악무)을 전파코자 한 것도 같은 맥락이다. 문무왕(文武王, 재위, 662~680)은 신라 악인들을 공주에 보내 '당악'을 배우게 했다.

한국 역대 민족악무가 살아남은 이유는, 중원 '악무제국주의'에 대항하여 악무 민족주의를 고수했기 때문이다. 일제강점기에 일제가 악랄하게 우리의 민족악무를 억압하고, 〈유행가〉를 보급시켜 민족의 영혼을 파괴하려는 시도도 '용악화민'의 일환이었다.

2. 악무와 왕조의 흥망(興亡)

가야 제국이 신라에 통합된 뒤 '국악'이었던 〈12곡〉이 신라 악인들에 의해 〈5곡〉으로 정리되어, 〈대악(大樂)〉으로 예우된 것 역시 악무가 국운과 무관치 않음을 말한다. 우륵(于勒)은 가야 〈12곡〉이 〈5곡〉으로 축소되자, 망국의 비통함을 달래며 〈5곡〉이라도 보존된 것에 만족할 수밖에 없었다. '민족악무사'의 전개에 다행인 점은, 신라가 고려조에 고려조가 조선조에 통합되었기 때문에, '신라악무'와 '고려악무'는 비교적 온전하게 남아있다. 만일 일제강점기가 더 오래 지속되었다면 민족악무는 치명적 손상을 입었을 것이다.

우리민족은 악무를 유난히 즐겼다. 서력기원 전후에 채록된 『위서(魏書)』「동이전(東夷傳)」과 기타 중원 『사서(史書)』들에 이구동성으로 밤새워 술 마시며 노래하고 춤추는 민족이라 평했다. 철야로 가무 음주하는 습성은 수천 년이 지난 오늘에도 변함이 없고, 자정을 지나 새벽까지 불야성을 이루는 도시는 한국밖에 없으며, 골목마다 즐비한 노래방 역시 타국에서는 찾기가 어렵다. 아마도

이 같은 습성은 우리민족의 유전인자에 깊숙이 각인되어 앞으로도 변함이 없을 것이다.

우리민족은 개방적인 성향이 있다. 역사적으로 '한족·거란족·여진족·몽골족·일본족' 등의 국가들과 더불어 수천 년을 살아오다가, 지금은 미국을 주요 동반국으로 하여 살고 있다. 사실 우리는 반만년을 이들 이민족의 침탈과 압제를 받으며 살아왔다. 이들 중 어느 민족이 나름대로 양호했는지를 냉정하게 뒤돌아보며 미래를 열어나가야 할 것이다.

『삼국사기』보다 21년 전에 출간된 서긍(徐兢)의『고려도경(高麗圖經, 1124)』에 중원제국주의 핵심 강령인 '유학·정삭·악률·도량권형' 중, '악률'로서 천하를 중원중심으로 통합케 한다는 주장이 바로 악무제국주의 실상을 지적한 것이다. 여기서 언급한 천하는 중원과 소위 제후국인 사이 제국의 강역을 통틀어 지칭했다.

우리민족은 외래문물을 개방적으로 수용했다. 일찍이 불교와 유학을 수용하여 방방곡곡에 사찰과 향교와 서원이 편만했고, 지금은 성당과 교회가 도처에 즐비하다. 악무 역시 중원을 비롯해 서역과 동아시아의 악무를 수용하여 민족악무의 품격을 향상시켰다. 그리하여 전수한 국가에서는 소멸한 〈아악〉과 〈8일무〉 등을 민족악무로 보존하여 지금도 종묘와 문묘에서 연희하고 있으며 세계문화유산이 되었다.

3. 중원의 아악과 일무 수용

우리 역대왕조들도 악무를 민족통합의 수단으로 활용했다. 〈동
동가무·처용가무·정읍사〉를 민족의 3대 악무로 지정하여 '고구
려·신라·백제' 고지의 민인들을 화합코자 했다. '부여계(夫餘系)'
의 고구려 민인을 의식한 〈동동가무〉와, 백제 유민을 의식한 〈정
읍사〉와, '삼한계(三韓系)'의 신라 민인을 고려한 〈처용가무〉를,
조선조가 부각시킨 이유도 민족의 화합과 상생을 이룩하기 위해
서였다. 고려조는 고구려 부흥을 표방하여 개국한 궁왕(弓王, 弓
裔, 재위, 901~918)의 〈팔관회〉를 국가축전으로 승격시켜, 왕조
말까지 개최한 것 역시 부여계 민인의 통합을 위한 전략이었다.

중원 역대정권의 악무인 '6대무(六代舞), 황제(黃帝)의 〈운문
대권(雲門大卷)〉·요(堯)의 〈대함(大咸)〉·순(舜)의 〈대소(大韶)〉·
우(禹)의 〈대하(大夏)〉·탕(湯)의 〈대호(大護)〉·무왕(武王)의 〈대
무(大武)〉'를 기반으로 하고, 사이 제국을 정복하여 얻은 악무를
〈10부악(十部樂)〉으로 설정하여 이를 천하통일의 상징으로 묘정
(廟庭)에서 연희했다. 아울러 그들의 악무인 〈아악(雅樂)〉을 주변
국에 전수한 것 역시, 악무제국주의와 동문주의(同文主義, 文化
帝國主義)의 일환이다.

중원 정사『25사』의 사이의 풍속과 악무와 문물전장 등을 기록
한 「사이전(四夷傳)」은 일종의 정보문서로서, 이를 참고하여 사
이를 복속시켜 통치하려는 전략이었다. 중원이 사이제국에게
〈아악〉을 줄 때도 차등이 있었다. 〈일무(佾舞)〉의 경우도 〈8일무〉

가 아닌 〈6일무〉를 추게 했으며, 〈아악〉의 경우도 악기를 4면에 거는 '궁현(宮懸)'이 아닌 3면에 다는 '헌현(軒懸)'을 위시한 판현 (判懸)과 특현(特懸)을 사용토록 했다. 이른바 '황제예악'과 '제후 예악'의 변별이다.

외래악무의 수용은 민족악무를 단세포가 아닌 복합세포화 했 기 때문에 미학적으로 완성된 악무로 거듭나게 했다. 19세기 전후 부터 '대륙문화권'의 악무만 접하다가, '해양문화권'의 악무가 홍수처럼 밀려왔지만, 민족악무는 이를 자양분으로 하여 글로 벌 악무로 격상시켜, 〈한류악무(韓流樂舞)〉로 발 돋음 하여 전 세 계 악무계를 석권했다.

일제강점기와 해방전후 민인들에게 널리 회자된 〈유행가〉를 통해, 망국의 아픔과 애절한 망향의 회한을 형상한 노랫말과, 해 방 이후 서양악무의 유입으로 파생한 소위 〈우리가곡〉의 허실도 교훈을 준다. 해방 이후 초중고의 〈서양가곡〉 위주로 편성된 음악 교과서 문제와, 남북 분단의 처절한 심경을 노래한 〈가요〉들도 악 무가 정치와 접맥되었음을 증명한다.

4. 민족화합과 국조사전(國朝祀典)

민족악무는 본래 제천의례(祭天儀禮, 郊祭)와 접맥되었다. 제 천의례의 악무는 주로 〈일무(佾舞)〉가 중심이 되었으며, 의식이 끝난 후 여흥으로 백희가무와 〈대무(隊舞)〉 등이 연희되었다. 일무는 신에게 바치는 오신적 무용(娛神舞)이고, 대무는 사람을 즐겁게 하는 오인적 무용(娛人舞)이다. 중원예악이 이입되기 전에는 일무가 아닌 민족고유의 춤이 추어졌을 것이나 지금 그 춤사위는 알 수가 없다.

시대의 진행에 따라 악무는 오신에서 오인 쪽으로 변모해갔다. 중세 국가신앙을 망라한 '국조사전'과의 연결고리가 견고하다. '대사(大祀)·중사(中祀)·소사(小祀)·잡사(雜祀)'로 분류된 국가신앙들과 그 제의에도 악무가 베풀어졌다. 제천과 용신 및 산천숭배의 의식에 본래 정통 민족악무가 중심이 되었으나, 나중에는 중원의 한문악장으로 대체되었다. 전래 민족악무가 퇴장하고 한문악장이 등장하자 민인들과의 관계는 소원해졌다.

조선조는 악무와 더불어 국가신앙의 층위에도 관심을 가져 민족통합에 원용했다. 남북의 분단으로 민족분열이 가일층 심화되고 있는 현재에도 화해와 상생의 모티브는 절실하다. 역대 왕조의 개국시조에 대한 조선조의 숭앙도 주목된다. '환인·환웅·단군'을 모신 삼성사(三聖祠), 단군을 모신 숭령전(崇靈殿), 기자의 숭인전(崇仁殿), 박혁거세의 숭덕전(崇德殿), 동명성왕의 주몽사(朱蒙祠), 온조왕의 숭렬전(崇烈殿), 수로왕의 숭선전(崇善殿), 왕태조의 숭의전(崇義殿) 등의 사묘(祠廟)를 해당 지역에 조성하여, 과거를 부정하는 오늘의 부박한 정권들과 달리, 역대 정권을 단절이 아닌 계승으로 인식하여 제사를 올린 것도 민족통합의 수순이었다. 조선조의 이 같은 시책은 사분오열된 현재에도 절실하다.

한반도에는 고대에 78(72) 소국과 '부여·예·맥·옥저·가야' 등

의 국가들이 '삼한·삼국·통일신라·남북국·후삼국·고려·조선'
의 통일국가로 진행되다가, 민족의 화해와 상생이 더욱 절실한 외
래 삼류 이데올로기에 뿌리를 둔 박제신화(剝製神話)들에 의해
남북한으로 분단되었다. 정권 교체기에는 화해와 상생을 위해 항
상 악무가 큰 기여를 했다. 오늘의 지방자치제는 과거 소국들에 뿌
리를 두고 있을 뿐 아니라, 그 영역도 천여 년 전 소국들의 경계가
그대로이므로 새로운 제도도 아니다.

5. 삼국시대 악무와 유민(遺民)의 화합

　중세의 '민족악무'는 예악론과 결부되어 있다. 근현대의 악무
도 외피만 바뀐 예악론에 영향을 받고 있다. 본고는 예악론과 연계
된 악무를 위주로 논의를 전개했고, 예악론과 무관한 민요 등의 악
무는 일단 배제했다. 예악론은 중원에서 형성되어 동아시아의 핵
심 이데올로기로 자리 잡았다. 우리 역대왕조는 중원 예악론이 우
리의 전통문화와 악무에 부합되지 않는 부분이 많음을 깨닫고, 이
를 수정 보완하여 '민족예악'을 창조했다.

　민족예악은 말 그대로 민족의 예(禮)와 악(樂)이다. 문물제도와
정치 및 사회현실 등은 예에 포괄되고, 노래와 춤 연극 등 민인의
놀이문화 전반은 악의 범주에 속한다. 고대의 악무는 오신(娛神)
을 위주로 했지만 후대로 올수록 오인적(娛人的) 경향이 증폭 되
었다. 중세악무는 오신과 오인적 기능을 겸비하고 있었는데, 민족

악무의 경우 중원악무와 변별하여 예술적으로 완성도를 높이기 위해 '민족미의식'에 의해 변용되었다.

민족미학적 관점에 의거하여 악무를 '향악·당악·속악·아악'으로 분류하고, 이들 장르에 기준하여 각종 악무가 창작되어, 의식의 성향에 따라 선택되어 연희되었다. 오랜 연륜을 가진 〈동동무·처용무〉와 조정의 공식악무인 〈문무·무무〉 및 〈보태평지무·정대업지무〉와 속악의 〈무고·무애〉등의 악무도 민족미악에 입각하여 제작되어 여러 의전행사에 연희되었다.

고대의 〈동맹·영고·가배·무천〉 등은 제천의례에 연희된 오신적 악무였으며, 경건한 제천의식이 끝난 뒤 참여한 백성들을 즐겁게 하기위해 '백희가무'가 베풀어졌다. 제천의식과 함께 '종묘·사직·선농·후농·풍백·우사·삼산오악·사해·영성'등 다기 다양한 중세의 국가적 제사를 '대사·중사·소사·잡사'로 분류하여 왕의 친사(親祀)나 신료들을 파견하여 의식을 거행했다.

예와 악은 따로 있을 때 그 기능이 온전하게 발휘되지 못한다. 악무가 악에 배속되어 있긴 하나 예도 그 근저에 단단하게 깔려 있다. 이 같은 연결고리에 대해『고려사』「예지」는 "인간은 천지에 기를 받아 '희·노·애·락'의 정이 있는데, 성인이 예를 제정하여 기강을 새우고 교만과 음란을 방지하여, 민인들로 하여금 죄를 멀리 하고 풍속을 아름답게 함이며, 악은 풍속과 교화를 올바르게 수립하고 조종(祖宗)의 공적을 형상하는데 목적이 있다."라고 했다. 그러므로 한 왕이 일어나면 반드시 예악의 제작(制作)을 기본으로 한다고 했다.

중원의 예악론이 한반도에 들어오자 우리의 고유문화와 풍속 및 성정에 괴리되는 부분이 많았기 때문에, 이를 변용하여 '민족예악'을 수립하여 국가 통치와 문화 그리고 실생활에 원용했다. 중원예악과 민족예악의 충돌은 다방면에 걸쳐 나타났지만, 제천은 천자만이 할 수 있고 제후왕은 해서는 안 되고, 종묘사직과 역내 산천에 한해 제사해야 한다는 점이 특히 문제가 되었다. 오랜 기간에 걸쳐 논란이 되었던 제천 문제는 고종(高宗, 재위, 1864~1907)이 황제위(皇帝位, 1897~1907)에 오른 다음에야 그 숙원이 해결되었다. 시청 앞에 있는 '원구단(圓丘壇)'과 '황궁우(皇穹宇)'가 반만년의 숙원을 해결한 북경의 천단(天壇)과 동일한 기념비적인 건물이다.

『증보문헌비고』는 우리 겨레의 염원이 담긴 제천성소인 원구단과 황궁우를 창건하여 여기서 하늘로부터 천명을 받아 황제위에 등극하여 중원왕조의 수천 년간 행사했던 책봉(册封)의 굴레에서 벗어났다고 감격적으로 묘사했다. 이는 중세 국조사전의 완결판으로 '단군·기자'이래에 없었던 역사적 위업이라고 자부했다.

민족의 본질적 성정과 취향은 불변인데도 불구하고, 외양의 변모를 두고 변질로 오인하는 경우가 빈번하다. 고대악무가 중세악무로 이행해가는 과정에 중원악무에 영향을 받은 것은 사실이지만, 민족악무의 본질은 고대악무의 영역을 크게 벗어나지는 않았다. 〈아악〉에 밀려 〈속악〉이 일견 위축된 것으로 보이나, 〈속악〉은 이면으로 변함없이 번창했고 지금도 〈아악〉에 비해 더 큰 영향력을 발휘하고 있다. 〈아악〉이 장구한 시간 동안 국가차원에서 장

려되고 보호를 받아왔음에 불구하고, 그 파장과 형세는 기대에 미치지 못했다. 중원악론의 기반인 오성팔음(五聲八音)과 '십이율려(12律呂)' 등은 문헌에만 요란했지, 민인들이 애호하는 악무에 뿌리를 내리지 못했다.

중세 민족악무 전승에 아쉬운 점은『삼국사기』「악」조에 채록된 〈회악(會樂)〉을 비롯한 〈신열악(辛熱樂)·돌아악(突阿樂)·지아악(枝兒樂)·사내악(思內[詩惱]樂)·가무(笳舞)·사내무(思內舞)·미지무(美知舞)·소경무(小京舞)·내지(內知)·사중(祀中)·덕사내(德思內)·석남사내(石南思內)〉 등의 신라 전통 악무와 〈군악(郡樂)〉들의 소멸이다. 악무 이름 중에 '악'과 '무'가 혼용되고 '덕'과 '석남' 및 '상하'등의 접두어가 첨가된 것은 악무의 변천과 발전을 뜻한다. 특히 〈군악〉을 명기한 것은 피정복 소국의 악무를 신라가 존치했음을 의미한다. 이들 악무 중 '시내·사내'악무는 오늘의 춤 가운데 '시나위'와 관계가 있을 법하다.

신라를 흡수 통합한 고려조도 신라악무의 계승에 대해 특별한 관심을 가지지 않았던 듯하고, 다만『고려사』「악지」에 '삼국속악' 장을 붙인 것이 전부이다. 신라조 역시 고구려 백제악을 소홀히 취급했고, 조선조 또한 고려조 악무를 중시하지 않았다. 신라는 삼국을, 고려는 후삼국을 통합했다. 우리민족의 통일은 삼대유형이 있다. 문무왕식 통일과 왕 태조(王太祖, 재위, 918~943)식 통일 및 경순왕(敬順王, 재위, 927~935)식 헌납통합이 그것이다.

고대악무는 '제천의례'에 직결되었으므로, 하늘(天神)이 흔감하는 춤과 노래를 바쳐 복을 내려주기를 기원하는 것이 핵심이다.

제천악무가 전승되어 발전하지 못한 이유는, 우리 역대 왕들이 제후 왕으로 강등되어 하늘과 땅에 제사를 올리지 못했기 때문이다. 민족의 전통 제천의식은 왕조차원을 떠나 민인들에 의해 봉행 되었으므로 중원 예악론에 준거하여 미신이나 음사(淫辭, 예를 벗어난 가사)로 치부된 실정과도 관계가 있다.

삼국시대 초엽과 고려조 전기와 조선조 초기에는 제천을 했다. 통일신라 이후 약화되었다가 고려조에 되살아났지만, 중원 식 '원구제천'으로 교체되면서 원초적 기풍이 변질되어 백성들과 거리가 멀어졌다. 고대악무의 쇠잔은 전통제천의 폐지와 변질을 가져왔다. 중원 식 제천의 '원구단'은 우리에게 생소했고, 여기서 거행된 제천의식에 백성들은 배제되었다. 민족 전통 제천의 성지는 원구단이 아닌 '마니산'과 '태백산' 등의 '천단'이다.

6. 민족예악과 중원예악의 충돌

우리 고대악무는 정연한 논리체계를 갖춘 중원 예악론에 계속 밀렸다. 고대악무는 민족의 진솔한 정감에 근거하여 장구한 시간 동안 양성된 것으로, 국가의 비호를 받았던 중원 예악론의 압박 속에서도 명맥을 끈질기게 이어왔다. 중원 예악론에 대항하기 위해 이화제화적(以華制華的) 시각에 근거하여 민족예악을 창출하여 고대악무는 전멸을 면하고 일부는 살아남았다. 중원예악 가운데 정치와 문물전장과 연관된 분야 역시, 민족적 예를 정비하여 우리 것을 지키려 노력했으나 성과는 미미했다. 최고 통치자의 민족 고유의 호칭인 '거서간·차차웅·이사금·마립간'도 중원 식 '왕(王)'에 밀려 화석으로 변했다.

중세의 숙원이었던 '칭제건원'도 고종 광무황제(光武皇帝)와 순종 융희황제(隆熙皇帝) 이전 수천 년간 실시하지 못했다. 우리가 알면서도 비겁하게 침묵했던, 궁왕(弓王)의 칭제기간(稱帝期間)이 수년간 지속되었음에도 불구하고, 고려 조선조의 선학들이 이를 정사(正史)에 언급하지도 않았고, 야사에도 채록되지 않았다

한 무제의 무력에 의한 한사군 설치가 결국 실패했다는 사실을 거울삼아, '문자·정삭·복색·악무' 등의 유연한 방식으로 제국주의적 욕망을 실천하려 했고, 이 같은 전략은 성공을 거두었다. 중원정권이 또다시 한걸음 나아가 한반도 남부까지 포괄한 '한팔군(漢八郡)'을 획책하는 것은 아닌지. 칭제는 못했지만 그 절반에 해당하는 건원, 즉 연호는 '고구려·신라·발해·고려'조에서 오랜 기간 시행했다.

중원 예악론과 함께 중원악무도 자발적 수입과 하사라는 명목으로 유입되었다. 중원악무의 유입은 오래전부터 있었으나 통일신라 이후부터 본격화 되었다. 고대악무는 고유의 제천의례의 약화와 맞물려 쇠락의 길로 접어들었다. 〈영고·무천〉 등 민족 고유의 제천의식이 사라진 것은, 고려조 성종(成宗, 재위, 982~997)이 원구제천(圓丘祭天)의 공식화와 관련이 있다. 중국 사서들에 전하는 〈매(昧)·이(離)·매악(韎樂)〉 등 우리 고대악무와 관련이 있

는 〈동이악(東夷樂)〉은 지금 찾을 길이 없다. 〈단군악·기자악〉등도 문헌에 이름만 전할 뿐 그 실상은 알 길이 없다.

고대악무는 당대에 국가의 정체성과 연결되어 있었다. 이름이 전하는 모든 고대국가 들은 나라의 규모와 관계없이 국가의 '공식 악무'가 있었으며, 악무를 통한 백성들의 화해와 융합이라는 정치적 목적이 있었다. 선인들은 한민족의 국통(國統)을 '단군조선·기자조선·위만조선·이부·부여·예맥·삼한·신라·고구려·백제·가야·통일신라·발해·후삼국·고려·조선'으로 잡았다. 근래 삼조선(三朝鮮)을 부정하는 진보로 이름한 사이비 진보 사학자들과는 다르다. 중국 역사의 절반을 이민족이 통치했지만, 중국 사학자들은 이를 자국의 역사로 포용했다.

7. 삼국시대 악무의 기능

삼국시대 악무는 단기 2317(BC, 17)년의 〈황조가〉, 서기 28년의 〈도솔가〉, 32년의 〈회소곡〉 등의 가곡이 있었고, 664년에 문무왕이 웅진도독부인 웅진부성(熊津府城)에 신라 악인을 파견하여 〈당악〉을 배우게 했으며, 668년에 〈가야지무〉가 문무왕 어전에 연희되었고, 887년에 산해정령이 헌강왕(憲康王, 재위, 875~885) 어전에 〈처용가무〉를 바쳤다. 888년에 향가집 『삼대목(三代目)』에 대한 기사가 나온다. 통일신라대의 신문왕(神文王, 재위, 681~691) 9년(689) 서라벌의 신촌(新村, 신도시) 낙성식 때 〈회악(會

樂)〉등 18곡과 〈하신열무〉 등의 많은 춤들이 대대적으로 공연되었지만, 그 실상을 지금 파악할 수 없다.

〈서동요·풍요·모죽지랑가·안민가〉 등의 14수의 향가가『삼국유사』에 수록되어 있으나, 정사인『삼국사기』에는 이에 대한 언급이 없다. 김부식은 일연(一然, 1206~1289)과 달리 향악계열의 악무를 중시하지 않았기 때문인지는 모르겠으나, 최치원(崔致遠, 875~?)의 〈산예·속독·월전·대면·금환〉 등 〈신라 5기〉가 채록된 것으로 볼 때, 향악을 무시한 것 같지 않다.『고려사』「악지」도 〈동경·선운산·내원성〉의 〈삼국속악〉을 수록했지만, 신라 〈향가〉에 관한 언급은 없다. 삼국의 악무 중 〈묘악(廟樂)〉과 조정연향 중심으로 악지를 편찬했기 때문일까.

후세까지 영향을 준 대표적 신라악무는 〈도솔가〉이다. 이 역시 〈묘악〉이나 악장적 성향의 악무이다. 신라악무는 조정 연향악무로 여겨지는 〈회악〉 등 13종과 '군악(郡樂)'인 〈내지〉 등 5종을 합친 18곡 또한 지금 흔적도 없다. 군악은 '일상군·압량군' 등으로 강등된 고대 소국의 악무로서, 정복한 나라가 피정복국의 악무를 갖는다는 예악론이 잠재되어 있다.

신라악의 '삼현(三絃)·삼죽(三竹)'은 중원의 팔음(八音)을 기준한 분류이다. '가야악'은 '신라악'에 포함되어 있다.『삼국사기』와『삼국유사』에 실린 악무 중 동일한 것은 거의 없다. 두 분 저자의 악무인식의 차이에 기인 한 것으로 후인들에게 다양한 악무를 전했다.

〈동동가무〉는 고구려에서 발원하여 고려조를 거쳐, 조선조에

도 중시되어 악장적 악무로 승격되었다. 〈동동가무〉는 고려조 속
악(俗樂)에 편차되어 수백 년의 시차를 두고 전승되었다. 〈동동가
무〉의 서사(序詞)가 악장적 성향이었기 때문에, 고려조가 이를 조
정의 공식악무로 연희했는지는 알 수 없으나, 백제 고지의 악무
〈정읍사〉와 더불어 속악 편장 첫머리에 배치했다. '고구려·고려·
조선'조로 이어진 〈동동가무〉는 민족악무 전승의 전형이다. 〈동
동가무〉는 조선조 말엽에 홍경모(洪敬謨, 1774~1815)에 의해 유
가적 〈한문악장(漢文樂章)〉으로 변용되었다.『사서삼경』의 이념
이 용해된 홍경모의 〈동동가무〉는 당시 백성들에게 호응을 받지
못했을 것이다.

　백제 악무의 경우 〈정읍사〉 말고 실체를 알 수 있는 악무는 없
다. 백제 악무를 당나라가 깡그리 수거해 갔기 때문이다. 당나라
는 이에 만족하지 않고 한걸음 나아가 그들의 악무인 까지 공주부
성에 대려와 〈당악(唐樂)〉을 전파하여 민인들을 동화시키려 했
다. 백제 악무는 완전히 소멸한 것이 아니라, 남원 전주 등 호남지
역의 국악으로 되살아 나, 민족악무의 맥을 계승하고 있다.

8. 〈우륵12곡〉과 〈대악(大樂)〉

　가야연맹은 2·3세기 무렵 금관가야를 중심으로 연방 형태로 존
속하다가, 532년 법흥왕 때 신라에 합병되었다. 금관가야 소멸 뒤
맹주로 있던 대가야가 562년 신라에 합병된 후 역사 속으로 사라

졌다. '김유신(金庾信, 595~673)·강수·우륵·김무력·김서현' 등의 가야인맥은 신라조 흥성에 기여했다. 구형왕(仇衡王, 금관가야 10대 왕, 김구해왕[金仇亥王])의 3남 김무력(金武力, 김유신의 조부)의 성(姓) '김씨'는 신라왕이 하사했다. 예악론에 의하면 성은 제왕만이 내릴 수 있는데, 그 사례를 여기서 접하게 된다. 가야악인 우륵은 가야악무를 신라에 전수하여 '민족악무' 발전에 공헌했다.

가야악무는 〈우륵 12곡〉으로 압축된다. 〈우륵 12곡〉은 신라의 예악론에 의해 〈5곡(五曲)〉으로 산정되는 수모를 겪었다. 폐기된 7곡(『삼국사기』에는 〈11곡〉으로 기재했다)은 가야왕조를 기리는 내용이거나 저급한 악무였을 것이다. 가야제국은 연맹국가였기 때문에 전체를 대표하는 악무는 존재하지 않았다고 추정된다. 정치는 악과 긴밀하게 접속되어 있다는 예악론의 한 단면을 여기도 찾게 된다.

가야연맹 12국은 변한(弁韓) 12국을 바탕으로 하고 있다. 가야가 변한 12국을 완벽하게 통합하지 못하고 느슨하게 연합한 체재였기 때문에 세력을 떨치지 못한 것일까. 가야악무는 668년에도 충주지역에서 연희되고 있었다. 금관가야 소멸 후136년, 대가야 멸망 뒤 100년까지 전승될 정도로 격이 높았다. 가야 12곡은 변한 12국의 악무를 모태로 하여 발전한 악무였다고 생각된다.

신라조는 악인 우륵을 받아드려 우대했을 뿐 아니라, 악인들을 보내 우륵 〈12곡〉을 배우게 했다. 신라 악인들은 〈12곡〉 중 〈5곡〉만을 취하고 나머지는 버렸다. 이를 접한 우륵은 눈물을 흘렸지만, 결국 아정하다고 평했다. 신라악인들이 정리한 가야 〈5곡〉을 〈대악(大樂)〉으로 삼자, 조신들은 가야의 망국지음을 수용해서 안 된다고 상주했지만, 진흥왕은 "가야 왕이 음란하여 스스로 망한 것이지, 악무의 죄가 아니다"라고 하며 〈대악〉으로 삼았다.

가야악무는 변한 12국의 악무뿐 아니라 흡수 통합한 '포상팔국(浦上八國)'의 악무와 외래기악(外來伎樂)도 보인다. 우륵 〈12곡〉 중 〈사자기(獅子伎)〉와 〈보기(寶伎)〉가 그것이다. 〈사자기〉는 서역 인도 사자국에서 발생하여 중원을 거쳐 가야에 유입된 것이며, 신라의 〈산예(狻猊)〉와 비슷한 악무이다. 신라 〈향악(鄕樂) 5기〉 중 〈산예〉가 최치원이 중국 유학 중 중국에서 본 것을 추상하여 시로 형상한 것인지는 확인키 어려우나, 서라벌에서 연희된 것을 보고 이를 묘사했다면, 가야악무에서 유래된 것일 가능성이 있다. 〈보기〉 역시 동아시아에 유행했던 〈농완주기(弄椀珠伎)〉 유의 외래기악의 일종으로 유추된다.

9. 발해악 〈답추〉의 위상

해동성국 발해조는 227여 년(후속 국가의 포함 여부에 따라 역년의 차이가 있다)의 역년을 누리다가 말년의 무사안일과 음주가무에 탐닉했다가, 표한한 이웃 거란족에게 정복당했다. 이를 두고 당안(唐晏)은 그의 『발해국지(渤海國志)』에서 잔치와 유흥에 탐닉하다가 망했다고 하며 '감연이취망(酣宴以取亡)'이라 평했다.

발해악무는 고구려 악무를 기반으로 하여 당나라와 서역 및 동아시아 제국의 악무를 수용하여 당시 최고 수준에 있었다.

신라와 200여 년 동안 남북국 시대를 이루어 함께 했지만, 서로의 교류는 미미했으며 준 적대국 관계로 있었다. 반면 일본과는 우호적 관계를 지속했고 악무교류도 매우 활발했다. 신라와 일본은 그의 단교상태에 있었다. 신라는 일본을 황제국으로 인정하지 않았고 발해는 인정했다. '신라·발해·일본'간의 외교현안은 일왕을 천황으로 인정하느냐의 여부였다. 왜왕을 천황으로 인정하면 왜의 제후국이 되므로, 신라는 천황을 인정하지 않았다.

현재 알려진 발해악무는 〈답추〉밖에 없다. 발해조에 대한 우리 역대 왕조들의 관심은 거의 없었다. 발해세자 대광현(세자는 아니고 왕자라는 설도 있는데, 준 황제국이었던 발해가 세자의 경우 '부왕'이나 '태자'로 칭한 것과 연관된 견해이다)을 위시한 10여만의 유민이 고려로 귀순했음에도 불구하고, 고려조는 이를 발해 고지의 수복을 위해 활용하지 못했다. 오히려 발해를 멸망시킨 거란의 위세에 눌려 거란의 연호까지 쓰면서, 멸망 전후의 발해조 못지않게 나약하고 나태와 무사안일에 젖어있었다.

발해 전성 시 발해 악무인 들은 중국과 북방제국 및 일본을 넘나들며 당시로 볼 때 '발해류(渤海流)'를 형성하여 동북아시아의 악무계를 주름잡았다. 발해악무가 오늘날 '한류(韓流)'의 선편을 잡았다는 평가도 가능하다. 10세기 무렵 발해조는 동북아시아에서 신라를 제외한 여러 국가들과 활발하게 교류했다. 발해악무도 해동성국이라는 평판과 맞물려 있었다. 경제적 풍요와 문화적 기반이 없으면 악무의 발전은 불가능하다.

발해를 정복한 거란(遼朝)은 〈발해악무〉에 대해 관심을 갖지 않았다. 『요사』「악지」에도 〈발해악〉에 관한 기록은 거의 없다. 중원의 〈아악〉을 수용했지만 고려 조선조처럼 첫머리에 두지 않고, 그들의 국악 다음에 배치하는 자존적 악무인식을 가졌다. 거란은 칭제건원을 한 왕조였다. 요나라를 정복한 금(金)나라는 요와 달리 발해악을 중시했다. 거란족과 여진족의 〈발해악무〉에 대한 인식의 차이가 흥미롭다.

발해조를 우리 국통에 포함시킨 선학은 고려시대 이승휴(李承休, 1224~1300)와 조선조의 '유득공(柳得恭, 1749~?)·한치윤(韓致奫, 1765~1814)·이유원(李裕元, 1814~1888)'이다. 한치윤은 『문헌통고』와 『금사』 등에서 〈답추악무〉를 발굴하여 그 일단을 검토했다. 특히 이유원은 121수의 「해동악부(海東樂府)」 중 〈발해악〉 편장에, 발해의 민속과 연계하여 〈답추〉를 7언절구로 형상했다.

〈답추〉는 새해 첫날에 운집한 민인들이 능란한 가무인을 앞세워 줄지어 빙글빙글 돌며 노래하고 춤췄다고 묘사했는데, 아마도 요즘의 〈강강수월래〉와 유사한 것으로 여겨진다. 〈발해악〉에서 기억해야 할 것은 〈답추가무〉와 '발해금(渤海琴)'이다. 발해금은 고구려 거문고를 연상하게 하나 그 자세한 실체는 알 수 없다.

10. 고려조 악무와 민족 재통합

『고려사』「악지」에 의하면 고려조는 교사(郊祠) 악무와 송나라로부터 받은 〈대성악(大晟樂)〉과 〈당악(唐樂)〉 그리고 〈삼국속악(三國俗樂)〉을 함께 사용했다. 표면적으로 중원악무를 중심하여 악무정책을 편 것 같지만, 우리의 전래 속악을 무시하지는 않았다. 고려조는 신라 말엽에 등장한 〈처용가무〉를 대표적 민족악무로 격상시켰다.

〈처용가무〉를 고려조 악무에 배속한 까닭은, 고려조가 제야에 나례(儺禮)와 함께 궁궐에서 연희했을 뿐 아니라, 민간에도 널리 퍼져 벽사진경(辟邪進慶)의 염원을 담았기 때문이다. 나의(儺儀)에 예(禮) 자를 첨가하여 '나례'라 한 것은, 무속과 달리 나라에서 이를 존숭했다는 증거이다. 무속을 무례(巫禮)라고 칭하지 않은 것과 비교된다.

〈처용가무〉는 민족악장(鄕樂樂章)의 정화로서 각계각층의 선호도가 높았으므로, 불교 유교 무속 등 각급 신앙 단체가 아전인수 격으로 원용하여 자신들의 신앙에 습합했다. 학계에도 선호하여 그 연구업적이 한우충동(汗牛充棟)이다. 처용 탈과 울산의 위치 등을 참고하여 처용을 아라비아 상인으로 비정한 견해도 있다. 필자는 고대 울산지역에 존재했던 '우시산국(于尸山國)'의 국가악무였고, 일찍이 한반도에 유입되어 세력을 확장하고 있었던 나신앙(儺信仰, 儺敎)의 일종으로 추정했다.

나신앙은 '나제(儺祭)·나가(儺歌)·나무(儺舞)'를 포용하고 있다. 나신앙의 중심지역은 양자강 유역의 남방이다. 황하 유역에도 나 신앙이 있었으나 남방 나와는 그 성향에 차이가 있다. 〈처용가무〉는 중국의 남방 나와 보다 밀접한 관계가 있는 듯하나, 민족나의(民族儺儀)로 변용되어 토착 나례로 발전했다. 춤에는 여러 갈래가 있지만, 그 중 탈춤은 나무(儺舞)로서 가면에 신성성을 부여한 '나문화(儺文化)'의 산물이다.

나문화는 '봉황·난조·주작' 등 조류와 관계가 있다. 오방 중 남주작도 같은 범주이고, 북 현무의 뱀은 북방문화의 용의 원초적 표현이다. 중원왕조의 상징인 용봉(龍鳳) 가운 데 용은 밭농사를 위주로 하는 북방문화권, 봉은 논농사를 위주로 하는 남방문화권의 토템이다. 용이 풍우와 연계된 것은 이를 상징한다. 한반도 곳곳에 남아있는 솟대의 새는 봉황과 관련이 있는 듯하다.

고려조는 〈팔관회〉를 민족예악의 총화로 인식하여 국가축전으로 정립하여 멸망할 때까지 지속했다. 〈팔관회〉는 572년 신라 진흥왕의 전망 사졸을 위해 개설한 〈팔관연회(八關筵會)〉를 효시로 보지만 불교의식에 치우쳤기 때문에 문제가 있다. 따라서 〈팔관회〉는 태봉국의 궁왕이 송경에 도읍을 정하고, 광화(光化, 당 소종의 연호) 원년(898)에 개최한 것이 시초이다.

고려조의 국가 골격은 궁왕이 수립했고, 왕 태조(王太祖, 재위, 918~943)는 궁왕이 정립한 문물전장을 답습했다. 고려조의 연호 '천수'도 궁왕의 연호 '정개'를 개원한 것이지 건원은 아니다. 500여 년의 장구한 역사를 누려온 〈팔관회〉를 조선조는 개국(1392)과 동시에 폐지하고 〈강무(講武)〉로 대체했다. 민인들의 열광적인 호응을 받은 전통축전을, 하로 아침에 폐지한 것은 아쉽다.

우리 겨레는 한반도 남반부의 '삼한계'와 북반부의 '부여계'가 있다. 삼한계는 '마한·진한·변한'에서 출발한 '신라·가야·백제'의 통치를 받았던 겨레이고, 부여계는 '부여·예맥·고구려·발해'조가 통치한 겨레이다. 백제는 지배층과 민인들의 성향이 달랐다는 설에 근거했다. 백제의 국호가 한때 '남부여(南夫餘)'로 명명되었기 때문에 부여계 국가로 여길 수도 있다. 태봉국과 고려조의 〈팔관회〉는 부여계의 민인과 삼한계 민인의 정감을 통합하기 위한 축전이다.

궁왕은 북방영토에 관심이 많았다. 궁왕(弓王, 궁예[弓裔])이 압록강까지 영토를 확충했지만 왕 태조는 이를 보존하지 못했다. 부여계와 삼한계는 이민족이 아니고, 동일한 민족이긴 하나 성향이 약간 다른 점을 인정한 구분이다. 궁왕에 이어 왕태조가 〈팔관회〉를 계승 발전시킨 까닭도, 성향이 다소 차이가 나는 두 겨레를 화해와 상생으로 이끌기 위한 의지에 기인한 것으로 생각된다. 오늘날 남북한의 차이도 이와 무관한 것은 아닐 것이다.

동아시아 고대문화는 '유교문화·나문화·샤만문화·무문화'등으로 구분할 수 있다. 이 가운데 무문화와 샤만문화는 유사성이 있지만, 무문화는 남방이고 샤만문화는 대체로 장성 북쪽에 자리 잡았기 때문에 나누었다. 한반도는 샤만문화보다 무문화권에 속했다. 고려조에 들어와 나문화의 나신앙(儺信仰)은 긍정하면서, 무속신앙을 배척한 원인은 불교와 관계가 있다. 무속은 상류층에서는 청산의 대상으로 추락했으나 백성들에게는 숭앙되는 신앙으로 자리 잡았다. 당시 상류층은 특정인이 세습이나 강신의식을 거쳐 무격 행세를 하는 것을 용인할 수 없었다. 나신앙은 무속처럼 민인 신도들에게 물질적 요구를 하지 않았지만, 무격들은 재물을 탐하는 피해가 심했던 사실과도 관련이 있다.

이규보(李奎報, 1168~1241)는 "고대의 무는 공변되고 성스러웠던 데 반해, 근래의 무는 민인들을 요사한 말로 현혹하여 재물 갈취를 업으로 삼는다"고 「노무편(老巫篇)」을 통해 비난했다. 무격을 천년 묵은 쥐나 숲속의 구미호로 비유했다. 무격이 본래의 순수성을 지녔다면 조정에서 박해받을 이유가 없다고 하면서 그 본질은 부정하지는 않았다. 괴이한 어조로 두서없이 지껄인 말 중에 하나라도 적중하면, 감탄하여 공경하는 민인들의 우매함도 개탄했다. 신이 내렸다고 껑충껑충 뛰어 머리가 들보에 닿는다는, 이규보의 표현은 오늘의 무무(巫舞)를 보는 듯하다.

이규보는 『구 삼국사기』에 근거하여 「동명왕편(東明王篇)」을 창작하여, 동명성왕(東明聖王, 고주몽, 재위, BC, 37~20)의 신이한 행적은 귀(鬼)나 환(幻)이 아닌 신성(神聖)이라고 평할 만큼, '민족신화'에도 우호적이었다. 무격은 요상한 노래와 괴이한 언설로 혹세무민을 일삼기 때문에, 그의 집 동쪽에 있었던 무가 도성 밖으로 축출되는 것은 당연하다고 했다. 무격이 도성 외곽으로 강제로 쫓겨난 것은 고려조에 이어 조선조에도 반복되었으나, 시간이 지나면 어느새 다시 들어와 번성했다. 지금 서울에도 무속은 번창하고 있는 현상도 「노무편」은 참고가 된다.

11. 〈번부악(藩部樂)〉과 치세지음

　조선조는 혁명적인 왕조였다. '신라·발해·고려조'와 달리 유교
를 국시로 표방하여 불교 등 여타의 종교를 배척하고 억압했다. 신
라와 고려조에 걸쳐 천여 년 동안 지속했던 신앙체계를 변혁한 급
진적 정권이었다. 민족악무 역시 중원의 예악론에 기준하여 개혁
하려 했다. 이 개혁의지의 토대는 주나라의 문물전장과 『주례(周
禮)』의 논리였다. 당시 중원의 강자로 등장한 명나라에 이소사대
를 표방하면서도, 제후국이 할 수없는 '제례작악(制禮作樂)'을 시
도하여 일정한 성과를 거두었다.

　역대 중원 정권은 사이제국을 제후국으로 취급하여 자체 악무
를 갖는 것은 용인했지만, 독자적인 예를 갖는 제례(制禮)는 불허
했다. 사이제국이 각자의 예를 만들어 시행하면, 중원 중심의 윤
리체계가 와해될 것을 두려워했고, 중원문화가 사이문화로 더럽
혀 질 수 있다는 우려에서였다. 사이의 예를 거부한 것과 달리 사
이의 악무를 그들 태묘(太廟)에 연희하게 한 까닭은, 천하에 덕을
널리 편다는 사실을 내외에 과시하기 위해서였다.

　조선조의 악무정책은 『악학궤범』에 구체적으로 나타나 있다.
책 제목 머리에 '악학'이라는 관사를 붙인 것은 '악(樂)'을 독립된
학문으로 인정했음을 뜻한다. 조선조는 중원의 악무제국주의를
교묘하게 우회하여 '조선악무'를 만들어 통치에 원용했다. 조선
조는 악무를 '향악·속악·당악·아악' 등 4대 장르로 구분하여 종
묘제향 등 의식에 사용했다.

종묘제례에도 〈속악〉을 연주하여 〈아악〉 일변도를 벗어나려 했다. 세종은 종묘제향에 완미하다고 볼 수 없는 중원의 〈아악〉과 〈당악〉을 먼저 연주한 후, 삼헌(三獻)에 이르러 비로소 〈향악〉을 연주하는 것은 문제가 있다고 지적했다. 이후 악장에도 〈속악악장〉과 〈아악악장〉을 두어 각종 제향이나 연회에 혼용했다.

조선조는 개국 초기에 '황제예악'을 실시하려 했다. 〈번부악(藩部樂)〉의 설정의지가 그것이다. '일본·왜·여진·탐라·송상(宋商)'을 조선조의 번방으로 취급하고, 그들의 악무를 국가 공식의전에 연희하게 하여, 조선조가 황제국임을 선양하고자 했다. 양성지(梁誠之, 1415~1482)가 제기한 〈번부악〉 설정 의지는 아쉽게도 이행되지 못했다. 그는 〈번부악〉 개설에 만족하지 않고, 황제국의 관례대로 '5경(五京, 京都[궁궐·육조·관아]·上京[한성부]·中京[개성부]·東京[경주부]·南京[전주]·西京[평양]·北京[함흥])'의 설치를 건의했지만 실천되지 못했다.

삼국시대부터 전래된 악무를, 민족예악론에 의거하여 〈동동가무·처용가무·정읍사〉를 3대 민족악무로 부각시켜 '고구려·신라·백제' 고지의 백성들을 통합하려는 뜻도 있었다. 『고려사』 「악지」의 〈삼국속악〉 편장과 같은 모티프였다. 중원에서 수입된 아악 일변도의 아무정책을 벗어나, 조선조 주변의 국가들을 번방으로 인식하려는 웅혼한 기상이 있었다.

조선조 지배층은 『사서삼경』의 이해는 기본이었다. 조선조가 절대 부패를 하지 않았던 이유는 여기에 있었고, 그러므로 500여 년의 역년을 누릴 수 있었다. 그들의 악무인식도 예악론에 근거해 있었다. 조선조 사인이 애호한 악무는 그들이 즐겨 창작한 한 신악(新樂)인 〈단가, 시조〉였다. 『청구영언』 등의 수많은 단가집이 발간된 것도 이에 말미암았으며, 〈단가〉의 주제영역이 음일에 흐르지 않고 온유돈후한 까닭 역시 이에 기인했다.

조선조 사인들은 악무는 반드시 치세지음, 즉 태평성대로 나아가게 하는 기능을 갖추어야 하며, 나라와 사회기풍을 어지럽히는 난세지음(亂世之音)이나 망국지음은 배격했다. 문학의 경우도 '문이재도론(文以載道論)'에 입각하여 인심(人心)이 아닌 도심(道心)을 형상해야 한다고 했고, 악무 역시 음란한 춤사위는 거부했다. 고려조의 악무와 문학을 부정한 까닭도 여기에 있다.

조선조 사인들이 창작한 수많은 〈단가〉들의 주제가 하나같이 우아하고 담박한 것도 같은 이유에서이다. 조선조 〈단가〉의 대표작인 퇴계의 〈도산 12곡〉과 율곡의 〈고산 9곡가〉의 서정시각과 주제영역이 그 모범이다. 그들은 〈단가〉를 조선조가 창출하여 양성한 고품격의 '신악'으로 자부했다. 〈단가〉는 민족악무사의 전개에 한 획을 그은 악무였다.

12. 민족악무와 동아시아 악무의 교류

민족악무는 동아시아 악무계에 우뚝한 위상으로 존재하면서 천여 년간 주변국의 악무와 교류했다. 중원정권이 서역 등지에서 수집한 백희가무(百戲歌舞)도 수용하여 민족악무의 영역을 확충했으며, 조선조는 중원왕조의 〈6대 묘악〉도 받아드려 〈문무(文舞)·무무(武舞)〉로 정착시켜 종묘제향에 사용했다. 중원왕조는 악무제국주의를 실시하여 그들이 정복했거나 스스로 투항해온 국가들의 악무를 종합하여 '10부악(十部樂, 十部伎, 讌樂·淸商樂·西涼樂·天竺樂·高麗樂·龜玆樂·安國樂·疏勒樂·康國樂·高昌樂)'으로 정리했다. 이 중에 〈고려악〉이 포함된 것은 '고구려·백제'가 당에 정복되었기 때문이다.

동아시아 악무의 창성은 국가 간의 교빙(交聘)과 조빙(朝聘) 사행들의 교환이 기여했다. 조선조가 '번부악'을 설정하려 한 이유도 주변 국가의 조빙사행을 염두에 둔 것이다. 명나라 사행이 서울에 왔을 때 〈동동가무〉와 〈희섬무(戲蟾舞)〉가 각각 연희되었는데, 여기서 〈동동무〉가 고구려 악무임이 후세에 알려진 계기가 되었다. 우리 선인들은 중원의 〈일무(佾舞)〉를 좋아하여 종묘제향과 문묘에 연희하여 동아시아의 가장 오랜 악무유산을 보존했다. 〈일무〉의 발원은 중원이지만, 발원지에서는 소멸하고 없는데 우리는 이를 민족악무로 승화시켰다.

〈일무〉에는 〈8일무·6일무·4일무·2일무〉가 있다. 〈일무〉를 베푸는 주체와 〈일무〉를 흠향하는 신위에 따라 일수가 정해졌다. 천자는 〈8일무〉, 제후는 〈6일무〉, 대부는 〈4일무〉, 사는 〈2일무〉 등의 층위가 그것이다. 〈8일무〉는 '8음(八音)·팔풍(八風)·팔괘(八卦)'의 이념을 깔고 있다. 악기의 배치인 악현(樂懸)도 악을 받고 바치는 사람의 신분에 따라 변별 되었는바, 천자는 궁현(宮懸), 제후는 헌현(軒懸), 대부는 판현(判懸), 사는 특현(特懸) 등이 그

것이다.

동아시아의 예악질서는 다방면에 걸쳐 얽혀있었다. 천자는 한 해를, 경사(卿士)는 한 달을, 일반 관료는 하루를, 각각 관장한다고 했다. 새해에 천자가 책력을 신료들에게 배포하는 관례도 여기서 유래되었다. 한 해를 지칭하는 용어에 '세(歲)·사(祀)·연(年)·재(載)'가 있는데, 이들은 고대 '하·은·주·당·우(唐·虞)'등 왕조가 사용했던 해(年)에 대한 칭호였다. 춤은 본래 오신을 위한 것으로 〈일무〉가 그것이다. 시간이 흘러 악무가 차츰 오인(娛人)으로 이행되면서 〈대무(隊舞)〉가 발달했다. 신에게 바치는 〈일무〉는 수천 연 간 고착되어 원형을 지켜왔지만, 사람을 즐겁게 하는 〈대무〉는 현란한 변모를 거듭하여 오늘에 이르렀다.

문묘제향의 석전의식(釋奠儀式) 역시 중원에 비롯되었으나 동아시아 모든 나라에는 소멸되었지만, 우리는 이를 거의 원형대로 〈일무〉와 함께 계승하여, 민족악무와 민족의전(民族儀典)으로 보존하고 있다. 동아시아의 고전악무와 석전의식 〈8일무〉 및 중세신앙을 이해하기 위해선 조선조의 악무와 '사전체계(祀典體系)'의 고찰은 필수이다. '사전(祀典)'은 고대에 이어 중세 왕조와 백성들의 신앙체계이다. 불교 도교와 서구의 여러 종교들이 유입되기 전, 역대 왕조의 국교에 준하는 신앙체계로 오늘의 국교에 해당한다.

13. 〈한류악무〉의 동서양 악무계 석권

고대의 '부여·예맥·옥저·삼한·삼국·가야·발해·후삼국·고려·조선' 시대부터 외래악무는 유입 되었겠지만, 문헌상 확인이 가능한 것은 삼국 시대부터이다. 중앙아시아와 동북아시아 여러 나라와 다양한 민족들의 악무가 전래되어 우리 토착악무와 뒤섞여 영향을 주고받았다.

중원왕조는 물론이고 '거란·몽골·여진'의 악무도 수용했다. 고구려에 유행했던 〈호선무(胡旋舞)〉와 〈이빈곡(夷賓曲)·지서가(芝栖歌)·지서무(芝栖舞)·납소리(納蘇利)〉 및 신라의 〈괴뢰희(傀儡戲)·월조(越調)·반섭조(般涉調)〉, 백제의 〈고각악(鼓角樂)·공후악(箜篌樂)·쟁우악(爭竽樂)·지적악(篪笛樂)〉과 〈농주지희(弄珠之戲)〉 등도 모두 동아시아 국가 간 교류를 통해 형성된 악무들이었다.

장구한 기간에 걸쳐 유입된 외래악무를 변용하여 민족미의식으로 다듬어 민족악무로 격상시켰다. 조선조는 전조들의 악무유산을 바탕으로 하여 〈몽금척(夢金尺)·수보록(受寶籙)·개언로(開言路)·납씨가(納氏歌)·궁수분곡(窮獸奔曲)·정대업(定大業)·정동방곡(靖東方曲)·보태평(保太平)·여민락(與民樂)〉 등의 '악장악무'를 창출했다. 공업을 이루면 악을 짓고 예를 만든다는 예악론에 입각하여 민족예악으로 재창조하여 형성된 고품격의 악무유산들이다.

19세기 전후부터 대륙문화권에 안주했던 한반도가, 해양문화권의 여러 나라의 영향을 받기 시작했고 악무 역시 예외가 아니었다. 성향이 판이한 해양문화권의 악무 유입은 충격이었다. 이로 인해 한동안 민족악무는 한동안 잊혀 졌다가, 곧이어 민족악무의 우수성이 재인식되어, 서구악무와 공존하면서 영향을 주고받았다. 민족악무는 보수성향이 강하여 원형을 유지한 채 시공을 같이 하다가, 현재는 서양악무를 압도하는 기세로 흥성하고 있다.

민족악무가 심각한 충격을 받은 시기는 일제강점기 36년간이다. 일제는〈유행가〉로 지칭되는 왜색가요를 당시 최첨단 음향기기인 유성기(축음기)까지 보급하여, 한반도 전역을 석권하여 민인들의 사랑을 받았다. 1945년 일제가 축출되고 미군이 진주한 뒤, 미국과 서구의 악무도 들어와 백성들의 호기심을 자극했다.

당시에 유입된 서구악무가 오랫동안〈우리가곡〉으로 잘못 명명되어, 지식인층에 애호되자〈유행가〉는 저급한 가곡으로 비하되기도 했다. 악무도 하나의 생명체이므로 흥망성쇠의 법칙을 벗어날 수 없다. 시대가 흘러 20세기에 접어든 후 한반도는 전 세계 악무의 가당무대(歌堂舞臺)가 되어, 각양각색의 악무들이 질풍처럼 휘몰아쳤다. 소위 오대양 육대주의 글로벌악무가 아무런 제제도 받지 않고 노도처럼 밀려와 횡행하고 있다.

해양문화권의 악무를 그대로 수용하여 악무계를 수라장으로 만들었다. 전 세계의 춤이란 춤은 전부 수용했고, 종교 역시 세계 도처에 존재하는 것을 모두 받아드려 신앙의 백화점이 되었다. 이데올로기 또한 동서고금의 것을 전부 수용하여 이념화했다. 따라서 과연 우리는 지금 정체성을 가지고 있는지 의심되는 상황에 처해 있다.

동아시아의 고대 중세의 악무와 신앙체계 및 석전(釋奠) 등의 제향의식을 알기 위해서는, 조선조의 악무와 사전(祀典)을 고찰하지 않고는 불가능하다. 조선조가 동아시아의 제도와 문물전장을 여타 민족과 달리 잘 계승하여 보존하고 있었기 때문이다.

장구한 역사를 이어오면서 동서양의 악무를 개방적으로 수용하여, 이를 '민족예악'과 '민족미학'에 의해 재창출된 '민족악무'는, 이제 역으로 'K팝·걸그룹·BTS·HOT' 등이 창작한 악무가 〈한류악무〉로 부상하여 전 세계 연예문화와 악무계(樂舞界)를 갈채를 받으며 이끌어 나가고 있다. 한류악무의 흥성과 파급은 앞으로도 계속될 것이고, 그 이유는 우리민족의 체격과 용모와 성대와 춤사위가 천부적이고 독보적이기 때문이다.

제9장

한민족의 현황과
경전(經傳)의 감계(鑑戒)

서전 권1 우서 요전(書傳 卷一 虞書 堯典)

1. 한민족의 지혜 – 이고론금(以古論今)

한반도와 만주는 아시아와 세계를 지배한 '한족·몽골족·만주족·일본족' 등의 지정학적으로 배후 기지나 교량의 형국에 처했기 때문에 치열한 각축장이 되었다. 한족의 '한·당·송·명'과 사이의 '요·금·원·청'등도, 동아시아를 장악하기 위해 한반도의 경략은 대전제였다. 한 무제(武帝, BC, 156~87)가 BC, 108년에 '한사군을 설치한 것도 같은 맥락이다. 현 중공정권이 남한 지역에 4군을 추가 설치하여, '한팔군'의 경영을 염두에 두고 있는 것은 아닌지, 그들이 추진하고 있는 동북공정도 이와 관련이 있다.

지금 한반도는 7세기전후 '고구려·신라·백제'의 3국시대가 재현되어, 과거 '라제동맹(羅濟同盟)·여제동맹(麗濟同盟)·나려동맹(羅麗同盟)'이 되살아나 지역을 기반으로 이합집산이 이면으로 재현되고, 외래 이데올로기까지 가세하여 분란의 시대로 진입하고 있으며, 나아가서 '가야(伽倻)'의 부활까지 등장하여 4국시대로 진입했다. 바야흐로 고려조의 통합 이후 다시 분열의 시대로 나아가고 있다. 역사는 되풀이 되고 있다는 불안을 떨쳐버리기 어렵다.

『주역』에 "소인이 군자의 자리를 차지하면 도적이 발호하고, 지도자가 오만방자하고 백성이 무도하면 국기가 물란 해지고, 국방을 허술히 하면 나라가 침탈되고, 문단속을 제대로 못하면 집에 도적을 불러들이고, 여인이 용모와 몸매만 가꾸면 치한들의 음심을 부추겨 풍기가 문란(紊亂)해진다, 소인(小人)이 군자(君子)의 자리에 나아가면, 이익을 탐하는 도적 떼와 소인의 무리들이 몰려

온다(小人而乘君子之器, 盜思奪之矣, 上慢下暴, 盜思伐之矣, 慢
藏誨盜, 冶容誨淫.『易』曰, 負且乘致寇至, 盜之招也. -『周易』
「繫辭」上傳).”라고 경고했다.

중원을 정복하거나 중원주변에서 칭제건원을 하여 으스대던
‘서하족·티베트족·거란족·만주족(여진족)’ 등은, 소멸했거나 티
베트와 신강위굴 지역에 엎드려 중흥을 위해 절치부심하고 있으
며, 유라시아를 정복하여 천하를 호령했던 몽골족도 북쪽 초원지
대에서 명맥만 유지하고 있다. 사이의 이 같은 정치적 실패와 달
리, 한민족은 8천여만의 겨레를 거느리며 10대 경제대국으로 성
장했다. 중원을 정복한 뒤 세계를 석권하여 호기를 뿜던 원나라와
청나라는, 정복한 광활한 땅을 중국에 바치고, 자신들은 소멸했거
나 간신히 명맥만 유지하고 있다.

2. 군자와 소인의 경계

『대학』에 “요순이 천하를 인의로 통치하자 백성들이 즐겨 순종
했고, 걸주가 포악으로 다스렸지만 백성들이 역시 따랐다. 요순시
대에는 백성들이 요순과 같이 어질었고. 걸주시대에는 백성들이
걸주처럼 무도했기 때문(堯舜, 帥天下以仁, 而民從之, 桀紂帥天
下以暴, 而民從之, 其所令反其所好, 而民不從)”에 각각 나라를 유
지했다. 백성은 언제나 자고로 자신에게 현실적인 이익을 주는 지
도자를 시비선악과 관계없이 따르는 속성이 있다.

『서전』에 "현인군자는 물러나 재야에 있고, 소인배들은 득세하여 요직을 차지하여 불의를 자행하면, 백성에게 버림받고 하늘로부터도 천벌을 받는다(君子在野, 小人在位, 民棄不保, 天降之咎. ―「虞書」, 大禹謨)."고 했다. 또 "소인배가 득지하면 반드시 장차 화를 불러오고, 난리를 일어킨다(小人得志, 必將召禍而起亂. ―「堯典」)"라고 예언했다.

『회남자(淮南子)』에도 현자가 득세하면 소인도 감화를 받아 개과천선하는데, 말세에는 붕당이 일어나 패거리들 끼리 서로 천거하여, 공변됨을 상실하고 사적 이익만 추구한다. 현자가 물러나면 난세가 도래하여, 간인(姦人)은 조정에 나아가 벼슬하고 현자(賢者)는 재야에 은거한다. 『시(詩)』・『서(書)』・『예(禮)』・『악(樂)』・『춘추(春秋)』도 본질을 잃어, 사회 전반이 유리되어 조야상하의 질서가 파괴된다(及至其末, 朋黨比周, 各推其與, 廢公趨私, 外內相推擧, 姦人在朝, 賢者隱處, 故『易』之失也卦, 『書』之失也敷, 『樂』之失也淫, 『詩』之失也辟, 『禮』之失也責, 『春秋』之失也刺. ―『淮南子』「泰族訓」). 라고 개탄했다.

『논어』에도 공부자가 말세가 되면 현자는 숨고 "말솜씨가 좋고 몸매를 곱게 꾸미는 사람들 중에 어진 사람이 적다."라고 지적한 것처럼, 교언영색의 무리들의 득세를 경계했다. 바야흐로 우리는 '간인(姦人)・소인배(小人輩)'가 판을 치고 '교언영색'의 무리들이 날뛰는 분란의 시대를 울분을 참으며 살고 있다.

조선조 후기 지식인이 사색당파로 분열되어, 자기 당파의 인물은 도척(盜跖) 같은 흉인도 현자이고, 당색이 다르면 어진 사람도 악인으로 몰아세웠다. 시비선악의 판단 기준도 약화되어, BC, 6세기에 공부자는 "오직 인자(仁者)만이 좋아할 사람을 좋아하고 미워할 사람은 미워할 수 있다(惟仁者, 能好人, 能惡人. —論語 里仁)."고 강조했다.

『대학』「치국평천하(治國平天下)」편에 덕은 근본이고 재물은 말단이라 규정하고 근본을 멀리하고 말단에 치중하면, 백성들이 서로 다투어 사회가 물란 해지고 백성들이 유리된다고 판단하고, 재물이 몇몇 사람이나 특정 계층에 모이면 백성들이 이반하므로 재물은 골고루 능력에 따라 균등하게 분산시켜야 한다(德者本也, 財者末也. 外本內末, 爭民施奪, 是故財聚則民散, 財散則民聚 —十章). 라고 했다. 부의 불균형은 어느 시대를 막론하고 분란의 화근이 되었다. 한때 사회주의가 득세하여 전 세계에 풍미한 이유도, 부의 집중현상에 말미암은 것이다. 사회주의가 추구한 부의 분배는 극소수 특정계급에만 국한했고, 대다수 민인들을 빈민과 노예로 몰아갔지만, 백성들이 착각하여 이를 인식하지 못하고 평등사회가 도래했다고 믿게끔 하는 우민(愚民) 정책을 시행했다.

『소학』은 "평소 비루하고 인색한 자는, 고인의 의리를 중시하고 재물을 경시하고 사욕을 억재하고 차고 넘침을 경계하여, 가난하고 불상한 사람을 보면 자신을 부끄럽게 여겨, 재물이 축적되면 민인들에게 나누어 주었던 행적을 거울삼아야 한다. 진씨(陳氏)는 이를 부연하여 꽉 차면 넘치고 엎어지므로, 축적된 부를 능히 빈자에게 베풀어야 비루함에서 벗어날 수 있다(素鄙悋者, 欲其觀古人之貴義輕財, 少私寡欲, 忌盈惡滿, 瞷窮卹匱, 赧然悔恥, 積而

能散也.「集說」,陳氏曰,盈則溢,故可忌,滿則覆,故可惡,匱,乏也,赧然,慚而面赤之貌,積財而能散施,則不鄙悋矣－嘉言·廣敬身).”라고 했다.

『회남자』는 당대의 현상을 “천하에 세 가지 위태로운 것이 있는데, 첫째는 덕이 없는 자가 과분한 신임을 얻어 중책을 맡는 것이고, 둘째는 재능이 없는 자가 고위직에 있는 것이고, 셋째는 업적이 없는 사람이 봉록을 후하게 받고 있다(天下有三危. 少德而多寵, 一危也, 才下而高位, 二危也, 身無大功, 而有厚祿, 三危也－「人閒解」).”라고 진단했다. 지금 우리 주변에는 삼위인(三危人)이 넘쳐난다. 덕이 없고 아부만 일삼는 자들이 권력자의 신임을 받아 중책을 맡아 위세를 부리고, 재능과 학식이 없는 자가 고위직을 차지하여 분란을 일으키고, 아무런 업적이 없음에도 불구하고, 급여를 많이 받고 있는 자들이 수도 없이 많다.『희남자』의 이 현실 진단에 대한 진단이 작금에 더욱 절실하다.

국가를 보존하기 위해 ‘부국강병(富國強兵)’은 선택이 아닌 필수이다. 조선조가 초기 200년간의 평화에 중독되어 현실과 거리가 있는 성리학만을 숭상하고 무력을 천시하다가, 임진왜란과 병자호란에 이어 나라까지 멸망했고, 해방 이후 대한민국은 무사안일의 탐닉했다가 6·25 동란을 자초했다. 맹수는 상처를 입으면 고통을 참고 혀로 핥아서 치료한다. 우리도 이재 아픈 과거를 과감하게 돌아보며 반성할 때가 되었다.

해방 전후 미국 영국 소련은 일본의 한반도 강점을 방조했다. 중국은 항상 황제의 나라로 자처하여, 한반도를 제후국이나 속국으로 인식했고 지금도 변함이 없다.

3. 한팔군(漢八郡)의 악몽

옛글에 "가정이 빈한해지면 어진 아내를 생각하고, 나라가 위태해지면 어진 재상을 생각한다."는 말이 있다, 우리 민족이 반만년 동안 살아온 한반도와 만주지역은, 동아시아와 세계를 석권해온 한족(漢族)과 '몽골족·거란족·선비족·흉노족·동호족' 등 북방의 여러 표한한 민족들과, 바다를 횡행하며 수천 여 년간 노략질을 일삼던 왜족 등에게, 지정학적으로 배후 기지나 교량의 형국에 처하여 유혈 낭자한 각축장이 되었다. 중원을 차지하려면 한반도는 반드시 평정해야 할 요충지였다.

중원에 수립된 한족이 정통으로 삼는 '한·당·송·명'나라는 물론이고, 소위 사이 민족들에 의해 수립된 오호(五胡) 16국 및 북조(北朝)의 몇몇 정권과 '요·금·원·청' 등도, 동아시아를 지배하기 위해서는 한반도의 경략은 언제나 대전제였다. 한 무제가 BC, 108년에 한사군을 설치한 것도 같은 맥락이다.

현재 강국으로 등장한 중공정권이 한반도 북부 북한 지역에 설치되었던 4군과, 한술 더 떠서 남한 지역에 4군을 설치하여, '한팔군의 경영을 염두에 두고 있는 것은 아닌지, 그들이 추진하고 있는 소위 동북공정도 이와 관련이 있다. 지금 한반도는 5·6세기 전후처럼 4국시대(고구려·신라·백제·가야)가 재현되고 있고, 설상가

상으로 지역정서와 외래이념까지 결부되어 분열과 혼란의 시대가 전개되어 누란의 위기에 처해있다.

국론의 분열과 도덕적 해이는 언재나 외국의 침략을 불러와, 나라와 가정과 개인을 멸망과 파멸로 이끈다. 중원의 한족은 물론이고 중국 주변의 여러 민족들 거개가 중원을 정복하여, 주인 노릇을 하며 호기를 뿜었던 것과 달리, 유일하게 우리 민족만이 한반도를 벗어나지 않고 중원정권에 사대하며 안분자족(安分自足)했다.

역설적으로 중원을 정복한 뒤 칭제건원을 실시하여 으스대던 북위(北魏)의 선비족과 5호 16국 및 남북조(南北朝) 시대 북조(北朝)의 사이들과, '서하의 험윤족(玁狁族, 흉노족) 요나라의 거란족 금과 청나라의 만주족' 등은, 소멸했거나 신강위글 지역에 숨을 죽이며 엎드려 있을 뿐 지금 흔적을 찾기 어렵다. 유럽과 아시아를 정복하여 대제국을 이루어 천하를 호령했던 몽골족도, 북쪽 초원지대에서 간신이 명맥만 유지하고 있다.

이에 비해 우리는 잠시 자존심을 절제하면서 사대와 교린(交隣)의 전략을 적절하게 구사하여 나라를 경영한 역대정권에 힘입어, 8천여만의 겨레를 거느리며 10대 경제대국으로 성장하여 세계를 주름잡고 있다. 결국 사이민족들의 이 같은 기백과 오만은 정치적으로 무참한 실패로 끝났다. 우리 선인들은 오기를 부렸던 사이의 여러 민족과 달리, 강대국의 힘을 긍정하고 주어진 현실을 냉철하게 수용한 뒤, 국토와 백성을 보존하기 위해 울분을 참고 시행한 이 같은 정책은, 오늘의 우리를 존재하게 한 아쉽기는 하지만 현명한 선택이었다.

4. 한민족의 현실인식과 사이의 오만

중원을 정복한 민족은 거의 모두가 멸망했지만, 유일하게 일본만이 섬나라였기 때문에 국가를 유지했고, 몽골이 간신히 명맥을 유지하고 있는 까닭도 본거지인 초원지대를 보존하고 있었기 때문이다. 만주와 한반도의 북부를 근거지로 하여 우리 민족과 함께 살아온 여진족(말갈족)이, 금나라에 이어 청제국(淸帝國)을 세워 중원 정복의 야심을 품지 않았다면, 중국의 팽창을 막는 만주지역에 강국을 세워 동북아의 세력균형을 잡는, 우리의 번방으로 존속하고 있을 것이라는 가상도 해 본다.

임어당(林語堂, 1895~1976)은 사이의 이 같은 행위를 두고, 중국을 정복하는 것은 세단을 타고 사막을 달리는 것과 같아, 끝내 모래 벌에 묻히고 만다는 진단이 연상된다. 우리 민족과 달리 기고만장하여 중원을 정복한 뒤, 중원주변 동서남북의 광대한 땅을 점령하여, 해당지역의 소위 사이족의 정통 왕조를 괴멸시켜 호기를 뿜던, 원나라와 청나라는 결과적으로 이들의 광활한 땅을 중국에 바쳤다.

자신들의 멸망은 물론이고 동아시아의 역사를 왜곡시킨 범죄행위에 준하는 망동으로, 오늘날 중공을 강대국으로 만든 기반을 제공한데 불과하다. 중원의 북부를 차지하여 자체 문자까지 창제하여 기염을 토하던 서하족과 '몽골족·선비족·동호(東胡)족·만주족(女眞族)'은 지금 어디에서 어떻게 무엇을 하고 있는가.

필자가 우리의 처지를 냉철하게 파악하고 사대교린에 만족했던 역대 왕조와 당대 선인들의 지혜를 칭송하는 이유도 여기에 있다. 동아시아의 주변정세를 정확하게 판단하여 만용을 부리지 않고, 냉정하게 국가를 지탱했던 지난날 선인들의 경륜은, 누란에 위기에 몰려 안위를 예측키 어려운 오늘에도 참고할 전략이다. 지금 우리가 중국과 소련 미국 일본에 정면으로 대적할 국력을 갖고 있는 지도 의문이다.

역사는 항상 치란(治亂)이 교차한다. 치세가 오래되면 난세가 오고, 난세가 계속되면 치세가 오는 것은 진리이다. 6.25 동란 이후 미국과 서구 등의 도움을 받아 우리 민족이 가진 탁월한 역량을 발휘하여, 세계 10위권의 경제대국으로 성장하여 역사상 일찍이 경험하지 못했던 반세기를 넘기는 경제적 풍요와 태평성대를 우리는 지금 구가하고 있다, 단점만을 침소봉대하여 대한민국의 번영을 폄하하는 일부의 견해도 있으나 이는 대다수 민인들의 공감을 얻지 못한다. 우리는 지금 난세에 접어들고 있다는 필자의 현실인식이 오판이길 바란다.

우리는 지금 주변에 적이 없다고 믿으며 무사안일의 방만한 삶을 누리고 있다. 북한도 친구이고 중국과 소련도 우호국으로 믿고, 미국 일본 등 서구의 해양세력권에 힘입어 이룩한 융성과 번영을 도외시하고, 3류 이데올로기에 의거하여 서구문화권에서 벗어나 중국과 소련을 중심으로 한 대륙세력권에 포함되려는 시도를 하고 있다, '중국·소련'북한'을 믿을 수 있는 우방으로서 우리에게 행복한 시대를 가져다 줄 것이라는 막연한 희망을 품고, 군비축소를 지향하며 평화시대가 왔다는 낭만적 분위기에 도취되어 있다.

북한정권은 해방과 동시에 소련으로부터 군사 장비를 대거 들여와 남침준비에 여념이 없었던 것과 달리, 6. 25 동란 직전까지 평화의 시대가 왔다고 착각하고 노래하고 춤추며 열락에 빠져 있다가, 북한에 의해 한반도는 순식간에 처절한 나락으로 추락했다. 진실로 지금 우리 주변에는 적이 없고, 착한 이웃만 있다고 여겨 무장해제를 해도 되는 것인지 함께 생각해야 할 때이다.

5. 소인 현달 군자 은거

동양의『경서(經書)』들에 현재의 긍정 또는 부정적인 상황을 감식할 수 있는 글들이 산재해 있다. 각종 언론매체들에 발표되는 유명한 논객들의 현실을 진단하는 수많은 시론(時論)들은, 서양의 고전과 학자들의 글귀들을 현학적으로 인용하여 독자들의 관심을 끌고 있다. 대부분의 독자들 또한 서양의 문헌이나 학자들의 글이 인용되면 신빙성이 있고 권위가 있다고 여긴다. 그러나 오늘의 우리 현실을 가장 심층적으로 밀도 있게 평결하는 글들은,『사서삼경』을 비롯한 수많은 동아시아 문헌들에 충만해 있다.

『대학』에 오늘의 현실을 상징하는 촌철살인에 값하는 경구가 있다. 중국의 성군 요순(堯舜)이 천하를 인의로 통치하자 백성들이 즐겨 이를 순종했고, 흉악한 군주인 걸주(桀·紂)가 포악으로 다스렸는데도 백성들이 역시 따랐다. 요순과 걸주가 이처럼 제왕으로 군임 한 이유는 요순시대에는 백성들이 요순과 같이 어질었고. 걸주시대에는 백성들이 걸주처럼 부도덕했기 때문에 가능했는데, 그 이유는 백성은 언재나 자신들에게 이익을 주는 지도자를 따르기 때문이라고 했다

『대학』에 앞서 『서경』에도 지배자에게 경고한 내용이 있다. 하늘은 특정 통치자를 편애하지 않고 오직 덕 있는 인물만을 지지하고, 백성의 마음은 언제나 한결같지 않아 이익을 주면 선악과 관계없이 따른다고 평했다(皇天無親, 惟德是輔, 民心無常, 惟惠之懷－「周書」, 蔡仲之命). 지배자와 백성은 항상 공범자였음을 지적한 것이다. 그 지도자에 그 백성이라는 논리이다.

민인들은 현실적으로 이익을 주면 선악을 묻지 않고 따른다는 역사적 사실에 대한 진단이다. 백성이 어질고 정의로우면 걸주 같은 지도자는 존재할 수 없으며, 백성들이 사악하고 사욕에 물들어 있을 경우, 요순 같은 지도자는 설 곳이 없다는 사실을 논한 것이다. 현재 우리들은 정의롭고 선량한 백성이며, 국내외 모든 지도자들이 요순 같은 현군인지, 아니면 걸주 같은 폭군인지 냉정하게 되돌아볼 시점에 놓여 있다.

『서전』에 현인군자는 물러나 재야에 있고, 소인배들은 득세하여 요직을 차지하여 행악을 자행하고 있다, 라는 구절이 있고, 『상서』역시 이에 덧붙여 백성에게 버림받을 뿐 아니라 하늘로 부터 천벌을 받는다(民棄不保, 天降之咎－虞書 大禹謨)라고 구체적으로 말했다. 길인(吉人)은 선을 행함에 있어 날이 부족하고 휴인(凶人)은 불선을 자행함에 있어서 또한 날이 부족하다(吉人爲善, 維

日不足, 凶人爲不善, 亦維日不足-周書, 泰誓, 中)라고 탄식했다.
수천 년 전의 글이라고 보기에는 너무나 엄중하고 절실하다.

　자고로 득지한 소인배들은 오만불손에다 방약무인까지 겹쳐
망언과 만행을 한 점의 부끄러움도 없이 자행했다. 공부자는 "말
솜씨가 있고 얼굴을 곱게 꾸미는 재주가 많은 사람들 중에 어진 사
람이 적다."라고 단정했다. 이들은 고래로 순박한 민인들을 술수
로 기만하여 인기를 누렸으며 지금도 마찬가지이다. 바야흐로 '교
언영색'의 무리들이 판을 치는 시대에 우리는 살고 있다. 역사적
현상과 사회상은 불행하게도 시간의 흐름과 관계없이 언재나 이
처럼 변함이 없다.

　『서전』은 이 장구를 평하여 "소인배가 득지하면 반드시 장차 화
를 불러오고 분란을 일어 킨다(小人得志, 必將召禍而起亂矣-堯
典)."라고 부연했다. 부적절한 인물이 자리를 차지하면 나라는 반
드시 망하게 마련(國將亡, 則任非人)이라고 경고했다. 현인군자
는 핍박을 받고 축출되어 재야에 엎드려 있고, 무식하고 무도하고
간악하고 아첨을 일삼는 무리들이 등용되어 요직을 차지하고 있
음을 풍자한 것이라는, 후대 학자들의 해석 역시 감동적이다.

　이와 관련하여 "천자는 7명의 잘못을 간하는 쟁신(爭臣, 불의를
간하는 신하)이 있으면 비록 무도해도 천하를 보존하고, 제후가 5
명의 쟁신을 휘하에 두면 비록 무도해도 나라를 지키고, 대부가 3
명의 쟁신을 두면 비록 무도해도 휘하 집단을 거느리고, 사인이 바
른 쟁우(爭友, 바른 말을 하는 벗)를 옆에 두면 명예를 일지 않으며,
부모가 쟁자(爭子, 바른 말을 하는 자식)가 있으면 불의에 빠지지

않는다(昔者天子有爭臣七人, 雖無道不失天下, 諸侯有爭臣五人, 雖無道不失其國, 大夫有爭臣三人, 雖無道不失其家, 士有爭友, 則身不離於令名, 父有爭子, 則不陷於不義)."고한『효경』의 지적 역시 오늘에도 통하는 말이다. 간언하는 사람을 멀리 하여 아첨군만 주변에 득실거리면, 백성은 도탄에 빠지고 지도자는 민심이 이반하여 결국 자리에서 쫓겨나 국가도 망한다는 사실은 시공을 초월한 논리이다.

　『소학』에 "사람에게 세 종류의 불행이 있는데, 그 첫 째는 학문이 성숙하지 않은 상태에서 어린 나이에 과거에 합격하여 높은 자리를 차지하는 것이고, 두 번째는 부모형제의 후광과 주선으로 요직에 나아가 행세하는 것이고, 셋째는 탁월한 재능을 가졌음에도 불구하고 본질이 아닌 문필에 몰두하는 것(伊川先生言, 人有三不幸, 少年登高科, 一不幸, 席父兄之勢, 爲美官, 二不幸, 有高才能文章, 三不幸也. －小學 嘉言 廣敬身)"이라고 했다. 이 중에 벼락출세와 대중의 인기영합 행위와 요즘 시체 말로 부모찬스라는 풍자가 이에 해당한다. 계속해서 "현명한 자가 재산을 모으면 지조가 손상되고, 어리석은 사람이 많은 돈을 가지면 오만해지고 아울러 대중들에게 원망과 미움을 받는다(賢而多財則, 損其志, 愚而多財則益其過, 且夫富者衆之怨也. －小學 善行 實明倫)"고 평했다. 가진 자들이 미움을 받는 점은 고금의 차이가 없다.

　통시적으로 지도자의 자질과 백성의 삐뚤어진 행위는 줄곧 문제가 되었기 때문에 교육이 중시된 것이고, 선학들이 경향각지에 향교(鄕校)를 개설하여 민인교육에 힘쓴 이유도 민인의 도덕성을 향상시켜 국가의 중흥과 중창을 위해서였다. 반대로 현재의 학교교육은 검정된 정통논리를 벗어나, 특정 정치이론을 주입시키려는 기관으로 전락하고 있다.

조선조 말엽 지식인이 사색당파(四色黨派)로 분열되어, 자기당파의 인물은 도척(盜跖) 같은 흉인도 현자로 둔갑시키고, 당색이 다르면 공맹 같은 성인도 악인으로 몰아세웠다. 시비선악의 판단 기준도 괴멸되어, 몇 번이고 강조하고 싶은 서기전 6세기 공부자가 '인자(仁者)가 아니면 좋아할 사람과 미워할 사람을 분별할 수 없다'고 한 질책이다. 좋아해야할 사람을 좋아하고 미워할 사람은 미워해야지, 미워해야할 사람을 좋아하고 좋아해야할 사람을 미워해서 안 된다는 『논어』의 교시도, 인자가 거의 없어진 오늘의 현실에선 설 곳이 없다.

수많은 세계 지도자들 중에도 좋아할 사람과 미워해야 할 사람을 분간 못하고, 이익에 따라 움직이는 정상모리배(政商謀利輩) 수준의 인물이 넘쳐난다. 인자가 지도자로 등극할 수 없는 시대상과 연관이 있다. 이익이 합치되고 진영과 당파와 이념이 같으면 도척이 요순이 되고, 당색이 다르면 요순도 도척이 되는 기막힌 시대에 우리는 지금 살고 있다.

6. 반역적 인물들에 대한 통한

국토가 초강대국에 둘러싸인 지정학적인 위치에서, 침략에 대비한 민인의 단결과 강력한 군사력의 유지와 경제적 안정을 누리기 위해, '부국강병'의 경국제민(經國濟民)은 선택이 아니라 필수이다. 조선조가 초엽 200년간의 평화에 중독되어 오로지 학문만을 숭상하고 무력을 천시하여 국방에 관심을 두지 않고, 조야상하가 사변적인 성리학에 몰두하여 문약에 흘렀던 것이, 임진왜란과 병자호란 그리고 국권상실에 빌미가 되었다.

해방 이후 부국강병책을 버리고 무사안일의 탐락에 취했던 결과로 6·25 동란을 자초했던 사실을 직시해야지, 구차한 수사를 동원하여 책임을 남에게 전가하는 술수는 버려야 한다. 맹수는 상처를 입으면 고통을 참고 혀로 핥아서 치료를 하는데, 우리도 남 탓은 이제 그만하고 아프지만 우리들 모두에게 책임이 있음을 깨닫고, 과거의 상처를 고통을 참고 핥아야 할 계제에 와 있다.

국토와 인구로 봐서 주변강대국과 정면으로 맞서기에는 문제가 많다. 과거 선인들이 칭제건원의 염원을 접고, 사대를 할 수밖에 없었던 지혜를 되새겨 현실을 직시하여, 선현들이 아픔을 참고 사대교린의 외교로 난국을 타개했던 점을 거울삼아, 민족적 긍지와 주체성을 바탕에 깐 부국강병의 전략으로 국가를 지혜롭게 이끌어 가야할 것이다.

미국과 영국 그리고 소련은 일본의 한반도 강점(한일합방)을 용인했을 뿐 아니라 오히려 방조했다. '중국·몽골·거란·여진·왜' 등의 침탈에서 벗어나자, 더 나쁜 많은 새로운 강적들이 나타나 우리를 노리고 있고, 이 참언은 불행하게도 적중했다.

중국은 항상 황제의 나라로 자처하여 한반도를 제후국으로 인식했고 지금도 그 의식은 변함이 없다. 일본 역시 소위 천황제(天皇制, 우리 역대왕조는 이를 인정하지 않았다)를 버리지 않고 천황을 중심에 둔 '대동아공영권(大東亞共榮圈)'의 야욕을 지금도 품고 있었으며, 그 첫 시도가 임진왜란이었고 2차 대전 중 중국을 포함한 동남아시아 여러 나라들을 침탈한 것도 같은 수순이며, 그 야심은 지금도 진행형이다.

동아시아 권역에서 칭제건원의 자주적 국가의 수립은 5천년 민족사의 염원이었지만, 중국을 비롯한 강대국이 용인하지 않았으며 이 같은 상황은 지금도 변함이 없다. 이 와중에 북한은 중국의 전통적 외교정책의 일환인 오랑캐국가로 오랑캐국가를 통제한다(以夷制夷)는 전술에 의해 묵인 또는 도움을 받아, 핵무장을 하여 입지를 굳힌 반면, 한국은 미국의 반대로 인해 핵 무장이 철저하게 제지당했다. 이는 미국의 뼈아픈 외교적 실패로 동아시아의 영향력을 잃을 실책으로 기록될 것이다.

을사늑약(乙巳勒約, 을사보호조약)의 5적(五賊, 이완용·박제순·이지용·이근택·권중현)과 경술국치(庚戌國恥, 한일합방)의 7적(七賊, 이완용·임선준·고영희·이병무·조중응·이재곤·송병준) 같은, 일본이 아닌 또 다른 외세에 영합하여 국가를 팔아 사익을 챙기려는, 소인 난신적자(亂臣賊子)들의 득세는 다시 되풀이되어선 안 될 것이다.

반민족자들에 대한 응징은 형식에 흐른 감이 있고, 민족과 국가를 위해 순국 헌신한 인사들에 대한 보상은 표창장과 약간의보상금과 연금을 주는 정도에 머물고 있다. 이와 달리 반역 매국자 들의 후손은 그들 조상이 매국과 부역의 보상으로 받은 많은 재산을 물려받아, 자손 대대로 호의호식하고 있는 것은 않는지 돌이켜 봐야 할 것이다.

촉한(蜀漢, 221~263)을 위(魏, 220~265)에 헌납하고 안락공(安樂公)에 봉해져, 말 그대로 안락하게 여생을 살았던 망국의 후주(後主) 유선(劉禪, 207~271, 先主 劉備[162~223]의 아들)과, 천년 사직의 왕조 신라(歷年, 992)를 고려조에 헌납하고, 마의태자와 불문에 귀의 한 아들의 간청을 무시하고, 왕 태조의 사위가 되어 정승공(政丞公)에 봉작되어 경주를 식읍(食邑)으로 받아, 죽을 때까지 부귀영화를 여한 없이 누렸던 제2의 경순왕(敬順王, ?~979, 공경스럽게 고려에 귀순했다는 뜻 의 고려가 내린 시호[諡號]) 같은 지도자가 다시 나와서도 안 될 것이다.

우리 대한민국은 패망 직전 신라와는 달리, 오류(五流) 이데올로기에 기준한 착시현상으로, 홍성하고 있는 체제임에도 불구하고 망국 직전에 있다고 생각하는 우를 범해서는 안 될 것이다. 옛말에 군자는 행동으로 말하고, 소인은 혀로 말한다(君子以行言, 小人以舌言)는 구절이 있다. 혀로 말하는 소인배의 득세는 이제 청산 할 때가 되었다.

제10장

한문학(韓文學)의
미학적 지양(止揚)과 정립

진삼국사기표(진삼국사기, 표(表)는 황제에게 올리는 글임)

1. 동아시아 문예미학의 기반

동아시아 문예미학은 공부자가 그 기반을 구축했다. 『논어』에는 미학에 준하는 단편적인 기록들이 산재한다. 공부자는 "『시경』에서 흥취를 일어 키고 『예기』에서 기강을 세우고 『악기』에서 성정을 순화한다(興於詩, 立於禮, 成於樂. ─「태백(泰伯)」)."라고 했다. "시(詩)"는 『시경』이고 "예(禮)"는 『예기』이며 "악(樂)"은 『악기(樂記)』를 지칭한다. 이를 기준하여 유추하건데 공부자 문예미학의 근원은 "흥(興)"이다. 조선조 사인(士人)들이 중시했던 시학(詩學)의 한 범주로서 "인물기흥(因物起興)"을 외쳤던 까닭도 여기에 있다.

『논어』 집주에 "흥"은 '기(起)'라 했고, 성정(性情)에 "정(正)"과 "사(邪)"가 있는 바, 『시경』은 성정의 정을 감발시키는 것을 본분으로 삼았다고 했다. 공부자가 『시경』 300여 편을 일러 한마디로 요약하면 "사무사(思無邪)"라고 일컬은 것은 이를 부연한 것이다. "사무사"에서 '사'는 생각이라는 의미가 아니고 조사에 불과하다는 견해도 있다. 사무사는 「노송(魯頌)」 '경(駉, 굳세고 살찐 말)편' 4장 중 종장에 '수레 끄는 말 강건하여 오로지 앞길만 보고 내닫는다(以車袪袪, 思無邪, 思馬斯徂)'는 장구에서 공부자가 단장취의(斷章取義) 한 것이다. 1장의 사무강(思無疆, 끝이 없다.)과 2장의 사무기(思無期, 한이 없다.) 3장의 사무역(思無斁, 싫증이 없다.)과도 연결되어 오로지 시는 성정의 올바름만 추구해야 한다는 의미로 해석되고 있다.

"입어예(立於禮)"는 『예기』의 예를 통해 선(善)을 확립시킨다는 의미이고, 예의 근본은 공경심(恭敬心)과 겸손의 마음을 갖추는 것으로 보았다. "성어악(成於樂)"은 『악경(樂經)』의 악을 통하여 사특한 마음과 심성의 나쁜 잔재를 씻어내어야 한다는 것이다. 공부자의 "시학(詩學)·예학(禮學)·악학(樂學)"에 근거한 미학의 본령은 모두 "사무사"에 귀결시켰다. 공부자는 『육경(六經)』 가운데 『시경』을 가장 중시했는데, 『시(詩)·서(書)·예(禮)·악(樂)』에서 『시』가 첫머리에 나오는 것도 이를 뜻한다.

공부자는 "육대악무(六代樂舞, 黃帝[雲門], 堯[大咸], 舜[大韶], 禹[大夏], 湯[大濩], 周[大武])" 중 제순(帝舜)의 악인 〈소악(韶樂)〉을 일컬어 "진선진미(盡善盡美)"하다고 했다. 중국은 태고의 전설까지 역사로 인식했다. 우리나라 학자들이 단군조선도 부정하는 작태와는 천양지차가 있다. 기자조선 위만조선 등 과거의 선학들이 논의했던 삼조선(三朝鮮)도 근래의 사가들은 전적으로 부정하는 것을 자랑으로 여기고 있다. 이처럼 민족사를 축소해놓고 실증이고 진보라고 뽐내고 있다.

육대악무 이전 복희(伏羲), 신농(神農), 소호(少皥), 전욱(顓頊), 제곡(帝嚳)의 악무 가운데, 복희의 "부래·입본(扶來·立本)", 신농의 "부지·하모(扶持·下謨)", 소호의 "대연(大淵)", 전욱의 "육경(六莖)", 제곡의 "오영(五英)"도 역사적 사실처럼 중원 사가들은 확실하게 거론하고 있다. 앞의 "육대무"와 함께 이들 악무에 대한 설명도 있지만 여기서는 약한다.

"소악"은 미와 선을 모두 갖춘 최고의 악무(樂舞)이기 때문에,

중원 왕조의 초시대적 국가악무로 삼아야 한다고 했다. <소악> 즉 <대소>의 '소'는 요임금의 정치와 뜻을 계승한다는 의미이다. 우왕의 악무<대하>는 중국을 크게 한다는 제국주의적 의도가 담겨 있든 악무이다. 주 왕조의 특징은 전대 왕조들을 모두 포용하고 계승하여 이를 확충한 점이다. 주나라가 후세에 두고두고 칭송받는 것은 전조(前朝)들의 문물전장을 전부 수렴하여 중원문화를 종합했기 때문이다. 공부자가 제(齊)나라에서 "소악"을 관람한 뒤, 좋아하던 고기 맛을 삼 개월 동안 잃었다(三月不知肉味−「술이(述而)」)라고 표현할 만큼 극찬했다.

〈소무(韶舞)〉를 두고 "진미진선"이라고 평한 사실에서, 공부자 미학론의 내용 중 선의 비중이 매우 큼을 확인할 수 있다. 주(周)나라의 국가악무인 "대무(大武)"를 두고 진실로 아름답기는 하나(盡美), 최고로 선하다고(盡善)는 볼 수 없다고 평했다. 이는 주나라가 은(殷)나라를 무력으로 잔인하게 전복시킨 뒤 개국(開國)한 사실에 대한 공부자의 인식에 말미암은 것이다. 은의 주왕(紂王)은 실질 이상으로 악독한 인물로 폄하되었고, 주 무왕(武王)은 실질 이상으로 선인으로 미화되었다고 생각된다. 무왕이 주왕의 왕비 달기(妲己)의 머리를 잘라 창에 꿰어 군중에게 과시한 것은 지나치게 잔혹한 행위였다.

무왕은 문왕의 장자가 아니고 차자이다. 문왕은 장자 "백읍고(伯邑考)"대신 차자 "무왕"을 왕으로 삼았다. 이를 두고 당시 법도에는 어긋나지만, 왕실의 융성을 위해 장자를 버리고 차자를 승계하는 것은 성인의 권도(權道)라고 평했다. 문왕이 15세에 무왕을 낳은 사실을, 세성(歲星, 木星)이 12년마다 하늘을 한번 도는 점에 근거하여, 12세에 혼인할 수도 있다고 집권자 편에 섰던 전후 사가들은 합리화(立子以長, 文王舍伯邑考, 而用武王, 非制也, 禮三十而娶[伯邑考武王之兄, 廢長立聖, 以庶代嫡, 聖人之權爾]. 文王十五而生武王, 非法也[歲星十二歲而周天, 天道十二而備, 故國君十二歲而冠, 冠而娶, 十五生子, 重國嗣也, 不從故制也.]-『淮南子』, 卷十三, 汜論訓)했다. 당시 혼인은 남자 30세 여자 20세가 관례였다. 이들 기록을 참작컨대. 문왕은 12세에 결혼하여 장자 읍백고를 낳고 계속 무왕을 비롯한 왕자들을 출산했던 듯하다. 이 무렵 문왕은 왕이 아니고 서백(西伯)이었다.

서백은 태사(太姒)와 결혼하여 10명의 아들을 두었다. '문왕십자(文王十子)'에 관해『시전』은 "백읍고(伯邑考), 무왕발(武王發), 주공단(周公旦), 관숙선(管叔鮮), 채숙도(蔡叔度), 조숙진탁(曹叔振鐸), 성숙처(成叔處), 곽숙무(霍叔武), 강숙봉(康叔封), 남계재(南季載)-『白虎通疏證』「姓名」"라고 부연했다. 여기서 '백·숙·계'는 형제간의 서열이고, '무왕, 주공, 관, 채, 조, 성, 곽, 강, 남'은 직위와 책봉 받은 채지(采地)의 명칭이고 '발·단·선·도·진탁·처·무·봉·재'는 이름이다. 장남인 백읍고의 경우 채지가 없는 것은, 문왕의 대부로 있었기 때문이라 했다. 윗글에서 주공의 동생으로 표기된 '관숙선'은 주공의 형이라는 설도 있다.

중국 역사상 요순 다음으로 칭송받는 제왕은 문왕이다. 문왕이 과연 주나라 창업주라는 업적을 배제했을 때, 그처럼 숭앙받을 만한 치적과 인품이 있었는지는 알 수 없다. 무왕은 주왕을 시해하고 왕이 되었기 때문에 다소의 부정적 평가가 있다. 무왕의 치적을 구가한 〈대무(大武)〉가 순임금의 악무 〈대소(大韶)〉보다 저평가 받는 이유도 까닭이 있다. 공부자가 악무 〈대무〉를 두고 〈대소〉와 대비하여 진선진미(盡善盡美)에서 '진선(盡善)'을 빼고 '진미(盡美)'로만 평한 이유도 여기에 있다.

『회남자』는 무왕을 문왕의 차자라고 했는데 반해,『시경』「周頌」〈무(武)〉는 "맏아들 무왕이 왕위를 물려받아, 은나라의 폭정을 막아, 이같이 큰 공을 이루었다(嗣武受之, 勝殷遏劉, 耆定爾功 −〈武〉)"고 노래했다. 〈무〉는 주공의 저작으로 알려져 있다. 사(嗣)를 장자가 아니고 계승자로 해석하는 것이 옳다. 무왕은 목야전투에서 승리하여 천자의 자리에 올라, 문왕의 훌륭한 덕을 널리 밝히기 위해 이적(夷狄)으로 하여금 조공을 바치게 했는데, 거리가 멀어 제때에 오지 못함을 참작하여 삼년상(三年喪)을 치뤘다고 했다. 장례의 3년상 제도는 여기에 비롯되었다는 견해도 있다. 그 후 무왕은 천자 위에 오른 뒤 3년 뒤 붕어했다(誓師牧野, 以踐天子之位, 天下未定, 海內未輯. 武王欲昭文王之令德, 使夷狄各以其賄來貢, 邈遠未能至, 故治三年之喪 … 武王立三年而崩−『淮南子』, 卷二十一,「要略」).

『사기』에 의하면 문왕은 향년이 97, 무왕은 93세였다. 문왕 서거 시 무왕은 83세였고, 이듬해 84세에 즉위하여 93세에 붕어했다(文王九十七歲而終, 武王九十四歲而終, 按, 文王崩時, 武王已八十三矣, 八十四歲卽位, 至九十三歲崩−『사기』,「大戴禮」,『예기』,「文王世子」). 폐망한 나라의 마지막 왕은 통시적으로 새 집권자의 역성혁명을 합리화 하기위해, 당대나 후대 어용 사가들에 의해 항상 극악무도한 인물로 묘사되었는데 은의 주왕(紂王)도 여기에 속한다.

공부자 미학론(美學論)의 범주는 위에 언급한대로 선과 관련된 윤리도덕이 큰 비중을 차지하지만, 예술의 서정성(抒情性)과 오락성(娛樂性)도 인정한 점은, 도와 덕과 인을 바탕으로 하여 육예(六藝, 禮·樂·射·御·書·數)를 두루 체득하여 실천해야 한다는 "도에 뜻을 두고 덕에 근거하고 인에 의지하고 예술에 노닐어야 한다(志於道, 據於德, 依於仁, 遊於藝. －「述而」)"에서 공부자의 도덕관념에만. 국한되지 않고 예술성을 긍정한 뜻을 읽을 수 있다.

공부자가 인정한 서정성과 오락성은 도덕과 인(仁)을 바탕 한 이성(도심[道心])의 테두리 속에 있는 "성정지정(性情之正)"을 의미한다. 공부자 미학론의 영역과 범주는 송 대(宋代) 성리학자들에 의해 상당히 축소되었다. 공부자 미학론의 수용에 있어서 송 대 성리학자들이 도덕적 관념적 척도로 재단한 사실을, 만일 공부자가 목도했다면 잘했다고 칭찬하지 않았을 것이다.

공부자는 동아시아의 문원(文苑)을 미학론으로 아름답게 장식했다. 공부자의 미학론은 공부자 이전 육대(六代)의 미학적 사유를 수렴하여 이를 재창조하면서 윤리 도덕도 함께 결부시켰다. 공부자는 문학 또한 다른 학문과 마찬가지로 사회를 광정시키고 인심을 순화할 임무가 있다고 했다. 한대(漢代)를 지나 "위(魏)·진(晋)·남북조(南北朝)"를 거치면서 문예미학은 더욱 발전하여, 당대(唐代)를 전후하여 "시품(詩品)·문품(文品)·부품(賦品)·사품(詞品)" 등으로 분화되었고, 이 과정에서 『논어』가운데 "문(文)"자만 나오면 전부 오늘날 산문으로 여겨 독자들을 혼란하게 한 사례도 있다.

『논어』「팔일(八佾)」편 "주나라가 하나라 은나라의 문물을 귀감으로 삼았으니 문화가 찬연히 빛난다, 그러므로 나는 주나라를 모범으로 삼는다(周監於二代, 郁郁乎文哉, 吾從周)."와『논어』「옹야(雍也)」편 "질이 문을 압도하면 조야하고 문이 질을 이기면 문사에 치중하여 본질을 훼손시킨다. 문과 질을 포괄해야 군자라고 할 수 있다(質勝文則野, 文勝質則史, 文質彬彬然後, 君子)."의 "문(文)·질(質)"을 두고, "문"은 문장의 꾸밈이나 수식으로, "질"을 바탕이나 주제 등으로 해석하기도 하지만, 이들 예문의 경우 문은 주나라가 국가 경영의 기반으로 삼았던 "문가사유(文家思惟)"이고, "질"은 은나라가 주축으로 삼았던 "질가사유(質家思惟)"로 보는 것이 타당하다.

고대 중원 국가들은 역대로 "문질(文質)·정삭(正朔)·오행(五行)"을 왕조의 교체와 더불어 변혁 했던 역사적 사실에 대한 표현인데, 이를 문장의 수식이나 주제로 일괄적으로 보는 것은 잘못이다. 문과 질을 문장의 수사적 표현이나 주제를 지칭한 것도 많지만, 그 근저에는 질가에 뿌리를 둔 은문화(殷文化)와 문가에 바탕한 주문화(周文化)를 저변에 깔고 있는 경우도 적지 않다.

2. 문예미학과 국운의 성쇠

중원을 에워싼 동서남북의 소위 사이 국가들 가운데 우리 한국이 통시적으로 공부자의 미학론을 가장 비중 있게 수용했다. 우리 선인들은 공부자의 미학론을 "사회미학(社會美學)"적으로 연역하여 수용했다. 공부자는 시를 "언지(言志)"에 국한하지 않고, 사회상의 전반을 교정시키는 "이시정세(以詩正世)"적 역할을 수행해야 한다고 했으며, 우리 선인들도 이 같은 문예의식을 긍정하고 시문을 통하여 사회를 교화해야 한다고 인식했으며 이를 일러 "시교(詩教)"라고 칭했다.

공부자는 「양화(陽貨)」편을 통하여 "그대들은 왜 시(『시경』)를 공부하지 않느냐, 시는 사람을 감흥 시키고, 사물을 올바르게 관찰하게 하며, 사람들과 함께 어울려 화락하게 하며, 사회상을 비판할 수도 있으며, 가깝게는 부모를 섬기고, 멀리는 임금을 섬기는 도리를 알 수 있을 뿐 아니라, 새나 짐승 풀 나무 등의 이름도 배우게 된다(子曰 小子何莫學夫詩, 詩可以興, 可以觀, 可以群, 可以怨, 近之事父, 遠之事君, 多識於鳥獸草木之名 -『論語』陽貨)"라고 했다.

사회에서 일어나는 모든 일들을 살필 수 있고, 사람들과 어울리는 데도 도움이 되며, 현실의 부조리를 비판하며, 어버이를 섬기고 지도자에게 충성하는 올바른 길을 알 수가 있고, 자연 속에 존재하는 무수한 동식물들의 이름도 터득하게 된다는 주장에서, 공부자의 광범한 주제영역을 융합한 사회미학적 시의식을 접할 수 있다.

조선조에 들어 와서 두보시를 국가차원에서 번역하여 보급시킨 것도, 두보가 사회미학적 시의식으로 시를 지었으며, 그 같은 시가 조선조 사회에 긍정적으로 작용할 것을 기대했기 때문이다. 고려조 후반기의 문단을 불교적 사유와 말단 기교에 흐른 조충전각적(雕蟲篆刻的) 기법에 침윤되었다고 하여 유가들은 이를 폄하했다. 두보를 "시성(詩聖)"이라 평한 것 역시 이시정세(以詩正世)의 사회미학을 조선조 사인들이 긍정한 데서 비롯되었다. 법송파(法宋派)를 위시해 법명파(法明派)와 법당파(法唐派) 등 중원의 한시미학(漢詩美學)들을 수용했지만, 이에 수반된 본격적 논리체계는 수립되지 못했다.

다양성과 획일성은 각각 장단점이 있지만, 획일화로 진행되는 것이 역대 한국문단의 특징이다. 사회미학에도 "미시(美詩)"와 "자시(刺詩)"가 공존하지만, 우리민족은 사회상의 긍정적인 면을 형상한 "미시"에 비중을 두고, 현실의 부정적인 면을 부각시키는 "자시"를 저급하다고 생각했다. 그리하여 역대 문단을 대체로 미시 창작 방면으로 획일화 되는 경향이 대세가 된 것도 같은 이유에서이다. 조선조 시인들이 공부자의 "미자권징(美刺勸懲)"을 포괄하는 사회미학 중, 자시 분야를 저평가한 것은 주체적 미학론의 전개이다.

6세기 무렵 중원에서 발간된 종영(鍾嶸, ?~518)의 『시품(詩品)』과 유협(劉勰, 464~535)의 『문심조룡(文心雕龍)』및 9세기경 사공도(司空圖, 837~908)의 『이십사시품(二十四詩品)』등이 고려조 문단에 유입되었다. 12, 13세기 경 이인노(李仁老, 1152~1220)의

『파한집(破閑集)』과 최자(崔滋, 1186~1260)의『보한집(補閑集)』
속에『시품』과『문심조룡』등은 물론이고, 사공도의『24시품』도
애독했음이 확인된다.

고려조 문단은 "탁물우의(托物寓意)·환골탈태(換骨奪胎)" 등
의 일반론을 벗어나, "준장(俊壯)·정묘(精妙)·함축(含蓄)·표일
(飄逸)·청원(淸遠)·호방(豪放)·청아(淸雅)·경준(勁峻)·평담(平
淡)" 등의 품격론에 입각하여 시문을 짓고 비평하는 풍조가 편만
해 있었다. 사공도의『24시품』에 나타난 "품격론"은 사회미학 영
역 중 자시보다 미시에 치중된 미의식이다. 조선조 성리학자들의
눈에는 고려조 시인들의 이 같은 시의식과 시작 태도를, 강건한 주
제의식을 약화시켜 문약(文弱)으로 흐르게 한 요인으로 생각했으
며, 이를 "조충전각지도(雕蟲篆刻之徒)"로 격하했다.

시문을 사회상과 결부시키는 것은 시문도 정치의 흥채(興替)와
직결된다는 문학관에 의한 것이며, 악무(樂舞)가 정치와 접맥하
고 있다는 예악인식과도 결부된다. 문학과 악(樂)을 정치와 연결
시키는 것은 동아시아의 오래된 사유이며, 이 같은 사유와 맞물려
사회미학은 더욱 그 함의(含意)를 확충시켰다. 조선조 일부 사인
들은 고려조의 멸망을 퇴폐적 악무와 문약에 흐른 문단도 일인을
담당했다고 한 것은 문학을 정치와 결부시킨 사례이다.

〈문덕곡(文德曲)·신도가(新都歌)〉등도 개국을 합리화하고 예
찬하는 사회미학적 악무인식(樂舞認識)의 범주에 포함시킬 수 있
다. 고려조의 은성한 사회상을 일정한 선에서 대변한 〈한림별곡
(翰林別曲)〉을 위시한 가곡들을, 퇴계가 "긍호방탕하고 설만희압

(穉豪放蕩, 褻慢戲狎)"하다고 비평한 것 역시, 시가를 사회상과
연결시킨 예이다.

한국 역대 문단은 동아시아 공유의 미학론을 개방적으로 수용
하여 한국화 시켰다. 유가사상에 기반을 둔 "사회미학" 중 공부자
의 "사부(事父)·사군(事君)"의 충효적 주제의식을 한국만큼 발
전 확충시킨 나라는 동아시아 어디에도 없다. 충효를 주제로 한
시문과 시조 작품 등이 넘쳐나는 것도 이 같은 문단상황의 반영이
다. 조선조 개국 후 15세기 학계와 문단은 『육경』을 기반으로 하
여 민족 전래의 전통문화를 긍정하는 보수적 사인군(士人群)과,
송조(宋朝)에서 전래된 성리학에 몰두하는 사림파(士林派)가 공
존했다.

사림파는 신라 고려조를 거쳐 전승된 전통적 시문을 "음풍영월
(吟風詠月)"로 간주하고 청산되어야 할 문풍(文風)으로 인식했으
며, 수천 년간 자자손손 계승된 전통문화와 신앙을 저급하거나 미
신으로 단정하고, 이를 극복되어야 할 현상으로 취급했다. 조선조
한양성균관(漢陽成均館)과 개성성균관(開城成均館)의 양대 국
립대학 유생들이, 전통문화와 신앙에 대한 배척과 수천 여 년간 전
래된 성소(聖所)들의 파괴행위도 성리학의 보급과 무관치 않다.

12·13세기 경 『보한집』에 나타난 고려조 문단의 품격론에 바탕
한 미학론은, 15세기 무렵에는 위축되어 진작되지 못했다. 조선조
개국 주역들의 고려조에 유행했던 미학론의 하나인 품격론에 대
한 거부감과 관련이 있다. 품격론은 고도의 관념적 논리체계와 미
적 쾌감을 전제로 하지 않을 경우 그 진가를 알기가 어렵다.

난해한 사공도 "24시품"을 척도로 하여 시를 짓고 감상하는 것이 무슨 큰 의미가 있느냐는 인식이 밑바탕에 깔려 있었다. 하물며 시는 학자가 즐겨할 만큼 중요한 것이 아니라는 사고가, 사림파들에게는 보편적 인식이었던 점을 유추할 때, 난해하고 관념적 유희로 여겨질 소지가 있는 "품격미학"을 높이 평가하기에는 문제가 있었을 것이다.

사림파들의 일관된 시작에 대한 폄하적 주장과는 달리 성리학에 심취하지 않았던 일군의 사인들은 많은 시를 남겼다. 과거시험에 응시하기 위해서『육경』과 더불어 시는 꼭 알아야 했다. 그러므로 역대 우리 선인들은 호불호를 떠나 한시는 필수 교양이었다.

최치원(崔致遠, 857~?)의『계원필경(桂苑筆耕)』이 신라 고려조의 문집이 거의 인멸되었음에도 불구하고 전승된 이유는, 고운(孤雲)이 "사육문(四六文)"의 대가였고 사육문은 과문에 필수적으로 사용되었기 때문이라는 해석도 있다. 그러므로 어느 시대를 막론하고 사인들이 시를 짓고, 차운(次韻)과 화운(和韻)을 하는 것이 생활의 일부였으므로, 한시미학은 반드시 필요로 했다.

3. 성정미학 · 천기미학 · 성령미학

16세기 사림파들은 사회미학의 범박한 주제영역에 불만을 느껴, 성리학적 이데올로기에 부합되는 새로운 문예미학을 찾기 시작했다. 사림파가 성리학을 저변으로 한 미학론을 창출하기 위해,

우선 음풍영월적 시풍과 조충전각적 수사기교와 절제되지 않은 서정과 남녀상열적 주제의식과 시사(時事)의 부정적 인식 등을 배제했다.

16세기 사림파들은 위에 열거한 주제영역을 배제하고 "음영성정"만을 오로지 해야 한다고 주장하고 또 이를 실천했다. 이 같은 과정을 거쳐 그들이 어렵게 창출한 새로운 미학이 바로 "성정미학(性情美學)이다. 16세기에 들어와서 조선조 사인들은 모두 성리학자이였고, 따라서 "이기설(理氣說)"과 "인심도심설(人心道心說)"에 수반된 "성정론(性情論)"은 심천(深淺)의 차이는 있었지만 상식이 되어 있었다.

인간은 하늘로 부터 "성(性)"을 부여받았고 이를 주재하는 것이 "심(心)"이고 심이 외물(外物)을 만나서 발현된 것이 "정(情)"인데, 평소에 함양이 많으면 선정(善情)이 나타난다고 했다. "의(意)"는 "정"에 계획된 의도와 연관된 경우이며, "지(志)"는 어느 한 곳에 표적을 둔 것이며, "의"는 음(陰)이요, "지"는 양(陽)이라고 했다.

그리하여 "성정"은 "심"에 통제되고 "지"와 "의"는 "정"에 제어된다고 했다. "시언지(詩言志)"라는 동아시아의 가장 오래된 시론에 대한 부연이다. 성정이 유출될 때 외물과 만나서 그 발출 방향에 따라 "천리(天理)"와 "인욕(人欲)"이 나누어지는 바, "직발(直發)"은 천리이고 "횡발(橫發)"은 인욕이 된다고 했다.

성정미학에서 말하는 "성정"은 반듯하게 발출된 "칠정(七情)"에 국한시켰으며 이를 "성정지정"이라고 했으며, 시는 "성정지정"만을 음영해야 한다고 했다. 조선조 문단의 주제영역이 온통 권선징악으로 획일화 된 이유도 성정미학과 관련이 있다. 올바르게 발출된 "희(喜)·노(怒)·애(哀)·구(懼)·애(愛)·오(惡)·욕(欲)"만이 시문의 주제가 되어야 한다는 미의식은, 동아시아 모든 나라 가운데 조선조 문단이 가장 현저했다.

남의 성공을 기뻐하고, 잘못에 분노하며, 불행을 슬퍼하고, 행여나 과오를 저지를까 두려워하며, 사랑받을 사람만을 사랑하고, 잘못을 저지른 사람은 미워해야 하고, 선행을 많이 하고자 하는 욕심들과 같은 "칠정"을 "천리(天理)"라고 하고, 이를 시문에 형상시켜야 정당한 문학이라고 했다.

칠정이 비뚤게 발출되면 인욕이 되는 바, 이 인욕은 문학의 주제가 되어서 안 된다는 미의식은 조선조 오백년 동안의 주류가 되었다. 일상생활 중 직발 된 칠정의 향유는 쉽지가 않고, 오히려 횡발된 칠정을 경험하는 일이 많은 것이 사실이다. "성정지정"과 더불어 "성정지사(性情之邪)"도 함께하는 삶의 와중에, 자칫 성정미학적 주제에서 벗어난 부분을 시문으로 형상할 소지가 보다 많았기 때문에, 조선조 사인들이 현실문제와 거리를 둔 채 "산수시(山水詩)"에 탐닉했던 것일까.

산수의 시적 형상도 제한되어 산수의 미를 형상하는 것을 저급하다고 인식하여, 돌 한 덩어리와 나무 한 그루 풀 한 포기도 "천리"와 "도심"에 연결시켜야 한다고 주장 했다. "산수시"는 죽림칠현(竹林七賢) 유의 시인 군이 나타날 소지가 많다. 조선조는 고려조에 비해 표면적으로 눈과 귀를 즐겁게 하는 "열목오이(悅目

娛耳)"적 산수시가 풍부하지 않은 까닭 역시 성정미학과 관계가
있다.

성정미학과 산수시의 결합은 고려조의 "죽림고회(竹林高會)"
유의 노장적 풍조는 쇠퇴되고, 주자의 「무이구곡(武夷九曲)」과
이를 음영한 산수시들이 수 세기를 두고 풍성하게 창작된 사실도,
조선조 사인들이 창출한 성정미학과 불가분의 관계가 있다. "성
정미학"은 미자권징적(美刺勸懲的) 미의식에서 현실의 어두운
면을 묘사하되, 독자들의 심성을 "성정지정"으로 인도하는데 목
적을 두어야 하며, 단순히 현실비판에 치중하여 독자의 감성적 쾌
감에 영합하는 기자적(譏刺的) 시각은 부정했다.

그러므로 현실에 각을 세우는 "자시(刺詩)"의 창작은 활발하지
못했다. 사회는 미시보다 자시의 제재가 더 많다. 독자층도 "미시
(美詩)" 보다 자시를 애호하는 경향이 있다. 사회의 비리나 부정적
사실을 시로 형상하면 독자는 대체로 통쾌하다는 생각을 갖게 된
다. 그러므로 시인은 자신도 모르게 자시 창작에 대한 미련을 버리
지 못한다.

16세기가 저물고 17세기에 접어들자 조선조 문단에로 변화가
일기 시작했다. 서정의 국촉 등 많은 문제점을 가진 "성정미학"을
대체할 새로운 미학론을 필요로 했다. 이에 시작에 몰두하는 일부
사인들은 "음영성정론"에서 "성정"에 초점을 맞추어, 시가 어찌
하여 성리학적으로 재단된 "성정"만을 형상해야 하느냐는 의구
심을 갖게 되었다. 성정미학이 제한하고 배제시킨 주제영역에 대
한 향수가 살아남과 동시에 성정미학적 서정에 대한 거부감이 증

폭되었으며, 그리하여 성정미학이 쳐놓은 울타리 밖 인간 본연의 정감에 대한 긍정과 더불어 이 울타리를 걷어치워야 한다는 욕구가 생겼다.

그리하여 시인의 자연스런 서정을 방해하는 "성정론" 대신 "천기론(天機論)"을 수용하여 17세기 무렵 시는 "천기"를 형상해야 한다는 시풍이 일어났다. "천기유동(天機流動)"은 "음영성정"과 대응되는 용어이다. "성정"과 "천기"의 함의(含意)는 다르다. 인간의 심성을 성리학적 성정론에서 해방시켜 현실의 부정적인 사실과, 외물과 접촉하여 억제되지 않고 발로된 자연스런 정감도, 시의 주제로 편입되어야 한다는 인식의 전환과 연결된다.

"천기(天機)"는 『장자(莊子) - 「대종사(大宗師)」』편에 나오는데, 인간이 타고난 천품과 본성을 의미한다. "성정" 대신 "천기"를 사용한 것은 시 창작에 있어서 자연스런 정감의 발로를 더 이상 막지 말아야 한다는 선언이다. 장자도 인간의 본능적 욕망을 심하게 노출시키는 자를 일컬어, 천기가 천박하다(其嗜欲深者, 其天機淺 - 「대종사」)라고 했고, 기욕이 심한 자는 정욕이 많은 자를 뜻한다고 해석했다. 천기에도 깊고 얕음이 있다. 천기가 천박한 자는 욕망에 휘둘리고, 깊은 자는 "진인(眞人)"의 경지로 나아간다고 장자(莊子, BC, 365~270)는 말했다.

16세기 전 후 일반화 된 "음영성정" 대신 "천기유동"이라 일컬은 이유는 무엇일까. "천기"는 "천의(天意)"나 "영기(靈機)"라는 견해도 있다. "천기"를 시문창작에 적용시킨 것은 "성정미학"을 준거로 한 획일화된 의경(意境)에 대한 불만과 관련이 있다. "천기미학"은 송대 말엽 풍미하던 주리적(主理的) 관념시에 대한 비판 의식이 내재된 엄우(嚴羽)의 "흥취설(興趣說)"과도 관련이 있다.

"흥취"를 중시할 경우 음영성정적 묘사와는 거리가 생기고, 신비적 "묘오(妙悟)"설이 부각된다. 따라서 송시(宋詩)의 관념성을 부정한 엄우는 또 하나의 새로운 관념론을 제시했다는 비판도 있다. 17세기 조선조에 제기된 "천기미학"은 "성정론"과 "흥취론" 및 왕부지(王夫之, 1619~1692)의 "객관론(客觀論)"등이 혼융하는 과정에서 생긴 미학이다.

18세기 영 정조 시대는 "강희(康熙)·옹정(雍正)·건융(乾隆)"대에 꽃 핀 찬란한 문화와 어울려 중원에 뒤지지 않는 문화가 한반도 전역에 형성 되었다. 청나라로 가는 사행(使行)을 통해 많은 문헌들이 조선조에 유입되었고, 이들 문헌 중 원매(袁枚, 1716~1797)의 『소창산방시문집(小倉山房詩文集)』과 『수원시화(隨園詩話)』도 있었다.

원매의 일련의 저작을 접한 조선조 사인들은, "천기미학"이 성정론의 굴레에서 벗어나는 자극제가 되긴 했으나, 명확한 논리체계가 없는 점을 아쉬워했던 차에, 원매의 저술들에서 이 같은 갈증을 풀 수 있는 미학론을 접하고, 일부 사인들이 시 창작에 이를 활용했다. 원매는 "성정은 시의 본원이며 작품은 개인의 개성적 성정을 노래해야 하기 때문에 고인의 시를 본받는 등의 의고적(擬古的) 태도를 버리고, 개성적 영감을 토대로 한 창신적(創新的) 시작을 해야 한다"고 했다. 그러기 위해 인륜도덕을 중심으로 한 교화적 주제의식에 국한되지 말고 생활하면서 느낀 정감을 가리지 말고 형상해야 하며, 다양한 소재와 주제도 수용하여 특정 품격에 구애받지 말 것을 제안했다.

원매는 기존의 품격론과 형식적 미학론 등을 버리고, 성령(性靈)"에 입각하여 자유스럽게 창작에 임해야 한다고 주장했는데, 이를 한마디로 요약하면 "성령미학(性靈美學)"으로 규정할 수 있다. 그리하여 18세기 조선조 시단에는 "성령미학"이 하나의 흐름으로 나타나 시 창작에 새로운 바람을 불러일으켰다.

4. 동아시아 문예미학과 한국문단

중원시단에는 역대로『시품(詩品)·문품(文品)·사품(詞品)·부품(賦品)·속시품(續詩品)』등의 서적들이 저작되어 널리 읽혔다. 13세기 전후 고려조 시단에도 이들 문헌이 수입되었음이『파한집·보한집』을 통해 확인되고, 특히 "사공도의『24시품』"에 영향을 많이 받았다. 고려조와 조선조를 합쳐 10세기에 걸쳐 한국한문학은 중원의 미학론을 수용하여 한국적으로 첨삭 또는 재창조하여 시창작과 비평에 활용했다.

엄우(嚴羽, 南宋代 人)의『창랑시화(滄浪詩話)』와 "전후칠자(前後七子)"의 영수인 왕세정(王世貞, 1526~1590)의『예원치언(藝苑卮言)』왕부지의『선산유서(船山遺書)』, 원매의『수원시화(隨園詩話)』등의 문헌들도 함께 들어와 유포되었다. "송·원·명·청"의 왕조교체와 상관없이 각종 문헌들이 연속부절로 들어와,

한국 역대 문단에 많은 영향을 끼쳤다.

『주자대전(朱子大全)』등 성리학에 관련된 서적의 유입이 주춤해진 것과 달리, 문예미학에 수반된 책들은 한층 증가했다. 이 같은 문헌들의 유입에 힘입어 고려를 지나 조선조에 걸친 문단에 수준 높은 미학론이 착상된 것이다. 이를 대체적으로 요약하면 "사회미학"을 필두로 "성정미학", "천기미학", "성령미학" 등의 미학론이 보급되어 창작과 비평의 척도가 되었다. 이들 미학론 이외에 여러 각종 미학견해들도 존재했을 것이지만, 가장 영향력을 발휘한 것이 위의 사대 "미학론"이었다.

중세 고려 조선조의 문단은 동아시아 문단과 한 덩어리가 되어 전개 되었다. 중원으로부터 다양한 미학론이 유입되었지만, 한국 문단에서는 선별적으로 수용하고 이를 재창조하여 우리의 문단 현실에 맞게 적용시켰다.

율곡이 "수년간 질병으로 신음하면서 때때로 고시를 수집하여 시체별로 원형이정(元·亨·利·貞) 인의예지(仁·義·禮·智)의 8체로 분류했다. 시의 본원이 오랫동안 막혀 말류가 다기하여 시를 배우려는 자가 현혹되어 올바른 길을 찾을 수가 없다."라는 탄식이 나온 것도 다기 다양한 미학론이 존재했음을 지적한 것이다. 율곡은 조선조 문단에 펼쳐진 미학론의 다양성과 번잡성을 지양하여, '충담소산(沖澹蕭散)·한미청적(閒美淸適)·청신쇄락(淸新灑落)·용의정심(用意精深)·정심의원(情深意遠)·격사청건(格詞淸健)·정공묘려(精工玅麗)·미려(美麗)' 등의 "팔품격론(八品格論)"을 제시했다.

한국의 역대 시인 묵객들은 시 창작 못지않게 시론과 시 비평에도 관심을 경주했다. 중원에서 새로운 미학론이 대두되면 동아시아 여러 나라들 거개가 중원문단과 호흡을 같이 하면서 부침을 거듭했지만, 각종 미학사유 중 "성정미학"만은 항상 일정한 지분을 가진 체 저변에 흐르고 있었으며, 현재까지도 그 영향력이 지속되고 있다.

한국한문학(韓文學)은 동아시아의 글로벌 문원(文苑)에 한국적 특징을 가진 채 중요한 위치를 차지하고 있다. 중국은 동이제국(東夷諸國)을 동문지국(同文之國)이라 칭하여 문화제국주의(文化帝國主義)의 번방(藩邦)에 예속시키려 했다. 한국은 중원의 문화제국주의에 대응하여 이화제화의 전략을 구사했다. 통일신라 이후 중원의 한문학을 한국한문학으로 특화시켜 발전을 거듭했고 "북적(北狄)·서융(西戎)·남만(南蠻)"과 달리, 우리나라와 일본이 유독 한문학(漢文學)을 열성적으로 수용했다.

필자는 일찍이 "한국한문학"이라는 용어가 마땅치 않아서 우리겨레의 민족문학과 통합하여 한문학(韓文學)이라고 말한바 있다. 한문학(漢文學)에서 한국을 첨가하여 한국한문학(韓國漢文學)으로 일컬어 진 것은 분명 발전이다. 사실 한국한문학의 주된 주제영역과 표현영역 거의 모두가 중원의 콘텐츠가 아니고 우리의 것이다. 사정이 이러함에도 불구하고 한국이라는 관사도 붙이지 않고 한문학(漢文學)이라 관습적으로 칭하는 것은, 중원의 한문학으로부터 오래전에 독립한 사실을 무시하고 이 용어를 계속 사용하는 것은 문제가 있다.

중국인들이 한국 대학에 "한문학과"라고 하면 쉽게 그 의미를 파악하지 못하는 점도 있고, 또 전통적으로 "한학(漢學)"이 중국어 통역과 연계된 사실도 참고가 된다. "동체서용(東體西用)"이라는 말과 견줄 때, "한체한용(韓體漢用)"으로 일컬을 수 있다. 한국한문학은 그 실상으로 볼 때, 중원의 문체(장르)만 차용했을 뿐이지, 앞서 말한 것처럼 주제나 소재 등 모두 우리의 것을 담고 있다.

동방한문학회에서 연면히 변화 발전을 지속해온 한국한문학을 한 단계 더 격상시키기 위해 "한국한문학의 미학적 접근"이라는 야심적인 기획을 했는데, 이는 한국한문학 연구의 새로운 지평을 여는 계기가 되었다. 학회 명 앞에 동방(東方)이 붙은 것도 의미가 있다. 중국의 오악(五嶽) 중 동악(東嶽)인 태산을 제일 높이 받드는 이유는 해가 떠오르고 모든 생명이 잉태하기 때문이라 했다. 이제 한국한문학은 새로운 장을 열어야 할 시점에 와있다. 동방한문학회가 한국한문학을 미학론과 결부시켜 검토하려는 시도는, 변화를 요구하는 학계와 학인들의 뜻에 부합된다.

시문은 미학과 만날 때 그 위상과 예술성이 증폭된다. 미학은 인간의 지적영역 모두를 제재로 삼아 아름답게 재창조하는 연금술과 같다. 미학적 조명을 받지 못한 문학은 생경이고, 생경은 독자들로부터 버림받는다. 살벌한 현대 건축물 가운데 남대문과 동대문을 비롯하여 서울역 청사가 시선을 끄는 것도, 미학적 조명을 받았기 때문이며 시문 역시 동일하다.

시문이 주제만 덩그렇게 응결되었을 경우 독자들이 외면하는 이유도 여기에 있다. 생활수준이 향상되면 주택이 주거기능에 머물지 않고 문화공간으로 다시 태어나는 것과 마찬가지다. 이제 한국한문학도 경복궁과 창덕궁 종묘 남대문 같이 글로벌 환경에서도 높은 평가를 받으며 살아남기 위해 미학적 조명을 받을 필요가 절실하다.

한국한문학은 풍성한 콘텐츠를 갖고 있지만, 대부분 정제되지 않은 다이아몬드 원석 같은 상태로 남아있다. 그러므로 한국한문학 연구자들은 글로벌 시장에 내놓을 보석으로 만들어야 할 임무가 있다. 일찍이 공부자도 자공(BC, 520~460)이 "미옥이 있는데 궤속에 감춰두겠습니까, 아니면 높은 값에 사려고 하는 사람을 찾아 파시겠습니까."라고 묻자, "팔아야지, 팔아야지, 나는 고가의 구매자를 찾고 있다.(『논어』－자한[子罕])"라고 답한 사실을 두고 후세 학자들은 "현옥자수(衒玉自售)"라 하여 추숭했는데, 한국한문학도 "현옥구수(衒玉求售)"를 위해 미학적 조명을 하여 보옥으로 만들어야 할 것이다.

5. 예악론과 산수화론의 수용

미학의 영역에는 주제영역과 표현영역 제재영역 이념영역 등 그 경계는 광활하다. 문예미학으로 좁혀서 한국한문학 연구와 관련지을 경우, 기존에 통시적으로 다루어진 미학론과 여기에 추가하여 악론과 화론(畫論)을 덧붙이고 싶다. 미학론에 악론과 예론 그리고 화론을 원용할 필요가 있다. 한국한문학의 미학적 연구지평에 악론을 포용했을 때 그 파급효과는 크다.

그 한 사례로 중국의 유백아(俞伯牙)와 종자기(鍾子期)의 만남을 계기로 하여 창작된 금곡(琴曲) 〈유수(流水)〉를 거론할 수 있다. 금곡 〈유수〉는 "고산(高山)"과 접속되어 〈고산유수〉로 부연되어 수천 년간 전승되다가, 명대 주권(朱權, 명태조(明太祖)의 16남)에 의해 서기 1425년 「신기비보(神奇秘譜)」에 편록 되었다.

춘추전국시대(BC, 770~221) 중엽에 만들어진 금곡과 이에 곁들여 노랫말까지 첨가된 가곡 「고산유수」가 시공을 뛰어넘어 전래된 이유는 예악론을 근저에 깔고 있었기 때문이다. 지음(知音) 종자기의 사망 소식을 들은 유백아는 불원천리하고 종자기의 무덤을 찾아가 거문고를 연주하며 다음과 같이 노래했다.

지난 해 봄 이 강가에서 그대를 만났는데
오늘 다시 오니 그대는 보이지 않고 무덤만 남았구나
슬프고 또 슬퍼서
눈물만 흘리는 나를 위해 강물도 구름을 만들었네
술잔을 방초에 올리노니 황천 하의 그대도 알고 있겠지
이후부터 내 연주를 알아 줄 이 없구나.

長記去年春江上 相逢君
今日到江濱 不見知音 空見墳
傷心復傷心

不忍淚如傾 江漢為我 生愁雲
一杯綠蟻奠芳草 泉下悠悠 聞不聞
從此少知音.

　유백아는 눈물을 흘리며 비통한 심경으로 종자기의 강변 무덤 가에서 〈고산유수(高山流水)〉를 거문고 가락에 올려 노래한 뒤, 줄을 끊고 악기를 부순 후 종신토록 거문고를 타지 않겠다고 맹세했다. 지음과 지기를 잃은 인간의 애틋한 심경이 비장하게 다가온다. 시문이 노래나 관현을 타거나 입혀지면 그 생명력과 감동은 가히 폭발적이다. 따라서 문예미학에서 악론을 비중 있게 수용해야 할 당위성이 여기에 있다.

　악(樂)을 락(樂)이라고 한 것은, 즉 음악은 인간을 즐겁게 하는 것이라는 의미이다. 악론의 본질을 쾌락이라고 정의한 선인들의 지혜는 현실적이다. 악의 경우 군자는 도를 즐기고, 소인은 사욕을 즐긴다고 했다. 악은 사악을 씻어내며 예는 음일(淫佚)을 예방하는데 목적이 있으며, 이풍역속(移風易俗)에는 악만큼 효과적인 것이 없다. 악이 종묘, 족장향리(族長鄕里), 규문(閨門)에 행해질 때, 각각 "화경(和敬)·화순(和順)·화친(和親)"으로 구현된다. 악의 기능 중 시문에 적용되는 미학사유는 주로 "화순"에 치중 되었다.

　마음이 기쁘고 즐거우면 입은 노래하고 싶고 손은 춤추고자 하며 발은 발장단을 치고 싶어 한다. 악은 아(雅)를 숭상해야 하므로 음성(淫聲)을 멀리해야 한다는 것이 악론의 요지이다. 금곡 〈고산유수〉는 "붕우유신"을 미학적으로 승화시켜 슬픔에 대한 정감적인 아름다움을 극대화 시켰다. 소위 칠정 중 직발 된 애심(哀心)은 감동적이고 아름답다. 즐겁고 유쾌한 노래보다 격조를 지킨 슬픈 노래가 시공을 초월하여 애호되는 까닭도 여기에 있다. 「고산유수」가 수천 년을 살아남아서 감동을 주는 것도 직발 된 애심을 거문고의 가락에 얹어 노래했기 때문이다.

예부터 공업을 이루면 악을 짓고 정치가 안정되면 예를 만든다 (功成作樂, 治定制禮―『예기(禮記)』)라고 했다. 조선조의 〈용비어천가(龍飛御天歌)·문덕곡(文德曲)·보태평(保太平)〉 등의 악장이 그 실례이다. 나라가 태평해야 제례작악(制禮作樂)을 하는 이유는, 세상이 어지럽고 백성이 기한에 떨고 있는데 예악이 무슨 소용이 있느냐는 현실인식에 있다.

악의 본질은 덕을 형상하고 공적을 기리는 것(象德表功)이다. 조선조는 국가차원에서 "악론(樂論)"을 받아드려 통치에 활용하고 백성의 심성을 선한 방향으로 인도코자 했다. 사람은 슬퍼할 때가 제일 선량해진다는 말이 있다. 앞에 인용한 「고산유수」가 벗을 그리워하는 정감적인 가사가 절묘한 거문고 가락에 입혀져 가창될 때, 이를 듣는 사람들의 심성은 선의 극치에 도달한다. 따라서 악론이 문예미학과 맞날 경우 그 파급효과는 증광 된다.

고려조 역시 삼한통합을 완수한 뒤 해당 지역의 민심을 수습하고 통일국가의 정체성을 확보하기 위해, 백제권역 백성을 염두에 둔 「정읍사」와 신라유민을 겨냥한 「처용가」와 고구려 지역 백성들을 통합하기 위해 「동동」을 『고려사』「삼국속악(三國俗樂)」 장에 편차하여 국가악무로 삼은 것도 궤를 같이 한다. 고려조는 창업주 개인을 찬양하기 보다는, 통합된 백성들을 고려조에 흡수하기 위해, 장악한 삼한 고지 백성들이 즐겼던 가무를 국가악무로 승격시켰다. 조선조는 고려조와 달리 창업주와 그 후계 왕들의 공업을 기리는데 초점을 맞추었다.

"문·사·철"이 하나로 통합되듯이 "시·서·화"도 동일한 미학론(美學論)으로 묶어진다. "문·사·철"은 본래 하나였지만, 시대가 진행됨에 따라 분화되었다가, 분화로 말미암아 나타난 결함이 축적되어 효용가치가 저하되자 결국 원상으로 돌아간 것이다. 시와 서예 그리고 회화도 서로 분리되어 있기보다는 하나로 융합되었을 경우 그 가치가 배가된다.

그런 의미에서 한국한문학의 미학적 연구영역에 화론의 편입이 요망된다. 시중화(詩中畵)와 화중시(畵中詩)라는 통념도 이들의 관계가 밀접함을 말하고, 회화가 서법(書法)에서 발원되었다는 설과 한자가 상형문자라는 사실도 "시론·서론·화론"의 융합이 요구되는 소이이다.

한국 한시 가운데 가장 많은 분량을 차지하는 것이 산수시이다. 산수시가 이처럼 풍성한 이유는 조선조 중기에 형성된 "성정미학"과도 연관이 있지만, 국토의 대부분이 산으로 형성된 현상에서도 찾을 수 있다. 성리학에 몰두한 사인들은 귀거래 한 강호를 이기설과 연계하여 인식해야 한다는 생각을 가졌다. 이에 미적자연(美的自然)에 선적자연(善的自然)을 첨가했고, 여기에도 만족하지 못하여 재도적(載道的) 산수인식(山水認識)의 경지까지 확충하여 진선미를 모두 포용코자 했다.

성리학을 바탕으로 한 재도적 산수시 창작에 만족하지 못하고, 산수화에 관심을 가졌고 특히 중원의 "무릉도원(武陵桃源)"과 "무이구곡(武夷九曲)"등 저명인사들이 은거했던 강호를 그린 산수화들에 주목했다. 16세기 무렵 주자의 은거지 "무이구곡"을 묘사한 "무이구곡도"가 널리 유포된 것이 그 실례이다. 중원의 구곡도(九曲圖)에 자극을 받은 사인들은, 그들의 은거지인 강호를 구곡(九曲)으로 재구한 다음, 화원을 동원하여 화폭에 담아 이를 감상하는 과정에 "화론"에 관심을 가지게 되었다.

16세기를 전후하여 시론과 화론이 자연스럽게 어울린 까닭이 여기에 있고, 이로 인해 화론이 문예미학에 포용되어 시문 창작에 영향을 주었다. 조선조 문단의 산수시 창작에 음양으로 영향을 끼친 화론은 북송대의 화가 곽희(郭熙, 11세기 중엽 북송의 화가)의 『임천고치(林泉高致)』중 「산수훈(山水訓)」이 있다.

> 세인들이 이르기를 "산수에는 가볼만한 곳과 가서 구경할 수 있는 곳과 가서 노닐 수 있는 곳과 가서 살 수 있는 곳이 있다"고 한다. 그림이 이런 경지에 이르면 묘품이 된다. 다만 가볼 만하고 구경할 만한 곳을 그리는 것이, 찾아서 노닐 만하고 살 만한 곳을 얻어 그리는 것보다는 못하다. … 산은 물을 얻어야 활기가 있고, 물은 산을 얻어야 아름답게 된다. … 산에 안개와 구름이 없으면 봄에 꽃이 없는 것과 같다. 산에 구름이 없으면 수려하지 않고 물이 없으면 건조하고 도로가 없

으면 활기가 없고 나무가 없으면 생기가 없고, 심원(深遠)이 없으면 얕고, 평원(平遠)이 없으면 가깝고, 고원(高遠)이 없으면 얕게 된다. 산에는 삼원(三遠)이 있다. 산 아래에서 산정을 쳐다보는 것을 고원이라 이르고, 산 앞에서 산 뒤를 엿보는 것을 심원이라 하며, 가까운 산에서 먼 산을 바라보는 것을 평원이라 한다. 고원의 색은 맑고 밝으며 심원의 색은 무겁고 어두우며, 평원의 색은 명암이 함께 있다. 이것이 삼원이다. 고원의 형세는 우뚝 솟아 있고 심원의 의취는 중첩되고 평원의 의취는 트이어 아득하다. 인물이 삼원에 처할 경우 고원에 있으면 분명하고 또렷하며, 심원에 있으면 가늘고 작으며, 평원에 있으면 맑고 깨끗(沖澹)하다. 명료한 것은 짧지 않고 세쇄한 것은 길지 않고 충담한 것은 크지 않다.

산수를 "가행(可行)·가망(可望)·가유(可游)·가거(可居)"로 분류한 것도 흥미롭고, 산은 물이 있어야 활기차고, 물은 산을 얻어야 아름다워진다고 했으며, 산에 안개와 구름이 없으면 봄에 꽃이 없는 것처럼 무미건조하다고 평했다. 산허리에 구름이 걸리지 않으면 높게 보이지 않고, 물 없는 산은 아름답지 않고, 도로가 없으면 활기가 없고, 숲이 없으면 생기가 없으며, 심원과 평원과 고원이 없으면, 얕고 가깝고 낮아서 수려하지 못하다고 했다.

산에는 삼원이 있는데, 고원과 심원 그리고 평원이 그것이다. 산을 보는 위치에 따라 삼원을 분류하고, 삼원의 색상과 형세 및 의취를 밝힌 후, 인물이 삼원에 놓일 때 화폭에 나타난 형상도 언급했다. 곽희는 산수화를 말하고 있는데도 불구하고, 이 글을 읽는 독자는 그림이 아닌 실제 자연을 접하는 듯한 인상을 받게 되는 이유는, 아마도 그가 당대의 저명한 화가임과 동시에 탁월한 문장력을 지닌 은일풍의 학자였기 때문이다.

율곡(1536~1584)이 편찬한 시선집『정언묘선(精言妙選)』에「팔품격론(八品格論)」이 나온다. 이 중 그가 최고 반열에 놓은「원자집(元字集)」의 시들을 일컬어 "충담소산(沖澹蕭散)"이라 했다. 곽희의「산수훈」은 삼원 중 평원(平遠)의 의취를 두고 충융(沖融)하면서 표묘(縹緲)하고 충담하다고 했다. 따라서 여러 가지 정황을 참작컨대 율곡도「산수훈」을 읽은 것으로 여겨진다.『율곡전서』13권에 윤두수(1533~1601)가 염주목(鹽州牧)으로 부임하자 즉시 평원당(平遠堂)을 지었는데, 율곡이 이 당에 와서 대작하다가「평원당기(平遠堂記)」를 지었다. 당명(堂名)이 평원 것도 우연일 수도 있으나, 곽희의「산수훈」과 상통하는 면이 있다.

윤두수가 염주목에 부임한 즉시 객관 남쪽에 부지를 조성하여 당을 짓고, 평원(平遠)이라는 편액을 달았다. 율곡은 "심성의 본체가 허령(虛靈)에 부합되어 외물에 가려지지 않고 선양(善養)을 하면, 외물 모두가 이(理)에 처하게 된다. 그러기 위해 청광(淸曠)한 곳에 당사(堂榭)를 조성하면, 심성이 맑아져 정치에도 도움이 된다 - 평원당기(平遠堂記)."라고 했는데, 이는 그의 팔품격론과도 접맥된다. 당사와 당사가 위치한 산수의 평원을 성리학과 결부시켜 논한 율곡의 인식이 흥미롭다.

6. 중원 미학론의 주체적 지양(止揚)

동아시아 제국 가운데 중원 미학론을 가장 전향적으로 받아드려 활용한 나라는 우리의 역대 사인들이었다. 신라조의 경우 최치원을 위시한 빈공제자(賓貢諸子)들이 중원에서 공부할 무렵, 사공도(司空圖, 837~908)는 과거에 합격(함통연간[咸通年間], 860~873)했으나, 벼슬하지 않고 은거하여 『24시품』 등을 저술했다. 사공도는 고운 보다 20년 연장이다. 사공도가 왕성하게 활동할 시기에 고운은 장안에 유학했고, 헌강왕(재위, 875~885) 11년(885)에 귀국했으니, 당에서 어쩌면 사공도와 종영(鍾嶸, ?~518)의 『24시품』과 『시품』을 접했을 가능성도 있다.

중원에서 발간된 미학 관련 문헌들이 본격적으로 유입되어 읽혀진 시기는 고려시대였다. 그러므로 고려시대의 시문들을 미학적 시각으로 정치하게 검토하면 고려조 문단에 파급된 중원 미학론의 일단을 포착할 수 있다. 고운이 창작한 「향악잡영(鄕樂雜詠)」에 나타난 악무들은 당시 동아시아에 보편화된 산악잡희(散樂雜戲)의 하나였으며, "향악(鄕樂)"이라는 용어를 오로지 신라의 민속적 악무로 인식하는 것도 문제가 있다. 왜냐하면 중원의 악무에도 "향악"이라는 장르가 존재하기 때문이다. 이제현(李齊賢, 1287~1367)의 「소악부(小樂府)」가 중원에서 토속적 악무를 형상하는 장르의 하나였던 것도 동일하다.

통일신라 이후 우리나라의 악무와 문단은 동아시아적 글로벌 권역에 있었다. 「향악잡영」이 정설화된 것처럼 과연 서라벌에서 연희된 악무를 노래한 것인지, 아니면 그가 유학하여 공부하고 생활했던 당의 수도 장안이나 낙양 등지에 연희된 산악잡희의 일부를 읊은 것인지는 쉽게 단정하기 어렵다. "향악잡영"의 배경이 어떠하던 간에 이 시가 천여 년을 지나도록 관심의 대상이 된 이유는 백성들이 애호했던 악무를 형상했기 때문이다.

역대 한국의 문단은 통시적으로 우리의 파트너였던 "한(漢)·진(晉)·남북조(南北朝)·수(隋)·당(唐)·송(宋)·원(元)·명(明)·청(淸)"의 문단과 호흡을 같이하고 있었다. 우리 역대 문단도 중원의 수준 높은 미학론을 수용하여, 어떤 경우는 중원의 미학론을 능가하는 경지에 이르기도 했다. 조선조에 들어와 "법송파·법명파·법당파"등이 굴기하여 문단을 풍성하고 다양하게 발전시킨 이유도, 중원의 미학론을 받아드렸기 때문에 가능했다.

중원 미학론의 저술 중 사공도의 『24시품』이 고려 조선조 문단에 파급효과가 가장 컸다. 사공도의 『24시품』은 종영의 『시품』과 사혁(謝赫, ─남조[南朝] 제인[齊人]) 원앙(袁昻, 양 대인[梁代人]) 등의 『화품(畵品)』, 유협(劉勰, 465~532?)의 『문심조룡』 등을 집대성한 미학론의 결정판이다.

『24시품』은 당대의 두보(杜甫, 712~770)와 백거이(白居易, 772~846)를 중심한 사회미학파와 왕유(王維, 699~759) 등의 은일미학파(隱逸美學派) 중, 은일사상을 기반으로 하여 전개한 미학론이다. 조선조의 경우 초기에는 "사회미학"을 추존하다가 중기부터는 "은일미학"과 연관된 산수시 계통으로 이행되었다.

16세기 조선조 문단은 사공도 『24시품』 중 노장적 색채를 가진 품격은 배제하고, 성리학적 이기론을 근저로 산수시와 접맥시킨 "성정미학"과 연관된 품격론을 수용한 사림파가 시단의 주류를 이루었다. 성정미학의 융성기에도 일각에서는 명대문단(明代文壇)의 "전후칠자(前後七子)"의 미학을 수용한 법명파도 그 세력을 확장하고 있었다.

"전 칠자"는 정통 유가 문학론에 입각한 "시교(詩敎)"와 "악교(樂敎)"를 주장했지만, 조선조 성정미학의 근거가 된 송대 성리학파와는 거리가 있었다. 그들은 성리학에 의해 서정이 제약된 송시의 범주를 벗어나 "한·위·성당"의 시풍으로 회복해야 한다고 주장했다. 소위 조선조 법당파의 출현은 이 같은 동아시아 문단의 추이와 관계가 있다.

"전 칠자"와 "후 칠자"는 16세기에 발흥하여 그리스 로마를 본받자는 서양의 르네상스처럼, "한, 위, 성당"의 시문을 전범으로 하자고 제창했는데, 이를 두고 복고나 의고로 인식할 것이 아니라, 문학의 본질을 되찾기 위해 정통 문예미학으로의 복귀로 보는 것이 순리이다. 송시가 당시와 같다면 이는 문단의 정체요 답보다. 송 대의 성리학적 미학론을 수용한 16세기 사림파가 동아시아 문원(文苑)을 새로운 국면으로 발전시킨 업적은 평가되어야 한다.

"전 칠자"와 "후 칠자"가 중원 문단에서 활동할 무렵, 조선조 문단에도 퇴계 율곡 등 사림파의 기라성 같은 문인들이 배출된 것은 우연이 아니다. 이 무렵 "성정미학"을 창출하여 동아시아 문단에 신풍을 불어 넣은 선학들의 업적을, 성리학과 연결되었다는 이유로 과소평가하는 것은 정당하지 않다. "전 칠자"와 "후 칠자"가 새로운 미학론을 내세워 중원 문단을 장식할 즈음에, 조선조 사림파들은 "성정미학"이라는 독창적 미학론으로 대응하여 중원 문단과 맞섰다고 볼 수는 없을까.

16세기 이후 조선조 문예미학의 주류는 성정미학이었지만, 또 다른 미학론이 간헐적으로 출현하여 성정미학과 공존했다. 특히 명말 청 초 왕부지(王夫之, 1619~1692)에 의해 완성된 "정경론(情景論)"은 성정론을 평가 절하했다. 그는 금욕적 인욕(人欲)의 절제를 거부하고 자연스런 인정을 문학에 형상해야 하며, 시는 "정중경(情中景)"이요 "경중정(景中情)"인 만큼 정경합일(情景合一)이 되었을 때 자득의 묘를 얻는다고 했다.

왕부지의 이 같은 미학론을 일각에서는 주기적(主氣的) 객관론으로 보기도 한다. 요컨대 왕부지는 "성정미학"에서 벗어나 "정경미학(情景美學)"으로 시단을 이끌고자 한 것이다. 왕부지는 성리학의 핵심인 이(理)의 역할을 인정하지 않고, 천리(天理)가 곧 인욕이라고 하여 이를 긍정했다. 정과 성은 대립되는 것이 아니고, 정은 성(性)의 단(端)이라 주장했으며, 이는 주정적(主情的) 미학론의 이론적 기초가 되었다. 경에서 정이 생기고 정 가운데 경이 있으므로 정과 경은 비록 이름은 둘이지만 분리하기가 어렵고, 이를 "의경(意境)"이라 일컬었다. 왕부지의 "의경미학(意境美學)"은 정과 경이 하나라는 논리에서 성립된 것으로 "정경미학"의 이칭이다.

18세기 조선조 후기 문단에 변화를 준 원매는 시는 시인의 개성적인 성정을 형상하는 것이므로, 성리학적 성정론을 벗어나 인간 본연의 "성령"을 노래해야 한다고 했다. 선한 마음과 규범적인 정서만을 시문에 형상해야 한다는 성정미학의 국촉에 대한 거부감의 표현이다. 그는 시인이 성령을 읊은 사실을 두고 법당이니 법송이니 라고 하는 것은 의미가 없다고 반박했다. 그러므로 당시나 송시를 모방하는 의고적 태도에서 일탈하여, 개성적이고 독창적인 시문을 창작하려면 "성령미학(性靈美學)"에 뿌리를 둬야 한다고 했다.

시가 성령에서 발원한 개성적 성정을 자득(自得)하지 못했을 때, 그것은 시의 본질을 상실하게 됨으로 고인의 시를 모방하거나 도습하지 말 것을 역설했다. 원매는 당 송 시문의 굴레를 벗어나, 시의 본원인 제순(帝舜)과 공부자의 미학론이 담긴 『시경』과 고시들을 전범으로 삼을 것을 제창하고, 이들 작품을 노장이나 불가의 선오(禪悟) 등으로 해석하려는 것은 잘못이라고 했다. 원매의 이 같은 "성령미학"은 "법당·법송·법명"을 외치며 시작과 비평에 몰두하던 조선조 문단에 큰 파문을 일으켰다.

통일신라 이후 천여 년간 중원의 미학론을 수용하는 과정에 "품격미학(品格美學)"이 관심을 끈다. 특히 사공도의 『24시품』은 고려조를 거쳐 조선조 문단에도 상당한 영향력을 행사했지만, 조선조의 경우 불교나 노장적 색채가 있는 것은 제외하고, 유가적 정통 미학론에 포용되는 부분만 선별적으로 수용한 점이 주목된다. 시문학이 찬란하게 발화했던 당대는 "사회미학"과 "은일미학"의 양대 미학론이 공존했다. 사공도의 『24시품』은 현실 문제를 다룬 사회미학과 변별되는 "공령의경(空靈意境)"을 중시한 "은일미학" 계열에 속한 미학론인데, 송대 엄우와 청대 왕사정(王士禎, 1634~1711) 등에 의해 "묘오설(妙悟說)"과 "신운설(神韻說)"로 계승되었다.

한국 역대 문단의 미학론의 전개에서, "사회미학"은 현저하게 발휘되지 않았던 반면, 오히려 "은일미학"이 세력을 얻은 감이 있다. 조선조에 진입하여 은일미학은 원천적으로 내재된 노장사상으로 말미암아 사인들에게 표면적으로는 환영을 받지 못했으며, 이로 말미암아 "성정미학"이 힘을 얻어 문단을 주도했다. 16세기를 지나면서 성리학이 성정을 속박하는 것을 반대한 원굉도(袁宏道, 1568~1610)와 원중도(袁中道, 1570~1623)의 "성령설(性靈說)"이 제기되었고, 이를 원매가 계승 발전시켜 "성령미학"을 완성했다.

한국문단을 관류했던 미학론은 "사회미학·성정미학·천기미학·성령미학·정경미학·의경미학·공령미학" 등과 은거생활과 연계된 "은일미학"도 일정한 영역을 차지하고 있었다. 이 밖에 다양한 미학론들이 명멸했지만, 큰 줄기는 위에 열거한 미학론이 한국 문원을 견인했다. 이들 미학론의 근저에는 "유가·도가·불가·제자백가" 등의 이념이 흐르고 있었으며, 예악론과 화론도 첨가되어 한국문단을 더욱 풍성하고 아름답게 격상시켰다.

제11장

〈화양구곡〉과 〈방장초가〉의 주자시(朱子詩) 수용과 변용

武夷九曲圖(무이구곡도, 주자의 무이정사)

1. 시암 이직현의 주자시 수용

속리산을 시암(是菴) 이직현(李直鉉, 1850~1928)은 동아시아의 오악(五嶽) 가운데 중심이 되는 중악(中嶽)으로 인식했다. 속리산에 있는 세조(世祖, 1417~1468)의 발자취와 어필(御筆) 및 순조(純祖, 1790~1834)의 태봉(胎蜂) 등의 유적을 시문을 통해 읊었고, 속리산의 한 자락인 화양동천(華陽洞天)을 명나라 신종(神宗, 재위, 1573~1620)과 의종(毅宗, 1628~1644) 황제를 모신 '모든 물은 만 번을 꺾여 흘러도 모두 동방으로 모이므로 동아시아의 중심이다.'는 의미를 가진 '만동묘(萬東廟)'와 신종의 어필, 예에 벗어나는 행동을 않는다는 '비례부동(非禮不動)'의 네 글자가 새겨진 오곡의 첨성대(瞻星臺) 등의 유적을 묘사한 〈화양구곡(華陽九曲)〉 9수가 있다. 아울러 방장산(方丈山, 지리산)에 구곡을 설정하여 주자의 〈무이도가(武夷櫂歌)〉를 차운하여 〈방장초가(方丈樵歌)〉 10수를 창작했다. 시암은 속리산과 화양동천을 신성시했고, 또 이들 자연을 재도적(載道的) 서경적(敍景的) 시각에 입각하여 시로 형상했다.

필자는 1985년 『사림파문학(士林派文學)의 연구』를 펴냈다. 사림파문학의 중요한 영역의 일환으로, 주자(朱子, 1130~1200)가 은거한 복건성의 무이구곡(武夷九曲)의 산수와 이를 형상한 〈무이도가〉를, 조선조 사림파 사인(士人)들이 차운한 다량의 시문들을 주목했다.[140] 조선조 중엽부터 '무이구곡'을 의방한 '○○구곡'이라 이름 한 곳이, 전국 방방곡곡의 산하에 우후죽순처럼 무수히 나타났다. 이에 대한 학인들의 연구업적도 호한하다.

근래에 독립투사 시암 이직현의『평전』을 집필하면서, 속리산(俗離山)과 그 자락에 있는 화양동천을 무이구곡에 대비하여,〈화양구곡(華陽九曲)〉9수와〈무이도가〉를 차운한 방장산(方丈山)의 구곡(九曲)을 노래한〈방장초가〉10수를 접하고, 이를 학계에 소개할 필요를 느끼고 이 논문을 집필하게 되었다.

시암은 19세기 중엽 세계사가 소용돌이치는 격변기에 태어나서, 배화항이(背華降夷)를 격렬하게 배척하고 익사멸이(溺邪滅夷)를 실천할 것을 외치며 살다가 1928년 일제 강점기에 삶을 마감했다. 평생을 조국 광복을 위해 투쟁한 항일항쟁의 공을 높이 평가하여, 1917년 정부가 '건국포장(建國褒章)'을 추서했다. 조국광복을 위해 초지일관 헌신했던 시암이 이와 같은 서경적 낭만적 산수시(山水詩)를 창작한 것이 필자에게는 신선한 충격이었다.

시암의 종성(宗姓)『합천이씨대동보(大同譜)』에, 시암의 절의정신(節義精神)과 성리학을 비롯한 유학의 심오함과 반듯한 삶의 자세에 대해, 아래와 같이 간결하게 서술했다.

> 태어날 때부터 정신이 굳세고 기질이 전일(專一)했고, 성장하여 학문에 뜻을 두어 성인의 학문에 전념하여, 모든 행동이 법도와 의례와 상수(象數, 주역의 원리)를 벗어나지 않았

---

140 李敏弘,『士林派文學의 硏究(1985년 초판, 1987년 수정증보판, 2000년 증보판 발간)』참조

으며, 경전의 핵심사상을 널리 연구하고 검토했다. 노사(蘆沙) 기정진(奇正鎭, 1798~1879) 선생 문하에 나아가 깊이 깨우쳐, 올바르고 정의로운 '시(是)' 정신을 이어받았다. 이기설의 심오한 취지를 찾고, 성명의 근본을 통찰하여 주리론(主理論)을 근간으로 하여 기(氣)를 아우르는 사유에 의거하여, 중화를 존숭하고 오랑캐를 배척하는 정신을 기준으로, 정학(正學, 성리학)을 부양하고 사설을 물리쳐 유학의 명분과 절의를 천양하여, 일세에 존경받는 스승이 되었다.[141]

시암은 태생부터 기개가 왕성하고 초지일관의 정신을 가졌으며, 성장하면서 성인의 학문에 오로지 뜻을 두고, 언행 전반에 걸쳐 도학적 규범과 절의정신에 투철했으며, 노사문하에 들어가 정의와 올바름을 배웠다. 스스로 지은 아호 '시암(是菴)'도 노사의 가르침에 기인했다. 합천 이씨 문중에서도 시암을 주리론자로 인식했으며, 기를 부수적으로 수용한 것으로 보았다. 항일 독립운동에 대해서는 언급하지 않고, 존화양이(尊華攘夷) 이념과 성리학에 전념하여 심오한 진리를 터득하여, 일세의 종사(宗師)가 되었다고만 기술했다.

'기정진·송병선(宋秉璿)·정재규(鄭載圭)·기회일(奇會一)' 등

---

141 『陝川李氏大同譜』, 生而神旺氣專, 及長志學, 以爲聖人可學, 而至一動一靜, 循蹈規 矩, 儀文象數, 博考綜核. 就正于蘆沙奇先生正鎭門, 深喩尋是之旨訣, 潛究理義之奧, 洞見性明之源, 主理而率氣, 尊華而攘夷, 扶正學闢邪說, 道學名節, 爲一世宗師.

의 사림들과 학문과 예를 논하고, 최익현(崔益鉉, 1833~1906) 등의 사인들과 교유했다. 『사서삼경』은 물론이고 제자백가(諸子百家)에도 통했으며, 중국 일본을 비롯한 동아시아 역사에도 해박했고, 당시 국내외의 정세에도 밝았을 뿐 아니라, 「황성신보(皇城申報)」 등 당대의 신문에도 관심을 가져 조국의 미래상에도 유념했다.

서울을 비롯한 경향각지의 인사들과도 교류하여 인간관계를 돈독히 했다. 제자 교육에도 힘써 '남승우(南勝愚)·박기돈(朴基敦)·이정호(李正鎬)·이영현(李永鉉)·이원백(李源栢)' 등을 배출했으며, 이태영(李泰榮) 등 많은 후학들이 시암을 사숙(私淑)했다.

2. 속리산을 오악(五嶽)의 중악(中嶽)으로 인식

『시암선생문집(是菴先生文集)』「잡저편(雜著篇)」 기행문 가운데, 「속리록(俗離錄)」과 「화양록(華陽錄)」은 산수 유람의 미적 서경을 넘어, 시암의 사상과 역사의식 그리고 시국관 및 자연관을 접할 수 있는 글이다.

속리산을 일컬어 시암은 우리 동국의 명산으로 천하의 최고라고 하며, 오악(五嶽) 중의 '중악(中嶽)'이며 소금강으로 불리어 진다고 했다. 속리산을 중악으로 말한 것은, 중원이 한족이 아닌 만주족의 청나라로 대체된 사실을 감안한 것으로, 명나라의 신종과 의종 황제의 신위를 모신 만동묘가 속리산에 있다는 사실에 근거한 것이다.

조선조의 오악(五嶽)은 '중악 삼각산, 동악 금강산, 남악 지리산, 서악 묘향산, 북악은 백두산'이다. 북악과 남악은 국토의 확장과 함께 조선조 후기에 들어와, 북악은 백두산 남악은 한라산으로 변경되었다. 백두산도 처음엔 망제(望祭)만 올리다가, 갑산(甲山)에 제각을 지은 뒤 정식으로 북악으로 봉했고, 제주의 한라산을 해외로 여겨 거리를 두었다가, 지리산에서 남하하여 한라산으로 바꾸어 강역의 확충과 연계시켰다.[142]

시암은 속리산에 대한 동경을 오래전부터 갖고 있다가, 1897년 48세 때 『성담선생문집(性潭先生文集)』발간 관계로 재차 화양동에 들렀던 차에, 숙원이었던 속리산 유람을 하게 되었다. 화양동천은 속리산의 한 자락이므로 산마루를 넘으면 속리산 등반이 가능한 위치에 있었다.

---

[142] 『高宗太皇帝實錄』卷43 光武 7年 3月, 名山大川에 제사를 올릴 때, '五嶽·五鎭·四海·四瀆'을 皇帝禮樂에 입각하여 봉했는데, 中嶽은 京都의 三角山(北漢山)이다.
『增補文獻備考』卷61 「禮考」 8 名山大川 조에, 光武 3年 10月에 皇帝가 詔를 내려, 天子는 본래 天下名山大川과 '五嶽·五鎭·四海·四瀆'을 封하여 제사를 올려야하나, 지금 겨를이 없어 '祀典'이 미비 되어 있으니, 掌禮院에서 널리 고찰 하여 사전을 확립하라고 했다. 여기서도 속리산은 南鎭으로 기록했다. 일부 문헌에 俗離嶽이라는 칭호도 나오는 것으로 볼 때 중시된 산이다. 北嶽은 후대에 鼻白山에서 白頭山으로 북상했고, 南嶽도 地異山에서 漢拏山으로 남하시켜 나라의 강역이 확충된 점을 반영했다.
『東典考』「嶽·海·瀆·山川」 조에 한라산은 해외의 명산인데, 耽羅가 귀순하지 않았을 때, 祀典이 작성되었기 때문에 누락 되었으니, 응당 포함되어야 한다고 했다. 백두산도 望祭를 올리다가 英宗 시 甲山府 80리 望德山에 제각을 지었다는 기록이 있다.

이 해 8월 환장사(煥章寺)에 몇 사람이 어울려, '가을바람도 소슬하니 등산하기에 적절하다.'라고 뜻을 모아, 15일 행장을 갖추어 다리를 건너 화양구곡(華陽九曲) 제5곡에 있는 채운암(彩雲庵)에 잠간 쉬면서, 승려가 준 떡과 송이 머루 등을 먹고, 낙영산(落影山, 만동묘의 주산[主山])을 너머 도명산성(道明山城, 도명장군이 축성했다고 하나 미상)에 올라, 창을 묶어놓은 형태인 속리산의 여러 봉우리를 보며 감탄사를 연발했다. 성을 돌아본 뒤 내려와 세조의 어필을 보관하고 있으며, 일찍이 우암이 공부했던 공림사(空林寺) 주변을 거닐며, 세조와 우암에 대한 존경과 외경의 마음을 가누지 못했다.

남으로 일주문을 나와 사담점(沙潭店)과 홍씨정(洪氏亭)과 석별회(石別洄) 등 처를 섭렵한 뒤, 화양동에서 대략 50여리에 있는 대찰(大刹)을 둘러보고, 산호대(珊瑚臺) 위 수정봉(水晶峯)에 올라, 머리가 잘려 나간 거북바위를 어루만지며 하늘을 우러러보며, 온갖 상념이 텅 비어 속리의 진면목을 보지 못했으니, 세속이 스스로 떠났다는 산 이름이 부합되지 않는다고 했다.

얼마 후 하산하여 교남각(橋南閣)의 우암이 지은 동춘(同春堂) 송준길(宋浚吉, 1606~1672)의 '사실비문'을 읽었다. 연빈관(延賓館)에 돌아와 식사 후 각각 경전 한 구절을 읊고, 다음날 수목이 울창한 산 속을 거닐며 흘러가는 계곡의 물소리를 벗 삼아, 산을 오르내리며 소금강이라는 칭호가 사실에 부합된다고 하자, 일행 모두가 고개를 끄덕였다.

산길을 굽이굽이 돌아 단애를 지나 순조의 산릉(山陵)처럼 생긴 태봉(胎峰)에 올랐다가, 세조가 여기에 와 기뻐했다는 전설이 깃든 '상환암(上歡菴)'을 거쳐, 복천사(福泉寺)에서 물을 마신 후, 암자 뒤에 있는 사자(獅子) 모양의 바위로 인해 명명된 사자암 승려에게, 문장대로 가는 길과 소요 시간을 물어 험준한 길을 경과하여 문장대에 올라, 주자의 〈무이도가〉 중 '홍교일단무소식(무지개다리 한번 끊어진 후 무이군[武夷君]은 소식이 없네(虹橋一斷無消息)).'의 시구를 연상하고 『주역』과 태극의 화생만물(化生萬物)의 원리를 유추하며, 재도적(載道的) 산수인식(山水認識)을 피력했다.

석별회(石別洄)는 세조가 속리산을 가면서 중도에 머물렀다는 암석인데, 시암이 갔을 때도 흔적이 남아 있었다. 산호대(珊瑚臺) 위 수정봉은 문장대(文壯臺, 文藏臺)와 대응되는 산으로 문장대는 양, 수정봉은 음에 비유하여 음양에 견주기도 한다. 수정봉의 구석(龜石)은 머리가 잘려나갔는데, 이에 딸린 전설이 흥미를 끈다.

시암 역시 이 전설에 유의하여, '봉우리 위에 거북같이 생긴 돌이 있는데 세상에 전하기를, 중국의 재물이 이 거북바위 머리가 서쪽으로 향해 우뚝 솟아 있기 때문에 모두 조선으로 이동한다고 하여, 중국인이 와서 거북바위의 귀두(龜頭)를 잘랐다고 했고, 이는 우암이 지은 '사실비(事實碑, 우암이 짓고 동춘이 썼다)'에도 적혀 있다.'고 기술했다. 법주사에서 이 전설에 근거하여 수십 년 전 까지 남근을 매개로 의식을 행했다고 전해진다.[143]

---

143 『是菴先生文集』 卷9 雜著 「俗離錄」, 我東名山爲天下最在於五嶽, 俗離爲中

시암은 천신만고 끝에 문장대에 올라 비로봉과 가섭 등의 여러 봉우리를 돌아보며, 눈 아래 여러 산봉우리의 형상이 여윈 신선과 노불(老佛) 및 기묘한 짐승 거북 등이 서로 대하고 등을 맞대고 앉거나 엎드려 있는 모습이라 묘사했다. 옷깃을 여미고 문장의 거석을 돌아보며 해가 서산에 져 아쉬운 마음을 남긴 채, 하산하여 약초 캐는 사람들과 함께 별관에 투숙했다.

17일 조반 후 관음봉을 끼고 채약인을 앞 새워 북쪽으로 향하며 산중의 기이한 형적들을 좌우로 구경하면서 하산 하여, 용화점(龍

嶽, 而有小金剛之稱, 余生於國之南, 夙有一登之願, 歲丁酉, 以性潭先生文集校役, 再入華陽, 華陽卽俗離之一麓, 而踞其巓纔數十堠, 夙願可以逐矣. 縻於役未果. … 余曰, 役事有暇, 秋風正高, 登山此其時耳, 俗離之一往觀可乎, 兩苪咸曰, 此吾志也. … 15日, 余與彦德明, 躡屩扶藜, 渡橋而南, 小憩于彩雲庵(庵在五曲, 瞻星臺之南谷) … 南踰落影山(皇廟, 主山), 登道明山城(世傳, 道明將軍所築, 而未詳何時), 俗離諸峯, 矗矗如束戟狀, 遙望大叫奇, 卽循城而下, 過空林寺, 空林寺, 卽世祖御筆所在, 而尤翁所嘗贖書之所 … 渡石別洞(世傳, 世祖御路, 宿石之痕如故) … 又行幾里許, 有大刹, 自華陽計程僅五十里弱, 而日已斜矣, 周覽寺觀之勝, 登珊瑚臺上水晶峯, 摩挲剝落之龜(峯上有石如龜, 而世傳中州財帛, 緣此龜而盡輸於我國, 故中州人來斷龜頭, 尤庵所撰事實碑, 亦載其事), 騁矚天表, 萬想俱空, 不見俗離眞面, 而俗自離山, 名果不偶也, 有頃而下, 讀事實碑於橋南之閣(卽尤庵所撰, 同春所書之碑, 而有閣), 旣還延賓館蒲塞可矣, 夕後各誦經傳一篇 … 余謂國彦德明曰, 金剛之石皆白云, 今此山亦然, 小金剛之稱, 非虛傳也, 二君皆點頭, 從環道回, 回緣崖登胎峯(有純祖胎室碑, 環以石欄干, 約如山陵之象), 路斷不可記, 蒲伏下數十武, 得草間一線逕, 艱到上歡庵(世傳, 世祖到此歡喜, 故名) … 逍遙於中, 下二臺更到最上頭大石陡起幾萬丈, 而上爲盤陀, 盤陀上又捧一大石, 如盤上之置果, 所謂文壯臺者此也 … 余之所經歷搜覽者, 祇一門一二臺, 數三峯矣, 安能知千態萬象乎, 雖然一畫奇, 一畫耦積而爲三, 卦可成焉, 諸勝之數的合三十六宮 … 而門臺項峯, 各各脫不得卷石本面, 有若一太極, 便化生萬物 … 17日 … 沽酒於龍化店, 療飢於沙潭店, 入空林寺, 奉翫御筆, 上孤雲之臺, 又轉而東觀彌勒之庵, 曠感舊蹟(孤雲臺彌勒庵, 皆在落影山主峰之上, 元時胡僧來築于此, 事載「華陽誌」).

華店)에서 술을 사 사담점(沙潭店)에 요기를 한 다음, 공림사(空林寺)에 들어가 세조의 어필(御筆)을 참관했다. 고운대(孤雲臺)에 올라 미륵암(彌勒庵) 유적을 보며 격세의 감회에 젖었다. 고운대와 미륵암은 모두 낙영산(落影山) 주봉 위에 있는데, 원나라 때 호승(胡僧)이 와서 지은 것이라고 『화양지(華陽誌)』에 수록되어 있다고 했다.

「속리록(俗離錄)」을 통한 자연의 서경(抒景)과 산수인식 및 우암과 동춘당(同春堂) 등 시암 학맥과 연관된 인물들과 연관된 내용들을 묘사했다. 「속리록」에는 시암 특유의 해박한 전고가 적지 않게 들어 있는데, 정자(程子, 1037~1107)와 주자 등 이들 선현의 시도 삽입되어 있다.

문장대에서 내려다 본 속리산 경관의 묘사도 사실적이고, 세조의 어필 및 순조의 태봉과 그리고 수정봉(水晶峯)에 얽힌 거북바위 유래는, 『동국여지승람(東國輿地勝覽)』에도 수록되어 있는데, 중국 재화가 동국으로 몰려오는 이유가 이 거북바위의 머리가 서쪽으로 우뚝 솟아있기 때문이라고 본, 중국 술사(術士)가 이 귀두를 잘랐다는 언전(諺傳)이 있다고 했다.[144] 시암이 「속리록」을 서술하면서 『주역』과 태극사상(太極思想)을 논한 것도 특별한 의미가 있다.

시암은 속리산과 화양의 산수에 대해 신앙수준으로 흠모했다.

---

144 『新增東國輿地勝覽』卷16「報恩縣」古跡 龜石, 法住寺之西岑, 有龜石自然天成, 其背可座五十人, 其頭昻然西揭, 諺傳中原術士來見曰, 吾不知中原財帛, 日輪東土, 誰之使然果此物也, 乃斷其首而禳之.

속리산을 중악으로 인식하고, 화양동천을 동국의 무이산(武夷山)으로 비정한 것이 그 실례이다. 무이산은 주자가 은거하여 학문을 강론하고 제자를 가르친 곳으로, 여기에 강학 처인 유명한 은병정사(隱屛精舍)가 있다. 은병정사는 무이구곡 제5곡(五曲)에 있다. 복건성 무이 산맥 자락 강물이 아홉 구비로 돌아 흐르는 절경에 주자가 은거하여 무이구곡이 천하에 알려졌다. 해주 석담(石潭)에 율곡이 강학하던 곳의 명칭도 '은병정사'였다.

고려조와 조선조 초기 사인들의 이상세계는 도가적(道家的) 성향이 짙은 '무릉도원(武陵桃源)'인데 반해, 조선 중기에 들어 주자의 '무이구곡'으로 대체되었다. 무이구곡은 주자가 무이 오곡에 은병정사를 열어 문도를 교육하기 전에는, 도교의 신선과 선녀와 도사들의 고장이었으며, 그 대표적 인물이 전설로 남은 무이군(武夷君)이었다. 무이산의 이름도 이 무이군과 연관이 있다. 무이구곡은 주자가 들어오기 전에는 도교의 신선들의 고장으로, 중원에서도 별로 알려지지 않는 은둔과 방외(方外)의 지역이었다.

인물이 지역을 빛나게 하느냐, 지역이 인물을 유명하게 하느냐를 일찍부터 논의가 있었다. 사람이 지역을 유명하게 하는 대표적 예로 중국은 주자와 무이구곡을 들었다. 한국의 경우도 유명 인사들은 모두 지역과 접맥되어 사림과 민인들의 관심과 동경의 대상이 되었다.

원주 치악산(雉岳山)은 운곡(耘谷, 원천석[元天錫, 1330~?]), 안동 분천(汾川)은 농암(聾巖, 이현보[李賢輔, 1467~1550]), 안동 도산(陶山)은 퇴계(退溪, 이황[李滉]), 지리산(地異山)은 남명(南溟,

조식[曺植, 1501~1572]), 장성(長城)은 하서(河西, 김인후[金麟厚, 1510~1560]), 해주 고산(高山)은 율곡(栗谷), 경기 파주(坡州)는 우계(牛溪, 성혼[成渾, 1535~1598]), 충청 속리산(俗離山)은 대곡(大谷, 성운[成運, 1497~1579]), 보길도(甫吉島)는 고산(孤山, 윤선도[尹善道, 1587~1671]) 등, 지역과 사인의 관계는 열거키 어려울 정도로 많다.

퇴계는 인물과 지역의 상관관계에 대해 주자와 무이구곡의 예를 들어 다음과 같이 말했다.

> 36동천(洞天)이 없다면 그만이지만, 있다면 그 가운데 무이산이 당연히 최고이다. 그러므로 영이한 사적이 예부터 많이 있다. 하늘이 주자를 태어나게 했지만, 세상에 그 뜻을 펴지 못하여 마음을 접고, 무이산 대은병(大隱屛) 아래에 물러나, 신령과 신선이 사는 방외의 지역을, 공자 맹자의 고국 추노(鄒魯)의 지역으로 변모시킨 하늘의 뜻은 알 수 없다. 이는 한 시대에는 불운이었지만, 무이산은 행운을 얻었고, 또 사문(斯文, 도학)에게는 백세의 무궁한 영광이 되었다.[145]

조선조에 와서 지역과 인물을 결부시켜 논의한 것은 퇴계의 이

---

145 李滉,『退溪全書』卷43「跋」李仲久家藏武夷九曲圖跋, 三十六洞天, 無則已, 有則武夷當爲之第一, 故其中古多靈異之跡. 天生我朱子, 不得有爲於天下, 卒至卷懷, 棲遯於大隱屛下, 使夫靈仙窟宅之地, 變而爲鄒魯道義之鄕, 天意固有所未可知也, 而彼一時天下之不幸, 豈不爲玆山之幸也耶, 又豈不爲百世斯文之大幸也耶.

글이 결정적으로 작용했다. 당대 지배층들로 부터 버림받아 강호로 물러난 사인군자(士人君子)들의 향촌산하가 유명지역으로 부상하여 흠모의 땅으로 인식된 점을 두고, 퇴계는 이를 주자의 무이구곡에 대비했다. 소인배들이 득세하는 불합리한 세태를 떠나, 군자들은 은거했기 때문에 세상은 불행하게 된 반면, 은거한 해당 산하는 영광을 얻었고, 군자들이 거기에서 도학을 연구한 까닭으로, 사문은 백세를 두고 빛을 발했다는 인식도 흥미롭다.

이 같은 유림 사회의 도저한 풍조로 말미암아, 주자의 무이구곡을 본 따 율곡의 '고산구곡(高山九曲)'을 비롯하여, 전국 각지에 강과 시냇물이 굽이져 흐르는 곳마다, '○○구곡'이라 명명된 곳이 우후죽순처럼 생겨났다. 우암과 연계된 '화양구곡(華陽九曲)' 역시 사인들이 물러나 학문에 열중한 자연에 붙여진 호칭 중 하나이다. 시암도 속리산 자락에 있는 화양산수(華陽山水)를 주자가 은거하여 연학(硏學)과 강학(講學)에 전념했던 무이구곡과 대비했다.

화양산수는 우암 선생을 만나 동국의 무이(武夷)가 되어 천하에 이름이 났다. 따라서 선생의 뜻을 본받아 화양의 물줄기와 돌조각 하나에도 사랑과 존경의 마음을 붙여, 요 임금이 죽은 뒤 순 임금이 담장을 대하고 국을 마실 때도 그리워했다는 고사처럼 하지 않을 수 있겠는가. 이 해(1897, 시암 48세) 여름 내가 처음 여기에 왔을 때, 「화양록」을 지어 잊지 않으려는 마음을 담으려고 했으나 이루지 못했는데, 반년간 구곡의 자연에 머물며 기를 받고 몸을 수양하는 과정에,

「화양록」을 지어 지닌 바의 높은 뜻을 기록 해 두지 않으면, 돌아가서 화양산수의 미려한 풍광을 회고할 수 없을 터이니, 「화양록」을 찬해야 한다고 생각했다.

1곡은 경천대(擎天壁), 2곡은 운영담(雲影潭), 4곡은 금사담(金沙潭), 5곡은 첨성대(瞻星臺), 6곡은 능운대(凌雲臺), 7곡은 와룡담(臥龍潭), 8곡은 학소대(鶴巢臺), 9곡은 파곶(巴串)이다. 모두 형상을 취해 붙인 이름이다. 3곡의 읍궁암(泣弓巖)은 그 뜻에 맞추어 명명했다. 뜻이 있으면 형상도 이에 준하는데, 항차 형상 가운데 뜻이 없을 수 있겠는가. 경천이라 칭한 이유는 석벽이 만 길이나 높이 솟아, 난세의 버팀 목이 된 산처럼 선생(우암)이 새운 강상(綱常)의 우뚝함을 탁의한 것이다.

운영과 금사는 연못으로, 푸른 물과 반짝이는 모래가 거울 같아, 구름이 배회 하고 가을 달이 비춘 것 같은 선생의 마음을 비유했다. 대(臺)를 일러 첨성이라 한 것은 계란을 포갠 듯이 만장으로 높이 솟은 암벽의 형세가, 마치 유성이 궤도를 돌며 광채를 발하는 것 같은, 숭정황제의 어필인 '비례부동(非禮不動)'의 네 글자가 북극성이 제 자리에 움직이지 않고 있듯이, 선생의 북쪽을 받드는 충정을 품고 있다.

능운 학소는 구름을 능멸하듯이 높고, 형체가 학의 집 같아서 구름과 학자를 붙였다. 운학(雲鶴)은 선가(仙家)의 색채가 있고, 또 주자가 은거한 무이산의 선영(仙靈)을 말한 것이며, 무이산공(武夷山空)은 선생이 직접 쓴 글자이다. 와룡은 바위 형태가 사람이 아로 새기지 않고, 절로 용의 무늬가

되어 가로로 길게 꿈틀거리며 뻗어, 그 형세가 천년을 넘도
록 변하지 않아 용덕(龍德)의 은자(隱者)를 상징하므로, 선
생이 일찍이 쓰다듬으며 차탄하던 곳이다.

파곶(巴串)은 큰 암석이 쟁반처럼 서리어 매끄럽고 빛나기
가, 마노(瑪瑙)와 같아 천 사람이 앉을 만하고, 물이 바위틈
으로 파(巴)자처럼 굽이져 밤낮으로 소리치며 휘돌아 흘러,
만번을 꺾어도 결국 동쪽으로 간다는 의미(만절필동[萬折
必東])를 품고 있으므로 선생이 특별한 의미를 부여한 곳이
다. 3곡의 이름 읍궁(泣弓)은 선생의 상제(上帝)와 효종(孝
宗, 1619~1659)을 향한 외로운 충정(衷情)이 깃든 곳으로,
영웅들로 하여금 옷깃을 적시게 하는 장소이다.[146]

---

146 『是菴先生文集』卷9 雜著「華陽錄」, 華陽山水, 遇尤菴先生, 而爲東國之武
夷, 名於天下, 則凡我誦法先生之義者, 於是洞之一水一石, 安得不愛慕, 而
興羹墻之思哉. 是歲之夏, 余初入于是, 擬作一錄, 以寓其不忘之義而未果,
今則半載淹留九曲之煙霞, 水石移吾氣養吾體, 雖欲忘之得乎, 更無用錄爲,
而節取其義而록지, 以爲歸後, 寓目之資可乎. 一曲之擎天壁, 二曲之雲影潭,
四曲之金沙潭, 五曲之瞻星臺, 六曲之凌雲臺, 七曲之臥龍巖, 八曲之鶴巢臺,
九曲之巴串, 取其象而名之者也. 三曲之泣弓巖, 取其義而名之者也, 義之所
在, 象亦不無爲助, 況象中有義者乎. 何以謂之擎天之壁也, 矗立萬仞屹若砥
柱, 先生之樹綱常也. 何以謂之雲影金沙, 其潭也水碧沙明, 瑩如一鑑, 而天
雲徘徊, 秋月照寒, 先生之傳心法也. 何以謂之瞻星其臺也, 危如累卵高聳萬
丈, 而一卷石, 勢若隕星之躔焱, 焱於上頭, 旁刻崇禎御筆, 非禮不動四大字,
儼然照臨, 有若北辰之居其所而不動, 此則先生拱北之衷也. 何以謂之凌雲
鶴巢, 高可凌雲, 形若鶴巢, 而雲鶴二者, 俱是仙家物色, 此間亦有武夷仙靈
歟, 蓋武夷山空, 先生之手書也. 何以謂之臥龍其巖也, 不待彫琢, 而自成龍
文, 橫亘數十丈, 勢若蜿蜒一臥, 千載確乎不可拔, 此則龍德而隱者也, 而先
生之所嘗摩挲太息者也. 何以謂之巴串, 大石盤陀瑩滑如瑪瑙, 而可座千人,
水從石間流巴字回而串之, 不知幾折, 而日夜嗚咽, 此則萬折必東之義, 先生
之極稱者也.

시암은 속리산과 화양동천을 성지로 여겼고, 「속리록」과 「화양록」을 지은 동기도 이에 근거했다. 속리산과 화양동천의 아름다움을 묘사하지 않은 것도 아니지만, 본래의 목적은 존왕양이(尊王攘夷)와 춘추대의(春秋大義)를 실천한 우암의 정신을 천양하는데 있었다. 그러므로 자연의 미경 묘사 못지않게, 명나라 신종 의종 황제와 이들을 모신 만동묘를 핵심으로 등장시켰다. 속리산의 경우도 조선조 세조와 순조의 사적과 『주역』과 도학의 이념을, 자연을 통해 읽으려 했다.

춘추대의와 존왕양이의 정신은 동아시아 전역에 이미 사라졌고, 유일하게 화양동천을 품은 속리산에만 살아 있다고 인식하여, 속리산을 천하 산하의 중악으로 규정한 것이다. 신황(神皇, 신종 황제)의 '옥조빙호(玉藻氷壺)'와 5곡 첨성대에 새겨진 의종의 필적 '비례부동(非禮不動)' 및 우암의 '대명천지(大明天地)·숭정일월(崇禎日月)' 등의 필적과 만동묘가 여기에 있기 때문에, 족히 중악으로 볼 수 있으며 또 그렇게 인식하는 것이 정당하다는, 신념이 바탕에 깔려 있었다.

임진왜란 시 육군과 수병의 대군을 파견하여, 왜의 속국이 될 처지에 놓인 우리나라를 도와준, 만력황제(萬曆皇帝) 신종에게 고마움을 갖는 것은 옳다. 그 보답으로 창덕궁 안에 대보단(大報壇)과 화양동에 만동묘를 지은 것을 전적으로 나쁘다고만 하는 견해는 문제가 있다. 명나라가 자신을 위해 파병했기 때문에, 고마워할 필요가 없다고 생각하는 것도 무리가 있다. 동서고금을 막론하고 자국과 자신에게 이익이 없는 행동을 한 사례는 찾기가 어렵고,

있다고 한다면 성인밖에 없다.

그러나 명나라는 정당하고 청나라는 나쁘다는 단선적 사고는 옳지 않다. 한족은 문화민족이고 소위 사이민족(四夷民族)은 야만이라는 한족(漢族)의 독선적 판단에 세뇌되어, 수천 년간 지속된 이 같은 고정관념들은 이제 털어버려야 한다. 사이는 사이 나름의 문화가 있는 만큼, 중원문화에 기준하여 일방적으로 폄하하는 것은 부당하다.

명나라가 망한 후 반 천년 가까이 제사를 정성껏 모신 절의정신을 꼭 비난 할 수만은 없다. 조선조 중엽 우암과 수암으로 부터 시암에 이르기 까지, 주로 노론계 사인이 중심이 된 이 한결같은 숭모정신은, 현대에 와서 이해되지 않는 부분도 있다. 한 때 훼철되었던 만동묘가 다시 중건된 사실로 볼 때, 그 뿌리가 얼마나 견고한 가를 가름할 수 있다. 시암이 '존왕양이'와 '춘추대의'에 입각한 '절의정신'으로 이들 황제를 경모한 점을 두고, 오늘의 시각으로 재단하는 것은 한계가 있다. 고대와 중세는 고대와 중세의 시각으로 평가해야 당대의 상황을 핍진하게 접할 수 있다.

우리는 통시적으로 여진족(말갈·숙신·읍루·만주족)을 미워하고 천시했다. 한족과 거란족 몽골족 왜족 등이 우리 겨레에 자행한 박해에 비하면 나름대로 양호한 면도 있다. 혈연이나 언어의 면으로 접근해도 만주족은 우리와 유사한 점이 많다. 그들은 우리와 달리 우리겨레에 대해 나쁜 감정을 갖고 있지 않았으며, 오히려 혈맥이 통하는 민족으로 여겼다.

수천 년 전부터 여진족과 우호관계를 맺고 더불어 우호적으로 살아 왔다면, 광활한 만주 지역도 우리의 강역이 되었을 것이다. 고구려와 발해가 대제국을 이루어 동아시아에 군임 했던 까닭도, 여진족과 제휴하여 일종의 연방 국가를 이루었기 때문에 가능했다고 필자는 생각한다. 고구려가 장수왕 때 수도를 평양으로 옮긴 뒤 여진족과의 관계가 다소 소원해졌다고 볼 수도 있다.

시암은 만주족의 청나라를 '호청(胡淸)'으로 칭하며 한족의 송과 명을 중원의 적통 왕조로 보았다. 이 같은 만주족에 대한 인식은 2천 년간 변함이 없었다. 시암이 통시적으로 동아시아 문화와 학술 등 당시 최고 수준에 있던 '한·당·송·명' 등 한족왕조를 숭앙한 것은 당연하고 올바른 선택임은 확실하지만, 거시적으로 볼 경우 일말의 아쉬움도 있다.

한 인물의 평전은 객관적 사실에 바탕 하여 기술했을 때 가치가 있고 독자들의 공감을 얻을 수 있다. 칭송 일변도의 서술은 고인을 역설적으로 격하시키는 결과를 초래한다. 속리산 과 화양동천을 동아시아 정신문화의 성지로 규정한 시암의 인식은, 후인들이 참고삼아야 할 시각이다. 시암이 일부에서 거부감을 갖는 '존왕양이'와 '춘추대의'를 외친 것은, 오랑캐 일본을 구축하고 자주독립을 성취하려는 숭고한 의도가 있으므로 의미가 있다.

화양동천 곳곳에 만동묘를 위시해 우암이 머물렀던 감천지곡(紺川之曲)의 무릉(武陵)과 침류정(枕流亭) 파곳(巴串) 및 상류의 선유동구곡(仙遊洞九曲)과 운한각(雲漢閣) 서쪽 판각각(板閣閣)과 암서재(巖棲齋)와 초당(草堂), 손님을 맞았던 풍천재(風泉齋) 등 도처에 우암의 발자취가 남아있다. 화양동천은 우암을 만났으므로 이름이 세상에 알려졌다는 시암의 평가는 옳다. 송나라의 '태조·신종·의종'의 삼황(三皇)과 이들 황제의 필적이 바위에 새겨져 있어, 숭명사상(崇明思想)의 본거지로도 손색이 없다. 일제의 엄혹한 반대를 무릅쓰고 만동묘 향사를 관철한 시암의 결연한 행위도, 조국광복의 의지와 결부되어 있다.[147]

3. 〈화양구곡〉과 〈무이구곡(武夷九曲)〉

화양동천의 경물과 구곡은 1744년 송주상(宋周相)이 편찬하고 1861년 우암 8세손 송달수(宋達洙, 1808~1858) 등이 보완하여 간행한 『화양지』에 실려 있는데, 시암이 이를 참고하여 1곡에서 9곡까지 지형과 명칭에 따른 사적과 내력을 부연하여 기록했다. 『화양지』는 1751(영조 27년)년에 발간된 동천공(董天工)의 『무이산지(武夷山志)』의 체재와 유사하다. 시암은 화양동천을 성지순례의 마음으로 답파하여 「화양록」을 지었을 뿐 아니라, 주자의 〈무이도가〉를 염두에 두고 〈화양구곡(華陽九曲)〉의 칠언시를 창작했다.

〈무이도가〉는 16세기 사림파 지식인들에게 전범적인 '산수시(山水詩)'로 자리 잡아 전국방방곡곡 ○○구곡'이 등장했는데 화양구곡도 그 중의 하나이다. 조정을 떠난 재야의 사림들이 퇴계 율

---

147 『是菴先生文集』 卷9 雜著 「華陽錄」 후반부 조.

곡에 이어 〈무이도가〉에 대한 비평과 차운(次韻)이 유행하여 헤아릴 수 없을 정도의 시문이 창작되어, 사림파 문학의 중요한 영역으로 자리 잡았으며 우암 역시 동일하다.[148]

우암은 율곡의 단가(短歌, 시조) 〈고산구곡가(高山九曲歌)〉를 5언의 한시로 번역하고,[149] 또 이 한시들을 〈무이도가〉를 차운하여 7언절구의 〈고산구곡시(高山九曲詩)〉를 지었으며, 문곡(文谷) 김수항(金壽恒, 1629~1689), 재월(齋月) 송규렴(宋奎濂, 1630~1709), 장암(丈巖) 정호(鄭澔, 1648~1736), 수곡(睡谷) 이여(李畬, 1645~1718), 곡운(谷雲) 김수증(金壽增, 1624~1701), 삼연(三淵) 김창흡(金昌翕, 1653~1722), 수암(遂巖) 권상하(權尙夏, 1641~1721), 지촌(芝村) 이희조(李喜朝, 1655~1724), 교리(校理, 봉곡[鳳谷]) 송주석(宋疇錫, 1680~1629) 등의 문도들과 후손이 차례로 차운했다.[150]

시암은 위의 우암 문도들과 연결되어 있었지만, 문인들 중 특히 수암 권상하를 존경했다. 수암은 주자의 도(道)는 율곡이 다시 밝혔고, 율곡의 학문은 하늘을 열고 태양이 빛나는 것 같았으며, 우암은 '땅을 짊어지고 바다를 품었다'는 업적을, 덕을 가진 자는 모

---

148 李敏弘, 『士林派文學 研究(1985, 형설출판사, 2000, 월인)』에서 朱子 〈武夷櫂歌〉와 '徐居正·李滉·金麟厚·奇大升·李珥·鄭逑·趙翼·鄭經世·李瀷·崔岦·李萬敷·金壽增·宋時烈·洪良浩·權直熙' 등 사인의 九曲經營 및 次韻과 해설을, 淸代 董天工 『武夷山志』에 실린 무이도가 관련 시문과 여타 학자들의 기록을 대비하여 자세하게 검토했다.

149 『栗谷全書』 附錄 續編 〈附高山九曲歌〉, 本諺錄, 係宋時烈翻文

150 『栗谷全書』 附錄 續編 〈高山九曲詩〉, 尤庵旣次武夷櫂歌首韻, 以下分屬諸公, 依先生九曲歌而成之.

두 이 말이 틀리지 않은 것으로 믿고 있다고, 우암「묘표(墓表)」에 적었다. 시암도 수암의 이 같은 견해를 수긍했고, 자신이 우암과 수암을 또 다시 계승했다는 긍지를 가졌다.[151]

시암은 명의 '신종·의종' 황제와 우암의 발자취가 역력히 남아 있는 화양동천을 시로 형상하고 이를 〈화양구곡〉이라 했다. 주자의 〈무이도가(武夷櫂歌)〉를 직접 차운하지는 않았으나 시상은 유사한 부분이 많다. 〈무이도가〉가 서시(序詩)를 포함해서 10수인데 반해 〈화양구곡〉은 9수이다.[152]

1곡의 높고 푸른 절벽 하늘을 받들고   一曲蒼崖直上天
여기에 무이산의 선령도 어리어 있다,   箇中應有武夷仙
가파른 산세 어떤 재해도 범하지 못하고[153]   崢嶸不入懷襄勢
한손으로 이룬 공적 억만년을 누리네.   隻手神功萬億年
                                                      (擎天壁)

2곡의 맑은 물결 연못을 이루어   二曲淸漪活水潭
본래의 오묘한 이치 고요히 탐색하네,   元初妙理靜中探

---

151 李相殷 編,『韓國歷代人物傳集成(민창문화사, 1990) 宋時烈 文正公 左相 人物考, … 朱子之道, 有栗谷而復明, 栗谷之業, 至先生而益廣, 栗谷如天開日明, 先生如地負海涵, 世有知德者, 必信斯言之非誣也.

152 『是菴先生文集』卷1「詩」〈華陽九曲〉

153 『書傳』「虞書」堯典, 帝曰, 咨四岳, 蕩蕩洪水, 方割, 蕩蕩懷山襄陵, 浩浩滔天, 下民其咨. 에 따온 것으로 홍수가 산을 싸고 언덕을 넘어 백성에게 피해를 준다는 뜻으로, 시암은 화양동천의 擎天壁이 이를 막고 있다고 보았다.

간혹 구름이 비쳐도 진면목이 아니니　　倘來雲影非眞面
하나의 사물에도 만상을 함유한다.　　　一物無時萬像含
　　　　　　　　　　　　　　　　　　　（雲影潭）

3곡의 높은 바위 읍궁(泣弓)을 물으니　　三曲高巖問泣弓
고신의 피눈물 쓸쓸한 바람에 떨어진다,　孤臣血淚落凄風
서리치는 요동의 들판 달려보지도 못하고　遼霜未試驅馳許
담비 가죽옷은 상자 속에 잠자고 있구나.　其奈貂裘在篋中
　　　　　　　　　　　　　　　　　　　（泣弓巖）

4곡의 깨끗한 연못 양안 모래 벌에　　　四曲澄潭兩岸沙
은거하며 뜻을 구하던 암서재(巖棲齋),　巖齋管領好煙霞
밝은 창가에 고귀한 심령이 서려　　　　明窓喚起靈臺主
오묘한 사물의 도리를 여기서 터득했다.　直地惺惺是自家
　　　　　　　　　　　　　　　　　　　（金沙潭）

5곡의 높이 솟은 석벽이 별을 받들어 안고　五曲危巖屹拱星
비린내 풍기는 세상에 이 산만은 맑구나,　腥塵天地此山晴
산마루를 비치는 비례부동 네 글자　　　　煌煌四字林巒照
천년을 두고 중원 한 명(漢·明)을 우러르네.　瞻仰千秋倬漢明
　　　　　　　　　　　　　　　　　　　（瞻星臺）

6곡의 높푸른 바위 채색구름 밟고　　　　六曲凌高躡彩雲

안전에 펼쳐진 차제와 만상이 열렸네,　　眼前次第萬千門
도학이 쇠퇴한 팔대 일으킬 사람 누구냐　文衰八代誰能起
세상은 암흑에 싸여 분변되지 않았다.　　黎後天章久未分
　　　　　　　　　　　　　　　　　　(凌雲臺)

7곡의 푸른 바위에 가로로 누운 용　　　七曲蒼巖一臥龍
이 바위에서 엎드려 끝마칠 것인가,　　此間存蟄若將終
다른 해에 어느 봄날 우레가 쳐서　　　佗年也有春雷震
용트림을 할지라도 아직은 겨울이다.　回首乾坤尙大冬
　　　　　　　　　　　　　　　　　(臥龍巖)

8곡의 학소대 학은 떠나고 집만 남아　八曲巢餘鶴去臺
동천은 텅 비어 쓸쓸히 구름만 떠돌고,　洞天寥廓暮雲開
정정하게 신선의 기둥처럼 우뚝 서서　亭亭屹若遼仙柱
천년을 두고 학이 돌아오길 기다리네.　佇待千年有鳥廻
　　　　　　　　　　　　　　　　　(鶴巢臺)

9곡의 푸른 물결 파자(巴字)처럼 굴곡져　九曲淸波折作巴
한 줄기는 곧게 한 줄기는 빗겨 흘러와,　一條旋直一條斜
신선의 근원도 여기에서 분별이 어려워　仙源到此猶難辨
몇 곳을 구비 쳐 돌며 꽃을 실어 왔는가.　幾處分流逐水花
　　　　　　　　　　　　　　　　　(巴串)

시암의 〈화양구곡〉 시는 '서정·서사·서경'을 재도적 시의식에 입각하여 창작되었다. 조선조 문단의 무수한 〈구곡시(九曲詩)〉의 저변에는 주자의 무이구곡동천(武夷九曲洞天)과 〈무이도가〉이 깔려있는데, 시암의 〈화양구곡시〉도 예외가 아니다. 6곡 '능운대' 와 8곡 '학소대'는, 구름을 내려다보는 듯하고 형상이 학의 집처럼 생겼기 때문에 붙여진 이름인데, 운(雲)과 학(鶴)은 선가(仙家)의 경물이라 했고, 여기에 무이산의 선영(仙靈)이 깃들어 있다고 시암 은 말했으며, 우암 역시 화양동천을 무이산에 대비했다.[154]

1곡 시는 '경천벽'을 중심한 산세를 무이산에 대비시켜 수억 년 을 하늘을 받들고 있으며, 아무리 큰 홍수가 져도 해를 줄 수 없는 장엄한 동천임을 읊었고, 2곡의 〈운영담〉 시는 자연이 품고 있는 오묘한 이치를 구름에다 빗대어 노래했다. 3곡의 〈읍궁암〉 시는 높은 바위를 읍궁(泣弓)과 연계하여, 우암이 북벌의 의지를 펴지 못하고, 서거한 효종의 통한을 음영한 시인 듯하다.

4곡의 〈금사담〉 시는 맑은 연못 양안에 우암이 은거하여 뜻을 구하던 암서재와, 5곡의 〈첨성대〉 시는 신종 어필 '비례부동(非禮 不動)' 및 우암이 쓴 '대명천지(大明天地) 숭정일월(崇禎日月)' 등 의 글자가 바위에 새겨져 있는 곳으로 선현에 대한 흠모의 정을 형 상했다.

시암은 4곡의 〈금사담〉 시와, 5곡의 〈첨성대〉 시는 경물을 통

---

154 『是菴先生文集』卷9 雜著 「華陽錄」, 何以謂之凌雲鶴巢, 高可凌雲, 形若鶴 巢, 而雲鶴二者, 俱是仙家物色, 此間亦有武夷仙靈歟, 蓋武夷山空, 先生之 手書也.

해, 존왕양이와 춘추대의 그리고 명나라 '태조·신종·의종'의 3황제를 숭앙하는 뜻을, 우암과 연계하여 별과 맑은 연못을 매개로 읊었다. 시암은 존왕양이의 이념을 직선적으로 서술하지 않고, 자연을 매개로 활용한 표현기법은 격조가 높다.

6곡 〈능운대 시〉는 전한(前漢) 이후 '동한(東漢)·위(魏)·진(晉)·송(宋)·제(齊)·양(梁)·진(陳)·수(隋)' 등 팔대(八代) 7세기 내외의 이 시기를 학문과 도학이 쇠퇴한 암흑의 시대로 보고, 이를 회복하여 문물전장(文物典章)을 회복할 사람을 고대하는 내용을 담았다. 조선조 사림파들은 맹자 이후 천년 동안 도학이 끊어져 빛을 못 보다가, 주자가 이를 다시 소생시켰다고 한 지적과도 유사하다. 맹자와 주자의 생존 연대는 천년의 간격이 있다. 그러다가 당과 송 대에 와서 학문이 융성하여, 명나라가 이를 계승했지만 원나라와 청나라에 들어와, 다시 사양길로 접어들었다고 했으며, 시암도 같은 생각을 갖고 있었다.

중원의 문화와 학문의 정통은 '한·당·송·명'의 한족왕조에 있다는 편협한 화이론(華夷論)의 구도이다. 중원문화에 만주족의 청나라가 기여한 업적은 방대하고 심오하다. 오늘의 광대한 중국 강역도 청나라 때 완성된 것이다. 그런데 만주족은 지금 역사에서 사라지고 없다. 비참한 정치적 실패를 한 대표적 민족 중의 하나이다.

시암의 명나라에 대한 숭앙의지는 시를 통해서도 묘사되었다. 속리산과 화양동천을 두고 명나라 신종과 의종 황제의 높은 뜻이 중원에서 사라진 반면, 오로지 우리 화양동천에만 살아있다는 자부심을 가졌다. 이 숭고한 정신은 우암과 수암에 의해 형상되어 계승되었다고 하며, 속리산을 동아시아 산악 가운데 중악으로 규정했고, 여기에 첨가하여 도학을 집대성한 주자의 은거지인 무이산과 강학과 음영의 본산인 무이정사(武夷精舍)와 음영성정(吟詠性情)의 현장이었던 무이구곡과 연계시켰다.

7곡 8곡의 〈와룡암〉 시와 〈학소대〉 시는 암벽에 절로 각인된 채 잠자는 용이 살아나 세상을 광명으로 이끌고, 천여 년 동안 빈집으로 남아 있는 학소대에 학이 날아와, 태평성대를 열기를 시암은 시를 지어 그 염원을 담았다. 9곡의 〈파곶〉 시는 구곡의 물줄기가 굽이굽이 휘돌아 파곶(巴串)에 이른 것을 가리켜, 시암은 '만절필동의 섭리'가 결실을 맺었다고 하며 〈화양구곡시〉를 마무리했다.

4. 시암의 〈방장초가〉와 주자의 〈무이도가〉

시암은 조선조 사림들이 주자의 무이구곡과 〈무이도가〉를 한결 같이 신앙처럼 애호했던 점과 마찬가지로, 속리산 화양동천을 무이구곡에 대비했을 뿐 아니라, 이와 연결된 다수의 시들을 창작했다. 〈무이도가〉의 주제의식을 근간으로 〈화양구곡〉의 시를 지었고, 〈무이도가〉 운을 차용하여 10수의 〈방장초가〉을 음영했다.

방장산은 중원에서 동해에 봉래(蓬萊, 금강산) 방장(方丈, 지리산) 영주(瀛洲, 제주도, 한라산)의 삼신산(三神山)이 있다고 했는데, 방장산을 지리산에 비정된다. 『신증동국여지승람』 남원도호부 지이산(地異山) 조에 '두류(頭流)·두류(頭留)' 등 명칭의 유래와 '방장'으로 칭하는 근거를, 두시(杜詩)와『통감집람(通鑑輯覽)』을 예로 들었다(『東國輿地勝覽』, 南原都護府. "地異山, 白頭山之脈, 流至于此, 故又名頭流, 或云其脈至海而窮, 停留于此, 故流作留爲是. 又名地理, 又名方丈, 杜詩方丈三韓外注, 及『通鑑輯覽』, 皆云方丈在帶方郡之南, 是也").

삼신산은 일찍이 진시황과 한 무제가 불로초를 얻기 위해 수천 명의 동남동녀를 발해만 동쪽에 있는 신선이 살고 있고, 불사약이 자라고 있다는 이들 산에 보냈다는 기록이『사기』에 전한다. 방장산은 지리산, 봉래산은 금강산, 영주산은 한라산이라는 설도 있다. 이 견해를 수용한다면 〈방장초가〉는 시암이 지리산에 주자의 무이구곡처럼 구곡(九曲)을 설정하여 음영한 것이다. 〈방장초가〉의 제9곡을 노래한 〈무극동(無極洞)〉 중 '봉상천왕경유천(峯上天王更有天)'의 '천왕'은 지리산의 '천왕봉(天王蜂)'을 지칭했다.

여기서 주목되는 점은 〈무이도가〉처럼 뱃사공이 부르는 '〈도가(櫂歌)〉'가 아니고 나무꾼이 부르는 '〈초가(樵歌)〉'라는 점이다. 지리산에 배를 띄울 수 있는 강이 없었기 때문만은 아니고, 뱃노래 보다 나무꾼의 노래가 시암의 뜻에 부합된 이유일 것이다. 시암은 이처럼 주자의 〈무이도가〉를 〈방장초가〉로 변환하여, 같은 운으로 시를 지어 주자와 차별화 하는 의지를 보였다.[155]

---

155 『是菴先生文集』卷1「詩」, 〈方丈樵歌十絶〉用朱文公〈櫂歌〉韻

방장산이 열려 선영(仙靈)이 자리 잡고　　　方丈山開闢巨靈
이 중으로 맑은 여울이 질펀하게 흘러,　　　此間流水漠然淸
꾀꼬리 우는 들창 안에 봄잠이 깊었는데　　　喚惺甕牖春眠足
적막한 산촌에 나무꾼 노래가 들려오네.　　　靜裏樵歌太古聲
　　　　　　　　　　　　　　　　　　　　　　　　　　　　(序詩)

1곡에 봄날 배에 올라 물결 따라 가니　　　一曲乘春逐水船
뽕나무 삼밭에 가랑비 뿌옇게 내린다,　　　桑麻細雨暗長川
무릉의 나무꾼 신선의 발자취 좇아오니　　　武陵樵客仙踪躡
곳곳의 복숭아 꽃 연하 속에 떨어진다.　　　處處桃花九點煙
　　　　　　　　　　　　　　　　　　　　　　　　　　　　(桑麻川)

2곡에서 옆을 보니 또 나타난 봉우리　　　二曲橫看又一峯
의연한 풍광은 모습이 새롭구나,　　　居然泉石摠新容
구름 낀 숲속 원숭이 새소리 들려오고　　　聲聲猿鳥雲松裏
울울창창한 숲은 몇 겹이나 겹쳤는가.　　　萬翠千蒼第幾重
　　　　　　　　　　　　　　　　　　　　　　　　　　　　(猿鳥巖)

3곡 냇가에 배를 정박시키고　　　三曲臨流更泊船
옛 사람이 여기서 어느 해에 갈랐나,　　　昔人分此幾何年
휘도는 물 구비에 동서를 말하지 말게　　　休言湍水東西決
양주(楊朱)가 택한 길 또한 가련하네.[156]　　　岐路楊朱亦可憐
　　　　　　　　　　　　　　　　　　　　　　　　　　　　(分水洞)

4곡의 맑고 그윽한 포개어진 절벽에　　　四曲淸幽疊疊巖
늘어진 등나무 담쟁이 봄비에 젖어,　　　藤蘿春雨碧監毿
흘러내리는 물줄기 거울이 되어　　　　　飛流一瀑還成鑑
구름 그림자 하늘빛을 죄 담고 있다.　　雲影天光盡在潭
　　　　　　　　　　　　　　　　　　　　　　　（臥瀑）

5곡의 푸른 병풍 깁고도 그윽하고　　　　五曲蒼屛深復深
교교한 달빛 숲속에 미인이 나타나,　　　美人皎皎月明林
자칫 잘못된 길로 빠져들 수 있으니　　　差毫便入荒臺路
반듯하고 올바른 마음 가져야 하네.　　　罔念猶狂上知心
　　　　　　　　　　　　　　　　　　　　　　（隱屛巖）

6곡의 옥 소리 울리며 휘도는 물결　　　　六曲璆鏘活水灣
늘실거리며 흘러 몇 구비를 거쳐 왔는가,　來來透出幾重關
갈라지고 합쳐지는 것에 묘한 이치 있어　觀於分合方知妙
이를 어찌 일각이라도 등한 할 수 있나.　此理何曾一刻閒
　　　　　　　　　　　　　　　　　　　　　　（妙合洞）

---

156 『孟子』「滕文公」下, '楊朱墨翟之言, 盈天下, 天下之言, 不歸楊則歸墨, 楊氏
爲我, 是無君也. 墨氏兼愛, 是無父. 無父無君, 是禽獸也.'라고 맹자는 극력
배척했다. 양주는 戰國 時 魏人인데 극단적 이기주의자로, 천하에 도움이 된
다고 해도 머리칼 한 올도 뽑지 않는다고 하여, 묵자의 두루 사랑한다는 兼愛
說과 대치했다. 유가에서 이단으로 취급했으며 楊子 또는 楊生으로 지칭했
으며, 맹자 이전의 인물이다.

7곡의 신령한 샘물 갈라져 내를 이루니　七曲靈泉散作灘
기수에 목욕하고 무우(舞雩)에 바람 쐰다,[157]　雩沂風浴此中看
그 근원 깊어 변화를 헤아릴 수 없어　源深叵測隨時變
겨울엔 따뜻하고 여름날엔 시원하다.　冬日能溫夏日寒
　　　　　　　　　　　　　　　　　　　(靈源洞)

8곡의 산은 깊어 길도 돌아 나있고　八曲山深路轉開
고루암 아래에서 수레를 돌려 나가니,　鼓樓巖下役車回
이 가운데 아름다운 경치 아는 이 없어　個中奇絶知人少
벌목소리 들으며 벗을 기다린다.[158]　伐木丁丁佇友來
　　　　　　　　　　　　　　　　　　　(鼓樓巖)

9곡에 비로서 세속을 벗어나 오르니　九曲躋攀始脫然
냇물은 이같이 흐르는 바의 뜻을 넘어[159]　如斯不獨逝哉川
양양한 도체는 본래 다함이 없는 법이니　洋洋道體元無極
산상 천왕에 다시 새로운 세계가 있구나.　峰上天王更有天
　　　　　　　　　　　　　　　　　　　(無極洞)

---

157 『論語』卷之11「先進」11 冠者五六人, 童子六七人, 浴乎沂, 風乎舞雩, 詠而
　　歸, 夫子喟然嘆曰, '吾與點也'. 舞雩는 기우제를 지내는 곳이다.
158 『詩傳』第9「鹿鳴之什」伐木, '伐木丁丁, 鳥鳴嚶嚶.'의 잔치를 벌여 벗들과
　　함께 즐긴다는 뜻을 가진 의미를 따온 것이다.
159 『論語』卷之九「子罕」第九, 子在川上曰, '逝者如斯夫, 不舍晝夜.'에서 인간
　　사는 무상 하지만, 道體는 무궁하다고 했다.

방장산 9곡은 1곡 상마천(桑麻川), 2곡 원조암(猿鳥巖), 3곡 분수동(分水洞), 4곡 와폭(臥瀑), 5곡 은병암(隱屛巖), 6곡 묘합동(妙合洞), 7곡 영원동(靈源洞), 8곡 고루암(鼓樓巖), 9곡 무극동(無極洞)이다. 여기에 서시를 첨가하여 〈방장초가〉 10수가 되었다.

〈방장초가〉 10수는 우암과 그 문인들이 지은 〈고산구곡시〉와 함께, 주자 〈무이도가〉 10수의 운을 그대로 사용했다. 1곡의 상마천과 고루암은 〈무이도가〉의 시어를 취했고, 5곡의 은병은 〈무이도가〉 5곡 시와 율곡의 단가 〈고산구곡가〉의 시어와 시상을 따랐다. 조선조 거개의 사인들과 마찬가지로, 시암 역시 시작에도 자신이 소속된 계파 문학론에 충실하여, 주자를 근본으로 한 율곡과 우암의 시의식을 준수했다.

〈무이도가〉는 퇴계를 비롯한 한강(寒岡) 정구(鄭逑, 1543~1620), 곡운(谷雲) 김수증(金壽增, 1624~1701) 등 무수한 사인들이 구곡을 경영하며 이를 차운했지만, 율곡은 한시가 아닌 단가 〈고산구곡가〉로 계승 한 점이 주목된다. 국문으로 〈도산 12곡〉과 〈고산 9곡가〉를 창작한 퇴계와 율곡은 시대를 앞서간 선각자로, 시조문학의 발휘에 큰 공적을 남겼다.

시암은 국문으로 작품 활동을 하지 않았지만, 〈방장초가〉의 〈8곡〉 시 '벌목정정저우래(伐木丁丁佇友來)'에서 율곡과 같이 벗들과 함께 즐기려는 겸선(兼善)의 의지를 형상했다. 율곡 〈고산구곡가〉의 1곡 시의 '송간(松間)에 녹준(綠樽)을 녹코 벗온양 보노라'의 시상을 계승하고, 이에 첨가하여 『시경』의 구절을 보태어 시상을 확장했다.

1곡 시의 '봄비에 젖은 뽕나무와 삼(桑麻春雨)'은 〈무이도가〉의 비이슬에 젖은 뽕나무와 삼(桑麻雨露), 2곡 시의 원숭이와 새(猿鳥)는 원숭이와 새도 놀라지 않는다(猿鳥不驚), 5곡 시의 푸른 초목 병풍(蒼屏)과 사인이 은거하는 은병(隱屏), 미인(美人)과 황대(荒臺) 등은 〈무이도가〉의 '도인은 초나라 회왕(懷王)이 고당(高唐)에 낮잠을 자는 중, 꿈에 무산선녀(巫山仙女)와 만나는 따위의 맹랑한 일은 바라지 않는다(道人不復陽臺夢)'는 고사와 관계되고, 8곡 시의 고루암(鼓樓巖)과 '아는 이가 적다(知人少)'는 등의 시구는, 〈무이도가〉 8곡 시 '이 곳에 좋은 경치가 없다고 말하지 말라, 이로 인해 유인들이 오지 않는다(莫言此處無佳景, 自是遊人不上來).'의 시상과 유사하다.

　〈방장초가〉 3곡 〈분수동(分水洞)〉 시는 물결이 동서로 나뉘는 단수(湍水)를 보고, 양명학을 제창한 양주(楊朱, 전국시대 위인[魏人])를 딱하게 여기며(休言湍水東西決, 岐路楊朱亦可憐) 이단을 배격하고, 사문(유학)을 옹호 육성하려는 시암의 성리학적 이념이 깔려있다. 〈방장초가〉에는 곳곳에 시암의 도학적 사유가 형상되어 있다.

　『논어』의 '기수(沂水)에 목욕하고 무우(舞雩)에 바람을 쐰다(雩沂風浴)'는 시구를 위시하여, '도체(道體)·미인(美人)·황대(荒臺)' 등의 시어에 담긴 도학과 계색(戒色)의 유가적 모티프가 주조를 이루면서, '무릉초객(武陵樵客)·선종(仙踪)·도화(桃花)' 유의 시어를 사용해, 도가적(道家的) 또는 낭만적 성향을 가미한 것은 금상첨화이다. 무릉초객의 '무릉'은 시암의 출생지로 도가적 '무릉도원(武陵桃源)'의 의미를 보탠 중의적(重意的) 표현이다.

시암이 모방한 주자의 〈무이도가〉도 도가적 낭만성이 깃들여 있다. 주자가 은거했던 '무이구곡'의 강호와 무이구곡의 미경을 7언시로 형상한 〈무이도가〉는 16세기 사림파의 열광적인 애호와 차운에 이어 수백 년 동안 지속되다가 20세기 초엽 시암에 의해 대단원을 이루었다. 속리산을 무이산에 대비하고 지리산에 9곡을 설정하여 시로 읊은 것은 의미가 있다. 그러나 시암의 〈방장초가〉는 주자의 〈무이도가〉보다 한결 재도적(載道的)으로 경화되어 있는 사실이 주목된다.

시암은 적지 않은 시를 남겼다. 본고는 주자시의 영향을 받아 창작된 시암의 유가적 성향이 강하게 나타난 〈화양구곡〉 9수와 〈방장초가〉 10수 등 산수시를 중심으로 논의했다. 시암은 13책 21권의『시암선생문집』을 남겼다. 이 중에 2권 1책이 시집이다. 이밖에 기행문 등 문학에 관한 작품이 곳곳에 편차되어 있다.

시암은 항일 독립 운동가였으며 성리학자였다. 성리학의 학맥은 주자에서 근원하여 '율곡·우암·수암·노사'로 이어진 노론계(老論係) 사인으로 분류되고, 이기설의 관점으로 보면 주리론자자로 비정된다. 그는『속리록』과『화양록』을 통해 속리산과 화양동천의 역사와 사적과 전고 등을 구체적으로 묘사했다.

이 가운데 속리산 자락에 있는 화양구곡의 '경천대·운영담·읍궁암·금사담·첨성대·능운대·와룡담·학소대·파곶'을 주자의 시상에 근거하여 시로 음영했다. 아울러 방장산에 구곡을 설정하여, 이를 〈무이도가〉를 차운하여 10수의 칠언절구를 창작했다. 〈방

장초가〉 10수는 〈무이도가〉 차운시(次韻詩)의 말미를 장식한 것
으로 나름대로 의미가 있다.

〈방장초가〉의 배경인 '구곡(九曲)'은 '상마천·원조암·분수동·
와폭·은병암·묘합동·영원동·고루암·무극동'인데, 주자가 무이
구곡을 형상한 〈무이도가〉는 뱃노래인 〈도가〉인데 반해, 시암은
나무꾼의 노래인 〈초가〉로 변용시켜 음영한 작품으로, 시암의 독
창적 면모가 잘 나타나 있다.

제12장

음영성정(吟詠性情)과
음풍영월(吟風詠月)의 미학

休戰六十六週年

北側匕心鎗劍光
我邦懶怠俗情荒
江山錦繡方焦土
同族相和始惡揚
聯合軍兵多十萬
求吾進入震源浪
朝中將卒支離滅
守復江河永世昌

2016 9.5

휴전 66주년(休戰六十六週年)의 소회

조선조 사인들은 한시의 창작을 두고 '음풍영월'은 폄하하고 '음영성정'은 선양했다. 그러나 실재 창작의 경우 이들 두 작시의 미의식은 뚜렷하게 변별되지 않고 서로 넘나들었다. '풍월'을 읊조리지 말고 '성정'을 형상하는 것을 시의 본분으로 삼아야 한다는 주장이다. 풍월을 음영하고 성정을 음영한다는 말을 글자 그대로 해석할 때, 풍월은 자연이고 성정은 인의예지(仁·義·禮·智)의 '사단(四端)'과 반듯하게 발출한 '칠정(七情, 喜·怒·哀·樂·愛·惡·欲)'을 의미한다.

　　음풍영월은 '음풍농월(吟風弄月)'과 같은 말로서 바람 꽃 달 바위 등 자연의 소재를 노래하면서 세속을 초탈한다는 의미도 내포하고 있다. 이와 같이 자연의 미경만을 오로지 아름답게 묘사하는 행위는 바람직한 시작의 태도가 아닐 뿐 아니라, 이는 자칫 중요한 현실을 외면하고 무의미한 '조충전각(雕蟲篆刻)'의 기교에 흐를 우려가 있다고 했다. 조충전각 문제는 일찍이 익재(益齋, 李齊賢, 1287~1367)가 불교도들이 내실이 없는 장구를 익히는데 열중하는 경향을 비판하는 과정에 경학연구와 대비하여 등장했다. 이후 형식에 치중하여 내실이 없는 부화한 문학을 비판하는 용어로 그 외연이 확장되었다.

　　조충전각은 문장의 자구를 꾸미는 하찮은 기교를 비유하는 것으로 벌레를 아로새기는 것과 같은 소기(小技)와 동일시하여, '조충각전(雕蟲刻篆)·조충말기(雕蟲末技)·조충소교(雕蟲小巧)·조충소예(雕蟲小藝)·조충소사(雕蟲小事)·조충박기(雕蟲薄技)' 등으로 일컬어 경박한 시문을 짓는 것에 비유하여, 학자가 전심할 바가 아니라고 조선조 성리학자들이 일관되게 천명했다. 그러므로 학자는 지엽말단에 불과한 시문창작에 몰두하는 것을 금기했다. 성리학과 거리가 있었던 고려조 사인들과 성리학에 전념하지 않는 조선조 사인들이 지은 시문을 비판 하는 용어로 사용되었다.

실지로 조선조 사인들은 이 같은 주장과 달리 성리학 연구와 함께 시 창작에도 관심을 가져 수많은 한시를 창작하여 자신의 문집들에 수록했다. 조선조 중기를 지나 성리학의 열기가 주춤해지자 한시 창작은 열기를 더해갔다. 음풍영월은 한시의 주류이다. 이성적 '사단칠정(四端七情)'과 '이기설(理氣說)'을 바탕에 깐 성정을 시로 형상할 경우, 독자들의 호응을 얻기에는 한계가 있는 것은 사실이다. 정감이 강물처럼 유려하게 작품에 형상되어야만 독자들의 흥미를 유발시킨다. 절제된 이성을 노래한 작품은 독자들에게 대체로 외면되었다. 독자들은 음영성정의 작품보다 음풍영월적 작품에 더 많은 관심을 가졌다. 중국의 유명한 시문선집인『고문진보(古文眞寶)』에 실린 작품들 거개가 음영성정과는 거리가 먼 작품들이다.

음영성정은 진일보하여 '문이재도론(文以載道論)'을 추가하여 미학적 체계를 공고화 했지만, 결과적으로 시를 독자들과 멀어지게 했다. 시문 주제의 본령은 현실의 형상과 정감의 표현이다. 현실의 묘사는 '사회미학(社會美學)'이 담당했고 이성적 심성의 표현은 '성정미학(性情美學)'이 맡았다. 문학의 본령은 정감과 현실 모순의 비판이다. 사회미학에 비해 성정미학은 독자에게 감동을 주지 못했다. 사회미학은 리얼리즘 음풍영월은 로맨티시즘에 비의되지만, 성정미학은 성리학의 본거지인 중국문단에도 별로 없고, 서구의 문예사조에도 찾을 수 없는 조선조의 독창적 문학론이다.

성정미학은 16세기 퇴계(退溪, 李滉, 1501~1570)와 율곡(栗谷, 李珥, 1536~1584)에 의해 완성되었다. 서정의 본령은 이성이 아니고 정감과 가까웠기 때문이다. 성정미학은 정감에 경사된 '인심(人心)'이 아닌 '도심(道心)'의 형상을 위주로 해야 하며, 따라서 시문은 '관도지기(貫道之器)'라야 한다는 경직된 시의식이 첨가되었다. 그 결과로 시인의 자연스런 서정을 억제하여, 바람직한 시의 주제영역을 퇴계는 '온유돈후(溫柔敦厚)', 율곡은 '충담소산(沖澹疏散)'을 추구해야 한다고 제창한 것이다. 약간의 차이는 있지만 고산(孤山, 尹善道, 1587~1671)의 '물외한적(物外閒適)'도 성정미학의 범주에 포괄된다.

작시의 중요한 요소인 평측(平仄)과 압운(押韻)은 중국인에게는 일상적 언어생활의 일부이지만, 우리는 한자의 평측과 압운은 별도로 공부를 해야 이해할 수 있다. 따라서 작시를 할 때 해당 책자를 참고하지 않을 수 없다. 절구와 율시 배율 등의 형식적 구애를 받는 터에, 한자의 사성(四聲)과 운자(韻字)도 파악해야 하는 이중고를 감수해야 했다. 이 모든 제약은 서정의 방만한 유출을 방지하는 장점도 있었던 반면, 자연스런 정감의 흐름을 막아 물 흐르듯 분출되는 감회를 억제하여, 시인의 본의와도 간격이 생기고 독자의 수용에도 장애가 된다.

문예창작에 있어서 조선조는 특이한 면이 있었다. 성정미학과 더불어 사인이 속한 당파에 의해 창작경향이 확연하게 변별되는 면도 외국에서는 찾기가 어려운 현상이다. 남인(南人)인 퇴계학파와 서인(西人, 老論)인 율곡학파의 시문 창작 성향은 달랐다. 문학과 당색(黨色)의 연결고리는 지금도 그 여파가 남아있다. 따라서 '남인문학'과 '서인문학'이 조선조 문단의 양대 산맥으로 존재하여 그 세력을 경쟁적으로 확충해갔다. 당색과 시문의 접맥이 갖는 공과에 대해 평자에 따라 평가가 다를 수도 있지만, 필자는 한국문학의 다양성을 창출한 업적에 방점을 찍어 이를 긍정적으로 인식한다.

우리 선인들은 한시와 한시창작을 매우 좋아했다. 입으로는 성리학에 몰두해야 한다고 하면서 한시창작을 게을리 하지 않았다. 그리하여 수많은 문집들에 한시들이 산적해있다. 한시의 열풍은 지금도 식지 않고, 전국 곳곳에서 시회가 열려 한시가 창작되고 있으며, 심사를 거쳐 장원 차상 등이 결정되어 시상되고 있다. 한시에 이처럼 열광하는 이유가 무엇인지. 우리의 언어 구조와 다른 한자어를 구사하여 어렵게 사전을 뒤져 운자와 평측을 짜 맞추어 한시를 짓고 있는 까닭 역시 의아하다. 우리 선대 사인들에게 정서적으로 부합되는 요인이 있기 때문일 것이다.

필자 또한 만년에 '낙운사(樂韻社)'에 참여하여 동호인들과 함께 한시를 지어 서로 돌려서 평가하고 교정하여, 절구 16수와 율시 15수 등 30여 수의 한시를 지었다. 시작에 임해보니 선인들의 능력에 새삼 감탄하며, 시 짓기가 얼마나 어려운지도 깨달았다. 이 과정에서 시작에 기본 소양이 없음을 확인한 뒤 활동을 접었다. 시간이 지나 어렵게 지은 작품들을 다시 보니 부끄럽기 짝이 없다. 하지만 그냥 버리기도 아까워 용기를 내어 졸저 말미에 수록했다. 한시에 관심을 가진 독자의 질정을 기대한다.

1. 칠언절구(七言絶句)

중추가절(仲秋佳節) 2수

儒理王時嘉節凉	유리왕 9년 가배절 축전에
舞歌百戱六村鄕	육촌 민인 다 모여 가무백희 연희 하네
會蘇對唱其音雅	회소회소 노래 소리 슬프고도 우아한데
永代相連不絶觴	시대를 뛰어 넘어 지금도 명절 일세.

開成年代赤山凉	개성(開成) 4년 중추 적산 청산포에 정박한
諸國關船遠憶鄕	여러 나라 교역선 사람들 향수에 젖어있는데
唯有新羅稱此節	오직 신라인만이 이날을 명절로 기려
寺家設會喜音觴	사찰에서 풍악을 울리며 연회를 베풀었다.

(2015년 9월 21일)

自註; 1, 첫째 시는『三國史記』儒理王 9년(서기 32)조의 기사에 근거했다. 둘째 시는 金毓黻『渤海國志長編』 권2「入唐求法巡禮行記」의 기록으로, 開成 4년

(唐 文宗 年號 서기 839년, 신라 神武王 원년, 발해
彝震王 咸平 10년)조의 내용이다. 登州 文登縣 清
寧鄉 赤山村 부근 青山浦港은 당시 동아시아 外交
사절과 交易船이 드나들던 국제항이었다. 登州都
督府城 南街 동쪽에 新羅館과 渤海館도 있었다.
2, 老僧等語云, 新羅國, 昔與渤海相戰之時, 以是日
得勝矣. 仍作節樂而喜儛, 永代相續不息, 設百種
飮食, 歌舞管絃, 以晝續夜, 三箇日便休, 今此山院
追慕鄉國, 今日作節.

문실솔성유감(聞蟋蟀聲有感)

詩云蟋蟀在堂聲　시경에도 방 앞에 귀뚜라미 운다고 했는데
歲月如流聿菊驚　세월은 물같이 흘러 어느새 국화가 피었다.
落葉紛紛盈萬壑　머지않아 산간계곡에 낙엽이 가득할 것이고
漸增白髮起悲情　백발만 점점 늘어 서글픈 마음 가눌 길 없네.
(2015년 10월 5일)

自註;『詩經』國風 唐風 <蟋蟀章>

목멱추경(木覓秋景)

木覓南方北瀆清　목멱산 남녘의 북독은 더없이 맑은데

仙人已去在華京　선인은 가고 없지만 은성한 도읍 남겼네
城羅引慶烽墩伍　성벽은 가을 색 짙은 다섯 봉수대를 둘렀으니
徐苑祈求萬歲亨　수도 서울이 만세토록 번영을 기원하노라.

(2015년 10월 12일)

自註; 北瀆, 漢水; 북독은 신라 시대 사독(四瀆)의 하나로
한강의 이칭이고 인경(引慶)은 남산의 다른 명칭이다.

상국(賞菊)

庭前君子色加黃　앞뜰의 국화 색 갈 더욱 누렇게 변하고
霜月香芸日日芳　구월의 꽃들은 나날이 더 향긋해 진다.
採菊東籬雖古句　동쪽 울타리에 국화 딴다는 옛 시인의 노래는
而今不覺自傾觴　지금도 저절로 술잔을 기울이게 하네.

(2015년 10월 19일)

중양아회(重陽雅會)

重陽爽氣白雲飛　중양절 상쾌한 기운 백운처럼 흩날리고
與友登高喜拂衣　벗과 더불어 옷자락 펄럭이며 산위에 올랐다.
莫逆情宜嘉誓固　오롯한 우리의 정의 변치말자는 맹서도
光陰流水漸熹微　세월이 흘러 점점 퇴색하여 희미해지고 있네.

(2015년 10월 26일)

만추월야(晩秋月夜)

無射銀光皎皎流　구월 밤의 달빛 교교하게 흐르고
黃原波稻茂幽秋　넓은 들녘 물결치는 벼들 무성하고 그윽하다.
雁來沼澤嘔鳴樂　기러기 날라 와 연못에 즐겁게 노래하지만
枯葉漫山使我愁　산야에 흩날리는 고엽 나를 스산하게 하네.

(2015년 10월 30일)

> 自註; 無射(무역, 12律呂의 九月) 射者終也, 言萬物隨陽而
> 終, 當復隨陰而起, 無有終已也(終而復始).

월야문금(月夜聞琴)

姮娥皓晥兌風颸　휘영청 밝은 달밤 서풍불어 소슬한데
欲賞琴聲陟苑樓　거문고 가락 듣고자 정원 누각에 올랐다.
不聞雅音漫北里　아음은 간곳없고 음악(淫樂)만 넘쳐나고
世人嗜惑俗謠遊　세인들은 속된 음악에 탐닉하여 즐기고 있네.

(2015년 11월 9일)

> 自註; 兌風의 兌는 八卦 중 서쪽이므로 서풍을 지칭하고,
> 북리(北里)는 殷나라 紂王이 지은 음란한 舞曲名
> 이다.

소춘우음(小春偶吟)

桃李不識小春辰　복숭아 배나무 소춘인 줄 모르고
欲實開花發滿身　열매 맺으려 가지마다 꽃망울 터뜨렸네.
忽夜寒風皆肅殺　밤사이 불어온 삭풍에 꽃들 죄 떨어져
塵寰此理覺稀人　세상사람 으스대며 이 이치를 아는 이 드물다.

(2015년 11월 16일)

自註; 小春은 10월이 춘삼월처럼 따뜻하여 봄이 온줄 착각한 식물들이 꽃을 피웠다가, 갑자기 불어온 북풍에 모두 떨어지는 현상을 풍자한 것인데, 상황을 오판하여 일을 벌이는 사람들에 대한 경고로 사용되기도 한다.

완월사향(翫月思鄕)

月白風淸水靜波　달빛 어린 호수에 물결 잔잔한데
湖邊遊客噪聲多　호반의 유람객들 시끄럽게 떠든다.
人人開口歸鄕里　사람마다 입만 열면 귀향한다고 하지만
摠是虛言不恥何　이 모두 허언임에도 부끄러워할 줄 모르네.

(2015년 11월 23일)

지일유감(至日有感)

潑粥門前禱保身　문전에 팥죽 뿌려 건강을 빌며
初陽至日逐陰塵　동짓달 동지 날에 나쁜 잡귀 좇아낸다.
共工拙子亡爲鬼　공공의 고약한 아들 죽어서 귀신 되어
渡海吾邦迷惑人　바다 건너 우리나라에 와 백성들 미혹하네.

(2015년 12월 3일)

> 自註; 共工, 요순시대 형벌을 담당했던 관직명, 또는 고대
> 四兇(驩兜·三苗·鯀·共工)의 하나로, 그의 못난 아들
> 이 죽어 역귀가 되어 사람을 해쳤다. 평소 팥을 무서
> 워했기 때문에 동짓날에 팥죽을 문전에 뿌렸다고
> 『荊楚歲時記』에 전하는데, 이 풍속이 우리에게 전
> 래한 것이라고, 洪錫謨는 그의 『東國歲時記』에 기
> 록했다.

제야(除夜)

除夕儺戲驅疫時　섣달 그믐날 밤 나희를 벌려 병마를 좇으려
處容出舞辟邪知　처용이 등장하여 춤추며 사귀를 구축 한다.
傳言是夜睡眉白　전설에 이날밤 잠을 자면 눈섭이 희게 된다 하여
守歲風情旣忘悲　밤을 새며 한해를 보냈던 풍습도 잊혀지고 말았네.

(2016년 2월 5일)

설야록죽(雪夜綠竹)

綠竹靑靑至月日	대나무는 동짓달에도 푸르고 생생한데
行游步雪聽蛙聲	쌓인 눈 위를 거닐며 개구리 울음 소리 듣네.
多言市巷思君子	시정에선 말로는 군자를 연상한다지만
世俗人心稍變驚	세속 인심은 변하여 이를 찾을 길 없구나.

(2016년 1월 2일)

自註; 綠竹靑靑,『詩經』「衛風」 <淇奧章>

초동원조(初冬遠眺)

應鐘亥月朔風寒	초겨울의 서북풍 차갑게 불고 있지만
萬物依陽力聚難	만물은 남은 양기 힘입어 안가님을 쓰고 있다.
白雪紛紛陰氣蠢	백설은 휘날리고 음기는 기를 쓰고 꿈틀대니
江湖寂寞感何安	강호는 적막에 잠겨 내 마음 쓸쓸하기만 하네.

(2015년 11월 3일)

自註; 應鐘, 六呂의 하나로 10월을 지칭.

동령고송(冬嶺孤松)

峻嶺高山獨也靑	준령 고산에 홀로 높이 자라 푸른데

嚴冬寒雪寂孤聽　엄동설한에도 대자연의 은밀한 소리 듣고 있네.

梅蘭菊竹雖膾炙　매 란 국 죽을 사람들이 즐겨 말하지만

月白孤松使志寧　달 밝은 밤 외로운 소나무는 심지를 곧게 한다.

(2015년 11월 7일)

차일두탁녕양선생악양운(次一蠹·濯纓 兩先生岳陽韻)

嶺右林泉新綠柔　영우의 산야 신록이 아름다운데

京都墨客訪牟秋　서울의 묵객들 여기를 찾았네.

搜勝臺上消愁鬱　수승대 주변을 서성이며 근심을 떨어내니

龜石邊川漾自流　거북바위 가 냇물 출렁이며 흐른다.

(2016년 6월 13일)

自註; 牟秋, 牟는 보리 모자로, 보리타작하는 계절로 해석
했다.

2. 칠언율시(七言律詩)

신춘아회(新春雅懷)

歲序遷移怯懦翁　세월의 흐름 속에 겁 많고 나약한 늙은이가

東君不忘又臨逢　잊지 않고 다시 찾아온 봄을 반갑게 만났다.

光陰滾滾來而逗　광음은 흘러 와 정해진 대로 한동안 머물면서
暖日薰薰滿地風　따사로운 햇살과 훈훈한 바람으로 대지를 감사네.
草木萌芽初發綠　초목은 삯이 터 초록으로 아름답게 물들고
山川漸變帶微紅　산천은 점점 변하여 붉은 꽃을 피우고자한다.
梅花躑躅交凋落　얼마 후면 매화 철쭉도 잇달아 지고
茂葉靑靑鬱密叢　연두 색 신록 욱어져 녹음으로 변하겠지.

(2016년 2월 22일)

독심목멱산(獨尋木覓山)

中嶽之南國邑天　중악의 남녘 터전 수도의 영역 누리에
形仝鼇臥紫雲烟　누운 누에 형상의 산 자색연무로 둘러 있네.
山頭烽燧望邊塞　산위에 봉수대는 국토의 변방을 감시하고
水上浮舟向海船　한강의 떠가는 배들 유유히 서해로 가고 있다.
世事紛紛恒鬱寂　속세의 일들 언제나 분분하여 울적할 때마다
緩行步步覓墩連　천천히 남산에 올라 연이은 돈대주변을 거닌다.
高樓巨閣巍巍聳　고층 빌딩들은 하늘 높은 줄 모르고 치솟아
往昔京都抹灑然　옛날 경도의 모습 씻은 듯 사라져 찾을 길 없네.

(2016년 3월 12일)

한성유감(漢城有感)

往昔楊州福址中　옛적 양주의 복된 터전에

四山擁衛聳蒼空　네 산이 에워싸 창공에 솟았다.
靑龍酪岫遮東厄　청룡 낙산은 동녘의 액을 막고
白虎仁王塞兌風　백호 인왕은 서풍을 차단했네.
北嶽峻峰望木覓　북악의 준봉 목멱산을 굽어보고
南池舊沼滅蓮紅　남문 밖 남지는 연꽃과 함께 묻혔네.
京都漢城元貳域　경도와 한성은 엄연히 다른 곳인데
世俗無知謬說叢　세인들은 경도를 한성으로 혼동한다.

(2016년 4월 4일)

춘일우음(春日偶吟)

仲春已去日輝佳　중춘이 지나니 햇볕 마냥 따사롭고
和氣漫天下市街　하늘에 가득한 화기 시가에 내린다.
面嶽靑松明白晝　면악의 푸른 솔 일광 받아 찬연하고
仁王躑躅照丹崖　인왕의 붉은 철쭉 단애에 비친다.
櫻花零落寥心發　벗꽃이 흩날려 쓸쓸한 마음 우러나고
芳草淸陰灑我懷　녹음방초 우거져 만감에 젖게 하네.
四季流移成物序　사계가 바뀌어 만물이 차례대로 생성되니
逍遙月夜樂朋儕　달밤에 벗들과 함께 유유히 노닐고 싶구나.

(2016년 5월 2일)

自註; 면악(面嶽)은 북악의 별칭. 사람의 얼굴처럼 생겼기
때문에 붙은 이름이다.

방초승화시(芳草勝花時)

季節代交芳草香	계절은 절로 바뀌어 방초 더욱 향기롭고
林園茂盛鳥虫長	임원의 무성한 수풀에는 조충이 번성한다.
春淵淨水游魚鱉	봄날 맑은 연못엔 어별이 헤엄치고
綠陰淸霞入滿堂	녹음의 정갈한 노을 집안에 가득하네.
不語桃梨成自徑	도리는 말하지 않지만 그 아래 길이 절로 나고
鶯飛楊柳獨持觴	꾀꼬리도 양류에 나니 홀로 술잔을 잡는다.
爽風勝景悠悠展	상쾌한 바람 품은 승경이 아득히 펼쳐지니
閒對靑山世念忘	한가로이 청산을 바라보며 티끌마음 잊었노라.

(2016년 5월 2일)

초하방산정(初夏訪山亭)

孟夏閒尋花石亭	초여름 날 한가로이 화석정에 오르니
臨津曲水接天靑	임진강 굽은 물굽이 하늘과 닿아 푸르구나.
遊人擾亂林泉岰	유인들은 소란을 떨어도 강호는 의연하고
墨客無言瞰岸汀	묵객은 말없이 강안을 굽어본다.
栗谷遺音尙有板	율곡의 시편 아직도 현판에 새겨져 있고
四佳韻語曠傳馨	서거정의 화석정시 세월을 뛰어넘어 향기를 전하네.
先賢已去山河在	선현들은 이미 모두 가고 없으나 강산은 그대 론데

魯鈍吾身奄恥醒　노둔한 자신을 돌아보니 부끄럽기 짝이 없네.

(2016년 5월 16일)

自註; 奄, 의젓할 훤

하일신필기회(夏日信筆記懷)

夕照依巔宿鳥還　석양이 산마루에 걸치니 잘 새는 돌아오고

漫敷碧樹一連山　녹음은 질펀히 퍼져 산으로 뻗었다.

門前石徑野花滿　문전의 석경에는 들꽃이 만발했고

終日茅廬掩竹關　초가 집 대나무 문은 종일 닫혀있네.

四季無言輪歲序　계절은 말없이 돌고 돌아

春回夏至使歡顔　어언간 봄이 가고 여름이 왔구나.

潭邊臺樹遊人睡　연못가 정자에는 유인이 졸고 있고

綠水平波白鷺閑　잔잔한 수면에 백로가 한가롭네.

(2016년 5월 30일)

휴전육십육주년(休戰六十六週年)

北側凶心銃劍光　북측은 흉심을 품고 군비를 늘리는데

我邦懶怠俗情荒　우리는 나태하게 환락에 빠져 허덕였다.

江山錦繡方焦土　금수강산은 일조에 초토로 변하고

同族相和始惡揚　동족끼리 화평은 사라져 적개심만 더 높았네.

聯合軍兵多十萬　우방의 여러 나라는 연합군을 편성하여
求吾進入震溟浪　우리를 도우려 동해의 물결을 갈랐다.
朝中將卒支離滅　북군과 중공군은 지리멸렬하여 물러나고
守復江河永世昌　빼앗겼던 강산 되찾아 태평성대 이루었다.

(2016년 9월 5일)

삼복증염(三伏蒸炎)

四時轉變昊天頭　계절이 바뀌는 서쪽 하늘 언저리에
夏至而來伏日秋　하지 지나니 삼복더위가 기승을 부린다.
熱氣隆隆垂大地　하늘 가득한 열기 거세게 대지에 내리고
清波滾滾漢江鷗　청파 늠실대는 한강에 갈매기들만 노니네.
追趨利勢嘲今俗　시세 좇아 이익 탐하는 세태를 조롱하며
陰擊陽防交焰流　음기를 막으려고 양기는 불꽃을 튀긴다.
季換凉風來急遽　계절 바뀌어 서늘한 바람 갑자기 불어와도
循環八節亂乖愁　팔절의 순환 고리 차질 없기를 바란다.

(2016년 9월 9일)

自註; 八節: 冬至, 立春, 春分, 立夏, 夏至, 立秋, 秋分, 立冬.
二至(冬至·夏至) 四立(立春·立夏·立秋·立冬) 二分
(春分·秋分)

추야(秋野)

春生夏育氣薰微　봄여름 훈훈한 기후 생명을 키우더니
秋屆江湖雀隊飛　어느새 가을 와 참새 떼 하늘에 난다.
燕雁去來常反復　제비 기러기 가고 옴은 항상 반복하지만
綠陰落葉姑漫稀　녹음은 기세를 잃고 낙엽이 흩날린다.
平原廣野黃波溢　질펀한 광야엔 황금물결 늠실대고
溪谷流川作喨衣　계곡의 냇물 부서져 소복인 양 청결하다.
桂月天高登百穀　팔월의 높은 하늘에 백곡이 익어가고
仲冬庶物悉倉歸　겨울 되면 온갖 곡식 창고에 저장된다.

(2016년 9월 26일)

自註; 桂月(8월). 喨, 소리 맑을 량. 屆, 이를 계

몽리유고원(夢裏遊古園)

千里鄕關夢裏還　천리 밖 고향 땅 꿈속에 오가고
東溟曲岸白沙班　동해의 구비 진 해안엔 백사장이 펼쳐있네.
蘆花水渚人垂釣　갈대꽃 만발한 천변엔 낚시꾼이 앉아있고
臨海閭閻屋背山　바다에 임한 마을 산을 등지고 벌려 있다.
月照波濤漁火舄　달 빛 어린 물결위엔 어화가 난만하고
星稀碧宇擁村間　별 드문 하늘은 어촌들을 안고 있네.
倭奴出沒烽煙起　왜구 출몰 시 불과 연기 올린 봉화대 아래

桑梓長存不變閑 내 고향은 항상 변함없이 있기를 바란다.

(2016년 10월 24일)

입동아회(立冬雅會)

八節移行歲序龍 여덟 절기 돌아 시절이 바뀌었지만
世人不覺到來冬 세인이 깨닫지 못한 사이 입동이 되었네.
炎天似昨乾風襲 염천열기 어재였는데 어느새 서북풍 불고
修闕邊完絶未慵 궁궐 변방의 수축은 예처럼 계속하네.
樂韻詩壇騷客聚 음영성정의 낙운사 소객이 이따금 모여
觴吟雅會志如松 시 짓고 읊조리는 뜻은 들녘의 소나무.
立秋立夏皆遙去 입추 입하 어느새 멀리 지나 가버렸고
四季循環萬氣鍾 계절은 순환하여 만물에 기를 부여했네.

(2016년 11월 6일)

自註; 龍, 변하다. 鍾, 부여하다 주다.

차두공부동지운(次杜工部冬至韻)

子月寒波盈碧落 11월 한파 온 누리에 퍼지니
滿街群衆闔紆人 길가는 사람마다 몸을 웅크린다.
悠悠洌上氷凝水 유유한 한강물 얼음이 엉키고
滔滔中浪雁鴨親 흐르는 중랑천엔 기러기 오리 놀고 있다.

北嶽蒼松風尙貌　북악의 창송 기상이 꿋꿋하고
淸溪玉石藪連宸　옥석 뒤섞인 청계산의 수목 하늘에 닿았네.
移傳歲序玄明始　세서의 진행은 동지부터 시작하고
節侯名稱總自秦　절기의 명칭 모두 중국에서 왔구나.

(2016년 12월 19일)

自註; 玄明, 冬至. 子月, 11월. 闔, 모두. 洌水, 한강. 中浪, 중
랑천.

차두소릉추흥(次杜少陵秋興)

紛紜世態似癡棋　어지로운 세태 엉클어 진 바둑판 같아
密集街頭百姓悲　광장을 메운 사람들 슬픔에 잠겼네.
白岳丹楓含感際　북악의 단풍도 부끄러워 개탄하고
漢江浹水怒聲時　늠실거리는 한강물도 노기를 품었다.
害邦雜輩四方溢　나라 해치는 잡배들 사방에 넘쳐 나고
救國賢人出現遲　구국 현자는 나타날 기미도 없구나.
北側凶心難測量　북측 흉한들 무슨 짓 할는지 알 수 없는데
愚氓溺樂忘憂思　어린 백성들 쾌락에 젖어 근심조차 않는다.

(2016년 11월 21일)

중양절(重陽節)

重陽傳說千年經　중양절 전설은 천년 동안 전해 오는데
費長房敎唆桓景　술사 비장방이 환경을 꼬득인다.
茱萸絳囊繫臂寧　붉은 주머니에 수유를 채워 팔에 걸고
遊宴菊酒陟高亭　높은 곳에 올라 국화주를 마시게 했다.
夕陽返屋牛羊死　석양에 집에 오니 소와 말이 대신 죽어
從此遊賞風俗形　이로부터 등고의 풍속이 생겼다고 하네.
玄月靑霄登百穀　구월의 푸른 하늘 백곡이 영글고
黃花督促飽春醒　국화도 만개하여 국주를 마시게 하누나.

　　自註; 1, 費長房, 後漢 汝南人으로 術士. 桓景, 後漢 汝南人
　　　　 으로 費長房에게 修學, 費長房一日, 謂景日, 九月九
　　　　 日, 汝家有大災, 可令家人, 作絳囊, 盛茱萸, 繫臂登
　　　　 高, 飮菊酒, 禍可消, 景如其言, 夕還見牛羊鷄犬暴死.
　　　　 房日, 代之矣.
　　　　 2, 靑霄, 푸른 하늘

찾아보기

이민홍은 경북 포항시 장기현 모포리에서 출생하여, 성균관대학교 국문과 학사를 거쳐 동 대학원에서 문학석사 문학박사 학위를 받았다. 충북대학교 사범대학 국어과 교수, 워싱톤대학 아세아어문학과 객원교수, 대만정치대학 교환교수, 한국시가학회 회장, 충북대학교 사범대학 교무과장, 학장직무대행, 도남국문학상 수상, 반교어문학회 회장, 장기발전연구회 회장, 성균관대학교 인문과학연구소장, 한자한문능력개발원 이사장, 성균관대학교 인문대학장, 대학원장, 한국고전번역원 이사장 등을 역임했으며, 홍조근정훈장을 수훈했고, 현재 성대 명예교수로 있다. 주요저서로 『사림파문학의 연구』, 『한국민족악무와 예악사상』, 『조선중기 시가의 이념과 미의식』, 『조선조시가의 이념과 미의식』, 『언어민족주의와 언어사대주의의 갈등』, 『한국민족예악과 시가문학』, 『韓文化와 韓文學의 정체성』, 『옛 노래속의 낭만연인』, 『韓文化의 원류』, 『韓文化의 단상』, 『논어강의－위대한 스승 공자사상의 재발견』, 『韓文化의 한반도전개와 발전양상』, 『맹자 정치를 말하다』, 『한국민족악무사』, 『시암이직현평전』과 역서로 『반중잡영(泮中雜詠－尹愭)』, 『유득공의 21도 회고시』, 『해동악부(海東樂府－李瀷)』, 『시법(諡法－蘇洵)』, 『통전(通典 樂典－杜佑)』 등이 있다.

동아시아 역대왕조의 經國理念과 文物典章

초 판 인 쇄 2021년 09월 17일
초 판 발 행 2021년 09월 27일

저   자 이민홍
발 행 인 윤석현
발 행 처 박문사
책 임 편 집 최인노
등 록 번 호 제2009-11호

우 편 주 소 서울시 도봉구 우이천로 353 성주빌딩
대 표 전 화 02) 992 / 3253
전   송 02) 991 / 1285
홈 페 이 지 http://jncbms.co.kr
전 자 우 편 bakmunsa@hanmail.net

ISBN 979-11-89292-90-4   93150   정가 46,000원